巴塞尔协议与宏观审慎监管

——银行风险监管的国际准则与中国实践

BASEL ACCORD AND MACRO-PRUDENTIAL SUPERVISION

——INTERNATIONAL NORMS AND CHINA'S PRACTICE OF THE BANKS' RISK SUPERVISION

杜金富　薛曜祖　王　旭　等◎编著

中国金融出版社

责任编辑：张　铁
责任校对：刘　明
责任印制：陈晓川

图书在版编目（CIP）数据

巴塞尔协议与宏观审慎监管：银行风险监管的国际准则与中国实践/杜金富，薛曜祖，王旭等编著．—北京：中国金融出版社，2022.10
经济金融系列教材
ISBN 978－7－5220－1694－8

Ⅰ.①巴…　Ⅱ.①杜…②薛…③王…　Ⅲ.①国际清算银行—协议②商业银行—银行监管—研究—中国　Ⅳ.①F831.2②F832.33

中国版本图书馆CIP数据核字（2022）第121677号

巴塞尔协议与宏观审慎监管：银行风险监管的国际准则与中国实践
BASAIER XIEYI YU HONGGUAN SHENSHEN JIANGUAN：
YINHANG FENGXIAN JIANGUAN DE GUOJI ZHUNZE YU ZHONGGUO SHIJIAN

出版发行　中国金融出版社
社址　北京市丰台区益泽路2号
市场开发部　（010）66024766，63805472，63439533（传真）
网上书店　www.cfph.cn
（010）66024766，63372837（传真）
读者服务部　（010）66070833，62568380
邮编　100071
经销　新华书店
印刷　保利达印务有限公司
尺寸　185毫米×260毫米
印张　24
字数　450千
版次　2022年10月第1版
印次　2022年10月第1次印刷
定价　68.00元
ISBN 978－7－5220－1694－8
如出现印装错误本社负责调换　联系电话（010）63263947

经济金融系列教材编委会

总　序

随着经济金融全球化的深入发展，对人才的需求越来越大，对人才素质的要求越来越高。尽快培养一支高素质的人才队伍，适应新的国际发展和竞争的要求，是高校当前主要的任务。专业人才培养，本科教育是关键，为此，北京语言大学商学院组织有关专家学者编写了一套大学经济金融专业基础教材。

本套教材涵盖政治经济学、宏观经济学、微观经济学、财政学、会计学、金融学、统计学、计量经济学等经济基础理论教材和经济金融专业教材。全套教材由相关领域的专家学者编写而成，具有以下特点：一是按照教育部本科教学要求，满足经济金融专业学生本科学习需要，全面介绍基础知识，并根据经济金融最新发展，对有关知识进行了拓展和扩充，使学生在熟悉和掌握经济金融基本理论知识的同时，了解本专业最新理论和发展动态；二是教材知识难度适中，适合本科教学使用，并且具有针对性，主要解决学生打牢基础知识的问题；三是理论与实践相结合，国内发展现状与国际发展现状相结合，既介绍最新经济金融理论，又介绍实务部门最新业务发展，使学生熟悉和了解本专业最新理论和实践动态；四是基础理论知识定性与定量相结合，关注数学和计量模型在本专业的应用成果，重点介绍数理经济模型和计量理论知识，使学生掌握最新的定性分析工具和方法，能够做到分析问题时定性与定量相结合；五是语言通俗易懂，教材由浅入深地介绍基本理论知识和各种数理模型以及相关研究分析方法，学生易学易懂。

本套教材从国内国外经典教材和相关专业最新研究成果获得许多有益经验和参考。我们将在相关高校教材的基础上，进一步形成具有特色的教材体系。本套教材适合经济金融专业本科生、研究生学习使用，相信对相关岗位在职人员的学习也会有很大的帮助。

本套教材如有不足之处，恳请各位专家学者和学习使用者批评指正。

杜金富
2019 年 5 月

前　言

随着教育体制改革的不断深入以及经济金融实际部门对金融专业硕士研究生需求量的增加，我国金融专业硕士招生数量不断扩大。为使金融专业硕士研究生更熟悉和掌握金融专业有关课程内容的国际准则和创新开展实际工作的最新理论、技术和方法等，我们组织高校教师和实务部门的有关专家学者编写了《电子支付与数字货币》《金融资产（财富）管理》《宏观经济分析》《巴塞尔协议与宏观审慎监管——银行风险监管的国际准则与中国实践》等金融专业硕士研究生教材。

《巴塞尔协议与宏观审慎监管——银行风险监管的国际准则与中国实践》主要介绍银行风险监管的国际框架及中国银行业风险监管的实际操作。全书的编写大纲由北京语言大学经济研究院杜金富提出，经编写人员集体研究确定。各章编写分工如下：杜金富编写第一章、第二章、第三章；叶翔编写第四章、第十三章、第十五章、第十六章；薛曜祖编写第五章、第六章、第七章；王旭编写第八章、第十二章；王珏帅编写第九章、第十章；白玮编写第十一章、第十四章。全书由杜金富总纂，叶翔、薛曜祖、王旭协助总纂，北京语言大学经济研究院杜青青做了大量的编写协调、资料搜集整理、文字编辑工作。

本教材主要参考和引用了刘春航编著的《解密巴塞尔——简析国际银行监管框架》、杜金富主编的《银行监管统计学》、中国银监会培训中心编译的《银行监管培训教材（国际版）》等。在此特向上述著作的编著（译）者表示感谢！本书中难免有不当之处，欢迎读者批评指正！

杜金富

2021 年 12 月 28 日

目　录 Contents

第一章 绪 论

巴塞尔协议是巴塞尔委员会针对银行（这里主要指商业银行）风险监管所发布的文件的总称。银行面临哪些风险，巴塞尔委员会是一个什么性质的组织，巴塞尔协议的基本内容有哪些，这是学习本书首先需要了解的内容。

第一节 银行风险

巴塞尔协议框架的逻辑关系是：银行经营面临各种风险，风险有可能造成损失，为了抵御风险造成的损失，监管部门要求银行持有与损失相对应的最低资本金，监督检查资本充足率等，并要求银行披露与此相关的信息。

了解银行风险及其种类，是学习巴塞尔协议内容的基础。要了解银行风险的内容，首先需要了解风险的含义。

一、风险的含义

“风险”是人们日常生活中常用的词语，但目前仍然没有一个准确且为人们普遍接受的定义。不同人、不同行业对风险有不同的理解。从经济界来看，风险的定义有以下几种。

（一） 风险是发生某一经济损失的不确定性

风险与不确定性是联系在一起的。风险的不确定性可以分为客观不确定性和主观不确定性。客观不确定性是指实际结果与预期结果的相对差异，它可以使用统计工具（方差和标准差）加以度量。主观不确定性是指个人对客观风险进行评估时，因每个人的知识、经验、精神和心理状态不同，不同人可能有不同的主观定性。不确定性是风险的基本特征。

（二） 风险是经济损失机会或损失的可能性

把风险定义为经济损失机会，表明风险是在经济活动过程中一种损失的可能性状况，是在这种状况下发生损失的概率。

（三） 风险是经济可能发生的损害和危险

这种定义强调用风险损害程度与风险发生的可能性共同衡量风险的大小。当损害程度大、发生的可能性也大时，风险就大。风险是指遭受损害和失败的可能性。

（四） 风险是经济预期与实际发生各种结果的差异

这种结果可能是好的，也可能是坏的，一般用统计学中的标准差来衡量，正的偏差和负的偏差都可以是风险的来源。

（五） 风险是结果不确定性的暴露

“暴露”通常是风险定义的简略说法，它用来描述业务面临的一种状态，“结果”是特定行动过程的结局。“不确定性”可以在一个可能分布曲线上“潜在业务的波动”中得到反映，可以用方差和标准差来度量，标准差的标准范围越大，其波动性也就越大，相应地，从理论上说不确定性和风险也就越大。

综合以上对风险的定义，我们可以从两个层面理解风险的含义：一是强调结果的不确定性，即在一定条件下和一定时期内发生各种结果的变动程度，结果的变动程度越大则相应的风险就越大，反之则风险越小。不确定性带来的后果可能是有利的，也可能是不利的。这个定义可以理解为广义风险。二是强调不确定性带来的不利后果，即在一定条件下和一定时间内由于各种结果发生的不确定性导致行为主体遭受损失或损害的可能性。这一概念突出了风险的危害性。这个定义可以理解为狭义风险。但是无论何种定义，都表明风险是一个二维的概念。它既涵盖了损失的大小，又涵盖了损失发生概率的大小。

无论是结果的不确定性定义的广义风险，还是不确定性带来的不利结果定义的狭义风险，都表明风险与不确定性密切联系，但二者又存在差异。不确定性是指对风险承受主体预测未来能力的怀疑，它包含两层含义，第一层是横向的不确定性，也就是在空间维度上存在的不确定性，即指对交易对手的当前状况和历史不了解的一种不确定性，它是由信息不对称性引起的，兼具有客观性和主观性；第二层是纵向的不确定性，也就是指时间维度上的不确定性，即经济主体对自身未来发展状况以及外部环境未来的不确定性，这种不确定性不是人力所能控制的，具有完全的客观性。从数学的角度来分析，风险和不确定性主要是从观察事件结果的概率来区分的，如果有确定的概率分布就是风险，反之则是不确定性。

风险的特征主要包括：（1） 客观性。风险是不以人的意志为转移并超越人们主观意识的客观存在。（2） 普遍性。风险广泛存在于自然界和人类社会，无处不在、无时不存。（3） 复杂性。风险是一种极其复杂的自然、社会现象，直到目前，人类只能在有限的空间和时间内控制和改变风险，不可能完全消除风险。（4） 偶然性。

风险的基本特征是不确定性，因此风险发生的空间、时间、程度、结果都是偶然的，而且导致风险发生的各种风险因素也是偶然的。（5）必然性。风险发生是不可避免的，尽管对个别风险的控制是难以掌握的，但随着技术的进步以及大量历史数据的支持，人类仍然能够发现规律。（6）可变性。风险也是随着环境的改变而不断变化的，技术的进步能够带来管理方式的创新，但同时也会产生新的风险。

二、银行风险的含义

银行是经营货币资金的信用中介机构。银行的特殊性决定了银行业是一个高风险的行业。银行风险是庞大风险家族的一个分支，具备风险的共性，又由于其特殊的个性，其在众多的风险中独树一帜。

首先，银行风险具备风险的基本特征。银行在经营业务中，无论是存款业务、贷款业务、证券交易和投资业务，还是表外业务，都存在着不确定性。银行在办理存款业务之前并不能确定会吸收多少存款，在吸收的存款中，银行也不能确定有多少存款将按约定的期限存取；银行发放的贷款能否按时收回及可能损失多少，也具有不确定性。表外业务中的利率、汇率变动幅度等也具有不确定性。通常银行风险的定义有：（1）银行在办理业务过程中，由于各种事先无法预料的不确定性因素带来的影响，实际结果与预期结果会发生一定的偏离，从而蒙受损失和获得额外收益的可能性；（2）银行在经营过程中，由于一系列不确定性导致价值或收益损失的可能性；（3）银行行为的结果偏离期望结果的可能性；（4）银行运营结果不确定性的暴露。

其次，银行风险与一般风险有着显著的区别。一是银行风险集中于银行经营业务方面。银行业务集中体现为信用中介业务，银行风险主要是资金借贷和资金经营风险，因此它的外延比一般风险要小。二是银行风险的结果具有双重性，既可能带来经济损失也可能获取超额收益。

本书中的银行风险是指银行经营过程中一系列不确定因素导致损失或不利结果的可能性。

三、银行风险的分类

对银行风险进行分类是为了理解风险的来源和结果，以便提出管控风险的可行办法。银行风险可以从多个角度、多个层次予以分类。

按照遭受风险的银行面积划分，银行风险可以分为系统性风险和非系统性风险。系统性风险是整个银行系统乃至整个金融系统可能遭受的风险。非系统性风险是单个银行可能遭受的风险。系统性风险与非系统性风险划分也不是绝对的，因为银行风险具有传染性，非系统性风险累积到一定程度也可能转化为系统性风险。按银行业务结构划分，银行风险可以分为资产风险、负债风险、中间业务风险。这是一种常见的分类方法，各种风险从内容和形式上看是不同的，但是彼此之间又是相互联系的，不可截然分开。按照风险主体划分，银行风险可以分为银行机构风险、企业风险、个人风险和国家风险。银行机构风险是指银行在经营过程中面临的各种风险；企业风险、个人风险、国家（包括国外）风险是指企业、个人、国家与银行发生业务往来时由于自身原因给银行带来的风险。这种分类是根据引起风险主体的不同划分的。按照影响因素划分，银行风险可以分为信用风险、市场风险、操作风险、流动性风险等。这是本书分类的重点。下面分别介绍这些风险。

（一） 信用风险

信用风险是影响金融机构和整个金融体系稳定性的最大单一因素，也是覆盖银行全部业务及任何时候的一种风险。

1. 信用风险的含义

信用风险是债务人或其他主体违约给银行造成损失的风险。违约是指实质性违背合约规定，拒绝支付（或偿付）本金或利息的一切行为。最常见的违约形式是不能全额支付或不能按期偿付，但其他许多行为、遗漏或事件（如破产）在贷款合同或其他合同中也被定义为“违约”。债务人是指支付债务的人，其可以是本金债务人，也可以是担保人。换句话说，是银行找来付款的人。

一个与债务人概念相近但并不完全等同的名词是“交易对手”，意指交易合同的另一方，即在该合同中以某种形式欠银行钱的人。在诸如互换合同的情况下，净债务在交易双方之间来回交换，而银行自己在另一方的眼中也是一个交易对手。

信用风险存在于银行的所有业务活动中，它不仅仅表现在贷款和透支上面，还表现在远期交易合同、互换、期权、期货、外汇兑换、信用证、现金管理和证券投资组合等方面。也就是说，银行经营的所有业务都存在信用风险，只不过信用风险暴露程度不同而已。

信用风险存在于银行经营的任何时候。只要资金被提供、支付、投资或者以其他方式进行业务经营，信用风险就存在，而无论这些业务是否反映在其资产负债表中。

2. 信用风险的分类

信用风险暴露（即违约遭受损失的最大金额）通常按债务人的不同分为主权风险暴露、银行风险暴露、公司风险暴露、零售风险暴露和其他风险暴露五种。

（1） 主权风险暴露

主权风险暴露是指对政府和政府机构的贷款以及持有政府和政府机构发行或担保的证券形成的风险暴露。它通常指下述机构的风险暴露：国家和中央银行、公共部门机构、多边开发银行。

（2）银行风险暴露

银行风险暴露是指银行向同业贷款和进行银行间证券交易形成的风险暴露。通常指对下述机构的风险暴露：银行、证券公司、公共部门机构、多边开发银行。

（3）公司风险暴露

公司风险暴露是指对工商企业贷款或持有工商企业发行的证券而形成的风险暴露。它又分为对有限公司、合伙公司、业主制企业的贷款或持有其发行的债券。

（4）零售风险暴露

零售风险暴露是指为个人、家庭、住房和其他消费而发放个人贷款形成的风险暴露。零售贷款又分为分期贷款和循环贷款。典型的分期贷款包括汽车贷款、助学贷款等，典型的循环贷款包括信用卡贷款、支票贷款或个人透支额度。

（5）其他风险暴露

其他风险暴露包括股权风险暴露、购入应收款及资产证券化风险暴露等。

信用风险及其计量资本要求的内容将在第五章做详细介绍。

（二） 市场风险

市场风险是银行面临的另一个主要风险。全球市场风险转化为损失的速度加快，说明加强市场风险控制十分必要。

1. 市场风险的含义

市场风险是市场价格的变化对资产负债表内或表外存量的价值产生不利影响的风险。

市场风险的源头是市场价格的变化。对银行风险来说，市场价格主要指利率、汇率、股票价格和商品价格。导致价格变动的因素有两个：一是一般市场行为导致的市场价格变动，如股价指数变动对股票存量价值的影响；二是与某一工具的发行人有关的特定市场价格的变动，如BBB级公司债券信用利差发生变化，银行因持有债券而对到期能否兑付感到担心。

市场风险是市场价格变动对银行产生不利影响的风险。市场价格上升还是下降将对银行产生不利影响，这取决于头寸是资产还是负债。一般来说，市场价格上升使银行筹资成本提高，从而对银行负债头寸产生不利影响。市场价格下降使银行资产价值下降，从而对资产头寸产生不利影响。例如，汇率上升使银行持有的卖空（外汇敞口为负数）的价值上升，成本提高，对银行的负债头寸产生不利影响。而股票价格下跌，则使银行持有的股票资产头寸的价值下降，从而对银行产生不利影响。市场价格的变动不仅对银行资产负债表内的资产和负债的头寸产生不利影响，而且对银行的表外业务也将产生不利影响。例如，银行的衍生产品业务一般都在表外业务反映和核算，市场价格的变动也将对这些表外业务产生不利影响。

2. 市场风险的分类

市场风险按不同的标志可以进行多种分类：按持有头寸目的不同，市场风险分为银行账户的风险和交易账户的风险；按价格变动的原因不同，市场风险分为一般市场风险和特定市场风险；按市场价格构成不同，市场风险分为利率风险、汇率风险、股票价格风险、商品价格风险和期权风险。

（1）银行账户的风险和交易账户的风险

银行账户的头寸一般被持有至到期日。也就是说，银行没有打算交易这些头寸，因而其缺乏流动性。具有流动性的头寸可能也会被划归银行账户，银行打算在更长时间持有或持有至到期日。银行常常利用衍生产品来对冲银行账户的存量，如利用利率掉期对冲一笔贷款资产，虽然衍生工具通常是交易账户的一部分，但当它们被用来对冲银行账户中的头寸时，将其归入银行账户。由于银行账户头寸持有比以交易为目的的持有时期更长，银行账户头寸更易受市场风险的影响。银行账户中的外汇和商品头寸等也面临市场风险的影响。交易账户是以交易为目的的账户，其头寸持有时间短，更容易受市场价格变动的影响。划归交易账户的头寸每天按市价计值。

（2）一般市场风险和特定市场风险

一般市场风险是一般市场行为导致的市场价格变动的风险。如银行持有的与外汇和商品有关的头寸，其价格变动对头寸价值的影响就是一般市场风险，这些价格变化完全取决于一般市场的变化。

特定市场风险是指与某一工具发行人有关的因素使工具的市场价格发生变动产生的风险，是每笔金融交易特有的风险。它又分为特有风险和事件风险。特有风险是指未由一般情况解释的价格变动风险。例如，股价指数上涨，但其中某只股票价格下跌。事件风险是单件风险，违约风险就是典型的事件风险。

（3）利率风险、汇率风险、股票价格风险、商品价格风险和期权风险

利率风险是指利率不利变动可能给表内和表外头寸造成潜在损失的风险。它既引发一般市场风险，又引发特定市场风险。利率风险又分为：①期限不匹配风险，又称重新定价风险或缺口头寸风险。缺口指的是某一个时间段内需要重新设定利率的那部分资产与需要重新设定利率的负债之间的差额。缺口越大，风险就越大。②基本点风险。当一般利率水平的变化引起不同种类的金融工具利率发生不同程度的变动时，银行头寸面临的风险称为基本点风险。③期权性风险。即当一般利率发生较大变化时，债务人会提前偿还债务等银行资产，债权人会提前提走存款等银行负债，这是银行的另一个风险来源。

汇率风险是指汇率变动导致外汇头寸的价值受损的风险。它只引发一般市场风险。汇率风险可以划分为交易风险和外币负债不匹配风险。①交易风险是指汇率变

化给银行外币资本借贷、外汇买卖、外币金融衍生品交易带来不利影响的风险。②外币负债不匹配风险是指外币资产和外币负债不匹配（存在外汇敞口）带来的风险。

股票价格风险是指银行头寸因股票价格波动而受损的风险。它既引发一般市场风险，又引发特定市场风险。

商品价格风险是指商品价格波动导致商品头寸价值受损的风险。商品价格风险只引发一般市场风险。

期权是指赋予购买方在规定的期限内按买卖双方约定的价格购买或出售一定数量的某种标的资产的权利的合约。期权风险是在利率、汇率、股票价格和商品价格风险之上的风险。

市场风险分类之间的关系如表1-1所示。

表1-1 市场风险分类之间的关系

类别		利率风险	汇率风险	股票价格风险	商品价格风险
交易账户	一般市场风险	√	√	√	√
	特定市场风险	√	×	√	×
银行账户	一般市场风险	×	√	×	√
	特定市场风险	×	×	×	×

市场风险及其计量资本要求的内容将在第六章做详细介绍。

（三） 操作风险

自银行诞生以来，操作风险就一直存在。随着科技的发展，银行面临的操作风险越来越大。

1. 操作风险的含义

操作风险是不完善或有问题的内部程序、人员和信息技术系统或外部事件导致的风险。它包括法律风险，但不包括战略风险和声誉风险。

2. 操作风险的类型

2003年巴塞尔委员会制定的《操作风险管理与监督的稳健做法》列出了可能导致重大操作风险损失的八种类型。

（1）内部欺诈。内部欺诈是指未经授权的活动、盗窃或欺诈，且这些事件至少涉及银行内部一方。

（2）外部欺诈。外部欺诈是指银行之外的第三方实施的偷盗或欺诈。

（3）与用工制度和工作场所安全相关的事件。该类事件是指与劳资关系、工作环境安全性以及歧视相关的各种事件。

（4）与客户、产品和业务活动有关的事件。该类事件是指未能对客户完全履行义务，以及产品性质或设计存在缺陷。

（5）实物资产的损坏。该类事件是指自然灾害或其他有关的事件。

（6）与执行、交割和流程管理有关的事件。该类事件是与交易处理或流程管理、交易对手和外部供应商有关的事件。

（7）营业中断和系统瘫痪。

（8）法律风险等。

操作风险及其计量资本要求的内容将在第七章做详细介绍。

（四）流动性风险

流动性风险也是银行面临的主要风险之一。当银行不能及时提供充足的流动性时，就将面临流动性风险，发展到一定程度可能导致银行破产，并容易引发系统性风险。

1. 流动性风险的含义

流动性可以从不同的角度来定义。从宏观经济的角度来看，流动性主要是指货币供应的增长速度；从金融市场的角度来看，流动性是指在不引发价格发生明显变化的情况下出售证券的能力；从银行的角度来看，流动性是指当债务到期时，银行以合理的成本偿还债务的能力。流动性风险是指银行不能及时提供流动性而导致损失的可能性。

2. 流动性风险的分类

流动性风险分为宏观和微观两个层面。这里我们是从微观的角度来定义流动性风险的。后面我们还会介绍如何从宏观的角度来定义流动性风险。

流动性风险从微观层面可以分为三种：（1）筹资流动性风险，是指在不影响银行日常运转或财务状况的情况下，银行无法满足其当前和未来资金需要的风险；（2）市场流动性风险，是指因市场缺乏足够的深度，银行在不招致损失的情况下，无法容易地对冲或出售某一头寸的风险；（3）结构性的流动性风险，是指到期转换风险，风险源自资产与负债之间期限的错配。

流动性风险及其监管要求将在第九章、第十三章做详细介绍。

第二节　巴塞尔委员会

巴塞尔协议是巴塞尔委员会制定和发布的文件的总称。在介绍巴塞尔协议内容之前，我们需要了解巴塞尔委员会的起源、职能、机构的组成、发布文件的性质等有关内容，这有助于我们加深对巴塞尔协议内容的理解。

一、巴塞尔委员会的起源

20 世纪 70 年代初期，随着布雷顿森林体系的崩溃以及中东战争导致全球石油价格迅速上涨，发达经济体普遍面临“滞胀”，并引发了全球金融市场的剧烈波动，银行风险明显加大。1974 年联邦德国的赫斯塔特银行、美国的富兰克林国民银行倒闭对全球银行体系的稳健性产生巨大冲击。在此背景下，十国集团（G10）的中央银行行长于 1974 年底决定建立“银行法规与监督事务委员会”，由于该委员会秘书处设在瑞士巴塞尔的国际清算银行，随后易名为“巴塞尔银行监督管理委员会”，简称巴塞尔委员会。该委员会成立的目的是确保在成员之间开展监管合作。

巴塞尔委员会成立初期，其委员包括比利时、加拿大、法国、联邦德国、意大利、日本、卢森堡、荷兰、西班牙、瑞典、瑞士、英国、美国 13 个成员的中央银行的高级代表（中央银行不承担银行监管职责的国家，由银行监管当局代表参加）。后来成员不断增加，我国于 2009 年 4 月 5 日成为该组织的成员。

二、巴塞尔委员会的功能

巴塞尔委员会成立之初，主要是为其成员在监管方面的日常合作提供平台。通过探讨银行监管合作的方式，堵塞跨境监管方面的漏洞，但其广泛的目标是提升对银行监管的认识，并在全球范围内提高银行监管的质量。

巴塞尔委员会没有任何凌驾于主权之上的正式权力，其决议对其成员也不具有正式的法律效力，但其通过制定银行监管标准和指导原则，提倡稳健和最佳监管实践，引导各国或地区相关法律和规则的制定，逐步使其成为银行监管国际标准的制定者。

三、巴塞尔委员会的组织架构

巴塞尔委员会的组织架构如图 1－1 所示。为确保其顺利完成目标任务，巴塞尔委员会成立了五个常设工作组，并且可以根据需要成立临时性和阶段性项目组；巴塞尔委员会向中央银行行长和监管当局负责人组织报告工作，寻求该组织的支持。

（一） 中央银行行长和监管当局负责人组织

中央银行行长和监管当局负责人组织（GHOS）由巴塞尔委员会各成员的中央银行行长和监管当局主要负责人组成，是巴塞尔委员会的监督机构，巴塞尔委员会向 GHOS 报告工作，并寻求 GHOS 对巴塞尔委员会重大决策的支持，但 GHOS 不代替巴塞尔委员会进行决策。此外，GHOS 还负责以下工作：一是批准《巴塞尔委员会章程》及其修改，二是为巴塞尔委员会的工作提供总体指导，三是从 GHOS 成员中任命巴塞尔委员会主席。

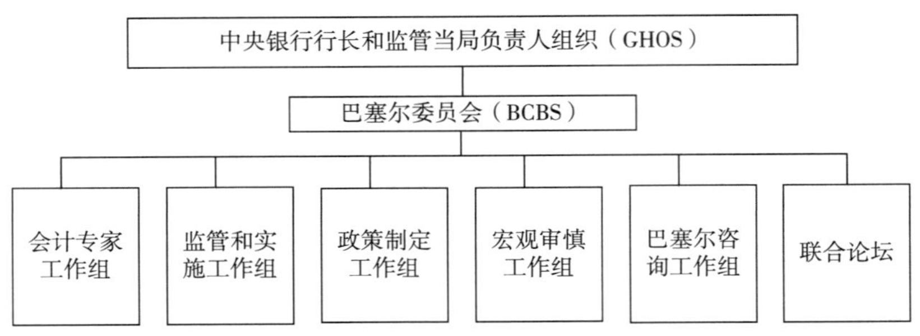

图1-1 巴塞尔委员会的组织架构

（二）巴塞尔委员会会议

巴塞尔委员会会议负责最终决策。

（三）常设工作组

常设工作组由巴塞尔委员会成员的高级监管人员组成，负责组织实施巴塞尔委员会的工作，并直接向巴塞尔委员会报告工作；另外，常设工作组下还可以设立专门的项目组，负责具体领域的工作，专门项目组向常设工作组报告工作。

常设工作组主要包括会计专家工作组、监管和实施工作组、制定政策工作组、宏观审慎工作组和巴塞尔咨询工作组。除上述五个常设工作组外，巴塞尔委员会、国际证监会组织和国际保险监督官协会还共同成立了联合论坛，扩大不同监管当局之间的信息交流，强化监管协调，并制定金融集团公司监管的有效原则等。

第三节　巴塞尔协议的基本内容

巴塞尔协议是指巴塞尔委员会发布的银行监管文件的总称，主要指巴塞尔委员会发布的与资本充足率计量和监管相关的政策文件，这里主要指《巴塞尔资本协议Ⅰ》《巴塞尔资本协议Ⅱ》《巴塞尔资本协议Ⅲ》《有效银行监管核心原则》。它们共同构成了银行监管的国际框架。

需要说明的是，本章主要讲述全书的总体框架。我们为了解释总体框架包括的内容，有些做了一些展开介绍，这些展开的内容后面还要详细介绍。

还需要说明的是，巴塞尔协议的主要内容随着银行监管的需要而不断修订，从《巴塞尔资本协议Ⅰ》《巴塞尔资本协议Ⅱ》发展到目前的《巴塞尔资本协议Ⅲ》。为了全面了解巴塞尔协议的演化过程，我们在第二章专门做详细介绍。本章穿插介绍其主要内容。

巴塞尔协议的基本内容包括三个部分：第一，最低资本要求（第一支柱）；第二，监督检查（第二支柱）；第三，信息披露（第三支柱），又称市场纪律。

一、第一支柱——最低资本要求

第一支柱的主要内容包括监管资本的定义、风险加权资产、监管风险权重。

（1）监管资本的定义，即从监管的角度确定哪些工具可以作为资本，以及这些工具作为监管资本必须满足的一系列条件。

（2）风险加权资产，即银行所有资产按监管当局规定的风险权重（监管风险权重）换算成总的风险敞口。

（3）监管风险权重，它是一个百分比，用来将风险敞口的名义价值转换为“风险敞口的在险价值”。银行为了弥补这些敞口有关潜在损失而需要保持的资本金，可以用风险资产乘以该比例再乘以最低资本要求（8%）计算得出（风险加权资产、监管风险权重和最低资本要求之间的关系在后文通过举例分别做详细介绍）。

$$\text{最低总资本比率} = \frac{\text{总监管资本}}{\text{总风险加权资产}} \geqslant 8\%$$

从上述定义中我们可以看出，风险加权资产与监管风险权重是一个问题的两个方面。通过风险加权资产乘以最低资本比率，可以计算出银行应该达到的最低资本要求。判断银行是否达到最低资本要求，还要考虑银行实际持有的监管资本，需要进行计量。银行应该达到和实际达到的最低资本要求是多少？需要考虑三个因素——监管资本、风险加权资产和最低资本要求的计算。

（一）监管资本

资本不但是银行未来发展的基础，也是银行在发生非预期损失时可以继续运营的保证。银行资本主要表现为以下三种主要形式：会计资本、经济资本和监管资本。我们主要是研究监管资本，但这三种资本存在一定的联系，需要一并做介绍。

会计资本就是根据会计准则确定的资本，通常指银行各项资产扣除各项负债后的净值，代表银行所有者（或股东）在银行资产中享有的经济利益，主要体现为银行资产负债表中的“所有者权益”。

经济资本是指银行在一定期限内（如一年），在一定的置信水平下（如99%）为了弥补银行的非预期损失而应当持有的资本，又称风险资本。经济资本与银行实际承担的风险之间存在直接对应关系。与会计资本和监管资本不同，经济资本不是真实的银行资本，而是资本管理和风险管理的重要工具，需要的数额与银行的风险容忍度和期限假设有关，是银行自己确定的数额。

监管资本是监管部门要求银行持有、用以抵御潜在损失的资本。巴塞尔协议是对银行资本工具为满足监管资本确认的要求而必须遵守的条件作出的规定。这些条件规定主要是指：银行持有的资本工具，哪些能够作为监管资本，哪些不能作为监管资本；作为监管资本，哪些可以作为弥补损失能力最强的资本，哪些可以作为弥补损失能力次强的资本。当然，这些条件规定也随着巴塞尔协议的修订而改变。这些条件可以概括为：各种一级资本要素的合格标准、各种二级资本要素的合格标准，以及监管资本扣除项目。

一级资本是各种成分中具有最强损失弥补能力、让银行可以继续运行下去的资本。它具有迅速地用来弥补损失、银行在支付方面有自主能力等方面的特性。它包括实收资本的普通股、留存收益、非累计永久性优先股等。

二级资本或附属资本由多种金融工具构成，它弥补损失的能力低于一级资本。它具有以下特点：未担保、次级的（低于长期次级债），全额缴定，在银行无须终止交易的情况下用来弥补损失，在银行无法偿还债务的情况下应当允许延期偿债等。二级资本包括未公开债务（贷款损失准备金）、重估储备（固定资产重估、潜在的隐性价值）等。

监管资本扣除项目是指由于各种原因，不能在持续经营的基础上有效地弥补银行损失的金额。这些扣除项目包括：①商誉。商誉必须从一级资本要素中扣除。通过并购而成长起来的银行通常有大额商誉，并表现在其资产负债表中，应从一级资本中予以扣除。②未并表子公司的投资。未并表的、从事银行和金融业务的子公司的投资属于不可使用的资金，因此，应该从银行总监管资本中扣除。

监管资本分为实际持有的监管资本和应该持有的监管资本两个方面。实际持有的监管资本计量的具体内容将在第四章做详细介绍；应该持有的监管资本计量即银行风险资本要求的计量的具体内容将在第五章（信用风险）、第六章（市场风险）、第七章（操作风险）做详细介绍。

会计资本、经济资本和监管资本的共同点是，都能在一定程度上反映承担风险和吸收损失的能力，反映银行财务的稳健性。经济资本与监管资本还具有相同的趋势（在第四章还将做介绍）。但三种资本也存在着明显的差异：一是理论基础与依据不同，会计资本主要依据会计准则，经济资本主要依据风险管理技术，监管资本主要依据监管当局的政策要求；二是计算的目的不同，会计资本主要反映银行的所有者对银行的权益，经济资本主要反映银行面临的非预期损失，监管资本主要是从监管当局的角度看银行抵御风险的能力。此外，三种资本的计算方法、适用范围等也不尽相同。我们从三种资本相互联系的角度重点研究监管资本。

（二） 风险加权资产的计量

前面我们介绍了哪些要素或工具可以充当监管资本，这是计量资本充足率已达到要求的分子项。现在考虑应达到资本充足率的计量分母项，即风险加权资产。不同类型的资产，如银行持有的现金和贷给私人部门的贷款，或购买股票、债券，其风险是不一样的。有的是表内资产，有的是表外资产，其风险也是不一样的。这里我们仅以贷款等信用风险为例，说明如何计量风险加权资产。

风险加权资产是指对银行的资产通过监管风险权重估算的资产，比如某银行发放了抵押贷款 100 亿元，监管风险权重为 50%，则风险加权资产为 50 亿元。

那么，什么是监管风险权重？它是根据什么作出的规定？监管风险权重是对风险暴露有关的信用风险作出的估算，以百分比表示，用以将信用风险暴露的名义价值转换为风险加权资产。它是根据资产的风险状况得出的，下面我们对其结构进行介绍。

巴塞尔协议的风险权重结构包括五类，分别是风险权重为 0 的债权、风险权重为 10% 的债权、风险权重为 20% 的债权、风险权重为 50% 的债权和风险权重为 100% 的债权。其中 10% 为自选项，其余均为强制项。每类风险权重对应一系列特定的资产项目。之所以对所有国家的同一风险暴露类别使用同一风险权重，是为了促进资本计量和资本标准的国际统一。风险加权资产不能直接用于表外项目，因为这些风险暴露面临的风险金额不一定等同于银行账内列示的名义金额。因此，在赋予表外项目风险权重之前，需要将它们通过信用风险转换系数转换成信用风险当量。

1. 风险权重为 0 的债权

风险权重为 0 的债权不需要任何资本的抵补，指的是那些被认为不存在任何风险的资产，主要包括：（1）现金和黄金；（2）对政府和中央银行的债权。

2. 风险权重为 20% 的债权

风险权重为 20% 的债权在银行债权中占很大的比例，且在各大银行间是一个重要的交易项目。具体包括银行剩余期限在一年内的债权、同业拆借市场的债权等。

3. 风险权重为 50% 的债权

贷款有担保，用被租住或被借款人占用的住宅提供抵押的贷款适用 50% 的风险权重。在多数国家，这种贷款发生损失的概率较低。50% 的风险权重同时适用于现房住宅贷款和期房住宅贷款。商用房地产贷款以及对从事投资性住宅或房地产开发公司发放的贷款都不符合上述要求。

4. 风险权重为 100% 的债权

对于所有不符合较低风险权重要求的其他债权或资产类别均采用 100% 的风险权重，这是该框架中的标准风险权重。这样的“其他债权”在银行资产负债表中占有很大比重，主要包括对私人部门和公共部门商业实体的债权、所有零售债权、不享有50%风险权重的多类房地产贷款、所有其他投资、其他银行发行的资本工具（不包括已从资本中扣除的）、所有其他资产。

5. 信用风险转换系数

通过信用风险转换系数可以将未来潜在的风险暴露转换成信用风险当量。它们适用于各种表外项目，包括承诺等。

例如，某银行为一家公司开立货物作抵押的自偿性跟单信用证，金额50亿元，信用风险转换系数为20%，其风险加权资产为

$$50 \times 20\%（信用风险转换系数）\times 100\%（风险权重）= 10（亿元）$$

信用风险转换系数根据表外业务风险情况分为0、20%、50%和100%四个档次。

（1）信用风险转换系数为0

信用风险转换系数为0意味着这类承诺不存在任何信用风险。例如，客户为发行商业票据而获得银行信用支持额度等。

（2）信用风险转换系数为20%

20%的信用风险转换系数表示其内在信用风险很低。例如，用有关货物作抵押的自偿性跟单信用证就属于这种情况。

（3）信用风险转换系数为50%

50%的信用风险转换系数意味着存在较大的信用风险并很可能被要求履行承诺责任。如资本市场上发行备用额度等。备用额度通常是进行证券发行的一个先决条件，如果资信恶化导致发行人无法完成发行，则这些备用额度很可能会被全额使用。

（4）信用风险转换系数为100%

直接信用替换和带有一定使用次数的承诺使用100%的信用风险转换系数。银行担保属于典型的直接信用替换，与其他形式的承诺不同，带有一次（或若干次）使用次数的承诺是指那些事先已经得知额度将在某一特定时间被使用的工具。这些承诺通常会使用于商用房地产建筑或项目融资方面。

银行在场外衍生产品交易中产生的信用风险量带来的信用风险金额只占交易名义金额的一小部分。信用风险仅限于在发生交易对手违约的情况下替换具有正价值合同现金流的潜在成本。

场外交易合同的未来替换成本法是指用成分附加值乘以交易工具当前市场价值，然后再用该数字乘以交易对手风险权重。其结果表明风险加权资产金额约等于银行在交易对手违约时的潜在损失。成分附加值用交易名义金额的一定百分比表示，其

值为0～15%不等，其大小由交易类别和剩余价值决定，它反映各种交易类别和工具的风险性。

计算表外风险暴露的资本金要求要分两步走：首先将表外工具的名义金额乘以一个信用风险转换系数（0、20%、50%和100%中的一个），然后将得出的结果乘以适用于表内对应的资产的风险权重。

（三） 风险权重和资本计提

监管资本总额与所有风险加权资产总和的最低比率为8%，因此100%风险权重对应8%的资本计提，而50%的风险权重则对应4%的资本计提，以此类推。从另一个角度看，为了满足8%的最低比率要求，风险加权资产（分母）不得超过监管资本（分子）的12.5倍。风险权重与资本计提的关系见表1－2。

表1－2 风险权重与资本计提的关系 单位：%

风险权重	资本计提
0	0
10	0.8
20	1.6
50	4
100	8

通过风险资产、风险加权资产和最低资本充足率，我们可以计算覆盖资产风险所需的最低监管资本额。例如，某银行的贷款余额为1000亿元，监管风险权重为50%，它持有的监管资本应达到40亿元（1000×50%×8%，或1000×4%）。

（四） 资本充足率的计量

监管资本是根据监管资本定义计算的实际监管资本的余额，是计算资本充足率（包括总体和结构）的分子项；风险加权资产是根据监管权重计量的风险敞口的在险价值；根据最低资本充足率的比率（8%）可以计算出覆盖风险所需的最低监管资本金额；在已知某项风险所需最低监管资本金额的情况下，为了计算总资本充足率，可以换算出风险加权资产（除以8%或乘以12.5）。资本充足率的公式为

$$\text{银行总的资本充足率} = \frac{\text{总监管资本}}{\text{总风险加权资产}} \geqslant 8\%$$

$$\text{银行最低一级资本充足率} = \frac{\text{总一级资本}}{\text{总风险加权资产}} \geqslant 4\%$$

二、第二支柱——监督检查

监督检查的目标是确保银行相对其总体风险状况评估其资本充足率，然后由监管部门对评估进行检查，再根据结果采取适当的行动。

监管部门可能要求银行超过最低监管资本比率持有更多的资本金，或者采取其他补救性措施，如加强相关风险的管理。如果是要求更高的资本比率水平，一旦银行的资本降到该水平之下，监管当局就必须干预。

第二支柱要求银行进行压力测试，对通过内部评级法得出的压力情景下的资本的增加进行评估。这些测试的结果应该由银行和监管人员使用，以确保银行持有了充足的资本。

监督检查有四个相关概念（如图1－2所示），即资本充足率、评估与监控、设定目标比率、干预。

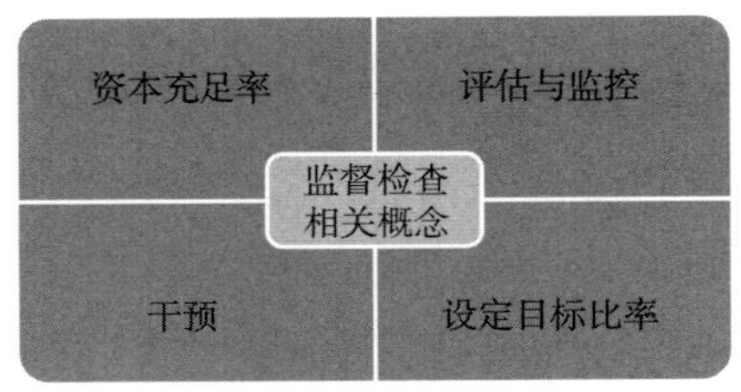

图1－2　监督检查的相关概念

（1）资本充足率。银行必须建立程序来评估与其总体风险状况相适应的总体资本充足率，同时必须制定维持资本水平的策略，其中包括：捕捉所有实质性重大风险的程序，将银行策略和资本水平同风险联系在一起的程序，确保管理系统完整性的内部控制和审计。

（2）评估与监控。监管当局应该对银行内部资本充足评估和策略以及银行能否监控和确保监管资本比例合规进行检查和审核。同时，监管人员应考察：银行进行的敏感性分析和压力测试，以及它们是如何与银行资本挂钩的；在设定资本水平时，银行管理层在多大程度上考虑到了非预期事件；银行高级管理层是否对银行资本的目标水平进行充分审核和监控。

（3）设定目标比率。监管人员应该要求金融机构在最低监管资本比率之上运营，并且应该有能力要求银行持有超出最低要求的资本。它们可采用不同的策略来确保银行资本处于充足水平，其中包括对银行资本设定触发或目标比率等。有些国家可能会对该国整个银行系统使用较高的目标比率。

（4）干预。为防止资本跌落到最低要求水平以下，监管人员应当在早期进行干预，并应确保银行在资本水平没有得到保持或恢复的情况下采取紧急补救措施。如果监管人员认为银行没有满足最低资本要求，监管人员应考虑：①对该银行实施更密切的监控；②要求该银行制定并实施资本充足性恢复计划；③要求该银行筹集追加资本；④限制该银行股息的派发。

第二支柱的具体内容将在第十一章做详细介绍。

三、第三支柱——信息披露

第三支柱中列出了各种信息披露要求，使市场参与者能够对有关应用范围、资本、风险暴露、风险评估程序以及该机构的资本充足性等重要信息进行评估。

在有些情况下，披露是在第一支柱内获得较低风险权重和/或使用特定方法的资格标准。对不予披露者将进行直接制裁。

第三支柱还讨论了信息的实质性所起的作用，披露的频率、机构专利或保密信息等内容。

第三支柱的具体内容将在第十二章做详细介绍。

本章小结

1. 巴塞尔协议框架的逻辑关系是：银行经营面临各种风险，风险有可能形成损失，为了抵御风险造成的损失，监管部门要求银行持有与损失相对应的最低资本金、监督检查资本充足率等，并要求银行披露与此相关的信息。

2. 风险既涵盖了损失的大小，又涵盖了损失发生概率的大小。

3. 银行风险是指在银行经营过程中一系列不确定因素导致损失或不利结果的可能性。

4. 银行风险可以从多个角度、多个层次予以分类。按照遭受风险的银行面积划分，银行风险可以分为系统性风险和非系统性风险；按照银行业务结构划分，银行风险可以分为资产风险、负债风险、中间业务风险；按照影响因素划分，银行风险可以分为信用风险、市场风险、流动性风险、操作风险、声誉风险、战略风险等。

5. 信用风险是债务人或其他主体违约给银行造成损失的风险。信用风险存在于银行的所有业务活动中。信用风险暴露（即违约遭受损失的最大金额）通常根据债务人的不同分为主权风险暴露、银行风险暴露、公司风险暴露、零售风险暴露和其他风险暴露五种。

6. 市场风险是市场价格的变化对资产负债表内或表外存量的价值产生不利影响的风险。市场风险按不同的标志可以进行多种分类：按持有头寸目的不同，市场风险分为银行账户的风险和交易账户的风险；按价格变动的原因不同，市场风险分为一般市场风险和特定市场风险；按市场价格构成不同，市场风险分为利率风险、汇率风险、股票价格风险、商品价格风险和期权风险。

7. 操作风险是不完善或有问题的内部程序、人员和信息技术系统或外部事件导致的风险。它包括法律风险，但不包括战略风险和声誉风险。2003 年巴塞尔委员会制定的《操作风险管理与监督的稳健做法》列出了可能导致重大操作风险损失的七种损失类型。

8. 流动性风险有宏观与微观之分。从微观的角度定义，流动性风险是指银行不能及时提供流动性而导致损失的可能性。流动性风险在概念上分为三种：筹资流动性风险、市场流动性风险、结构性的流动性风险。

9. 巴塞尔协议是指巴塞尔委员会发布的银行监管文件的总称，主要指巴塞尔委员会发布的与资本充足率计量和监管相关的政策文件，包括《巴塞尔资本协议Ⅰ》《巴塞尔资本协议Ⅱ》《巴塞尔资本协议Ⅲ》《有效银行监管核心原则》。它们共同构成银行监管的国际框架。

10. 巴塞尔委员会主要是为其成员在监管方面的日常合作提供平台。巴塞尔委员会没有任何凌驾于主权之上的正式权力，其决议对其成员也不具有正式的法律效力，但其通过制定银行监管标准和指导原则，提倡稳健和最佳监管实践，引导各国或地区相关法律和规则的制定，逐步使其成为银行监管国际标准的制定者。

11. 巴塞尔协议框架主要包括三个部分：第一，最低资本要求（第一支柱）；第二，监督检查（第二支柱）；第三，信息披露（第三支柱），又称市场纪律。

12. 第一支柱的主要内容：(1) 监管资本的定义，即从监管的角度确定哪些工具可以作为资本，以及这些工具作为监管资本必须满足的一系列条件。(2) 风险加权资产，即银行所有资产按监管机构规定的风险权重换算成总的风险资产。(3) 监管风险权重，它是一个百分比，用来将信用风险敞口的名义价值转换为“风险敞口的在险价值”，银行为了弥补这些敞口的有关潜在损失而需要保持的资本金，可以用风险资产乘以该比例再乘以最低资本要求（8%）计算得出。

$$\text{最低总资本比率} = \frac{\text{总监管资本}}{\text{总风险加权资产}} \geqslant 8\%$$

13. 监督检查是资本监管的第二支柱。监督检查的目标是确保银行相对其总体风险的状况评估其资本充足率，然后由监管部门对评估进行检查，再根据结果采取适当的行动。

14. 第三支柱中列出了各种市场披露要求，使市场参与者能够对有关应用范围、资本、风险暴露、风险评估程序以及该机构的资本充足性等重要信息进行评估。

本章重要概念

风险 银行风险 信用风险 市场风险 操作风险 流动风险 巴塞尔委员会 巴塞尔协议 巴塞尔协议第一支柱 巴塞尔协议第二支柱 巴塞尔协议第三支柱

本章复习思考题

1. 判断题

(1) 风险既涵盖了损失的大小，又涵盖了损失发生概率的大小。 ( )

(2) 信用风险暴露就是违约遭受损失的最大金额。 ( )

(3) 巴塞尔协议仅指资本充足率计量的文件。 ( )

(4) 巴塞尔委员会制定的《巴塞尔资本协议Ⅰ》《巴塞尔资本协议Ⅱ》《巴塞尔资本协议Ⅲ》和《有效银行监管核心原则》构成了银行监管的国际框架。( )

(5) 巴塞尔委员会作出的决议对成员具有法律效力。 ( )

(6) 巴塞尔协议的框架可以概括为三个支柱。 ( )

(7) 资本充足率就是总监管资本与总风险加权资产之比。 ( )

(8) 风险加权资产可直接用于表外项目。 ( )

(9) 风险权重与资本充足率有着直接的关系。 ( )

(10) 巴塞尔协议第三支柱是信息披露。 ( )

2. 单选题

(1) 违约遭受损失的风险为 ( )。

A. 流动性风险 B. 操作风险 C. 信用风险

(2) 市场价格的变化将对资产负债表内或表外存量的价值产生不利影响的风险为 ( )。

A. 法律风险 B. 市场风险 C. 信誉风险

(3) 巴塞尔协议第一支柱为 ( )。

A. 最低资本要求 B. 监督检查 C. 信息披露

(4) 监管资本是 ( )。

A. 会计资本 B. 实收资本 C. 监管部门要求银行持有的资本

(5) 最低资本要求由 ( ) 组成。

A. 监管资本的定义、风险加权资产和监管风险权重

B. 监管资本的定义、风险加权资产

C. 总监管资本、总加权风险资产

3. 计算题

（1）某银行总监管资本为4000亿元，风险加权资产为60000亿元，该银行要达到监管部门要求的最低资本充足率还需募集多少资本金？

（2）某银行表外总资产敞口为3000亿元，信用风险转换系数为100%，风险权重为100%，计算该业务最低资本金要求是多少？

4. 简答题

（1）简述银行风险的分类。

（2）简述巴塞尔委员会的主要功能。

（3）简述巴塞尔协议的主要内容。

5. 思考题

（1）若把风险理解为收益和损失的不确定性，那么请你分别从商业银行的经营管理者和监管者两个角度谈谈对风险管理、风险监管与收益和损失关系的看法。

（2）最低资本充足率确定的依据是什么？为什么是8%而不是9%或7%？

第二章
巴塞尔协议的演进

如前所述，巴塞尔协议既包括与资本充足率计量和监管相关的文件，如《巴塞尔资本协议Ⅰ》《巴塞尔资本协议Ⅱ》《巴塞尔资本协议Ⅲ》，也包括银行监管的标准文件，如《有效银行监管核心原则》等。本章主要介绍与资本充足率计量和监管相关的文件的演进，银行监管的标准文件如《有效银行监管核心原则》等的演进将在第十四章做详细介绍。

巴塞尔委员会成立之后，于1988年发布了第一版巴塞尔协议（以下简称《巴塞尔资本协议Ⅰ》），建立了一套全球统一的资本充足率监管标准。以后根据实际需要，又发布了《巴塞尔资本协议Ⅱ》和《巴塞尔资本协议Ⅲ》。《巴塞尔资本协议Ⅲ》是目前最新的监管标准。各国执行巴塞尔协议的版本不同，有的国家执行《巴塞尔资本协议Ⅲ》，有的国家仍在执行《巴塞尔资本协议Ⅱ》；即使在同一个国家，不同的银行执行巴塞尔协议的版本也不同（我国就属于这种情况，具体执行哪个版本的巴塞尔协议，我们在第四章中再做讲解）。本章介绍巴塞尔协议的演进历程，这有助于加深对银行监管国际框架的理解。

我国目前总体上遵循的是《巴塞尔资本协议Ⅲ》的监管标准，这些新标准的详细内容在以后的章节中还会陆续介绍，本章第三节只介绍新修改的内容。

第一节　巴塞尔资本协议Ⅰ

一、《巴塞尔资本协议Ⅰ》的诞生

巴塞尔委员会于1975年2月成立后，面临的首要问题是跨国银行的监管问题。为此，1975年9月，巴塞尔委员会发布了首份文件——《对银行境外机构监管报告》，以后又对此文件进行了补充和修订。进入20世纪80年代以后，在金融自由化和金融全球化的推动下，金融业变革加快，国际银行竞争更加激烈。同时，受到拉美债务危机的影响，跨国银行的信用风险不断积累；表外业务的快速增长也使市场风险和流动性风险增加。但各国银行监管当局制定的监管标准以及资本涵盖的内容不尽相同，导致各国银行间的竞争有失公平。为了清除这种不公平竞争，降低其给国际银行业带来的不稳定性，提高银行承受风险的能力，巴塞尔委员会寻求制定统一的监管标准。

国际清算银行的经济学家于1984年初向巴塞尔委员会提出以自有资本做分子，以风险资产做分母，计量资本充足率。但这一要求对资本的认定并未被所有成员所接受。1986年7月，美国首先与英国商议，希望两国共同努力在巴塞尔委员会推动资本充足率一致化的方案。1987年1月，两国共同宣布达成《银行资本充足率协议》，该协议规定核心资本占风险加权资产的比率不得低于4%，核心资本与附属资本之和占风险加权资产的比率不得低于8%。这一协议促使巴塞尔委员会正式展开有关统一国际银行业资本充足率的协商。1987年12月，巴塞尔委员会发表了《关于统一国际银行业资本充足率比率的国际监管条例的提议》，并向G10成员广泛征求意见。1988年7月，G10通过了巴塞尔委员会制定的《巴塞尔资本协议Ⅰ》，即《关于统一国际银行资本衡量和资本标准的协议》。

二、《巴塞尔资本协议Ⅰ》的主要内容

1988年7月，巴塞尔委员会公布了《巴塞尔资本协议Ⅰ》，并要求于1993年1月起逐步实施。《巴塞尔资本协议Ⅰ》主要针对信用风险建立了一套国际通用的、覆盖表内外风险的资本充足率标准，旨在强化国际银行体系的稳定性，并消除因各国资本充足率要求不同而产生的不公平竞争。

（一） 资本定义

《巴塞尔资本协议Ⅰ》将银行资本分为核心资本和附属资本两部分。核心资本又称一级资本，主要包括实收资本（或普通股）、公开储备（包括股票发行溢价、资本公积、盈余公积、留存利润），核心资本应占资本总额的50%以上。附属资本又称二级资本，主要包括未公开储备、资产重估储备、一般准备金、混合资本工具和长期次级债务。各国或地区可根据各自的会计制度和监管规则自行规定附属资本成分。

巴塞尔委员会认为，核心资本是银行资本中最重要的组成部分，具有以下特点：一是核心资本的价值相对稳定；二是其资本组成部分对各国或地区银行来说基本相同；三是核心资本是判断银行资本充足率的基础，并对银行的盈利能力和竞争能力影响极大。附属资本不完全具备核心资本的特征。协议对附属资本作出了相应的限制：一是附属资本不得超过核心资本总额，即附属资本占资本总额的比重不得超过

50%；二是附属资本中长期次级债务最多不得超过核心资本的50%；三是一般准备金的数额最多不能超过风险加权资产的1.25%。

（二）最低资本充足率要求

《巴塞尔资本协议Ⅰ》要求从1993年起，所有从事国际业务的银行的资本与风险加权资产的比率不得低于8%，其中核心资本与风险加权资产的比率不得低于4%。资本充足率的计算公式为

资本充足率 =（核心资本 + 附属资本）/风险加权资产 ×100%

（三）风险计量

《巴塞尔资本协议Ⅰ》根据风险程度的不同，对商业银行的主要资产类型规定了相应的风险权重，并使用风险加权的方法来计量资本充足率。风险加权资产总额等于表内风险加权资产与表外风险加权资产之和。

1. 表内风险加权资产

《巴塞尔资本协议Ⅰ》将商业银行表内资产划分为五大类，并相应确定了五档风险权重，分别为0、10%、20%、50%、100%（见表2－1），以计算表内风险加权资产。表内风险加权资产的计算公式为

表内风险加权资产 = $\sum$（表内资产 × 风险权重）

表2－1　　表内资产的风险权重

资产类型	风险权重
现金、对本国中央银行的债权、由其他经济合作与发展组织（OECD）国家（或中央银行）主权担保的债权等	0
对公共部门实体的债权	0、10%、20%或50%
由多国发展银行担保的债权，由OECD国家的金融机构提供担保的债权，由OECD国家的公共部门、非OECD国家的中央银行、银行担保的不超过一年的债权，在途现金等	20%
有完全资产担保的房地产按揭或个人零售贷款等	50%
其他（如对非公共部门的企业的债权、对非OECD国家、银行的超过一年的债权等）	100%

2. 表外风险加权资产

《巴塞尔资本协议Ⅰ》对不同表外项目规定了相应的信用风险转换系数。信用风险转换系数是衡量表外项目转换为表内资产的可能性指标（见表2－2）。银行用信用风险转换系数将表外项目转换为表内项目，再根据表内项目的风险权重计算出风险加权资产。表外风险加权资产计算公式为

表外风险加权资产 = $\sum$（表外项目资产 × 信用风险转换系数 × 表内项目的风险权重）

表 2－2　　《巴塞尔资本协议Ⅰ》规定的信用风险转换系数

工具	信用风险转换系数
直接信用替代，如一般债务担保（包括为贷款和证券提供财务担保的备用信用证）和承兑（包括具有承兑性质的背书）	100%
与交易相关的或有项目（如履约保函、投标保函、认购权证和为某些特别交易而开出的备用信用证） 票据发行便利和循环认购便利 原始期限超过一年的承诺（如正式的备用信用安排和信贷额度）	50%
与贸易相关的短期自偿性或有项目（如以相应货运单抵押的跟单信用证）	20%
原始期限在一年及一年以内的承诺，或可随时无条件撤销的承诺	0

对于表外业务的监管，巴塞尔委员会强调应关注以下几点：一是许多表外金融创新的动机是规避监管，表外业务的监管套利应引起监管当局的特别关注。二是与表外业务相关的大多数风险和表内业务的风险基本上没什么不同，因此，表外业务风险不应与表内业务风险分割开进行分析，而是应被视为银行总体风险的一个内在组成部分。三是要认识到部分表外业务具有为表内业务提供保值的作用，监管当局应关注表外业务对银行经营的正面价值。

三、《巴塞尔资本协议Ⅰ》的主要贡献

（一）提供了衡量银行体系稳健性的统一标杆

《巴塞尔资本协议Ⅰ》发布后，“监管资本与风险加权资产的比例”作为衡量银行清偿能力最重要的指标得到国际银行业的普遍认可，虽然各国在实施过程中有一定的国别自裁权（National Discretion），但8%的最低资本要求仍被共同遵守，相当一部分国家在此基础上提出了更高的资本要求。不仅监管当局广泛使用资本充足率对银行实施资本监管，而且国际组织（国际货币基金组织、世界银行）在评估各国银行体系稳健性和各国资本监管制度的审慎性时也将资本充足率水平作为最重要的指标；评级机构以及社会公众对银行体系稳健性的分析也在很大程度上基于资本充足率水平。另外，统一的资本充足率标杆提高了银行风险信息的透明度，增强了商业银行的自律意识。正是在《巴塞尔资本协议Ⅰ》的推动下，资本监管才发展成为审慎银行监管的核心。

（二）增强了全球银行体系的安全性

为达到《巴塞尔资本协议Ⅰ》规定的最低资本要求，国际化大银行通过增加资本工具发行、压缩信贷规模和调整信贷结构，扭转了资本充足率长期下降的趋势。1992年底，G10国家绝大多数商业银行资本充足率达到了8%，到1996年底G10国

家商业银行资本充足率平均水平由1988年底的9.3%提高到11.2%。

（三）推动了风险监管理念的形成和发展

《巴塞尔资本协议Ⅰ》体现了监管思想的重大转变。一是监管视角从银行体外转向银行体内。此前的银行监管强调对银行的外部约束，而对银行本身的风险关注不够，该协议首次在全球范围内要求银行持有与其资产风险状况相适应的资本，提升了对银行风险的重视程度。二是突出动态监管的理念。商业银行的风险是不断变化的，要求商业银行持续地达到最低资本充足率要求，可以对商业银行实施动态约束，防止风险的盲目扩张和累积。三是推动对表外风险的关注。表外业务是一把“双刃剑”，能够使银行在一定程度上摆脱资产负债表的束缚，在短期内实现高速增长，但对银行破坏力也极强。《巴塞尔资本协议Ⅰ》将表外业务纳入资本监管框架，强化了商业银行对表外业务风险的认识，强化了表外业务风险管理。

四、《巴塞尔资本协议Ⅰ》的缺陷

（一）涵盖的风险种类少，未全面反映银行面临的风险

《巴塞尔资本协议Ⅰ》（包括1996年发布的《市场风险资本监管补充规定》）仅考虑信用风险和市场风险，没有考虑商业银行面临的银行账户利率风险、操作风险、声誉风险、流动性风险等其他风险。随着风险计量手段的改进，商业银行对信用风险和市场风险管理的有效性大大增强，与此同时，随着利率管制的放松、银行越来越多地借助计算机系统进行业务操作以及银行业务的复杂化，操作风险、银行账户利率风险、业务外包风险以及交叉风险呈现不断上升的趋势，直接威胁银行的生存，应在监管制度上予以高度关注。

（二）缺乏风险敏感性，不能有效区分资产的风险

《巴塞尔资本协议Ⅰ》根据债务人身份不同对各类债权分别给予了0、20%、50%和100%的风险权重。风险权重的设计没有反映一些信用风险的决定因素，如对所有企业贷款，无论企业所处的行业、市场地位、规模、财务实力和管理水平统一给予100%的风险权重，要求银行安排相同数量的监管资本显然不能反映资产的真实风险程度；对各类资产的风险加权资产进行简单相加，未能考虑资产分散化效应；对各类银行施加同样的资本要求，在监管制度上未反映银行风险管理水平的差异。缺乏风险敏感性的资本监管制度对商业银行的信贷行为产生反向激励，促使商业银行更多地发放高风险贷款，因为高风险贷款的利率高，可以提高商业银行的账面资产回报率，但这将导致资产实际风险程度上升，与监管当局强化资本监管的初衷背道而驰。

（三） 导致监管资本套利，弱化了资本监管的有效性

监管资本套利是指商业银行在无需或只需很少降低整体风险水平的情况下，减少监管资本要求的做法。因为金融创新使银行越来越容易通过“化妆”提高其报告的资本充足率，但并没有提高其稳健性。监管资本套利方法包括：一是“为我所用”（Cherry-picking）的方法，即通过资产证券化的手段将高质量的金融资产从表内剔除，因为相对经济风险来说这类资产的监管资本要求高，保留那些相对经济风险监管资本要求较少的资产（高风险资产）。二是重构（Re-engineering）金融合同，将资产负债表内信用风险转化为几乎等价的对资本需求较少的表外头寸。三是将一些特定的金融工具（如信用衍生品）的头寸从银行账户（Banking Book）转移到交易账户（Trading Book），通过采用内部模型法（Internal Model-based Approach）降低资本要求。

（四） 采用 OECD 俱乐部法，不能充分反映国家转移风险

《巴塞尔资本协议Ⅰ》对国家转移风险采取了极端简单化的处理方法，对 OECD 国家的债权分配 0 的风险权重，而对非 OECD 国家的债权给予 100% 的歧视性风险权重。这一方面造成国与国之间巨大的风险权重差距，致使信用分析评判中的信用标准扭曲为国别标准；另一方面则容易对银行产生误导，使银行放松对 OECD 国家贷款信用风险的警惕，而将非 OECD 国家的优质资产拒之门外，从而减少银行的潜在收益，扩大银行的经营风险。

（五） 仅规定资本充足率的计算标准，而未明确具体的实施措施

Frankel（1998）认为，《巴塞尔资本协议Ⅰ》的隐含前提是成员已经建立起激励相容的制度安排（Compatible Institutional Arrangements），而许多不具有实施条件的新兴市场国家也广泛采用该协议，造成了各国资本充足率计算结果不可比；国别自裁权的存在和缺乏正式的实施机制使 1988 年协议的有效性下降，如协议未对各国如何处理高风险机构提供具体的指引，在实施范围扩大的情况下，一些不受约束的（Rogue）银行体系进入国际市场，损害了国际金融体系稳定的基础。

五、对《巴塞尔资本协议Ⅰ》的修订

随着银行业竞争的日趋激烈和金融创新的蓬勃发展，银行经营的国内、国际环境发生了巨大变化，规避监管的情况也不断出现。面对银行业出现的诸多新情况、新问题，巴塞尔委员会对《巴塞尔资本协议Ⅰ》进行了多次补充和修订。

一是对准备金规定的调整。1991 年 11 月，在认识到准备金对银行经营的重要性后，巴塞尔委员会发布《关于巴塞尔资本协议Ⅰ一般准备/贷款损失准备的修订》（*Amendment of the Basel Capital Accord in Respect of the Inclusion of General Provisions/*

General Loan-loss Reserves in Capital），更为详细地定义了可计入银行资本的一般准备，将用于弥补未来不确定损失的准备金计入附属资本，而将那些用于弥补已确认损失的准备金排除在资本之外。

二是对 OECD 国家资产风险权重的调整。1994 年 7 月，在认识到除了非 OECD 国家存在国别风险之外，OECD 国家同样也存在国别风险后，巴塞尔委员会发布了《对巴塞尔资本协议 I 的修订》（*Amendment to the Capital Accord of July* 1988），更正了《巴塞尔资本协议 I》中对所有 OECD 国家均确定零主权风险权重这一简单化的计量方法，重新规定对 OECD 国家资产适用不同的风险权重。

三是对表外业务规定的调整和对市场风险计提资本。20 世纪 90 年代，随着金融衍生产品品种及其交易规模的迅猛增长，银行业越来越多地开展了衍生品交易，面临的市场风险加大。鉴于这一情况，巴塞尔委员会在 1995 年 4 月对银行一些表外业务的风险权重进行了调整，并于 1996 年 1 月发布《关于市场风险资本的补充规定》（*Amendment to the Capital Accord to Incorporate Market Risks*）。该补充规定提出，市场风险是市场价格波动导致表内外头寸损失的风险，银行要对市场风险计提资本；允许银行采用内部模型法，但应同时满足相应的定性与定量标准。该补充规定还要求：银行应设置独立的风险控制部门，定期进行事后监督分析，以检查模型的准确性；交易限额与敞口限额应与风险测定系统相衔接；银行应有定期的压力测试程序，制定完整的内部政策、控制程序和风险管理的系统文件；银行应设置内部审计制度，定期评价风险测定系统和控制部门的情况。

第二节　巴塞尔资本协议 Ⅱ

一、《巴塞尔资本协议 Ⅱ》出台的背景及目标

20 世纪 90 年代，一些欧洲国家和美国进行了一场以放松管制为特征的金融化改革：一是放开金融资产的价格，利率和汇率自由化，废除了证券交易中的固定佣金；二是货币政策调控以控制通货膨胀为首要目标，调控方式由以货币稳定增长规则为基础的控制货币供应量手段，过渡到以泰勒规则[①]为基础的调控实际利率的价格手段；三是金融机构业务领域相互融合；四是放松金融监管，金融创新层出不穷。

---

① 泰勒规则是由斯坦福大学的约翰·泰勒于 1993 年根据美国货币政策的实际经验确定的一种短期利率调整的规则，它是常用的简单货币政策规则之一。泰勒规则是指货币当局在执行货币政策时应根据通货膨胀率和总产出的实际值与目标值之间的差距来调节短期利率。

与此同时，计算机、电信技术和风险计量理论的进步，推动日益复杂的金融产品不断涌现，导致监管资本套利愈演愈烈，《巴塞尔资本协议Ⅰ》的有效性下降。巴塞尔委员会于1998年启动了第二版巴塞尔协议的前期准备和讨论工作。2004年6月，G10成员央行行长一致通过《统一资本计量和资本标准的国际协议：修订框架》（*International Convergence of Capital Measurement and Capital Standards*），即《巴塞尔资本协议Ⅱ》。

《巴塞尔资本协议Ⅱ》力求实现五个方面的目标：一是促进安全稳健性（保持总体资本水平不变）；二是促进公平竞争；三是更全面地反映风险；四是更敏感地反映风险；五是新资本协议实施的重点是“国际活跃银行”，基本原则适用于所有银行。

二、《巴塞尔资本协议Ⅱ》的主要内容

《巴塞尔资本协议Ⅱ》与《巴塞尔资本协议Ⅰ》相比，一是确定了资本监管的总体框架（《巴塞尔资本协议Ⅰ》只确定了第一支柱，《巴塞尔资本协议Ⅱ》确定了第二支柱和第三支柱），扩大了风险覆盖的种类（《巴塞尔资本协议Ⅰ》只覆盖信用风险，《巴塞尔资本协议Ⅱ》还覆盖市场风险和操作风险），完善了风险加权资产的计算方法。

《巴塞尔资本协议Ⅱ》是围绕以下三大支柱构建的：（1）第一支柱是关于每个银行为了覆盖其信用风险、市场风险和操作风险暴露而必须持有的最低资本要求；（2）第二支柱是关于监督检查，目标是确保银行的资本足以覆盖其所有风险；（3）第三支柱是关于市场行为约束以及公开信息披露的最低标准。

（一）第一支柱——最低资本要求

如前所述，第一支柱是关于每个银行为了覆盖其信用风险、市场风险和操作风险暴露而必须持有的最低资本要求。我们首先需要定义资本，然后分别讨论信用风险、市场风险和操作风险暴露所需的资本。

1. 资本的定义

《巴塞尔资本协议Ⅱ》将资本分为以下几个部分：

（1）一级资本也就是核心资本，包括普通股，加上非累计永久性优先股，再加上公开储备，扣除商誉；核心资本必须至少占银行总资本金的50%。

（2）二级资本包括未公开的资产重估和一般储备（一般呆账准备金）以及混合型债务资本和次级长期债务。

（3）三级资本是1996年的巴塞尔资本协议修订案新加进来的，但是只能用来满足银行市场风险的一部分资本要求。它是具有某些特定特征的短期次级债务。

2. 信用风险

《巴塞尔资本协议Ⅱ》为信用风险提供了两种计量方法：标准法和内部评级法。

（1）标准法

在标准法下，银行对每项资产和表外头寸规定一个风险权重，以此计算风险加权资产，具体如下：

$$风险加权资产 = 风险暴露金额 \times 风险权重$$

每项资产风险权重的确定，首先以借款人类别（主权、银行或公司）为基础，然后再根据外部信用评估机构的信用评估加以细化，同时，这种评估可以根据各种合格的信用风险缓释因素来进行调整。

标准法对不同资产类型建立了相应的风险权重，并利用外部信用评估来加强风险敏感度（与《巴塞尔资本协议Ⅰ》相比）。此外，这种方法还根据外部信用评估对各种主权、银行和公司风险暴露的风险权重进行了区分。

表2－3列出有关主权、银行和公司的风险权重。100%的风险对应的资本要求为该风险暴露价值的8%。类似地，如果风险权重为20%，得出的资本要求应等于风险暴露的1.6%（=20%×8%）。

表2－3　　主权、银行和公司的风险权重　　单位：%

评级	主权	银行的第一选择	银行的第二选择	短期债权	公司
AAA级至AA－级	0	20	20	20	20
A＋级至A－级	20	50	50	20	50
BBB＋级至BBB－级	50	50	100	20	100
BB＋级至BB－级	100	100	100	50	100
B级以下	150	150	150	150	150
无评级	100	50	100	20	100

注：1. 0的风险权重产生的资本要求为0；
2. 20%的风险权重产生的资本要求为1.6%；
3. 50%的风险权重产生的资本要求为4%；
4. 150%的风险权重产生的资本要求为12%。

对于不同类型的风险暴露还规定有其他风险权重，如达不到严格审慎标准的住宅抵押风险暴露的风险权重设定为35%，零售风险暴露的风险权重设定为75%，商用房地产抵押风险暴露的风险权重设定为100%，等等。

（2）内部评级法

银行通常要比信用评级机构更了解其借款人，基于此，内部评级法允许银行采用比标准法中的六类风险分类（0、20%、35%、75%、100%和150%）更加精细的风险区分方法来评价风险。

内部评级法分为内部评级法初级法和内部评级法高级法。内部评级法初级法：银行估计每个借款人的违约概率，监管当局规定其他风险估计值，如违约损失率和有效期限。内部评级法高级法：银行除了使用自己对违约概率的估计值外，其他风险要素的值，如违约风险暴露、违约损失率和有效期限都可以由银行自己估算。无论银行采用哪种方法，均需得到监管当局的批准。

无论银行还是监管当局对某种风险进行评估，都会采取相同的风险组成要素来确定其风险。风险权重的组成要素如下：

①违约概率（PD），是指借款人对某债务违约的可能性。所有银行必须为每个级别里的所有借款人作出一个 PD 内部估计值。

②违约损失率（LGD），是指贷款人预期一个借款人在违约时发生损失的部分在整个风险暴露中所占的百分比。

③违约风险暴露（EAD），是指借款人在违约时的预期风险暴露金额。

④有效期限（M），是银行风险暴露的有效到期日（以年计）。

《巴塞尔资本协议Ⅱ》要求那些获准使用内部评级法的银行将它们的风险暴露划分为几大类。违约概率、违约损失率和违约风险值的风险要素组成适用于所有五大类资产。

①公司风险暴露，即公司、合伙企业或独资企业的债务。公司风险暴露类别可以划分为五个子类别：项目融资、物品融资、商品融资、收益性房地产和高波动性商用房地产。

②银行风险暴露，指的是对银行和证券公司的风险暴露。

③主权风险暴露，指的是对主权、中央银行、公共部门实体和多边开发银行（MDB）的风险暴露。

④零售风险暴露，包括个人、小型企业、信用卡、循环信用贷、住宅抵押贷款和分期支付贷款等。《巴塞尔资本协议Ⅱ》确认了三个子类别：以住宅房地产为担保的风险暴露、合格的循环零售风险暴露和所有其他零售风险暴露。

⑤股权风险暴露，指的是在公司、合伙企业或其他企业中的所有者权益。根据《巴塞尔资本协议Ⅱ》，银行可以采用违约概率和违约损失率，或基于市场风险或压力测试来估测其股本风险暴露。

3. 信用风险缓释

当借款人提供抵押品或者第三方给借款人的协议提供信用担保时，又或者当银行购买了相应的信用保护产品（如信用衍生品等）时，借款人的信用风险就得到了相应的缓释。相比《巴塞尔资本协议Ⅰ》，《巴塞尔资本协议Ⅱ》承认了更多的缓释工具。

《巴塞尔资本协议Ⅱ》允许银行确认以下抵押品：现金，由主权、公共部门实体、银行、公司和证券公司发行的某些债务证券，在交易所挂牌交易的某些股票，某些共同基金，黄金。

对于那些采用标准法计量信用风险的银行，《巴塞尔资本协议Ⅱ》给出了两种可能的办法：简单法和综合法。

（1）简单法允许被担保债权享受适用于抵押品的风险权重，但最低不得低于20%。

（2）综合法主要强调抵押品的现金价值。综合法使用折扣（折扣是指对交易对象的风险暴露和交易对象提供的抵押品价值进行调整，以考虑当市场发生波动时，两者未来价值的波动）体现抵押品价值的波动性。折扣可以是正常的监管折扣（由巴塞尔委员会规定），也可以是银行自身对抵押品波动性的估算。

获准使用内部评级的银行（即内部评级法银行）则不能使用上述用于抵押品的简单方法。对内部评级法银行来说，违约损失的组成部分将会做相应的调整，以反映由于抵押品的缓释带来的好处。

4. 资产证券化

证券化是银行出于转移风险、确保流动性等原因而使用的一项技术。在传统形式上，通常都把银行的资产合并为资产池，然后出售以资产池为抵押的证券。根据《巴塞尔资本协议Ⅱ》，对于用传统合成或含两者共同特征的类似结构的证券化产生的风险暴露，银行必须使用证券化框架决定这些风险暴露的监管资本要求。

由于银行资产证券化的结构可能有许多不同的方式，相应的证券化风险暴露的资本处理规则必须建立在其经济意义而非法律形式上。同样，监管人员要着眼于交易的经济意义实质，以此决定该交易是否应该按照资产证券化框架去处理监管资本要求。

银行要么会作为证券化资产的发起人，要么会作为投资人来承担证券化风险，而银行在这两类中的角色会有所不同。不管风险暴露为何种形式，《巴塞尔资本协议Ⅱ》规定了对所有证券化资产相应监管资本要求的基本框架。

5. 市场风险

《巴塞尔资本协议Ⅱ》要求银行必须保持足以覆盖其市场风险的监管资本。银行对市场风险的资本需求是通过以下两种方法之一来确定的：标准法和内部模型法。

（1）标准法：对利率相关工具和股本工具采用所谓的“构成模块法”，它将特定风险资本要求从一般市场风险的资本要求中区别开来。

（2）内部模型法：允许银行使用其专有的内部方法，但是必须达到巴塞尔委员会制定的定性和定量标准，而且必须得到监管当局的明确批准。

内部模型法要求先计算前一天的VaR值以及前60个交易日每天VaR的平均值，然后取两者之间的最高值并乘以系数3，这样来决定市场风险资本需求。银行必须每天计算其 VaR 值：使用 99% 的单侧置信区间，最短持有时间为 10 天，最少为一年的观察期；银行的内部模型还必须精确地捕捉到与期权和类似期权工具相关的独特风险。

6. 操作风险

根据巴塞尔委员会的定义，操作风险是指不完善或有问题的内部程序、人员和信息技术系统或外部事件造成损失的风险。设定操作风险资本要求的方法有三种：基本指标法、标准法和高级计量法。

（1）基本指标法：将操作风险的资本要求设定为总收入的固定百分比［即阿尔法（Alpha）系数］，总收入在这里近似代表了银行的风险暴露。根据这个方法，银行为防范操作风险产生的损失而必须留出的资本应等于前三年平均年度总收入的一个固定百分比。

（2）标准法：要求银行将其业务分为八个标准的业务线，如零售、公司业务等。每一业务线的资本要求是该业务线的总收入乘以分配给该业务线的系数［即贝塔（Beta）系数］，Beta 系数因不同业务线而不同。

（3）高级计量法：操作风险的监管资本要求根据银行内部操作风险计量系统的评估得到。要满足《巴塞尔资本协议Ⅱ》规定的各种定性和定量标准，并且要得到监管当局的批准。

7. 计算资本要求

《巴塞尔资本协议Ⅱ》规定银行的资本金最低必须保持在风险加权资产的 8% 水平，其计算的公式为

$$\frac{\text{银行总资本}}{\text{风险加权资产} + 12.5 \times \text{对市场风险和操作风险的资本要求}} > 8\%$$

以某银行为例：其全部风险加权资产总额为 100 亿美元；市场风险资本要求是 3 亿美元，操作风险资本要求是 1 亿美元，则某银行的最低资本要求如下：

$$[100 + 12.5 \times (3 + 1)] \times 8\% = 12 \text{（亿美元）}$$

也就是说，为了满足资本充足率的要求，银行总资本必须至少达到 12 亿美元。

（二） 第二支柱——监督检查

第二支柱是《巴塞尔资本协议Ⅱ》新增的内容。第二支柱从监管当局的角度对银行风险管理体系进行外部监督，要求各国监管当局应结合各国银行业的实际风险对银行进行监督，旨在提高银行监管的灵活性和全面性，同时强化了各国监管当局的职责。

第二支柱从风险覆盖和外部审查的角度对第一支柱形成有效的补充。一方面，第二支柱拓展了风险覆盖范围，将第一支柱未覆盖的风险，如集中度风险等，纳入

了资本充足率评估框架；另一方面，针对第一支柱由于风险敏感性提高而带来的模型风险和监管套利，通过第二支柱予以纠正和完善。此外，对于第一支柱下最低资本要求不足以抵御其面临的风险的银行，监管当局可以通过第二支柱要求银行维持高于最低资本要求的资本。

第二支柱的提出，建立了监管当局与银行的有效对话机制，提高了《巴塞尔资本协议Ⅱ》的灵活性。在第二支柱下，监管当局应与银行保持对话和交流，以确保监管当局能够进行有效的监管并在必要时采取措施。监管当局对银行的评估可采取现场检查、非现场监管及监管座谈等手段来实现。

（三）第三支柱——信息披露

第三支柱也是《巴塞尔资本协议Ⅱ》新增的内容，也就是市场纪律。第三支柱要求银行应披露资本、风险敞口、风险评估程序以及该机构的资本充足性等重要信息。第三支柱对信息披露的要求不仅包括频率、披露的载体和地点等，还包括各监管指标具体披露的模板和内容。

第三支柱是第一支柱和第二支柱有效实施的保障。通过有效的信息披露，有利于缓解投资者和被投资者之间的信息不对称；有利于强化对银行的约束，防止其通过复杂的计量模型实施监管套利；有利于加强对监管当局的约束，防止监管宽松。

第三支柱体现了激励相容的监管理念。《巴塞尔资本协议Ⅱ》强调以市场的力量约束银行，认为市场约束具有能使银行有效而合理地分配资金和控制风险的能力。一般来讲，稳健、经营良好的银行可以以更为有利的价格和条件在市场上获得资金；而风险程度高的银行必须支付更高的风险溢价、提供额外的担保或采取其他安全措施以获得资金，从而在市场中处于不利地位。通过外部约束实现奖优罚劣，使风险管理能力较好、资本充足率较高的银行获得投资者信赖，同时对风险管理能力较差、资本充足率水平较低的银行形成压力。

三、《巴塞尔资本协议Ⅱ》的意义

《巴塞尔资本协议Ⅱ》是对《资本协议巴塞尔Ⅰ》的创新和补充。面对金融自由化的挑战，巴塞尔委员会顺应了市场的要求，创新地提出最低资本要求、监督检查和市场纪律三大支柱，希望依靠市场自身的力量管理市场。《巴塞尔资本协议Ⅱ》的推出是国际银行监管理念的又一次飞跃，在提高风险敏感性的同时实现了监管的激励相容，但同时也引发了国际银行监管当局的争论，过度依靠市场的监管理念加剧了监管套利，内部风险模型的引入加大了监管的复杂性，提高了监管的成本、降低了监管的有效性。国际金融危机表明，以《巴塞尔资本协议Ⅱ》为代表的国际银行监管框架仍有待完善，有必要进一步改进以达到维护全球金融体系稳定的目标。

第三节　巴塞尔资本协议Ⅲ

一、《巴塞尔资本协议Ⅲ》出台的背景

2008 年美国次贷危机引发了国际金融危机。这次金融危机充分暴露了美国和一些欧洲国家金融体系与金融监管过度依靠市场等理念的重大制度性漏洞，也拉开了国际金融改革的序幕，在国际社会的共同努力下，2010 年 12 月，巴塞尔委员会发布了《巴塞尔资本协议Ⅲ：更具有稳健性的银行和银行体系的全球监管框架》《巴塞尔资本协议Ⅲ：流动性风险计量、标准和监测的国际框架》等一系列文件，提出了一揽子国际银行监管框架改革方案，即《巴塞尔资本协议Ⅲ》。《巴塞尔资本协议Ⅲ》体现了微观审慎监管和宏观审慎监管有机结合的监管新思维，按照资本数量和质量同步提高、资本监管和流动性风险监管并重、资本充足率与杠杆率并行、长期影响与短期效应统筹兼顾的总体要求，确定了全球银行业监管标准与规则的新框架。

二、《巴塞尔资本协议Ⅲ》的主要内容

《巴塞尔资本协议Ⅲ》的主要内容包括以下几个部分。

（一）强化了资本充足率监管标准

资本监管在巴塞尔协议中长期占据主导地位，也是本轮修改巴塞尔协议的核心，《巴塞尔资本协议Ⅲ》强化资本充足率的以下三个要素。

1. 提高监管资本的损失吸收能力

巴塞尔委员会确定了监管资本工具改革的核心要素：一是界定并区分一级资本和二级资本的功能，一级资本能够在银行持续经营的条件下吸收损失，其中普通股应在一级市场中占主导地位，二级资本仅在银行破产清算的情况下承担损失；二是引入严格的、统一的资本扣减项目，并要求从普通股中扣减；三是取消了专门用于抵御市场风险的三级资本；四是商业银行发行非普通股工具必须有核销或转股条款。

2. 增强风险加权计量的审慎性

国际金融危机表明，在《巴塞尔资本协议Ⅱ》框架下的资产证券化风险敞口和场外衍生产品交易等的风险权重方法难以充分反映这些业务的内在风险。为此，巴塞尔委员会调整了风险加权方法以扩大风险覆盖范围。一是大幅度提高证券化产品（特别是再证券化）的风险权重；二是大幅度提高交易业务的资本要求；三是大幅度提高对场外衍生产品交易和证券融资业务的交易对手信用风险的资本要求。

3. 提高资本充足率监管标准

一是最低资本要求。这是指单家银行的债权人和交易对手认为该银行具备持续经营能力应该持有的资本。该定义仅考虑了银行财务杠杆的经营成本。资本充足率低于最低资本要求意味着银行已丧失自生能力，若不采取措施，银行将面临市场退出甚至破产清算的风险。《巴塞尔资本协议Ⅲ》确定了三个资本充足率最低标准：普通股充足率为4.5%，一级资本充足率为6%，总资本充足率为8%。

二是超额资本要求。这是为了确保银行在金融市场过度波动或衰退时期资本充足率仍不低于最低资本要求应持有的资本。金融市场过度波动或衰退给银行带来重大损失，若事前未建立充足的超额资本以吸收损失，资本充足率将迅速下降到最低资本要求以下，触发严厉的监管干预。超额资本要求的存在使银行在发生重大损失的情况下，仍有能力向实体经济提供信贷，从而有能力缓解危机的负面影响。巴塞尔协议进一步将超额资本监管要求细分为储备超额资本和逆周期超额资本两部分。储备超额资本用于覆盖危机期间单家银行出现的重大损失；逆周期超额资本的目标是保护银行体系免受信贷过快增长潜在的威胁。两者的监管要求分别为2.5%和0～2.5%。实施新标准后，在正常情况下，商业银行的普通股充足率、一级资本充足率和总资本充足率应分别达到7%、8.5%和10.5%。

三是系统重要性银行附加资本要求。这项要求的主要目的不是保护债务人和股东，而是降低银行倒闭对金融体系和实体经济的危害性，附加资本要求促使系统重要性银行将系统性风险成本内部化，使系统重要性银行失败率下降，从而增强银行体系的安全性。此外，附加资本有助于抵御"太大而不能倒"的银行给市场带来的震动，有利于公平竞争。按照系统重要性程度，巴塞尔协议对全球系统重要性银行的附加资本要求为1%～3.5%。

（二） 建立全球统一的流动性风险定量监管标准

国际金融危机暴露出欧美大型银行过度依赖批发融资来源的内在脆弱性。为增强单家银行以及银行体系抵御流动性风险的能力，《巴塞尔资本协议Ⅲ》首次在全球范围内提出了两个流动性监管量化标准：一是流动性覆盖率，衡量短期压力情景下的单个银行应对流动性中断的能力；二是净稳定资金比例，度量中长期内银行可供使用的稳定资金来源能否支持其资本业务发展，提升银行使用稳定资金来源为其业务融资的能力。

这部分内容在第九章还将详细介绍。

（三） 引入杠杆率监管标准

《巴塞尔资本协议Ⅲ》引入了基于规模、与具体资产风险无关的杠杆率监管指标，力求实现两个目标：一是为银行体系杠杆率累积确定底线，通过控制商业银行规模的过度扩张，缓释不稳定的去杠杆化过程带来的风险以及对金融体系和实体经济的负面影响；二是采用简单、透明的基于风险总量的指标，为防止模型风险和计量错误提供额外保护，补充和强化基于新资本协议的风险资本监管框架。

这部分内容在第八章还将详细介绍。

三、《巴塞尔资本协议Ⅲ》的意义

《巴塞尔资本协议Ⅲ》是对《巴塞尔资本协议Ⅰ》和《巴塞尔资本协议Ⅱ》的完善。一是从银行的资产方扩大到资产负债表的所有要素。《巴塞尔资本协议Ⅰ》和《巴塞尔资本协议Ⅱ》的关注点都是银行资产负债表的左方，即资产方的风险，《巴塞尔资本协议Ⅲ》在强化对资产方风险关注的同时，引入了杠杆率和流动性监管指标，把资产与负债联系起来，一并加强监管。二是从单家银行的监管扩展到整个金融体系的稳定。提高系统重要性银行附加资本的要求等，关注最大的系统重要银行的自救安排等。三是从金融体系的稳定过渡到金融体系与实体经济之间的内在联系。《巴塞尔资本协议Ⅲ》将逆周期因子引入了资本和流动性监管框架。

第四节　巴塞尔协议在中国的实施

与我国经济体制市场化改革取向一致，伴随着我国银行业的改革进程，20 世纪 90 年代中期我国监管部门开始借鉴巴塞尔协议，不断健全审慎银行监管制度。巴塞尔协议在中国的实施大体上可以分为三个阶段，逐步由“形似”走向“神似”，实现与国际规则的实质性趋同。

一、银行商业化转型初期的资本监管（1994—2003 年）

1994 年国务院发布《关于金融体制改革的决定》，正式提出建立以国有商业银行为主体的金融体系，实施由国家专业银行向国有商业银行的战略性转变。为此国务院批准设立了三家政策性银行承担专业银行的政策性业务。1995 年《商业银行法》的颁布，为推进国有银行改革和加强监管奠定了法律基础。专业银行商业化转型要求国有银行成为独立的市场竞争主体，按照商业原则稳健经营，以法人财产对外承担有限责任，并按照统一标准接受监管。政策性业务分离后，专业银行开始推行贷款限额下的资产负债比例管理。为此，1994 年中国人民银行发布了《关于对商业银行实行资产负债比例管理的通知》。该文件提出了包括资本充足率在内的一系列资产负债比例管理指标，并参考《巴塞尔资本协议Ⅰ》规定了商业银行资本充足率的计算方法和最低要求。1996 年、1997 年中国人民银行在修订资产负债比例管理指标时两次对资本充足率计算方法进行了局部调整。

二、市场化银行体制形成时期的资本监管（2004—2012 年）

20 世纪 90 年代后期，随着经济体制改革的逐步深化，我国经济运行和经济结构中存在的矛盾逐步暴露，在银行体系主要表现为不良资产率居高不下、贷款损失准备金严重不足、资本充足率很低，银行体系的财务实力非常薄弱，恢复商业银行清偿力、增强银行体系应对外部冲击的能力成为事关国家经济安全的最重要环节。2001 年底我国正式加入世界贸易组织，为加快银行业改革注入了新的动力。2003 年中央政府启动了新一轮国有银行改革，改革的核心是“花钱买机制”，通过支付必要的改革成本推动国有银行建立长期稳健经营的体制和机制。通过“注资—财务重组—股份制改造—引进战略投资者—境内外上市”等一系列重大改革举措，国有独资银行转制成为国有股权占主导地位、公众持股的境内外上市公司。在重视国有银行改革（存量改革）的同时，监管部门还致力于引入新的市场主体（增量改革），通过扩大竞争促进银行业效率提高，批准设立了一批股份制商业银行，组建了一批城市商业银行、农村商业银行和农村合作银行；外资银行也全面参与国内银行业竞争。国有银行垄断地位被逐步打破，银行业竞争性不断增强，初步形成了多层次并存、充分竞争、产权更加开放的市场化银行体制。此外，亚洲金融危机以后，我国银行监管逐步由合规监管向风险监管转变。2000 年、2001 年中国人民银行先后发布了《贷款风险分类指导原则》和《银行贷款损失准备计提指引》；2001 年财政部修订了《金融企业呆账准备提取及呆账核销管理办法》和《金融企业会计制度》，审慎的贷款风险分类、损失准备计提以及呆账核销制度基本确立。这些制度一方面对资本监管制度变迁提出了新的需求，另一方面也为建立审慎资本监管制度铺平了道路。

2004 年 2 月，中国银监会发布了《商业银行资本充足率管理办法》（以下简称《资本充足率办法》），实现了资本充足率计算方法与 1998 年巴塞尔资本协议的“实质性”接轨，明确了资本充足率监管的特殊安排以及市场约束机制，构建了相对完整的资本监管框架，其主要目标是通过全面加强资本监管，消化商业银行不良贷款，壮大银行体系资本实力，改善资产负债表，并为各类银行提供公平竞争的制度环境。

三、后危机时期的审慎监管框架（2013 年至今）

在国际金融危机中，我国银行业受到的直接冲击较小，一方面归因于我国银行体系开放度较小，商业银行在危机中心国家的风险暴露占比很低；另一方面得益于前期对银行业的改革和监管提升了银行业的整体实力。但总体而言，国内银行依然奉行以速度、规模、市场份额为主导的经营战略，增长速度与发展质量之间的矛盾尚未得到根本性解决，稳健经营的内在机制尚不稳固，银行业长期稳定运行面临一系列新的挑战。此外，人民币利率、汇率的进一步市场化以及国内直接融资市场的发展将深刻改变国内金融市场的运行机制。从全球范围来看，发达经济体经济复苏进程缓慢，公共债务水平大幅度攀升，欧洲国家主权债务危机进一步恶化，主权债务风险和银行业风险的关联性上升，金融市场的波动性加大，诱发全球系统性危机的因素依然存在。面对逐步多元化和复杂化的银行业风险以及日趋国际化的银行业竞争环境，我国银行监管部门借鉴以《巴塞尔资本协议Ⅲ》为代表的审慎银行监管国际标准，建立了以资本监管为核心，并涵盖杠杆率监管、贷款损失准备监管、流动性监管的中国银行业审慎监管新框架（中国版的巴塞尔资本协议Ⅲ）。

本章小结

1. 1988 年 7 月，G10 通过了巴塞尔委员会制定的《巴塞尔资本协议Ⅰ》。《巴塞尔资本协议Ⅰ》主要针对信用风险，建立了一套国际通用的、覆盖表内外风险的资本充足率标准，旨在强化国际银行体系的稳定性，并消除因各国资本充足率要求不同而产生的不公平竞争。

2.《巴塞尔资本协议Ⅰ》将银行资本分为核心资本和附属资本两部分。核心资本又称一级资本，核心资本应占资本总额的 50% 以上；附属资本又称二级资本，并对附属资本作出了相应的限制：附属资本占资本总额的比重不得超过 50%，附属资本中长期次级债务最多不得超过核心资本的 50%，一般准备金的数额最多不得超过风险加权资产的 1.25%。

3. 所有从事国际业务的银行的资本与风险加权资产的比率不得低于 8%，其中核心资本与风险加权资产的比率不得低于 4%。资本充足率的计算公式为

$$资本充足率 = (核心资本 + 附属资本) / 风险加权资产 \times 100\%$$

4.《巴塞尔资本协议Ⅰ》根据风险程度的不同，对商业银行的主要资产类型规定了相应的风险权重，并使用风险加权的方法来计量资本充足率。风险加权资产总额等于表内风险加权资产与表外风险加权资产之和。

5.《巴塞尔资本协议Ⅰ》将商业银行表内资产划分为五大类，并相应确定了五档风险权重，分别为 0、10%、20%、50%、100%，以计算表内风险加权资产。计算公式为

$$表内风险加权资本 = \sum (表内资产 \times 风险权重)$$

6.《巴塞尔资本协议Ⅰ》对不同的表外项目规定了相应的信用风险转换系数。信用风险转换系数是衡量表外项目转换为表内资产的可能性指标。银行用信用风险转换系数将表外项目转换为表内项目，再根据表内项目的风险权重计算出风险加权资产。计算公式为

$$\text{表外风险加权资产}=\sum(\text{表外项目资产}\times\text{信用风险转换系数}\times\text{表内项目的风险权重})$$

7. 巴塞尔委员会于1998年启动了第二版巴塞尔协议的前期准备和讨论工作，并于2000年正式出台。

8.《巴塞尔资本协议Ⅱ》与《巴塞尔资本协议Ⅰ》相比，一是确定了资本监管的总体框架（《巴塞尔资本协议Ⅰ》只确定了第一支柱，《巴塞尔资本协议Ⅱ》确定了第二支柱和第三支柱），扩大了风险覆盖的种类（《巴塞尔资本协议Ⅰ》只覆盖信用风险，《巴塞尔资本协议Ⅱ》还覆盖市场风险和操作风险），完善了风险加权资产的计算方法。

9.《巴塞尔资本协议Ⅱ》将资本分为一级资本（核心资本）、二级资本、三级资本。核心资本必须至少占银行总资本金的50%。

10.《巴塞尔资本协议Ⅱ》为信用风险提供了两种计量方法：标准法和内部评级法。

11. 内部评级法有两种：内部评级法初级法和内部评级法高级法。风险权重的组成要素包括违约概率（PD）、违约损失率（LGD）、违约风险暴露（EAD）、有效期限（M）。

12. 当借款人提供抵押品或者第三方给借款人的协议提供信用担保时，又或者当银行购买了相应的信用保护产品（如信用衍生品）等时，借款人的信用风险就得到了相应的缓释。

13.《巴塞尔资本协议Ⅱ》允许银行确认下面的抵押品：现金，由主权、公共部门实体、银行、公司和证券公司发行的某些债务证券，在交易所挂牌交易的某些股票，某些共同基金，黄金。

14. 对于采用标准法计量信用风险的银行，《巴塞尔资本协议Ⅱ》给出了两种可能的办法：简单法和综合法。

15. 根据《巴塞尔资本协议Ⅱ》，对于用传统合成或含两者共同特征的类似结构的证券化产生的风险暴露，银行必须使用证券化框架决定这些风险暴露的监管资本要求。

16.《巴塞尔资本协议Ⅱ》要求银行必须保持足以覆盖其市场风险的监管资本。银行对市场风险的资本需求是通过以下两种方法之一来确定的：标准法和内部模型法。

17. 操作风险是指不完善或有问题的内部程序、人员和信息技术系统或外部事

件造成损失的风险。设定操作风险资本要求的方法有三种：基本指标法、标准法和高级计量法。

18. 《巴塞尔资本协议Ⅲ》的主要内容包括：强化了资本充足率监管标准，建立全球统一的流动性风险定量监管标准，引入杠杆率监管标准。

19. 实施《巴塞尔资本协议Ⅲ》的储备超额资本要求后，在正常情况下，商业银行的普通股充足率、一级资本充足率和总资本充足率应分别达到7%、8.5%和10.5%。

20. 按照系统性重要程度，《巴塞尔资本协议Ⅲ》对全球系统重要性银行的附加资本要求为1%～3.5%。

21. 巴塞尔协议在中国的实施大体经历了银行商业化转型初期的资本监管（1994—2003年）、市场化银行体制形成时期的资本监管（2004—2012年）和后危机时期的审慎监管框架（2013年至今）三个阶段。

本章重要概念

《巴塞尔资本协议Ⅰ》　《巴塞尔资本协议Ⅱ》　《巴塞尔资本协议Ⅲ》
信用风险转换系数　信用风险缓释　监管资本套利

本章复习思考题

1. 判断题

（1）《巴塞尔资本协议Ⅰ》的资本覆盖了信用风险、市场风险和操作风险的损失。（　）

（2）信用风险转换系数适用于各种表外项目。（　）

（3）风险权重与资本计提之间没有直接关系。（　）

（4）内部评级法包括内部评级法初级法和内部评级法高级法。（　）

（5）风险权重的组成要素包括违约概率（PD）、违约损失率（LGD）、违约风险暴露（EAD）、有效期限（M）。（　）

（6）借款人可以将任何物品和证券作为抵押品从银行得到贷款。（　）

（7）证券化资产也必须有其资本要求。（　）

（8）《巴塞尔资本协议Ⅲ》只强调对单家银行的监管。（　）

（9）《巴塞尔资本协议Ⅲ》提出逆周期资本要求。（　）

（10）《巴塞尔资本协议Ⅲ》引入杠杆率监管要求。（　）

2. 单选题

（1）50%的风险权重产生的资本要求为（　　）。

A. 8%　　B. 4%　　C. 1.6%

（2）下列陈述正确的是（　　）。

A. 第一支柱是关于监管检查的问题，其目标是确保银行资本水平足以弥补其总体风险

B. 第二支柱详述了公开披露的最低标准

C. 第三支柱与市场行为有关

（3）在《巴塞尔资本协议Ⅱ》的第二支柱中，如果监管人员发现银行没有达到与其风险状况相称的资产水平，监管人员应考虑（　　）。

A. 限制银行进一步筹措资本

B. 更加放松对该银行的监控

C. 要求银行恢复资本充足率

（4）在《巴塞尔资本协议Ⅲ》中，储备超额资本和逆周期超额资本最低资本要求分别是（　　）。

A. 2.5%、0～2.5%　　B. 7%、0～3.5%　　C. 8%、0～10.5%

（5）下面哪个是对借款人违约时，银行将遭受损失的估算？（　　）

A. 违约风险值　　B. 违约损失率　　C. 违约概率

3. 计算题

（1）某银行的全部风险加权资产为1000亿元，操作风险的资本要求是3亿元，市场风险的资本要求是1亿元。它的最低资本要求是多少？

（2）根据《巴塞尔资本协议Ⅱ》，150%的风险权重产生的资本要求等于风险暴露值的百分之多少？

（3）某家系统重要性银行的储备超额资本、逆周期超额资本和附加资本要求分别是2.5%、2.5%和1%，请计算普通股充足率、一级资本充足率和总资本充足率应分别达到多少？

4. 简答题

（1）简述《巴塞尔资本协议Ⅰ》的主要内容。

（2）简述《巴塞尔资本协议Ⅱ》的主要内容。

（3）简述《巴塞尔资本协议Ⅲ》的主要内容。

5. 思考题

（1）谈谈对巴塞尔协议利用模型计量资本要求的看法？

（2）巴塞尔协议核心监管标准是什么？监管定量标准设定的依据是什么？

第三章 巴塞尔协议——内部评级法

《巴塞尔资本协议Ⅱ》为信用风险资本要求提供了两种计量方法：标准法和内部评级法。内部评级法不仅适用于信用风险计量，而且适用于市场风险、经济资本等计量。作为《巴塞尔资本协议Ⅱ》的主要创新之一，内部评级法目前已成为商业银行资本监管和风险管理的主要方法，因此有必要单列一章进行介绍。

本章主要介绍内部评级法的基本概念和框架，在后面介绍信用风险、市场风险等计量时，我们还会详细介绍内部评级法的运用。

第一节　内部评级法概述

什么是内部评级法？为什么《巴塞尔资本协议Ⅱ》创新性地提出内部评级法？为什么监管当局鼓励银行使用这种风险计量方法？监管资本是由监管当局规定的，监管当局为什么会同意银行采用内部评级法计量资本要求？这些是本节所要讨论的主要内容。

我们首先介绍内部评级法提出的背景和发展历程，其次从内涵和外延两个方面对内部评级法概念进行界定，最后简要分析内部评级法的优势，说明为什么监管部门鼓励商业银行运用内部评级法计量监管资本要求。

一、内部评级法的提出和发展

1988 年的《巴塞尔资本协议Ⅰ》在银行风险计量方面存在诸多缺陷，比如涵盖的风险类型少，风险加权资产的计量难以全面覆盖银行面临的实际风险等。20 世纪 90 年代，随着经济金融风险的多元化，《巴塞尔资本协议Ⅰ》在银行风险计量方面存在的缺陷日益凸显，并在一定程度上造成监管套利盛行，引起国际社会广泛关注。

在此背景下，2004 年的《巴塞尔资本协议Ⅱ》将对银行的监管从信用风险监管转向全面风险监管，并强调风险计量的精确性、敏感性和标准化。为此，《巴塞尔资本协议Ⅱ》创新性地提出了内部评级法，并明确了内部评级法在商业银行风险管理上的地位和作用。即银行在满足监管部门规定的最低要求的情况下，在获得监管部门批准后，可以运用本行构建的内部评级体系来确定各项资产的风险权重，并以此计算资本充足率等监管资本要求。巴塞尔委员会鼓励各国商业银行密切结合自身实际，开发并运用适合自己的内部评级技术和方法，而不是依赖外部的信用评级，以此提高风险计量的精确性和敏感度。

国际金融危机爆发后，为提高商业银行抵御金融危机和经济波动的能力，巴塞尔委员会2010年出台了《巴塞尔资本协议Ⅲ》。《巴塞尔资本协议Ⅲ》进一步强调内部评级法的作用，弱化了商业银行对外部评级等信用评级机构的依赖，并对内部评级法的顺周期性问题提出了修正方案，使内部评级法得到进一步完善。此后，内部评级法逐步成为商业银行资本监管和风险管理的主流方法。根据金融稳定理事会（FSB）的一项调查统计，2010年有75个国家使用标准法计量银行信用风险，有43个国家使用内部评级法计量信用风险；到2015年底，有126个国家使用内部评级法计量信用风险，其中65个国家使用初级法，61个国家使用高级法。

二、内部评级法的概念界定

（一） 内部评级法的定义

通俗地理解，内部评级法（Internal Rating-Based Approach，IRB）就是商业银行开展内部评级的方法。准确地说，内部评级法是指银行通过自己构建的内部评级体系，估算各类信用风险敞口的违约概率、违约损失率、违约风险暴露和债务期限等风险要素，并按照一定的函数关系计算出监管资本要求的方法。它是巴塞尔委员会在总结国际银行业风险管理先进经验和做法的基础上提出来的计量信用风险监管资本要求的一整套方法。

巴塞尔协议进一步规定了两种内部评级法，即内部评级法初级法和内部评级法高级法。两种方法的核心区别在于商业银行的自主权方面：在初级法中，商业银行只能使用自己对违约概率的估计值，其他诸如违约风险暴露、违约损失率和债务期限等风险要素的值，须根据监管部门提供的相关参数值来确定；在高级法中，监管部门除了确定资产相关系数外，其他风险要素的值都可以由银行自己估算。

（二） 内部评级法概念的内涵

根据上述定义，我们可以得到关于内部评级法概念的一些基本内涵。

一是实施内部评级法的主体是商业银行自身，评级结果主要用于强化自身风险管理，一般不对外披露。

二是实施内部评级法的重要工具是商业银行自己构建的内部评级体系。

三是实施内部评级法所针对的主要是银行的信用风险，也可用于市场风险、操作风险等其他银行风险类型。

四是实施内部评级法的目的是估算违约概率、违约损失率等风险参数，并以此进一步计算银行资本充足率等监管资本要求。

五是内部评级法本质上是商业银行将自身信用风险状况与资本充足率监管要求联系起来的一种风险计量模型和方法。

（三） 内部评级法概念的外延

狭义上，内部评级法只是商业银行风险管理的一种方法，但当我们将它的概念向外扩展，就会涉及评级、信用评级、信用评估、信用评级体系等概念。为了更加准确地把握内部评级法的概念，有必要对内部评级法外延涉及的一些重要概念进行说明和辨析。

一是评级。评级是经济社会常用的术语，指对某些经济社会现象评定出不同的等级，以区别不同的数量、质量、价格等特征。在评级过程中考察事物的角度称为评级的维度，不同的评级可以有不同的维度。根据评级维度的不同，可以分为单维的评级、二维的评级甚至多维的评级。以针对借款人信用的评级为例，单维的评级通常考察借款人的违约概率；二维的评级通常考察借款人的违约概率和违约损失率。

二是信用评级。信用评级是经济金融领域经常用到的评级形式，指金融机构通过一套完整的指标体系来评价债务人偿还债务的能力和意愿，以及违约可能给金融机构带来的损失。信用评级有不同的分类方式。根据评级主体的不同，信用评级可以分为外部评级和内部评级两种。外部评级在我们前面介绍采用标准法计算银行风险加权资产时已有说明，它主要指由金融机构及其客户之外的第三方专业机构进行的信用评级，其结果对外披露，旨在揭示金融资产的风险水平。而内部评级可以泛指金融机构内部工作人员对其客户或债权债务合同等进行的信用评级，其结果一般不对外披露，主要目的在于加强自身风险管理。

三是信用评估。信用评估即评估交易对手的信用状况。信用评级建立在信用评估的基础之上，通常先进行信用评估然后根据评估出来的信用状况进行等级划分。信用评估需要依据一定的标准，目前主要有5C、5P、5W、4F、CAMPARI、LAPP、CAMELS等标准：（1）5C，即借款人特性（Character）、经营能力（Capacity）、资本（Capital）、资产抵押（Collateral）、经济环境（Condition）。（2）5P，即个人因素（Personal Factor）、资金用途（Purpose Factor）、还款来源（Payment Factor）、债权保障（Protection Factor）、企业前景（Perspective Factor）。（3）5W，即借款人（Who）、借款用途（Why）、还款期限（When）、担保物（What）、如何还款（How）。（4）4F，即组织要素（Organization Factor）、经济因素（Economic Factor）、财务因素（Financial Factor）、管理要素（Management Factor）。（5）CAMPARI，即品德/偿债记录（Character）、偿债能力（Ability）、获利能力（Margin）、借款目的（Purpose）、贷款金额（Amount）、偿还方式（Repayment）、贷款抵押（Insurance）。（6）LAPP，即流动性（Liquidity）、活动性（Activity）、盈利性（Profitability）、潜力（Potentialities）。（7）CAMELS，即资本充足性（Capital Adequacy）、资产质量（Asset Quality）、管理水平（Management）、盈利（Earnings）、流动性（Liquidity）、银行对市场风险的敏感程度（Sensitivity to Market Risk）。

四是评级编码和评级原则。评级编码即用字母和数字的组合来表示评级的等级。标准普尔评级公司使用从AAA到D的字母组合作为评级编码；穆迪使用从Aa1到C的字母数字组合作为评级编码。以标准普尔评级公司为例，其评级等级、编码及其定义见表3－1。

评级原则分为“即时评级原则”和“周期评级原则”，前者基于借款人的当前情况进行信用评级，后者基于借款人在压力下的预期情况进行信用评级。即时评级相对简单，但评级结果易受经济环境的影响而变化；周期评级结果在商业周期中能够保持稳定，因此经常被信用评级机构采用。

表3－1　标准普尔评级公司的评级等级、编码及其定义

评级编码	定义
AAA	信用品质最好，在银行金融债务方面极其值得信赖
AA	信用品质很好，很值得信赖
A	会受经济形势的影响，但仍然具有良好的信用品质
BBB	投资级别中的最低等级
BB	需要谨慎，最好的转投资信用品质
B	易受经济形势变化的影响，通常有履行金融债务的能力
CCC	目前易有无力支付风险，依赖于有利的经济形势
CC	极易发生还款违约
C	接近或者已经破产，目前仍继续偿债
D	对于一些金融债务的还款违约实际已发生

五是信用评级体系。信用评级体系是信用评级的工具和抓手，包括商业银行开展信用评级所涉及的各项工作，如数据和信息收集、信用评估、确定评级维度和等

级、风险量化等。相应地，信用评级体系也分为内部评级体系和外部评级体系。

六是内部评级体系。内部评级体系是商业银行自己构建的评级体系，是实施内部评级法的基础。内部评级体系包括银行治理架构、制度体系、计量模型、数据管理和IT系统、应用系统等，它和内部评级法是支持体系和方法之间的关系，两者不能混为一谈。需要注意的是，商业银行可能基于不同的资产组合构建不同的内部评级体系。不同的内部评级体系的侧重点不同，比如，主要用于确定贷款质量（不良贷款）的评级体系，其评定的等级可能会相对少些；而主要用于测算不同贷款相对收益率的评级体系，其评定等级可能会相对多些。

三、实施内部评级法的动因

为什么内部评级法自提出以来能够盛行，逐步成为全球银行业信用风险监管的通行标准？为什么监管部门允许商业银行运用内部评级法来计算资本充足率等监管资本要求？原因在于内部评级法具有强化监管资本与银行风险之间的联系、提升风险计量敏感度和风险区分能力、促进商业银行完善自身风险管理等优势。

一是内部评级法能够强化监管资本与银行风险之间的联系，使监管资本能够代表银行应对非预期损失的真实能力。巴塞尔协议的主要目标之一便是促进监管资本与银行风险的更紧密结合。允许银行使用内部评级法进行风险计量并据此计算监管资本，是实现该目标的重要途径。

二是内部评级法能够提升风险计量的敏感度和风险区分能力。《巴塞尔资本协议Ⅰ》划分的五类风险权重对风险的区分能力有限，计算方法也显粗略；标准法依赖外部评级，风险区别能力仍然有限。内部评级法依托银行内部数据，能够显著提高风险计量的敏感度和风险区分能力：在内部评级法初级法下，银行根据违约概率（PD）评估风险暴露，并将其归入不同的评级等级，提供了更多的风险类别及其对应的风险权重；在内部评级法高级法下，银行能够通过内部管理系统获取大量风险要素数据，从而提升风险计量的敏感度和风险区分能力。这一优势可以通过下面的案例来具体说明。

某银行对A公司和B公司发放贷款。A公司贷款的违约概率为0.03%，评级为AAA级，B公司贷款的违约概率为10%，评级为B-级。使用不同的风险计量方法，银行风险区分的程度不同，从而导致银行对于这些贷款的处理方法不同。

（1）巴塞尔协议对公司风险暴露没有风险区分。因此，对只实施《巴塞尔资本协议Ⅰ》的银行来说，每笔贷款设定的风险权重均为100%（见表3-2）。

（2）如果银行使用《巴塞尔资本协议Ⅱ》的标准法，那么A公司贷款的风险权重为20%，B公司贷款的风险权重为150%（见表3-3）。

（3）如果银行使用内部评级法初级法，利用每笔贷款的违约概率来确定风险权重，那么本例中 A 公司贷款的风险权重为 14.44%，B 公司货款的风险权重为 193.09%（见表 3－4 和表 3－5）。

（4）如果银行使用内部评级法高级法，那么类似于高档轿车的“无级变速”，在理论上可以对风险进行无限区分。

表 3－2　　五类风险权亘的风险区分表

风险权重（%）
100
—
—
—
—

A 公司贷款的违约概率为 0.03%，评级为 AAA 级，风险权重为 100%。

B 公司贷款的违约概率为 10%，评级为 B－级，风险权重为 100%。

表 3－3　　标准法的外部评级风险区分表

外部信用评估风险权重（%）	
AAA 级到 AA－级	20
A＋级到 A－级	50
BBB＋级到 BB－级	100
BB－级以下	150

A 公司贷款的违约概率为 0.03%，评级为 AAA 级，风险权重为 20%。

B 公司贷款的违约概率为 10%，评级为 B－级，风险权重为 150%。

表 3－4　　内部评级法初级法的风险区分表

违约概率（%）	风险权重（%）
0.03	14.44
0.05	19.65
0.10	29.65
0.25	49.47
0.40	62.72

A 公司贷款的违约概率为 0.03%，评级为 AAA 级，风险权重为 14.44%。

B 公司贷款的违约概率为 10%，评级为 B－级，风险权重为 193.09%（见表 3－5）。

表 3－5　　三种方法风险区分综合表

《巴塞尔资本协议Ⅰ》风险权重法	《巴塞尔资本协议Ⅱ》标准法		《巴塞尔资本协议Ⅱ》的内部评级法初级法	
风险权重（%）	外部信用评估	风险权重（%）	违约概率（%）	风险权重（%）
100	AAA 级到 AA－级	20	0.03	14.44
			0.05	19.65
			0.10	29.65
			0.25	49.47
			0.40	62.72
	A＋级到 A－级	50	0.50	69.61
			0.75	82.87
			1.00	92.32
	BBB 级到 BB－级	100	1.30	100.95
			1.50	105.59
			2.00	114.86
			2.50	122.16
			3.00	128.44
			4.00	139.58
	BB－级以下	150	5.00	149.86
			6.00	159.61
			10.00	193.09
			15.00	221.54
			20.00	238.23

三是内部评级法有利于商业银行完善自身风险管理。首先，银行运用自己构建的内部评级体系，有利于作出符合自身风险偏好的选择。其次，内部评级法以现代信用风险计量模型为基础，用连续的风险权重函数代替了《巴塞尔资本协议Ⅰ》中简单的风险权重规定，在大幅提高风险区分度的同时，能够更精确地计算信用风险的监管资本要求，从而既提高了银行风险计量的精确度，又提高了所计算出来的监管资本的风险敏感度。最后，监管部门允许、鼓励商业银行在符合特定要求的情况下，使用更为精确和精细化的内部评级法来计算监管资本，这将持续激励银行提升自身风险管理水平，提高业务经营的稳健性和安全性。此外，内部评级法还可以在商业银行计量经济资本的过程中发挥积极作用。

第二节　内部评级法的基本思路和实施要点

上节我们概要地介绍了内部评级法的全貌。本节我们转入对实施内部评级法具体问题的探讨。我们将从实务工作中抽象出内部评级法的基本思路和实施步骤，然后主要从理论层面就每个环节的实施要点进行说明。

一、内部评级法的基本思路

20 世纪 90 年代以来，国际银行业应用现代金融理论和统计分析技术开发出多种信用风险管理模型，大大提高了信用风险计量的精确性和敏感度。这些现代信用风险管理模型为内部评级法的设计和开发提供了重要的思想源泉。普遍认为，内部评级法与这些现代信用风险管理模型在基本思想上是一致的。它的基本思路有以下两条。

一是引入“在险价值”（Value at Risk，VaR）对覆盖信用风险所需的经济资本进行评估。“在险价值”是指在给定置信水平和时间期间（通常为一年）下，某一资产组合可能发生的最大损失。引入“在险价值”后，银行信用风险敞口组合的任何可能的损失都能用一个特定时期（通常为一年）内的概率密度函数来表示，只要确定了该函数的参数，便能估算出可能的损失以及覆盖这些损失所需的监管资本（经济资本）。

二是引入资产组合理论，在资产组合的层面上去计量信用风险。资产组合理论的主要观点是，资产组合的风险并非各组成成分风险的加权平均，同时还要考虑不同资产之间的相关性。《巴塞尔资本协议Ⅰ》和《巴塞尔资本协议Ⅱ》的标准法在计量信用风险时，都是将具有相似风险特征的资产捆绑在一个“风险篮子”中，并假定“风险篮子”中所有资产的风险是相同的，未考虑不同资产之间相关性给风险带来的实际影响，其实质是在单个资产的层面去计量信用风险。内部评级法基于资产组合理论提出两个关键假设：（1）银行资产组合足够分散，任一项资产在总资产中所占份额足够小。（2）银行对特定资产的监管资本要求与其他资产的风险状况无关。这样，银行信用风险的整体监管资本要求就可以等于单项资产边际监管资本要求的加总，从而实现了在资产组合层面对信用风险的计量。

二、内部评级法的实施步骤和要点

根据内部评级法的基本思路，实践中银行运用内部评级法计量信用风险监管资本，应按顺序采取以下步骤：一是银行判断自身是否满足监管部门设定的允许实施内部评级法的最低要求。如不满足，则不能实施内部评级法。二是银行将自身业务依据不同的风险特征划分为不同的信用风险敞口类型。三是银行通过自己构建的内部评级体系，综合运用各项交易数据和风险计量模型，针对每一类信用风险敞口的违规概率、违约损失率、违约风险暴露和债务期限等风险要素进行评级和估值。四是将这些风险要素的评估值输入相应的风险权重函数，计算出每一类信用风险敞口对应的风险权重，并以此为加权系数，汇总计算出该银行的总风险加权资产和相应的监管资本要求。以下我们将逐一阐述每个步骤的要点。

（一） 银行实施内部评级法需要满足的最低要求

内部评级法主要依赖银行自身对各项风险的评估，但不同银行特别是不同国家或地区的银行在业务划分、产品类别、评级方法、风险评估方面存在很大差异，因此，为确保不同银行内部评级体系和评级结果的准确性、完整性和一致性，商业银行要向监管部门证明自己满足监管部门设定的允许实施内部评级法的最低要求，这样才能获准运用内部评级法来计量信用风险的监管资本要求。

“最低要求”的具体规定依不同国家、不同地区、不同监管部门而有所不同，但其原则是基本一致的，即要求银行的内部评级体系必须做到：（1）对借款人及其交易特征进行有意义的评估；（2）必须对信用风险进行有意义的区分；（3）必须对风险进行比较精确和一致的量化估计。在此基础上，巴塞尔委员会参考部分银行在信用风险管理和评估方面的先进经验，就“最低要求”的设定提出以下几个方面的建议。

一是关于银行内部评级体系设计方面的要求。包括：（1）评级维度。内部评级体系必须有两个相互独立且性质不同的维度，一个维度反映借款人的违约风险（违约概率），另一个维度反映与交易相关的特定交易风险，如抵押品或产品的类别。（2）评级结构。银行需确保贷款在借款人评级和贷款评级各项级别中分布合理，不能过于集中；银行必须划分至少七个不违约的借款人级别和一个违约的借款人级别。（3）评级标准。银行必须有具体、合理、直观的评级定义和标准。评级定义必须包括对违约风险水平的描述，评级标准必须能对风险进行合理区分。（4）时间跨度。尽管违约概率估计的时间跨度通常为 1 年，但为了使评级更具有前瞻性，银行需要使用更长的时间跨度。（5）模型使用。使用模型对债务人、债项进行评级或评估违约概率、违约损失率、违约风险暴露，都必须满足相关要求。（6）评级体系设计记录。银行必须书面记录内部评级体系设计和操作的细节。

二是关于银行内部评级体系运作方面的要求。包括：（1）评级的覆盖范围。银行必须对每个借款人和所有认可的担保人以及贷款池中的零售贷款进行评级，每笔贷款都必须有贷款评级并作为贷款审批程序的一部分。（2）评级过程的完整性。借款人和贷款的评级每年至少进行一次；某些风险较高的贷款，必须经常复议；银行应聘请独立第三方对评级结果进行审查和定期检查。（3）评级推翻的程序。银行应明确相关人员推翻评级结果的程序，包括报告路线、书面记录等。（4）数据采集和维护的政策与程序。（5）稳健的压力测试程序，以及评估极端情况下的资本充足性。

三是关于银行内部评级体系应用测试方面的要求。银行必须对自己构建的内部评级体系进行应用测试，以确保内部评级结果能很好地满足银行日常经营管理的需要。这些应用测试应该包括：（1）银行在内部评级体系中可能使用不同的参数估计，因此银行必须记录不用参数估计所造成的结果差异，并能够解释和论证使用不同参数估计的合理性。（2）应用测试必须有可靠的记录，银行在被允许实施内部评级法前，应向监管部门证明其构建的内部评级体系已在内部使用并测试了至少三年。（3）银行内部评级体系产生的估值必须对应并源于同类违约风险暴露及其相关数据。

四是关于银行公司治理和监督方面的要求。包括：（1）公司治理。所有关于评级及估计流程的重要事项必须经由董事会和高级管理层审批。（2）负责内部评级体系的设计、选择、实施及表现结果的信用风险管控部门必须独立于其他业务部门。（3）内部或外部审计必须至少每年检查一次银行的评级体系及其运作情况，包括信贷部门的运作以及违约概率、违约损失率和违约风险暴露的估计。

五是关于银行风险量化方面的要求。如前所述，风险量化是银行对主要风险要素（违约概率、违约损失率、违约风险暴露和债务期限）进行赋值的过程。“最低要求”对风险量化的要求包括：（1）根据使用内部评级法的不同，赋值或由银行内部评级体系估算，或采用监管部门规定的数据。估值不能纯粹建立在主观判断的基础上，必须以历史经验和经验证明为基础。（2）各项估值应基于内部和外部数据，涵盖全部相关和可用的信息和方法，以反映长期的历史经验。（3）估计违约概率时，数据源的历史观察期至少为 5 年；估计违约损失率和违约风险暴露时，数据源的观察期至少应涵盖一个完整经济周期，且任何情况下都不能少于 7 年。（4）为避免过度乐观，银行应对估值留出余地，以避免各种可能误差的影响。

六是对银行内部信用评估结果的检验要求。包括：（1）银行应该具备健全的机制来检验内部评级过程和结果的准确性和一致性。（2）银行必须定期对每个评级违约概率的实际值和估值进行比较，并证明实际违约概率落在估值允许的区间范围内。（3）银行还必须使用其他量化检验工具，并和相关外部数据源进行比较。（4）银行应确认检验方法不会随经济周期发生系统性的变化。（5）当银行运用监管部门规定的数据时，应鼓励银行对实际值和监管部门规定的数据进行比较。

七是对银行信息披露方面的要求。即银行必须满足《巴塞尔资本协议Ⅱ》第三支柱提出的披露要求，具体包括强制要求和建议要求两方面。前者强制要求银行对风险计量方法和关键数值信息进行定性披露，对风险评估信息和可靠性数据进行定量披露；后者主要对信用风险缓释技术的披露做了规定。

此外，监管部门还可能对实施内部评级法初级法、内部评级法高级法，以及采用内部评级法计量市场风险等其他风险的银行提出有差别的“最低要求”，这里不再一一详述。

（二） 风险敞口的划分

当商业银行满足监管部门规定的“最低要求”，获准实施内部评级法后，它首先要做的就是将自身业务依据不同的风险特征划分为不同的信用风险敞口类型。这是因为银行各种业务及相应资产组合在关键风险要素和评级标准上具有很大区别，而且在历史损失和相关性上也有很大不同。这些差别造成不同资产组合的损失事件具有不同的概率分布，进而导致其风险特征与所需监管资本之间具有不同的相关性。为确保信用风险监管资本计量的精确性和风险敏感度，巴塞尔委员会在内部评级法中提出，银行应该将自身业务分为以下具有不同风险特征的三大敞口类型。

一是批发业务敞口。具体包括：（1）公司业务敞口，涵盖该银行对公司、合伙制企业、独资企业等的债权。这里的债权涵盖一般公司贷款和特殊贷款。其中，特殊贷款包括五个子类，即项目融资、物品融资、商品融资、产生收入的房地产贷款和高波动性商用地产贷款。（2）主权业务敞口，涵盖该银行所有对中央政府、中央银行、标准法下确定作为主权处理的公共部门以及标准法下满足零风险权重的多边开发银行等实体的债权。（3）银行业务敞口，涵盖该银行对其他银行、证券公司、保险公司等金融机构的债权。除了银行对中小企业的批发业务敞口和银行对高波动性商用地产贷款的敞口外，《巴塞尔资本协议Ⅱ》对批发业务敞口都规定了统一的风险权重函数。

二是零售业务敞口。由于在不同国家、不同地区乃至相同地区的不同银行之间，“零售业务”的定义和范围有很大不同，为保证内部评级法实施过程和结果的一致性和可比性，《巴塞尔资本协议Ⅱ》规定了四条标准，同时满足这四条标准就被视为零售业务敞口。零售业务敞口也可以进一步细分为三个子类：住房抵押贷款敞口、合格的循环零售贷款敞口和其他零售贷款敞口。《巴塞尔资本协议Ⅱ》对这三个子类的敞口都单独规定风险权重函数，以反映其不同的风险特征。

三是股权业务敞口。包括该银行对商业企业或其他金融机构进行投资所形成的直接或间接的所有者权益的敞口，无论这些所有者权益是否有投票权。需要注意的是，如果一些债权、证券、衍生工具等具有转成股权的特质，那么应将它们作为股权敞口，如可转债。同理，如果一些股权具有转成债权的特质，那么不应将它们作为股权敞口，如一些有确定期限的优先股等。对于股权业务敞口，《巴塞尔资本协议Ⅱ》给出了对其风险要素的估算方法，但没有给出明确的风险权重函数。

（三）风险要素的估值

将自身业务依据不同的风险特征划分为不同的信用风险敞口类型之后，银行需要针对每一个类型敞口估算相应风险要素的值。这些风险要素主要包括以下四项：（1）违约概率。违约概率是指特定时间区间内借款人违约的可能性。对违约概率的估值通常包括两个层面，即单一借款人的违约概率和某一信用等级所有借款人的违约概率，常用方法有历史违约经验、统计模型和外部评级映射三种。（2）违约损失率。即贷款价值中可能在违约事件中损失的那一部分。违约损失率通常用百分比来表示，是违约损失额占违约金额的百分比。（3）违约风险暴露。违约风险暴露是指借款人违约时银行暴露在风险下的金额，通常等于债项的名义价值。（4）债务期限。即可能发生违约的该笔债务的剩余到期日。银行需要针对上个步骤划分的每一类敞口估算相应风险要素的值。

1. 批发业务敞口的风险要素估值

（1）违约概率估值。通常，银行会设定“一年”的时间跨度，然后在此跨度内对每一个借款人进行内部评级，再将处于相同级别的借款人的违约概率估值进行某种方式的平均，便得到每个级别的平均违约概率。之所以选择“一年”的时间跨度，既因为一年是通常的财务报告周期，也是内部评级的最低频率，同时也可以避免选择不同时间跨度（如不同的信用周期）给评级结果一致性和可比性带来的干扰。具体估值方法有历史违约经验、统计模型和外部评级映射三种。

（2）违约损失率估值。违约损失率的影响因素较多，如偿付率、清算成本、抵押品价值等。同时，违约损失率还受不同债项特征的影响，即同一个借款人违约，可能在不同的债项产生不同的违约损失率。因此，违约损失率估值较为复杂。巴塞尔委员会为违约损失率估值规定了两种方法：内部评级法初级法要求银行根据监管部门给定的参数值对违约损失率进行估值，并根据是否有抵押以及抵押品的类型对估值进行调整；内部评级法高级法则允许银行全过程使用自己的参数值和评估结果。

（3）违约风险暴露估值。对于银行表内项目，违约风险暴露通常等于发生违约事件的债项的名义价值，不考虑银行已计提的专项准备或冲销。对于表外项目，违约风险暴露通常等于已承诺但未提取的金额乘以信用风险转换系数。其中，信用风险转换系数的估值也有初级法和高级法两种。

（4）债务期限的估值。单个债项的期限通常就是它的名义剩余期限。整个风险敞口的债务期限取决于预期现金流的加权平均剩余期限；如果加权平均剩余期限难以计算，可以根据一些近似规则来估值，比如名义剩余期限在1～5年之间，平均期限可定为2.5年；货币市场交易的期限可以低于3个月；场外衍生品交易的期限不低于5天。

2. 零售业务敞口的风险要素估值

与批发业务相比，零售业务在风险管理方面的一个重要特征就是将零售业务资产放在一个具有相同风险特征的资产池来统一管理，无须向批发业务那样单笔管理。因此，对零售业务敞口的风险要素进行估值，相当于对与该敞口有相似风险特征的单笔批发业务敞口风险要素的估值，即零售业务敞口的违约概率、违约损失率、违约风险暴露的估值与批发业务敞口相应风险要素的估值相近。有所不同的是，巴塞尔委员会规定，银行对零售业务敞口的风险要素估值时，可以用“预期损失”的估值来代替违约概率和违约损失率两项估值。在单个敞口水平上，预期损失就等于违约概率和违约损失率的乘积。

3. 股权业务敞口的风险要素估值

《巴塞尔资本协议Ⅱ》规定，银行交易账户上的股权业务敞口按照市场风险的规定处理，内部评级法只处理银行交易账户之外的其他账户上的股权业务敞口。具体有两种方法：一是与前两类敞口相似的方法，即通过有关风险要素的估值来估算股权业务敞口。二是市场法，即银行可以采用较简单的风险权重法或内部模型法来估算股权业务敞口。

需要注意的是，银行未必需要对上述四项风险要素都进行估值。根据巴塞尔委员会的调查，多数银行可以对违约概率进行可信的估值，但只有少数银行能对其他风险要素也作出可信的估值。因此，巴塞尔委员会将内部评级法进一步细分为初级法和高级法，其中最主要的区别是：在初级法下，银行只需要确定违约概率的值，其他风险要素由监管部门提供的监管参数来确定；而在高级法下，上述风险要素的估值都由银行自己确定。

此外，内部评级法还规定了抵押、担保、表内资产冲销、信贷衍生工具等信用缓释技术对风险要素估值的影响。

（四） 计算监管资本要求

如前所述，内部评级法对每一类信用风险敞口都给出了连续的风险权重函数，银行将上个步骤估算出来相应风险要素值输入函数，就可以得到该类敞口的风险权重，反映该类敞口对总风险加权资产的边际贡献。以各类风险权重为加权系数，就可以汇总计算出该银行的总风险加权资产和相应的监管资本要求。其中具体计算过程的实务性强，且不同银行可能有不同的处理方式，不再一一详述，以下仅对其中一些具有共性的问题进行介绍。

一是时间跨度和置信水平的确定。时间跨度和置信水平是内部评级法的两个重要参数。时间跨度的确定我们前文已有介绍，即通常设定为一年，个别特殊情况可按相应的规定处理。置信水平是指在一定时间内超出给定损失临界值的概率，比如，当经济资本定义为一年内吸收1000个损失中的999个所需要的资本，那么置信水平设定为99.9%。

二是损失类型和损失分布的确定。不论是单项资产、资产组合或是某个银行的全部资产，其面临的潜在损失都可以分成三种类型：（1）预期损失，顾名思义，即在一定时间跨度内，银行能够预期到的损失金额。（2）非预期损失，即在一定时间跨度（如一年）和设定的置信水平内，实际损失额超过预期损失额的那一部分。（3）极端损失，是指超出所设定置信水平的损失额。极端损失很少发生，一旦发生往往数额巨大。

通俗地理解，损失分布就是确定某项损失属于上述三种损失类型中的哪一种。它主要取决于两个因素：（1）损失频率，是指触发事件可能发生的频率（如市场风险中的利率波动、信用风险中的债务人违约或操作风险中的欺诈行为）。（2）损失幅度，是指一旦触发损失事件的发生，需吸收损失的大小。统计学上的损失分布可以用损失概率（Y轴）和违约损失额（X轴）构成的损失分布图来显示。图3－1为某一零售资产组合的损失分布图。

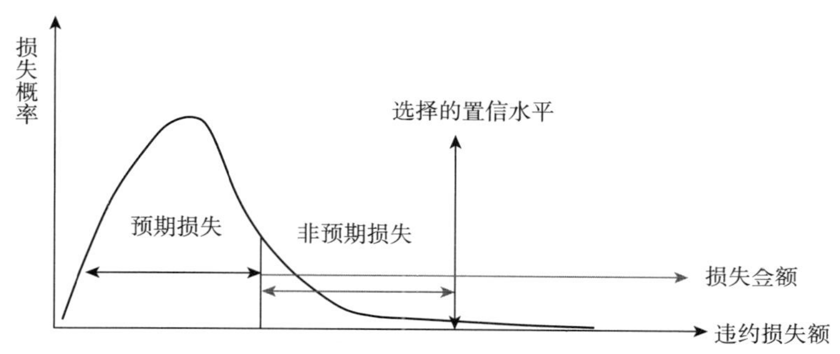

图3－1　某一零售资产组合的损失分布图

从图3－1可以看出：（1）非预期损失对应损失的中间部分，通常由银行监管资本弥补。（2）该资产组合有大量的小额损失，即相对较高的损失频率。这符合零售业务风险敞口的特征。（3）出现极端损失的情况很少，即发生严重损失的频率很低，这也符合零售业务风险敞口的特征。

三是损失的计量。通过内部评级法对各风险要素进行估值后，可以计算相应的预期损失和非预期损失：（1）预期损失＝违约概率×违约损失率×违约风险暴露。（2）非预期损失＝损失的标准差×非预期损失的乘数因子－预期损失。其中，损失的标准差可在一定条件下通过对风险要素的估算后得出；非预期损失的乘数因子取决于损失分布和银行风险偏好，可通过预期损失、损失的标准差和银行的风险容忍度进行估算。由此，便可以计算出每个风险敞口类别及相应评级等级的预期损失和非预期损失。

四是确定弥补损失的办法。预期损失一般以“基点”来表示。例如，银行预期某资产组合一年内有 25 个基点的损失，即其年平均损失率为 0.25%。银行一般会提高相应融资成本，并把这一比例的预期损失转嫁给客户，同时提取损失准备金（又分为一般准备金和专项准备金）来覆盖这一损失。非预期损失由银行的监管资本（经济资本）来弥补。

五是计算银行用来弥补预期损失的准备金。如前所述，通过预期损失可以计算银行需要提取多少损失准备金来覆盖。将这一数值与银行已提取的用于覆盖预期损失的一般准备金和专项准备金之和进行比较，根据已提取准备金超额或不足，对银行资本进行调整：提取不足部分可以从银行资本中扣除，超额提取的部分可转入二级资本。

六是计算银行用来弥补非预期损失的监管资本。通过非预期损失可以计算银行风险加权资产，风险加权资产的计量基于内部评级法计算的非预期损失部分。得到总风险加权资产后，根据监管部门要求的资本充足率水平就可以计算用于弥补非预期损失的监管资本的具体数额。

第三节　内部评级法的实践

在上节中，我们主要从理论的层面对内部评级法的基本思路、主要步骤和实施要点进行了说明。本节我们将从理论转入实践，介绍内部评级法的具体应用。

不同国家、地区乃至不同银行的具体实践并不相同，缺少统一的实践标准，因此本节着重介绍在内部评级实践中具有普遍意义的三个方面问题，然后以中国为例，介绍中国银行业内部评级法的具体实践。

一、内部评级法在实践中面临的主要问题

银行和监管部门在内部评级法的具体实践中主要面临数据、部分运用和评级体系的验证三个方面的问题。

（一） 数据问题

内部评级体系的运用及其效果取决于使用的数据。因此，对主要风险要素的概

念界定十分重要，它决定了需要使用哪些数据以及数据的广度和深度。同时，定义明确后，还必须有足够的、有意义的统计观察数据，这样才能确保内部评级的质量并生成合理的估值。为此，银行必须采集大量的历史数据，历史数据是过去的一定时期内、与违约事件相关的所有数据，对这些数据有以下三个方面要求。

1. 数据数量方面的要求

数据数量涉及两个方面的要求：一是数据的广度，即银行必须采集来源于尽可能全面的关于债务人和债项风险特征的数据。二是数据的时间跨度，即数据采集的期限必须足够长，以便进行有意义的比较。同时，为获取有意义的损失分布，还必须对数据采集期限提出最低要求。这对于不同类别的风险敞口的要求可能不同。内部评级法的最低要求是，违约概率估计必须是某一评级等级内的债务人一年内实际违约率的长期平均值（至少五年）。

2. 数据质量方面的要求

良好的内部评级体系的先决条件之一是其能够在某一评级等级内，准确并且一致地对风险进行区别。为此，银行必须确保数据的一致性及同质性。特别在比较处于不同国家的相近风险敞口时，这一点尤为重要。对数据质量有以下两个方面的要求：

一是评级维度的要求。银行要对评级等级设定明确和客观的评级标准，以便有效评估单笔信用风险敞口（单一债务人的单笔贷款）和资产组合的风险敞口（单一债务人的多笔不同特征贷款）。即银行的内部评级体系能够评定和区分：（1）对不同债务人的风险敞口；（2）对同一债务人的具有不同特征的多笔风险敞口。

二是对数据有效性的要求。银行要确保：（1）在某一资产组合内，数据是同质的并且是可以相互比较的。例如，在考虑区域内或全国范围内的公司贷款时，需要确保相关的数据不会高估或低估风险。（2）资产组合之间的分类有利于风险的区分。例如，某银行有一个包括1000笔公司贷款的组合。其中70%发放给在母国注册的公司，其他30%发放给在其他国家（地区）注册的公司。如果银行仅仅依靠本国的公司贷款组合数据计算各个评级的违约率、违约风险暴露和违约损失率，那么其余30%的公司贷款组合的风险可能被大幅度高估或低估。如果银行不加区分地汇总所有的风险暴露并使用平均值，也同样会出现对风险的高估或低估。

3. 数据可获得性方面的要求

银行必须具有稳健的历史数据采集、存储和使用能力，即：（1）银行的IT系统必须有能力存储长期的数据。（2）银行集团内的数据采集必须一致。同时，为了实施符合内部评级法要求的内部评级，银行的组织架构和信息技术系统必须足以存储和处理数据。此外，对于给定的评级类别，数据必须一致且是同质的。

（二） 内部评级法的部分运用

在大多数情况下，由于缺乏数据或其他原因，银行特别是国际大型银行往往难以同时对其所有资产组合一步到位地运用内部评级法，特别是内部评级法高级法。为解决这一问题，一方面巴塞尔协议允许银行在满足某些规定条件的前提下，可以分阶段地实施内部评级法，即先实施初级法，有条件再实施高级法；同时对实施内部评级法高级法也没有预设时间表。另一方面，巴塞尔协议还允许银行因数据限制等原因无法将内部评级法运用于全部资产类别或业务条线时，可以选择在局部运用内部评级法。这些措施给银行带来了很大的灵活性，也与内部评级法要和银行自身风险管理水平相匹配的目标一致。

巴塞尔协议提出了部分地运用内部评级法需要满足的条件，以避免银行“有选择地实施”内部评级法，产生道德风险和监管套利。这些要求如下：

一是一般性要求，包括：（1）监管部门已同意银行使用内部评级法计算监管资本，银行承诺逐步将内部评级法应用到各资产类别。（2）银行制定了分类分步实施内部评级法的开发计划，开发计划中要说明在整个集团层面实施内部评级法的路线图和时间表。监管部门在考虑和批准银行部分实施内部评级法时，银行的开发计划是一个重要的因素。（3）监管部门要对银行开发计划执行情况定期监督检查，这也是《巴塞尔资本协议Ⅱ》第二支柱的一部分。

二是限定使用某种内部评级法的要求。比如，当银行能够实施内部评级法高级法时，才能够对零售业务风险敞口进行估值，因为内部评级法初级法没有针对这种债项的处理方法。不能够实施内部评级法高级法的银行，只能用标准法来对零售业务风险敞口进行估值。

三是针对某个或某些资产或业务的要求。比如，银行特殊贷款历史数据缺乏的问题可能更为突出，因此，内部评级法允许银行根据自身实际情况，选择性地运用以下三种方法：（1）对于无法自行估计特殊贷款违约概率的银行，须将其内部风险等级映射到监管部门划分的类别，并使用对应的风险权重。（2）对于能够自行估计特殊贷款违约概率的银行，可以将内部评级法初级法运用于除高波动性商业地产资产组合以外的其他所有特殊贷款。（3）对于能够自行估计特殊贷款违约概率、违约损失率及违约风险暴露的银行，可以将内部评级法高级法运用于除高波动性商业地产资产组合以外的其他所有特殊贷款。

（三） 内部评级体系的验证

对于实施内部评级法的银行，其监管资本要求的确定在很大程度上依赖银行自己构建的内部评级体系。因此，评估并验证内部评级体系的表现对确保内部评级体系的可靠性和评级结果的一致性至关重要。内部评级体系的验证即表明内部评级体系对信用风险进行了合理评估的全部定性和定量的证明。

银行是内部评级体系验证的主体。银行定期验证其信用风险系统、流程及风险要素估计的准确性和一致性，是满足内部评级法最低要求的必要环节。此外，监管部门的验证是在银行自身验证的基础之上，因此银行也必须确保其验证流程的稳健性。对于具体验证方法，目前没有统一的、普遍接受的方法。通常，银行采用以下三种互为补充的方法来进行内部评级体系的验证。

一是基于风险要素的验证。该方法主要验证：（1）数据质量、统计及量化模型；（2）评级的人为干预；（3）评级的持续监测及控制。

二是基于结果的验证。该方法类似于返回检验，并用基准测试来补充，即比较不同评级系统的结果，它主要验证对比评级体系生成的估计及实际结果，如比较银行评级体系和信用评级体系产生的结果。

三是基于流程的验证。该方法验证内部评级体系如何应用于日常经营，以及与经营过程结合的紧密程度。

二、中国银行业运用内部评级法的实践

中国银行业实施内部评级法起步较晚。长期以来，中国银行业使用以会计账目信息为基础的“一逾两呆”进行贷款分类。2000 年前后，当国外先进银行已实现十级甚至更精细的贷款分类时，中国银行业才开始试行贷款五级分类。那时中国银行业还没有建立起完善的内部评级体系，内部风险管理模型也几乎处于空白阶段。2004 年，中国银监会在“中国银行业监督管理委员会对巴塞尔新资本协议的意见和建议答记者问”时明确表示，根据本国国情，中国银行业仍将继续执行 1988 年的《巴塞尔资本协议Ⅰ》，暂不实施《巴塞尔资本协议Ⅱ》提出的内部评级法。

尽管中国银行业实施内部评级法起步较晚，但也因此具有一定的后发优势，即采取坚持《巴塞尔资本协议Ⅱ》和《巴塞尔资本协议Ⅲ》同步实施的推进方式。2012 年 6 月，中国银监会发布《商业银行资本管理办法》，并于 2013 年 1 月正式实施。《商业银行资本管理办法》整合了《巴塞尔资本协议Ⅱ》和《巴塞尔资本协议Ⅲ》在风险加权资产计量方面的核心要求，既要求实施《巴塞尔资本协议Ⅱ》的资本管理高级方法，又要求满足《巴塞尔资本协议Ⅲ》的资本标准，从而实现《巴塞尔资本协议Ⅱ》和《巴塞尔资本协议Ⅲ》的同步推进。

此后，中国银行业采取先实施内部评级法初级法，再过渡到内部评级法高级法，同时在客观条件受限的部分业务领域仍实施风险权重法或标准法的原则，积极灵活而又稳妥有序地推进内部评级法的实施。总体来看，经过近十年的探索和积累，中国大型商业银行目前已建立起较为完善成熟的内部评级体系，主要表现在以下几个

方面。

一是建立起内部评级法的治理架构，包括董事会承担资本管理的首要责任，高管层负责建立资本管理办法实施领导小组，监事会对董事会和高管层在资本管理方面的履职情况进行监督。

二是形成内部评级法实施的管理框架和规范的流程体系，而且将内部评级流程与信贷管理流程结合，协调推进风险管理、资本管理和内部评级法的实施。

三是建立健全内部评级法的计量框架。完成了内部评级法项目建设，建立了包括客户和债项的二维评级体系，实现了对大多数风险参数的科学计量。同时不断扩大内部评级体系的风险敞口覆盖范围，不断提高评级体系的完备性和评级结果的敏感度。

四是建立起内部评级体系验证机制。大多具备第三方独立验证能力，银行内部也有独立团队进行验证和审计，逐步实现内部评级体系的自我优化完善。

五是大力提升相关管理信息系统建设，包括数据系统和相关风险管理系统。在数据系统方面，运用数据仓库和数据挖掘技术，提升数据数量、质量和可获得性；在管理信息系统方面，改造或整合相关风险管理信息系统，逐步实现银行集团层面的数据集中，建立了信用风险数据仓库，有效支撑了内部评级法的实施。

此外，中国银行业监管部门坚持循序渐进的原则对银行业实施内部评级法进行监管，出台相关监管细则并就银行内部评级法实施情况进行了多轮监管核查，不断提升中国银行业实施内部评级法的质量和效率。

本章小结

1. 内部评级法是指银行通过自己构建的内部评级体系，估算各类信用风险敞口的违约概率、违约损失率、违约风险暴露和债务期限等风险要素，并按照一定的函数关系计算出监管资本要求的方法。内部评级通过内部评级体系来完成。

2. 实施内部评级法的主体是商业银行自身，运用的主要工具是商业银行自己构建的内部评级体系。评级结果主要用于强化自身风险管理，一般不对外披露。内部评级法本质上是商业银行将自身信用风险状况与资本充足率监管要求联系起来的一种风险计量模型和方法。

3. 内部评级体系是商业银行自己构建的评级体系，是实施内部评级法的基础。内部评级体系包括银行治理架构、制度体系、计量模型、数据管理和IT系统、应用系统等，它和内部评级法是支持体系和方法之间的关系，两者不能混为一谈。

4. 内部评级法具有强化监管资本与银行风险之间的联系、提升风险计量敏感度和风险区分能力、促进商业银行完善自身风险管理等优势。因此，内部评级法逐步成为商业银行资本监管和风险管理的主流方法。

5. 内部评级法的基本思路：一是引入“在险价值”对覆盖信用风险所需的经济资本进行评估；二是引入资产组合理论，在资产组合的层面上计量信用风险。

6. 实施内部评级法的主要步骤：(1) 银行判断自身是否满足监管部门设定的允许实施内部评级法的最低要求。如不满足，则不能实施内部评级法。(2) 银行将自身业务依据不同的风险特征划分为不同的信用风险敞口类型。(3) 银行通过自己构建的内部评级体系，综合运用各项交易数据和风险计量模型，针对每一类信用风险敞口的违规概率、违约损失率、违约风险暴露和债务期限等风险要素进行评级和估值。(4) 将这些风险要素的评估值输入相应风险权重函数，计算出每一类信用风险敞口对应的风险权重，并以此为加权系数，汇总计算出该银行的总风险加权资产和相应的监管资本要求。

7. 内部评级法主要依赖银行自身对各项风险的评估，但不同银行的评估存在很大差异。为确保不同银行内部评级体系和评级结果的准确性、完整性和一致性，商业银行要向监管部门证明自己满足监管部门设定的允许实施内部评级法的最低要求，这样才能获准运用内部评级法来计量信用风险的监管资本要求。这些“最低要求”主要包括银行内部评级体系设计、内部评级体系运作、内部评级体系应用测试、公司治理和监督、风险量化、内部信用评估结果检验、信息披露等方面的要求。

8. 当商业银行满足监管部门规定的“最低要求”，获准实施内部评级法后，它首先要做的就是将自身业务依据不同的风险特征划分为批发业务风险敞口、零售业务风险敞口、股权业务风险敞口等不同的敞口类型及其子类型。

9. 将自身业务依据不同的风险特征划分为不同的信用风险敞口类型之后，银行需要针对每一个类型敞口估算相应风险要素的值。这些风险要素主要有四项，即违约概率、违约损失率、违约风险暴露和债务期限。

10. 内部评级法对每一类信用风险敞口都给出了连续的风险权重函数，银行估算出来相应风险要素值输入函数，就可以得到该类敞口的风险权重，反映该类敞口对总风险加权资产的边际贡献；以各类风险权重为加权系数，就可以汇总计算出该银行的总风险加权资产和相应的监管资本要求。

11. 银行和监管部门在内部评级法的具体实践中，主要面临数据、部分运用和评级体系验证三个方面的问题。对此，巴塞尔协议做了原则安排。

12. 在大多数情况下，由于缺乏数据或其他原因，银行特别是国际大型银行往往难以同时对其所有资产组合一步到位地运用内部评级法，特别是内部评级法高级法。为解决这一问题，一方面，巴塞尔协议允许银行在满足某些规定条件的前提下，可以分阶段地实施内部评级法；另一方面，巴塞尔协议还允许银行因数据限制等原因无法将内部评级法运用于全部资产类别或业务条线时，可以选择在局部运用内部评级法。

13. 对实施内部评级法的银行，其监管资本要求的确定在很大程度上依赖银行自己构建的内部评级体系。因此，评估并验证内部评级体系的表现对确保内部评级体系的可靠性和评级结果的一致性至关重要。

14. 尽管中国银行业实施内部评级法起步较晚，但也因此具有一定的后发优势，即采取坚持《巴塞尔资本协议Ⅱ》和《巴塞尔资本协议Ⅲ》同步实施的推进方式。2012 年以来，中国银行业采取先实施内部评级法初级法，再过渡到内部评级法高级法，同时在客观条件受限的部分业务领域仍实施风险权重法或标准法的原则，积极灵活而又稳妥有序地推进内部评级法的实施，取得积极进展。

本章重要概念

内部评级法　内部评级体系　评级编码　评级原则　风险量化　违约概率　违约损失率　预期损失率　违约风险暴露　标准法　内部评级法初级法　内部评级法高级法　损失频率　损失幅度　预期损失　非预期损失　极端损失　在险价值　资产组合理论　风险权重函数

本章复习思考题

1. 判断题

（1）内部评级法只适用于信用风险的计量。（　）

（2）内部评级法通过内部评级体系来完成。（　）

（3）一家银行只有一个内部评级体系。（　）

（4）评级一般包括等级数量的确定、与各等级对应的风险程度、审查等级评定的方式。（　）

（5）银行的债项评级是以借款人的违约概率为基础的。（　）

（6）内部评级法与标准法的不同之处在于银行内部评估结果是资本计算的主要数据。（　）

（7）构建内部评级体系不是为了确保银行集团内部的一致性。（　）

（8）对于某一评级类别（如公司贷款），同质数据实现有意义的比较和风险的分析，这与数据的数量有关。（　）

(9) 内部评级法对监管资本的要求基于经济风险评估的监管资本对风险类别及风险水平更为敏感。 ( )

(10) 为了获得监管部门的批准，银行必须具有分步实施内部评级法的开发计划。 ( )

2. 单选题

(1) 与标准法相比，内部评级框架对资本的要求 ( )。

A. 更高　　B. 更低　　C. 既非更高也非更低

(2) 内部评级体系的构成要素是 ( )。

A. 风险因素　　B. 拨备　　C. 本金及利息

(3) 预期损失率为 ( )。

A. 违约概率　　B. 违约损失率　　C. 违约概率乘以违约损失率

(4) 实施内部评级法的银行，通过以下哪些步骤确定监管资本? ( )

A. 估计预期损失和非预期损失，比较内部评级法计量结果及预期损失拨备，调整监管资本

B. 确定资产风险暴露的类别，计量风险加权资产，风险加权资产乘以监管权重

C. 确定违约概率，确定风险权重，风险加权资产乘以监管权重

(5) 验证银行内部评级体系的方法为评估数据质量、统计及量化模型，以及评估结果的人为干预、预测及控制，这种验证方法为 ( )。

A. 基于风险要素的验证　　B. 基于结果的验证　　C. 基于流程的验证

3. 简答题

(1) 简述内部评级法的内容。

(2) 简述银行使用和监管当局鼓励使用内部评级法的原因。

(3) 简述内部评级法初级法与内部评级法高级法的区别。

(4) 简述风险要素与损失的关系。

(5) 简述中国银行业特别是大型银行实施内部评级法的主要进展。

4. 计算题

某银行对A公司贷款5000万元，该公司违约概率为0.4%，请分别用《巴塞尔资本协议Ⅰ》风险权重法（100%）、《巴塞尔资本协议Ⅱ》标准法（风险权重20%）、《巴塞尔资本协议Ⅱ》的内部评级法初级法（风险权重62.72%）计算监管资本。

第四章
银行资本

几乎所有市场经济国家都要求银行机构必须保持一个不低于最低水平的资本充足率。资本不但是银行未来发展的基础，也是银行在发生非预期损失时可以继续运营的保证。充足的资本有助于提升公众对整个银行体系的信心。本章重点介绍银行监管资本界定及其管理的方法。

第一节　监管资本

一、对银行资本的监管和管理的意义

与所有其他企业一样，银行持有资本也是为了应对损失。但与其他企业不同的是，银行的主要职能是信用中介。它主要是靠别人的资金经营，因而与一般企业相比，其负债率高，风险更大，对社会影响也较大。“信任”对银行来说非常重要。而为了确保公众对银行的信心，银行开展业务活动不但需要获得相关许可，而且还需要遵守特别的法规并接受监管。监管银行业的目的是确保各银行以安全、稳健的方式运营。

正是有了对银行的监管才产生了监管资本。如前所述，监管资本是监管部门要求银行持有的，用于抵御潜在损失的资本。监管资本要求是银行监管的一个主要组成部分。监管资本要求银行保持最低资本充足率，目的是确保银行能够在持续经营的基础上弥补业务活动中产生的各种损失。

有些银行开发了一些方法对资本需求进行评估，并将这种评估作为风险管理的工具。在通常情况下，银行会估计在一定概率下弥补损失的资本金额。而这个概率需要根据许多因素来确定，其中包括“试图获得某一特定水平的评级”等。每家银行都会采用自己的方法来确定这个概率，同时还要为自己作出下列决定：持有多少资本；以什么样的形式持有；用它支持银行的哪些业务领域。对银行来说，资本是

最为昂贵的资源，因此银行非常希望尽可能有效地对其进行管理。

监管当局理解监管资本框架是非常重要的。同时，了解各银行为评估不同业务的资本需求而开发并使用的方法也是很有益处的。风险管理实践的一个结果是，许多国家的资本监管与银行的经济资本管理越来越趋于一致。我们将在第二节介绍“经济资本”。

二、监管资本的概念

从前面的介绍中我们对监管资本已经有所了解：监管资本是指银行按监管要求应当持有或者银行实际持有的监管资本。这样，监管资本实际上涉及两个层次的含义。监管资本的第一层含义是银行按监管要求应当持有的资本，前面我们已经介绍了用“风险权重法”计算针对信用风险银行应持有的最低监管资本，后面我们还将介绍信用风险、市场风险、操作风险等银行风险的不同计量方法所计量银行应当持有的最低监管资本。

监管资本的第二层含义是银行实际持有的监管资本。这是本节乃至本章讨论的重点。银行实际持有的监管资本是指按照监管当局规定银行根据自身业务情况计算得出的实际资本的数量。这里涉及计算监管资本为什么要按监管部门的要求计算，而不按银行会计资本进行计算。这是因为二者角度不同，有些资本项目如无形资产或商誉资产，银行认为它属于会计资本；而监管当局认为，它不能抵御损失，特别是财务紧张时，它们也迅速贬值，应该从资本中扣除。而有些资本项目比如次级债，银行认为它不是资本的内容；而监管当局认为它可能符合监管资本的属性，需要加入监管资本中。

既然监管资本是由监管当局规定的，那么它应该规定：哪些项目可以计入监管资本，其标准有哪些；这些项目吸收损失的能力如何划分，即划分到一级资本还是二级资本中，一级资本及二级资本还可以进行划分，其标准有哪些；监管资本如何计算。下面我们先介绍监管资本的组成，然后介绍监管资本的计算。

三、监管资本的组成要素

根据《巴塞尔资本协议Ⅲ》的定义，监管资本由两级资本构成，即一级资本和二级资本。这主要是依据资本工具的吸收损失能力来划分的。

（一） 一级资本

可列入一级资本的项目只能是那些被看作具有最大的吸收损失能力，同时使银行可持续经营的资本项目。对于这些资本项目，银行完全有权决定红利的支付，不支付不构成违约事件。普通股是合格的，可以没有任何限制地计入一级监管资本。

它可以迅速地、永久和完全地用来弥补损失。由于普通股股东在清算时是首先出来承担损失的，又是最后一个获得补偿的，它是所有其他监管资本的标杆。一级资本包括核心一级资本和其他一级资本。

（1）核心一级资本。核心一级资本即普通股，它在银行监管资本中质量最高、吸收损失的能力最强、可由银行支配。核心一级资本充足率为4.5%。

（2）其他一级资本。其他一级资本发行工具的期限必须是永久性的、发行并实缴的、必须具有本金损失吸收能力、必须受偿顺序靠后，包括在次级债务之后。收益分配不是义务性或优先的，并且必须以可分配的项目支付。一级资本充足率为6%。

（二）二级资本

二级资本的目标是在破产清算的基础上提供损失吸收能力，但在无法生存时它必须能够全面吸收损失；未按计划支付利息是违约事件。

二级资本必须是发行并实缴的，受偿顺序必须排在存款人和一般债权人之后，二级资本可以有期限（至少五年）。可包括不超过限额的、针对目前尚未确定的未来损失持有的普通贷款损失准备金。

一级资本和二级资本构成的总资本充足率为8%。

（三）其他资本

一级资本和二级资本是根据资本吸收损失能力来划分的，是银行实际持有的资本。储备资本、逆周期资本、系统重要性银行附加资本等是从资本用途或计算资本要求来定义的，是银行应该持有的资本。

（1）储备资本。储备资本全部由普通股构成，用于吸收严重经济衰退给银行体系带来的损失。储备资本的最低资本要求为2.5%。

（2）逆周期资本。逆周期资本全部由普通股构成，它与信贷增长挂钩，以此降低银行的顺周期。在经济过热时期可以对银行实施最高2.5%的逆周期资本要求。

（3）系统重要性银行附加资本。系统重要性银行附加资本全部由普通股构成，设定这项资本要求不是保护债权人和股东，而是降低其倒闭对金融体系和实体经济增长的危害性。附加资本要求为1%～3.5%。

四、计算资本充足率

最低监管资本要求由以下三个部分组成：

（1）监管资本定义，换句话说，出于监管目的计为资本的各个要素的清单以及这些要素要合格所必须达到的条件。

（2）风险加权资产，也就是在转换成资产并根据其风险程度进行监管风险加权之后的全部风险暴露。

（3）监管资本与风险加权的比率（见表4－1）。

表4－1　　巴塞尔委员会各层次资本充足率监管要求、功能和监管安排

单位：%

项目	普通股（扣减后）	一级资本	总资本	功能	监管措施强度
最低资本要求	4.5	6.0	8.0	微观审慎	强制性
储备资本要求	2.5	—	—	—	—
一般情况下最低资本＋储备资本要求	7.0	8.5	10.5	—	—
逆周期资本要求	0～2.5	—	—	—	—
系统重要性银行附加资本要求	1～3.5	—	—	宏观审慎	灵活性

五、监管资本组成要素的标准及其计算

前面我们介绍了资本组成要素，但并未对组成要素的标准进行讨论。而这些要素的标准又是我们计算银行实际持有资本的基础。通过对资本组成要素标准的讨论，我们会加深对不同资本组成要素吸收损失能力含义的理解。

（一）核心一级资本

核心一级资本包括以下六个部分：一是银行发行的满足监管标准的普通股，二是银行发行核心一级资本工具所产生的股本盈余（股票溢价），三是银行的留存收益，四是银行累计其他综合收益和公开储备，五是合格的非控制性股权，六是核心一级资本的监管调整。我们把这六项内容又分为三个部分，即普通股、其他核心一级资本和监管调整。

1. 普通股

合格的普通股必须是永久性和实缴的（并且不是由该银行以任何方式提供融资的），根据相关会计准则分类为权益，并代表对银行受偿顺序最为靠后的债权。收益分配必须由银行决定，不进行这些分配不构成违约事件。收益分配也不能是优先的，即任何支付（如红利或股权）只能在履行了所有法律合同义务并已对具有优先权的工具进行支付之后进行。收益分配必须以可分配项目（包括留存收益）支付。普通股要符合以下14项标准：

（1）银行清算时，受偿顺序（清偿顺序）排在最后；

（2）清算时，所有高级追索权的债权偿付后，才对剩余资产按所发行股本比例

清偿；

（3）本金具有永久性；

（4）发行时银行不应形成该工具将被买回、赎回或取消的预期；

（5）收益分配必须来自可分配项目（包括留存收益），分配水平不能以任何形式与发行的数量挂钩，也不应设置上限；

（6）在任何情况下，收益分配都不是义务，不分配不应视为违约；

（7）该部分高质量资本工具的分配不享有优先分配权；

（8）该部分资本应首先并按比例承担绝大多数的损失，在持续经营条件下，所有最高质量的资本工具应按同一顺序等比例地吸收损失；

（9）该部分资本在对资产负债表进行破产测试时，应被记作权益资本，而非负债；

（10）按照相关会计准则，该部分数额应被列为权益；

（11）该工具为银行直接发行并且实缴的，银行不得直接或间接为购买该工具提供融资；

（12）实缴资本不得由发行人及其关联机构提供抵押或保证，也不得通过其他安排使其在法律或经济上享有优先索偿权；

（13）该工具发行必须得到发行银行的所有者批准；

（14）该工具在银行资产负债表上清楚、单独列示。

2. 其他核心一级资本

如前所述，其他核心一级资本包括银行发行核心一级资本工具所产生的股本盈余（股票溢价）、银行的留存收益、银行累计其他综合收益和公开储备、合格的非控制性股权。其他核心一级资本的标准如下：

（1）股本盈余是指因发行符合核心一级资本条件的工具而产生的股本盈余（或股票溢价，即股票的发行价格高于票面价格）。

（2）留存收益是记录在资产负债表上，实际代表银行再投资于自身而没有分配给股东的过去时期的利润。

（3）其他综合收益和其他公开储蓄。其他综合收益是一个会计概念，包括在利润或损失中没有确认的收入和支出项目，正如相关会计准则要求或允许的那样，财产重新估值是其他综合收益的一个例子（如账面价值是500万元的某些资产，重估价值为600万元，其中多出的100万元为其他综合收益）。

其他公开储备代表留存收益或其他盈余的其他计提。它们不包括一般贷款损失储备，一般贷款损失包括在二级资本中。

（4）合格的非控制性股权。非控制性股权或少数股东权益是因对一家受到母公司控制，但并非由母公司全资拥有的子公司进行并表而产生的。它代表并非由母公司（直接或间接）拥有的股东权益。在合并资产负债表上，非控制性股权出现在权益中，但与母公司权益分开。对并表的实体来说，它与母公司股东拥有的相应工具具有同样的损失吸收能力。

3. 监管调整

监管调整是指从资本中进行的扣除。监管调整的基本原理为：会计准则旨在确定某一时点的财务头寸，而监管资本旨在更具有前瞻性并成为银行现有资产组合未来非预期损失的缓冲。监管资本承认一些资产在某一时点具有价值，但价值在很大程度上取决于银行的财务健康状况（不是取决于银行交易对手方的财务健康状况），随着银行受到的压力增大，价值将迅速减少。在计量监管资本时，要将这些资产（包括无形资产）基本上从资本中扣除。关于监管调整，我们在后文还要做系统梳理。

（1）对符合条件的非控制性股权（少数股东权益）的调整。要将非控制性股权划为核心一级资本，该项非控制性股权的工具必须达到划分为核心一级资本的标准，并非由母公司直接或间接提供融资、由一家银行的子公司发行。银行子公司必须保持最低监管资本要求并且资本必须可供用于支持并表的集团。从并表的集团的监管角度来说，子公司超出最低要求的资本（包括留存超额资本，另外讨论）可偿还给非控股性股权的持有者，在可否用于弥补并表的集团的损失方面还有不确定性。因此，《巴塞尔资本协议Ⅲ》不包括属于非控制性股权的子公司的超额核心一级资本。下面举一个符合核心一级资本条件的非控制性股权的例子。

表 4－2　　母公司资产负债表

贷款和其他资产	900	负债（包括核心一级资本工具）	800
对子公司核心一级资本的投资	100	核心一级资本	200
合计	1000	合计	1000

表 4－3　　子公司资产负债表

资产	600	负债（包括核心一级资本工具）	450
		核心一级资本	150
合计	600	合计	600

表 4－4　　合并资产负债表

资产（900＋600）	1500	负债（800＋450）	1250
		核心一级资本：母公司	200
		核心一级资本：非控制性股权	50
合计	1500	合计	1500

将计入核心一级资本的非控制性股权的计算（假设所有资产按100%进行风险加权）分为以下几步：

第一步：计算子公司的超额核心一级资本

=核心一级资本 - 核心一级资本最低额（假设风险权重为7%）

=150 - 600 ×7%

=150 - 42

=108

第二步：计算属于非控制性股权的超额核心一级资本

=超额核心一级资本×由控制性股权所有的核心一级资本的百分比

=108 ×(50/150)

=36

第三步：计算可计入并表的核心一级资本

=非控制性股权总额 - 属于非控制性股权的超额核心一级资本

=50 - 36

=14

通过上述方法，将子公司符合核心一级资本条件的少数股东权益中不超过最低监管要求且归属于母公司的部分计入集团并表后的核心一级资本。

（2）无形资产。巴塞尔协议框架的每一版都规定了一些监管调整，但《巴塞尔资本协议Ⅲ》比以前的版本包含更全面的清单，并要求更加一致地实行。除扣除直接涉及其他资本要素的情况外，扣除从核心一级资本中进行。必须从核心一级资本中全部扣除在出现压力时价值可能迅速下降的商誉（商誉通常会在收购某公司时出现，它的价值是收购价格与被收购公司净值之间的差额）和其他无形资产（下文我们会介绍无形资产），但抵押贷款服务权（抵押贷款服务权是指收回抵押贷款还款并开展相关业务，例如持有第三方托管账户并采取措施收回预期贷款等的权利）不应从无形资产中扣除，这种扣除在抵减任何相关的递延税负债后进行。

无形资产是没有实物形态的可识别的非货币资产，具有以下基本特征：它是可以识别的，这是指要么可以与其他资产分开，要么来自合同或其他法律权利；有关实体对它具有控制权，这是指该实体有权从该资产中获益；它可能产生未来收益，无论是产生收入还是降低未来成本。除计算机软件外，可能的无形资产包括专利、许可证或特许证。

递延资产的价值（来自时间差异的除外）取决于银行的未来盈利能力。因此，当银行面临压力并出现损失时，它们没有价值。递延税资产通常在下述情况下出现：一是银行在一个财务年度遭受损失，出于税收目的允许银行结转损失，抵消未来利润。在这种情况下，只有银行赚取未来利润的情况下，递延税资产才有价值。二是银行降低一项资产在资产负债表中的价值，但这种价值下降（实际上是损失）在未来某一时期之前没有得到税务当局的承认。例如银行判定将出现损失后，可能立即对资产建立损失储备，而税务当局在损失发生前不承认损失。结果，在银行确认损失的年度，与银行认为它应支付的税款相比，银行支付了更多的税款，这在税务当局承认损失的年度变成税收抵免。由于银行监管当局鼓励及早确认损失，对暂时性递延税资产的处理与提供适当激励相符。

（3）投资于其他金融实体。银行应持有充足的资本，以弥补账户中的风险。如果一家银行（银行A）在另一家银行（银行B）持有资本，实际上存在资本的重复计算。银行A的资本不仅支持银行A的资产，而且支持银行B的资产，在存在“控制权”的情况下，要求并表的会计准则解决了这一问题。一旦并表，银行A在银行B的投资以及相同数额的银行B的权益都被剔除。但是存在一些没“控制权”的情况，或投资在监管并表范围之外的情况。

在计算监管资本时，要遵循的最大原则是，不应有重复计算；如果资本在监管并表下没有被扣除，则在计算监管资本的过程中扣除。应对同一资本要素进行扣除，或者如果该要素没有足够的资本，则缺口应从更高一级的要素中扣除。如果银行所持有的该实体发行的普通股本不超过10%，并且所有这些持有额的总量不超过该银行普通股的10%，则可对这项投资进行风险加权。以下是投资于其他金融实体的一个例子（见表4－5和表4－6）。

表4－5　　银行A：投资于其他金融实体

投资于银行B的永久性次级债务，符合其他一级资本条件	28	负债	800
其他资产	972	定期次级债务，符合二级资本条件	20
		核心一级资本	180
合计	1000	合计	1000

表4－6　　银行B：投资于其他金融实体

资产	600	负债	400
		永久性次级债务，符合其他一级资本条件（包括银行A持有的28）	150
		核心一级资本	50
合计	600	合计	600

银行 B 不是银行 A 的子行；这两家银行的账户不进行并表。由银行 B 发行并由银行 A 持有的数量为 28 的次级债务代表资本的重复计算。然而正如《巴塞尔资本协议Ⅲ》规定的那样，可对权重为 18 的“特许部分”（占银行 A 资本的 10%）进行风险加权，因此必须从银行 A 的资本中扣除 10。如果银行 A 发行了其他一级资本，则可以从中扣除 10。但如果银行 A 没有发行这种资本，则必须从更高一级的要素（普通股）中扣除 10。之所以不能从银行 A 发行的二级资本中扣除 10，是因为其是级别更低的资本要素。这一原则适用于银行对自身股票投资以及旨在人为夸大资本头寸的银行、金融和保险机构资本中的相互交叉持股。

（4）门槛扣除法。在一些调整中，全额扣除法可能没有适当考虑在极端压力期间可能实现价值的情况。下述每个项目可能有限地计入核心一级资本（上限是在进行监管调整后不超过银行核心一级资本的 10%）而不是全额扣除：

一是对未并表的金融机构普通股的大额投资（大额是指超过所发行股票资本的 10%）。

二是抵押贷款服务权。抵押贷款服务权是指收回抵押贷款还款并开展相关业务（例如，持有第三方托管账户并采取措施收回逾期贷款）的权利。在一些国家最初的贷款人能够出售抵押贷款服务权，买方将为提供这项服务收取费用。因此，抵押贷款服务权具有价值，以合同义务为基础的未来现金流为其价值提供服务。

三是暂时性差异带来的递延税资产（如贷款损失准备金）。在进行监管调整后，这些项目的总额上限是核心一级资本的 15%。在计算核心一级资本时没有扣除的数额按 250% 进行风险加权。

（5）其他监管调整。还有一些监管调整，但从全球范围看并不普遍，只是在部分经济体中的确十分重要，因此在《巴塞尔资本协议Ⅲ》的定义中也进行了明确，比如现金流套期储备、涉及证券化的销售收益、因银行自身信用风险变化而造成的收益/损失、抵押贷款服务权等。本书中不再进行详细介绍。

（二）其他一级资本

按照《巴塞尔资本协议Ⅲ》的要求，其他一级资本包括四个部分：一是银行发行的满足一级资本的工具（不应包含在核心一级资本中），二是银行发行一级资本工具产生的股本盈余（股票溢价），三是银行集团并表中产生的符合条件的其他一级资本工具，四是其他一级资本工具监管调整项。其他一级资本与核心一级资本相比，承担风险和吸收损失的能力相对差一些。其他一级资本主要包括符合条件的优先股、永续债等。

1. 其他一级资本工具的划分标准

银行发行的可计入其他一级资本工具应满足以下 14 项标准：

（1）发行且实缴。

（2）受偿顺序列在存款人、一般债权人和银行的次级债务之后。

（3）不得由发行人及其他关联机构提供抵押或保证，也不得通过其他安排提高其在法律或经济上相对于银行债权人的优先性。

（4）永久性，没有到期日，没有利率跳升机制及其他赎回激励。

（5）发行至少 5 年后方可由发行银行赎回，并且行使赎回权必须得到监管当局的事先批准，银行不得形成赎回期权将被行使的预期，并且银行行使赎回权必须满足以下两个条件：一是用同等的或更高质量的资本替换赎回的资本工具，并且只有在银行收入能力具有可持续性的条件下才能实施资本工具的替换；二是银行应证明其行权后的资本水平仍远远高于最低资本要求。

（6）任何本金的偿付（如回购或赎回）都必须得到监管当局的事先批准，而且银行不能假设或形成有关偿付将会得到监管当局批准的市场预期。

（7）分红/派息符合以下四个方面要求：一是在任何时候银行都具备取消分配或支付的自主权，二是取消分红或派息不构成银行违约事件，三是银行可以自由支配取消的股利或利息用于偿付其他到期债务，四是取消分红或派息除构成对普通股的收益分配限制以外，不应构成对银行的其他限制。

（8）分红或派息都应源于可分配项目。

（9）该类资本工具的收益不应具有信用敏感性特征，即分红派息与发行银行评级不相关。

（10）如果本国破产法律要求进行资产负债表测试，该类资本工具不应促成负债大于资产的情形。

（11）如果该类工具被认为是负债，则必须具有本金参与吸收损失的机制，具体表现为以下两种方式：一是如果满足事先设定的客观触发点，该工具则转成普通股；二是通过减值机制，在事先设定的触发点承担损失，并且这种减值机制可以减少破产清偿状况下该工具的索偿权，可以减少行使赎回期权时银行应偿付的金额，可以减少取消该工具的分红或派息。

（12）银行及受银行控制或有重要影响的关联方均不得购买该类工具，且银行不得直接或间接为购买该工具提供融资。

（13）该工具不应包括任何阻碍资本补充的特征，比如规定在一定时期内如果新工具的发行价格更低发行方需要补偿原工具投资者等。

（14）如果资本工具不是银行经营者或并表控股公司发行的，那么发行获得的资金必须无条件立即转移给经营实体或并表控股公司，且转移的方式必须满足或超过前述关于其他一级资本的各项标准。

2. 其他一级资本的其他要求

银行其他一级资本中除了符合上述要求的资本工具以外，通常还要考虑以下内容。一是合格的股本盈余处理，只有因发行符合其他一级资本条件的工具而产生的股本盈余或溢价，才能计入其他一级资本中，二是对合格的非控制性股权（少数股东权益）的处理，完全比照核心一级资本，主要包括符合其他一级资本条件的、归属于母公司的、不超过最低要求的部分。三是其他一级资本的监管调整，主要是对该银行投资于其他银行的其他一级资本投资进行扣除。

（三） 二级资本

按照《巴塞尔资本协议Ⅲ》的要求，二级资本包括五个部分：一是银行发行的满足二级资本标准的工具；二是发行二级资本工具时产生的股本盈余（股票溢价）；三是由银行并表公司发行的，且由第三方持有的工具，该工具应满足计入二级资本的标准，同时未计入一级资本；四是符合条件的贷款损失准备；五是二级资本的监管调整项。一级资本工具的目标是在持续经营的前提下吸收损失，而二级资本工具的目标是在破产清算的情况下吸收损失。二级资本主要包括符合条件的次级债、可转债以及符合条件的贷款损失一般准备金。

1. 二级资本划分标准

银行发行的合格的二级资本工具应满足以下 9 项标准：

（1） 发行且实缴。

（2） 受偿顺序位于存款人和一般债权人之后。

（3） 不得由发行机构及其关联机构提供抵押或保证，也不通过其他安排提高其在法律或经济上相对于银行存款人和一般债权人的优先性。

（4） 原始期限不得低于 5 年，在最接近到期日的 5 年按照直接摊销法打折计算监管资本，同时这种工具不应有利率跳升机制或赎回激励条款。

（5） 发行至少 5 年后方可赎回，并且行使赎回权必须得到监管当局的事先批准；银行不得造成赎回权将会被行使的预期，并且银行只有满足以下两项条件才能行使赎回权：一是银行用同等的或更高质量的资本替换赎回的资本工具，并且只有在银行收入能力具有可持续性的条件下才能实施资本工具的替换；二是银行应证明其行权后的资本水平远远高于最低资本要求。

（6） 除非银行破产或清算，否则投资者无权要求加快偿付未来到期债务的本金或利息。

（7） 该类资本工具的收益不应具有信用敏感性特征，即其分红或派息不得与银行自身评级结果相关。

（8） 银行及受银行控制或有重要影响的关联方均不得购买该类工具，且银行不得直接或间接为购买该工具提供融资。

（9）如果资本工具不是银行经营者或并表控股公司发行的，那么发行获得的资金必须无条件立即转移给经营实体或并表控股公司，且转移的方式必须满足或超过前述关于二级资本的各项标准。

2. 二级资本的其他要求

银行二级资本中除了符合上述要求的资本工具以外，通常还包括以下内容。一是合格的股本盈余处理，只有因发行符合二级资本条件的工具而产生的股本盈余或溢价，才可包括在二级资本中。二是合格的非控制性股权（少数股东权益）要划为二级资本。三是符合条件的资产减值准备（贷款损失准备金），《巴塞尔资本协议Ⅲ》规定，针对目前尚未确定的未来损失而持有的贷款损失准备金可计入二级资本。

六、监管资本与资本调整的原理

（一） 资本工具属性与特征

各类资本工具形式复杂多样，要判断其监管资本的属性需主要考虑以下方面。

（1）资本工具的发行。监管工具都要求是发行并且实缴的，期权不予承认。同时发行银行不得为这种发行提供信用增级及融资支持。比如银行贷款给某一企业，该企业用信贷资金为银行注资或购买银行发行的次级债等资本工具，则不符合监管资本的定义。

（2）资本工具的持有方。如果受发行银行控制或影响的关联方持有相关资本工具，则不应视为合格的监管资本。比如银行的子公司购买了母银行发行的资本工具，在非并表的情况下，不应视为母银行合格的监管资本。

（3）资本工具的期限。按照规定，一级资本应当没有到期日，或应当是永续的，二级资本工具原始期限至少 5 年，到期前 5 年每年减计 20%。比如到期日前 3 年到 4 年，只能按 60% 计入监管资本。

（4）赎回要求。核心一级资本不能被赎回或偿付，其他一级资本和二级资本的赎回也有明确的要求。

（5）分红及派息的自由度。在通常情况下，越是银行能够自由分红派息的资本工具越是接近核心一级资本，而越是强制分红派息的工具越接近二级资本。

（6）强制转股和减记的要求。对于非股权型的监管资本工具，比如次级债、可转债等，要特别关注这些工具在银行持续经营情况下能否强制转股或减记以承担损失。

（7）清偿顺序。在无法持续经营的情况下，不同资本工具清偿顺序不同。与普通存款人相比，清偿顺序越靠后，资本属性越强，越接近核心一级资本。

（8）会计属性。会计属性是指监管资本工具在会计上被列为资本、债务还是减值准备。如果是债务或减值准备，最大可能被列为二级资本。

（9）本金偿还的预期及自由度。对于计入其他一级资本或二级资本的债务型资本工具，其偿还必须得到监管当局的事先批准，并且产品设计时不能形成赎回权将行使或将会被监管当局批准的预期。

（二）资本监管调整的属性与特征

按照《巴塞尔资本协议Ⅲ》的要求，对监管资本进行调整需要考虑以下事项：

（1）对商誉及其他无形资产要在核心一级资本中进行扣除。比如对于未纳入并表范围的银行、保险公司和其他金融机构大额投资估值产生的商誉，银行可以对符合会计要求的商誉和无形资产进行确认，然后再逐年摊销。按监管要求，根据更加审慎的原则，在计算监管资本时应当将这部分资产全部扣除，或者理解为“一次摊销”，以反映资本实际承担风险和吸收损失的能力。

（2）对部分递延税资产进行扣除。银行应当将以未来盈利为前提的递延所得税资产从核心一级资本中扣除。如果递延所得税源自时间性差异（如贷款减值准备金），其抵扣金额按照“门槛扣除”方法进行。“门槛扣除”是指对以下三项内容不用全额扣除，只扣除超过核心一级资本10%部分；在此基础上，将以下三项内容没有扣除部分（即各自扣除超过核心一级资本10%部分）相加，如果超过核心一级资本15%，再将超过部分扣除。这三项内容是：源自时间差异的递延税资产、抵御贷款服务权利和特定的对监管并表之外的大额股权投资。

（3）对现金流套期储备进行扣除。与资产负债表按公允价值计价项目（包括预期现金流）相关的现金流套期储备不应在核心一级资本中确认。这也是监管要求比会计准则更为审慎的一种体现。具体来说，如果该套期现金流为正值，则在核心一级资本中扣除，如果为负值，则加回。

（4）预期损失准备金缺口应在核心一级资本中全额扣除。预期损失准备金缺口是指一家银行“实际提取”的资产减值准备小于“应当计提”的各资产减值准备部分。从监管角度来看，资产减值准备是抵御可预期损失的前一道防线；监管资本是抵御不可预期损失的最后一道防线。如果第一道防线存在缺口，在计算资本充足率时，就应将这一缺口扣除。

（5）与资产证券化销售相关的收益应从核心一级资本中扣除。例如，与预期未来利差收入相关的销售收益等。这部分收入虽然按照会计要求可以被确认收入，并以当期利润的形式计入核心一级资本，但从更审慎的监管角度来看，由于存在不确定性，所以要求进行扣除。

（6）由于银行自身信用等级变化造成的收益/损失应从核心一级资本中扣除。根据公允价值会计法，银行信用评级下调将导致其负债价值下降和权益增加，权益的这种增加与监管资本的目的背道而驰，核心一级资本的计算不应包括所有这些未实现的收益和损失。

（7）固定收益类养老金资产在计算核心一级资本时应当扣除，固定收益类养老金负债不进行调整。会计准则规定可以确认这种养老金资产，而监管当局则认为当企业不能持续经营时，固定收益类养老金资产无法用于清偿一般存款人的债权，无法用于承担风险和吸收损失，因此在计算监管资本时予以扣除。

（8）银行库藏股票应当在核心一级资本中扣除。这样可以避免银行资本的重复计算和虚增。此外，银行如果持有本行发行的其他一级资本或二级资本，在计算相应层次的监管资本时也应予以扣除。

（9）银行与其他银行、金融机构和保险公司相互交叉持有的资本工具应通过监管调整进行扣除。这种规定主要是防止银行机构之间以及银行与其他类型机构之间通过交叉持有资本工具，名义上提高了双边的资本充足率，但从经济实质上看，两家机构或是整个金融体系的风险抵御能力没有提高。

（10）对监管并表范围以外的其他银行、保险公司和其他金融机构的资本投资，且该投资不超过被投资机构普通股股本的 10%。这种投资也被称为小额资本投资，应当按照以下规定进行扣除：如果上述投资总额超过投资银行核心一级资本的 10%（注意，与前一个 10% 不同，不是占被投资银行普通股股本的 10%），超出部分从发行银行对应的资本层次中进行扣除。如果低于 10%，则不需要扣除。

（11）对监管并表范围以外的其他银行、保险公司和其他金融机构的大额投资。与上述第 10 项监管调整不同，前面一项是针对小额资本投资，而本项调整是针对大额投资。对于大额投资，除了将超过投资银行核心一级资本的 10% 的部分直接扣除以外，未扣除部分还要按照门槛扣除法再次进行扣除。

（12）最后一项调整是一种特殊处理，即不在分子中进行扣除，而在分母中以 1250% 风险权重计量。我们知道最低资本要求是 8%，1250% 是 8% 的倒数。在分母乘以 1250% 的风险权重相当于在分子进行扣除。适用于这种监管调整的内容有以下四个方面：一是某些特定的资产证券化风险暴露，二是按照违约概率和违约损失率计算的特定债权的风险暴露，三是非货银同步交收和非货款同步交收中非支付/交收的部分，四是对工商企业的大额投资。

在实际工作中，通常将核心一级资本（经监管调整后）与其他一级资本（经监管调整后）相加，得到一家银行一级资本；将一级资本与二级资本（经监管调整后）相加，得到一家银行的监管资本总额。用经过监管调整后的核心一级资本、一级资本和资本总额分别除以加权风险资产，就可以得出三个重要的资本充足率数值，即核心一级资本充足率、一级资本充足率、资本充足率。

第二节　经济资本与监管资本

一、经济资本的目的

自20世纪90年代中期以来，许多银行针对风险和资本管理开发了越来越精细的工具。这最终导致“经济资本”及“经济资本方法”等概念的出现。如前所述，经济资本是银行持有的，用作吸收潜在损失的资本。关于银行应持有多少经济资本，以何种形式持有以及它为银行哪些业务领域提供支持等，不同银行之间会存在差异。

经济资本方法试图对各种业务或风险所需要的资本金额作出评估。它寻求将多种不同类别（或来源）的风险的定量评估转化到一个统一的衡量尺度——经济资本。此类方法正逐渐成为银行进行风险管理和资本管理，甚至银行制定和调整其战略的强有力的工具。

目前，只有少数银行（其中绝大部分为大型银行）开发或使用经济资本方法。这是因为此类方法需要大量的资源和复杂的信息系统，也因为此类方法在很大程度上是银行自己量身定做的，方法的目的及方法本身会因机构的不同而存在很大差异。随着时间的推移，此方法在原来的目的（用以确保银行能够弥补其业务活动带来的任何损失并生存下去）之外，又有了其他目的。“统一的衡量尺度”为这些目的实现提供了便利条件。这些目的包括：(1) 以这种统一的衡量尺度为指标，衡量每种业务活动（或业务部门）的风险和收益；(2) 用来作为一种为风险敞口定价的方法；(3) 用来在银行不同业务活动之间根据它们的相对风险进行资本配置（见图4－1）。

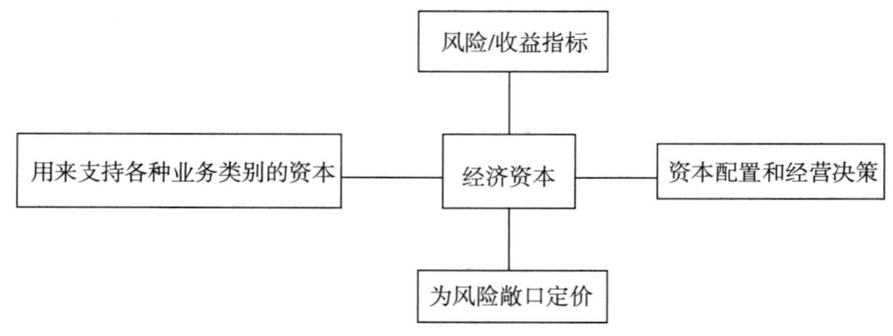

图4－1　经济资本的目的

二、经济资本方法通常具有的共同特征

经济资本是指银行在一定期限（如一年），在一定的置信水平下（如 99%），为了弥补银行的非预期损失而应当持有或需要持有的资本。通过经济资本的计量，可以将银行不同类别的风险（如信用风险、市场风险和操作风险）进行定量评估，并转化为统一衡量尺度。虽然各银行的经济资本方法并不完全相同，但通常具有以下共同特征。

（一）明确损失的定义

经济资本是度量损失的指标，损失的定义直接影响经济资本计量方法和结果。损失定义会因不同业务活动、会计准则、管理政策和监管要求不同而存在差异。比如对于信用风险暴露，银行可以根据客户违约情况（在一定时间内无法正常归还本金或利息）来定义损失，也可以不仅根据违约情况，还根据借款人本身信用等级出现恶化来共同确定是否出现损失。

（二）确定分析的时间范围

时间长短也是确认经济资本的重要内容。银行不同业务活动的时间范围差异很大：对于市场风险和交易行为，通常比较短；对于信用风险，大多在中长期，银行实践中通常选择一年；而对于操作风险，可能需要几年的时间范围。

（三）统计损失频率及损失严重性

损失的多少以及经济资本的高低通常受两个重要因素影响。一是损失频率，即可能导致损失发生的事件所发生的频率。二是损失严重性，即一旦发生了损失事件，银行需要弥补多少损失。银行不同风险以及不同产品线的损失频率和损失严重性有显著差异，比如零售业务信用风险的损失频率高而每一笔损失的严重程度低，而投行业务中的操作风险频率低但严重程度高。通过这两项因素，可以确定风险和损失的分布情况。

（四）明确置信度

置信度是一个事先确定的概率，用于表述突破这一概率时银行面临损失的多少以及经济资本的大小。比如经济资本可以被定义为在一年的时间里，能对 100 起损失中的 99 起进行弥补所需要的资本金，这时的置信度就是 99%。在损失分布一定的情况下，置信水平越高，覆盖非预期损失程度越高，其数额也就越大。置信水平与银行的风险偏好相关。假如一家风险偏好中性的银行确定的置信水平是 95%，那么风险厌恶型的银行通常确定的风险可能就是 99%。

（五）确定损失弥补的方式

在掌握了各项风险的损失分布情况，并确定风险偏好和置信度后，就可以明确

风险的弥补情况（如图4－2所示）。其中，预期损失（EL）是指银行根据历史损失数据预期损失发生的平均水平而确定的损失，通常由银行当期利润以及前期提取的减值准备来弥补。非预期损失（UL）是指一定时间内的实际损失超过预期损失的情况下所发生的损失。非预期损失由银行经济资本来弥补。非预期损失之外的阴影部分为超过置信度以外非常小概率事件下银行面临的压力损失，如果这种情况发生，银行需要再额外补充资本。

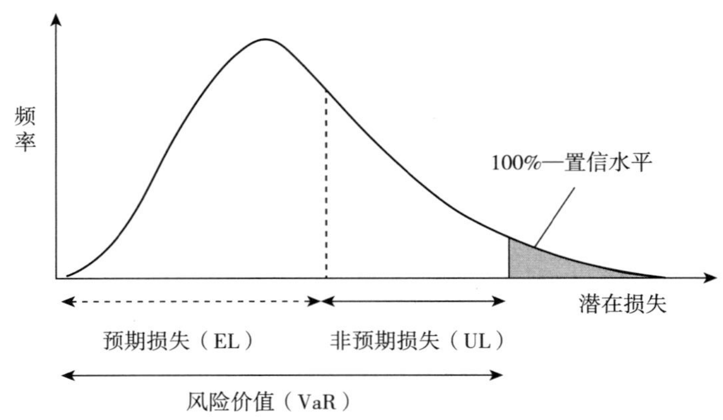

图4－2　风险及损失分布图

（六）考虑风险的相关性

上述分析主要集中于某一类资产面临的风险，而银行各类风险之间以及同一类风险内部不同风险暴露之间都存在一定程度的相关性，这是因为这些风险都受到某些共性因素的影响。在确定银行整体风险和经济资本时，要考虑银行业务多样性、风险的分散程度以及不同风险之间的相互影响。

（七）开展资本配置并调整业务发展方向

经济资本一方面可以用来表明不可预期损失的高低，另一方面还可以确定在一定时间期限内，在一定置信度和损失限额的前提下，哪些类型的业务、哪些产品条线、哪些分支机构，甚至哪一个经营团队为银行带来的收益水平最高。以经济资本为基础计算的经济增加值（EVA）和风险调整后收益（RAROC）可以用在经营决策和资本配置中。比如一家银行经过分析发现对小微企业信贷的RAROC远远高于大型企业，该银行为了增加资本回报，可能会向前者配置更多的资本。

三、经济资本与监管资本的关系

（一）监管资本与经济资本的差异

回顾确定监管资本和经济资本的方法之后，我们会发现，这两种方法都希望能把银行的潜在损失与其资本联系起来，从而确保银行可以继续运转下去。但是随着经济资本方法的不断发展和改进，它与监管资本之间出现了一些重大差异，需要银行付出努力寻找减少差异的方法。这种差异主要表现在范围和实质方面。

1. 范围上的差异

监管资本是根据标准化的定义计算出来的，而经济资本是银行根据自己的方法计算出来的。监管资本关注的问题是整个金融体系乃至全球金融体系的安全和稳健性，因此它适用的范围是全国乃至全球。各家银行的经济资本的范围不同，它由每家银行自己决定，为自己服务。

2. 实质上的差异

范围上的差异导致了实质上的差异。监管资本是根据标准化的定义得出的，不同银行可以进行比较；而经济资本是由各家银行根据自己的方法得出的，不同银行进行比较没有什么意义。从另一个角度来看，监管资本与经济资本的差异表现为定义不同、用途不同。

（二） 监管资本与经济资本的趋同

虽然监管资本与经济资本仍存在一些根本性差别，但总的趋势是两个概念更加趋同。促使监管资本要求超出巴塞尔协议的主要推动力量，就是人们认识到经济资本是使风险与资本相协调的更加完善的机制。

尽管如此，经济资本模型并非没有缺陷，它的可靠性以风险管理的质量、数据的准确性和作为所有模型核心的关键假设为前提。《巴塞尔资本协议Ⅲ》允许符合条件的银行使用它们在计算经济资本时使用的一些风险估计。

第三节　我国对银行资本的监管

一、我国银行的资本监管的发展

我国银行的资本监管大体经历了三个阶段。

第一阶段，2003 年之前。我国 1995 年颁布了《商业银行法》，其中明确规定商业银行的资本充足率不应低于 8%。为了实现依法监管，同时指导商业银行准确计算资本充足率，中国人民银行先后发布了相关文件，设计了具体的统计报表，对资本充足率的具体计算方法进行明确。当时这些规定与 1988 年巴塞尔委员会发布的《关于统一国际银行资本衡量和资本标准的协议》相比，有其相似之处，比如将资本划分为核心资本和附属资本，对信用风险资产根据不同风险程度设计不同的权重，并且对资本充足率最低要求进行明确，对资本充足率的并表要求和报送频度都有具体规定。但与当时的国际标准相比，差距也十分明显，比如在分子——监管资本的统计中，没有对贷款损失准备金缺口，或资产减值准备金缺口进行扣除；又比如在分母——加权风险资产的计算中，过于强调了抵押担保的风险缓释作用，对非银行机构和大型企业给予过于优惠的风险权重，增加了10%这一国际上没有的风险权重档次，等等。总体来看，当时的资本监管和资本充足率计量在落实《商业银行法》要求、推广资本监管理念、普及资本统计基础知识方面还是发挥了很大的作用。

第二阶段，2004 年至 2012 年。中国银行业监督管理委员会于 2003 年分设。2004 年 2 月，经国务院批准，中国银监会发布了《商业银行资本充足率管理办法》。总体来看，该办法与 1988 年巴塞尔委员会发布的《关于统一国际银行资本衡量和资本标准的协议》及 1996 年发布的补充文件高度一致，同时考虑中国的实际情况也作出了相应的调整。这些调整中有一些更为审慎，即我国监管当局的规定比巴塞尔委员会 1988 年的标准更加严格；同时还有一些根据中国国情进行的调整，相较 1988 年国际标准有所放松。下面对这种差异进行举例说明：从核心资本来看，我国监管政策规定，银行当期利润不能全部计入核心资本，而应根据历年利润分配情况进行审慎判断，将可能会分掉的部分提前在监管资本计算中扣除；再比如对有关会计政策进行“非对称调整”，对于因可供出售资产公允价值上升带来的资本增加不予承认，在会计资本中扣除，而对于其公允价值下降造成的会计资本减少则不予调整。这些规定使我国资本监管政策比国际标准更加严格，按此得出的核心资本余额更少。但在核心资本规定中也有不够严格之处，比如规定将少数股东权益全部计入核心资本，在一定程度上扩大了核心资本。从附属资本来看，我国监管政策规定符合条件的贷款损失一般准备可以计入二级资本，但对计入的上限没有进行明确。而 1988 年国际监管标准规定这一比例为 1.25%，由此导致我国银行附属资本可能被高估。从资本扣除项来看，我国监管政策规定，银行对外资本投资全部进行扣除，对非自用房地产投资全部进行扣除，对相互持有的次级债也要进行扣除。这些规定比 1988 年国际监管标准更加严格。从分母——加权风险资产来看，我国的监管政策与国际标准总体一致，但也存在差异。比如规定短期的同业债权权重为 0，低于国际标准，可能导致资本充足率的计算不够审慎。在这一阶段中，资本充足率的统计工作进一步完善和细化，对资本充足率的分子监管资本设计了单独的统计表，对分母中的表内信用风险资产、表外信用风险资产以及市场风险资产都设计了单独的报表。

第三阶段，2013 年之后。银监会 2012 年 6 月发布了《商业银行资本管理办法（试行）》，并规定 2013 年 1 月 1 日起实施。银监会发布的这一新办法与巴塞尔委员会2010年末发布的《巴塞尔资本协议Ⅲ》保持了高度一致，同时融入了巴塞尔委员会2004年发布的《统一资本计量和资本标准的国际协议：修订框架》（新资本协议）的主要内容。因此，也可以说我国是自2013年起，同时开始执行《巴塞尔资本协议Ⅱ》和《巴塞尔资本协议Ⅲ》。相应地，资本充足率计量工作也更加复杂。

目前，我国资本充足率计量体系可以表述为“三轨并行”和“双管齐下”。“三轨并行”简单来说就是有三套统计报表，分别对应三类机构，满足三项法规要求和监管需要。第一套是满足我国2004年发布的《商业银行资本充足率管理办法》的要求，是总体对应《巴塞尔资本协议Ⅰ》的报表。第二套是满足《商业银行资本管理办法（试行）》中的标准法要求，是总体对应《巴塞尔资本协议Ⅲ》的报表。第三套是满足我国新办法中内部评级法要求，是总体对应《巴塞尔资本协议Ⅱ》的报表（如表4-7所示）。对于部分政策性银行等不适用于《商业银行资本管理办法（试行）》的机构，只需要报送对应《巴塞尔资本协议Ⅰ》的报表；对于大部分商业银行，需要同时报送对应《巴塞尔资本协议Ⅰ》和《巴塞尔资本协议Ⅱ》的报表；而对于经审批实行内部评级法的银行，需要同时报送三套报表。“双管齐下”是指在资本充足率统计中，既要关注分子——监管资本的统计，又要关注分母——加权风险资产的统计，包括表内外信用风险、市场风险和操作风险的资本要求。

表4-7　　资本充足率统计“三轨并行”示意表

巴塞尔协议版本	巴塞尔协议计提资本	内部评级法银行	商业银行	部分政策性银行
《巴塞尔资本协议Ⅰ》	《巴塞尔资本协议Ⅰ》（原办法）	✓	✓	✓
《巴塞尔资本协议Ⅲ》	《巴塞尔资本协议Ⅲ》（资本定义）	✓	✓	
	《巴塞尔资本协议Ⅲ》（权重法准备金）		✓	
	《巴塞尔资本协议Ⅲ》（信用风险）		✓	
	《巴塞尔资本协议Ⅲ》（市场风险）	✓	✓	
	《巴塞尔资本协议Ⅲ》（操作风险）	✓	✓	
《巴塞尔资本协议Ⅱ》	《巴塞尔资本协议Ⅱ》（内评法准备金）	✓		
	《巴塞尔资本协议Ⅱ》（内评法信用风险）	✓		
	《巴塞尔资本协议Ⅱ》（底线计算表）	✓		
	《巴塞尔资本协议Ⅱ》（模型验证表）	✓		
	《巴塞尔资本协议Ⅱ》（权重法结果表）	✓		

二、我国原办法下的监管资本计量

按照2004年中国银监会发布的《商业银行资本充足率管理办法》（简单对应《巴塞尔资本协议Ⅰ》）的要求开展监管资本的计量，一方面继续适用部分政策性银行的监管要求，另一方面也对实施新的资本管理办法的银行提供对照和参考。按照2004年的《商业银行资本充足率管理办法》，监管资本计量主要包括三项内容，分别是核心资本、附属资本和资本扣减项。下面分别进行介绍。

（一） 核心资本

核心资本也称一级资本，包括银行的股本金和公开储备。

（1）股本金包括银行已经发行并实缴的普通股和永久性非累积优先股。

（2）公开储备主要包括银行从税后利润中提取并形成的公开储备，表现形式有股票发行溢价、当期利润、留存收益、一般盈余公积、法定盈余公积以及符合条件的一般风险准备等。这里的一般风险准备在银行资产负债表上列示在权益项下，是银行通过利润分配形成的风险准备。

（二） 附属资本

附属资本也称二级资本，包括以下五个方面的内容。

（1）未公开储备：允许将部分留存利润作为非公开储备，未公开储备除了不在公布的资产负债表标明外，未公开资本储备与公开储备具有相同的性质和质量。这类储备不应与任何准备或其他已知的负债相关，而应随时不受限制地用于应付未来不可预见的损失。

（2）重估储备：重估储备有两个来源或表现形式。一是一些国家允许银行定期或不定期重估其固定资产，如物业等。这类重估储备真实反映在资产负债表上，表现为资产价值和所有者权益同时变化。二是潜在重估储备，表现为以历史成本反映在资产负债表中的银行长期持有的股票证券的历史成本与账面价值之差。对于后一种潜在的重估储备，历史成本与市值之差要打折扣，折扣率通常为55%。

（3）一般准备金：可计入附属资本的一般准备金是资产减值准备的一部分，以负数形式（减项）反映在资产负债表的资产方，是指银行针对已经发生，但还不确定的损失提取的减值准备，这种减值准备不与某一项特定的资产或负债相对应。对于可计入附属资本的一般准备金，国际标准规定了上限，即不得超过分母（加权风险资产）的1.25%，但在我国没有明确规定上限。

（4）混合资本工具：是指同时具有股权和债权性质的工具，但要同时符合以下四个方面的要求：一是无抵质押的、次级的并且是全额实缴的；二是不可由持有者主动赎回，也不可未经监管当局批准而赎回；三是其必须可以承担损失，特别是在业务没有终止，或在持续经营的前提下承担损失；四是关于分红付息，当银行账号盈利不足支付时，可以允许推迟支付利息，比如符合条件的优先股、永续债、可转债等。

（5）长期次级债务：包括普通的、无抵质押的、原始期限最少5年以上的次级债务和有期限的可购回优先股。对于这类附属资本工具，在到期日前的最后5年里，在计入监管资本时，每年累积折扣20%。与混合资本工具不同，长期级债务不要求在持续经营情况下承担损失，只要求在银行破产清算时为普通债务人提供保证。因此对于长期次级债务，国际标准和我国都规定了上限，最多不得超过一级资本的50%。

（三）资本扣减项

按照2004年《商业银行资本充足率管理办法》，监管资本的扣除内容主要包括：

（1）商誉应从核心资本中扣除。

（2）对未并表的附属机构的投资应从核心资本和附属资本中分别扣除50%。

（3）对贷款损失准备金未提足的部分，全额在核心资本中扣除。

（4）对非自用不动产的投资，在核心资本和附属资本中分别扣除50%。

（5）对工商企业资本的投资，在核心资本和附属资本中分别扣除50%。

在实际计量中，将核心资本减去核心资本对应的资本扣除项，得到核心资本净额，用于计算核心资本充足率的分子。同时将核心资本、附属资本之和减去全部资本的扣除项，得到资本净额，用于计算资本充足率的分子。

三、我国新办法下的监管资本计量

（一）资本组成

按照中国银监会2012年发布的《商业银行资本管理办法（试行）》的要求，我国商业银行监管资本也包括核心一级资本、其他一级资本、二级资本和资本调整项等部分。其中，关于核心一级资本、其他一级资本、二级资本工具应当符合的条件与《巴塞尔资本协议Ⅲ》的规定完全一致。

《商业银行资本管理办法（试行）》规定，核心一级资本包括六项内容，分别是实收资本或普通股、资本公积、盈余公积、一般风险准备、未分配利润、少数股东资本可计入部分。规定其他一级资本包括两项内容，其他一级资本工具及其溢价、少数股东资本可计入部分；同时规定二级资本包括二级资本工具及其溢价、超额贷款损失准备和少数股东资本可计入部分。

《商业银行资本管理办法（试行）》对贷款损失准备计入二级资本部分设定了上限要求，规定“商业银行采用权重法计量信用风险加权资产的，超额贷款损失准备可计入二级资本，但不得超过信用风险加权资产的1.25%”。其中，“超额贷款损失准备”是指商业银行实际计提的贷款损失准备超过最低要求的部分；而“贷款损失准备最低要求”是指100%拨备覆盖率对应的贷款损失准备和应计提的贷款损失专项准备两者中的较大者。

（二） 资本扣除项

《商业银行资本管理办法（试行）》规定，计算资本充足率时，商业银行应当从核心一级资本中全额扣除以下九项内容：

（1） 商誉。

（2） 其他无形资产（土地使用权除外）。

（3） 由经营亏损引起的净递延税资产。

（4） 贷款损失准备缺口，并对权重法和内部评级法下贷款损失准备缺口进行明确规定：①商业银行采用权重法计量信用风险加权资产的，贷款损失准备缺口是指商业银行实际计提的贷款损失准备低于贷款损失准备最低要求的部分。②商业银行采用内部评级法计量信用风险加权资产的，贷款损失准备缺口是指商业银行实际计提的贷款损失准备低于预期损失的部分。

（5） 资产证券化销售利得。

（6） 确定受益类的养老金资产净额。

（7） 直接或间接持有本银行的股票。

（8） 对资产负债表中未按公允价值计量的项目进行套期形成的现金流储备，若为正值，应予以扣除；若为负值，应予以加回。

（9） 商业银行自身信用风险变化导致其负债公允价值变化带来的未实现损益。

此外，《商业银行资本管理办法（试行）》规定，商业银行之间通过协议相互持有的各级资本工具，或银监会认定为虚增资本的各级资本投资，应从相应监管资本中对应扣除。商业银行直接或间接持有本银行发行的其他一级资本工具和二级资本工具，应从相应的监管资本中对应扣除。对应扣除是指从商业银行自身相应层级资本中扣除。商业银行某一级资本净额小于应扣除数额的，缺口部分应从更高一级的资本净额中扣除。

商业银行对未并表金融机构的小额少数资本投资，合计超出本银行核心一级资本净额 10% 的部分，应从各级监管资本中对应扣除。小额少数资本投资是指商业银行对金融机构各级资本投资（包括直接投资和间接投资）占该被投资金融机构实收资本（普通股加普通股溢价）10% （不含）以下，且不符合该办法第十二条、第十三条规定的资本投资。

商业银行对未并表金融机构的大额少数资本投资中，核心一级资本投资合计超出本银行核心一级资本净额 10% 的部分应从本银行核心一级资本中扣除；其他一级资本投资和二级资本投资应从相应层级资本中全额扣除。大额少数资本投资是指商业银行对金融机构各级资本投资（包括直接投资和间接投资）占该被投资金融机构实收资本（普通股加普通股溢价）10%（含）以上，且不符合该办法第十二条、第十三条规定的资本投资。

《商业银行资本管理办法（试行）》规定，除该办法第三十二条第三款规定的递延税资产外，其他依赖于本银行未来盈利的净递延税资产，超出本银行核心一级资本净额10%的部分应从核心一级资本中扣除；根据该办法第三十五条、第三十六条的规定，未在商业银行核心一级资本中扣除的对金融机构的大额少数资本投资和相应的净递延税资产、合计金额不得超过本行核心一级资本净额的15%。

（三） 少数股东资本的处理

《商业银行资本管理办法（试行）》对并表中形成的少数股东资本处理方式进行了明确的规定，从总体看与《巴塞尔资本协议Ⅱ》保持一致。《商业银行资本管理办法（试行）》规定，商业银行附属公司适用于资本充足率监管的，附属公司直接发行且由第三方持有的少数股东资本可以部分计入监管资本。附属公司核心一级资本中少数股东资本用于满足核心一级资本最低要求和储备资本要求的部分，可计入并表核心一级资本，并规定最低要求和储备资本要求为下面两项中较小者：一是附属公司核心一级资本最低要求加储备资本要求，二是母公司并表核心一级资本最低要求与储备资本要求归属于附属公司的部分。

《商业银行资本管理办法（试行）》规定，附属公司一级资本中少数股东资本用于满足一级资本最低要求和储备资本要求的部分，扣除已计入并表核心一级资本的部分后，剩余部分可以计入并表其他一级资本，并规定最低要求和储备资本要求为下面两项中较小者：一是附属公司一级资本最低要求加储备资本要求，二是母公司并表一级资本最低要求与储备资本要求归属于附属公司的部分。

《商业银行资本管理办法（试行）》规定：附属公司总资本中少数股东资本用于满足总资本最低要求和储备资本要求的部分，扣除已计入并表一级资本的部分后，剩余部分可以计入并表二级资本，并规定最低要求和储备资本要求为下面两项中较小者：一是附属公司总资本最低要求加储备资本要求，二是母公司并表总资本最低要求与储备资本要求归属于附属公司的部分。

《商业银行资本管理办法（试行）》同时规定："商业银行计算并表资本充足率，因新旧计量规则差异导致少数股东资本可计入资本的数量下降，减少部分从本办法施行之日起分五年逐步实施，即第一年加回80%，第二年加回60%，第三年加回40%，第四年加回20%，第五年不再加回。"

本章小结

1. 监管当局理解监管资本框架是非常重要的。同时，了解各银行为评估不同业务的资本需求而开发并使用的方法也是很有益处的。

2. 监管资本实际涉及两个层次的含义：一是银行按监管要求应当持有的资本，二是银行实际持有监管资本。

3. 《巴塞尔资本协议Ⅲ》使用的定义表示，监管资本由两级资本构成，即一级资本和二级资本。

4. 可列入一级资本的项目只能是那些被看作具有最大的吸收损失能力，同时使银行可持续经营的资本项目。对于这些资本项目，银行完全有权决定红利的支付，不支付不构成违约事件。一级资本包括核心一级资本和其他一级资本。

5. 核心一级资本包括以下六个部分：一是银行发行的满足监管标准的普通股，二是银行发行核心一级资本工具所产生的股本盈余（股票溢价），三是银行的留存收益，四是银行累计其他综合收益和公开储备，五是合格的非控制性股权，六是核心一级资本的监管调整。

6. 按照《巴塞尔资本协议Ⅲ》的要求，其他一级资本包括以下四个部分：一是银行发行的满足一级资本的工具（不应包含在核心一级资本中），二是银行发行一级资本工具产生的股本盈余（股票溢价），三是银行集团并表中产生的符合条件的其他一级资本工具，四是其他一级资本工具监管调整项。其他一级资本与核心一级资本相比，承担风险和吸收损失的能力相对差一些。其他一级资本主要包括符合条件的优先股、永续债等。

7. 按照《巴塞尔资本协议Ⅲ》的要求，二级资本包括以下五个部分：一是银行发行的满足二级资本标准的工具；二是发行二级资本工具时产生的股本盈余（股票溢价）；三是由银行并表公司发行的且由第三方持有的工具，该工具应满足计入二级资本的标准，同时未计入一级资本；四是符合条件的贷款损失准备；五是二级资本的监管调整项。一级资本工具的目标是在持续经营前提下吸收损失，而二级资本工具的目标是在破产清算情况下吸收损失。二级资本主要包括符合条件的次级债、可转债以及符合条件的贷款损失一般准备金。

8. 各类资本工具形式复杂多样，要判断其监管资本的属性需主要考虑资本工具的发行、资本工具的持有方、资本工具的期限、赎回要求、分红及派息的自由度、强制转股和减记的要求、清偿顺序、会计属性、本金偿还的预期及自由度。

9. 按照《巴塞尔资本协议Ⅲ》的要求，对监管资本的调整需要考虑以下事项：对商誉及其他无形资产要在核心一级资本中进行扣除；对部分递延税资产进行扣除；对现金流套期储备进行扣除；预期损失准备金缺口应在核心一级资本中全额扣除；与资产证券化销售相关的收益应从核心一级资本中扣除；由于银行自身信用变化导致的金融负债（含衍生金融负债）公允价值变化带来的积累收益和损失；固定收益类养老金政策在计算核心一级资本时应当扣除，固定收益类养老金负债不进行调整；银行库藏股票应当在核心一级资本中扣除；银行与其他银行、金融机构和保险公司相互交叉持有的资本工具应通过监管调整进行扣除；对监管并表范围以外的其他银行、保险公司和其他金融机构的资本投资，且该投资不超过被投资机构普通股股本的10%；对监管并表范围以外的其他银行、保险公司和其他金融机构的大额投资；最后一项调整是一种特殊处理，即不在分子中进行扣除，而在分母中以1250%风险权重计量。

10. 在实际工作中，通常将核心一级资本（经监管调整后）与其他一级资本（经监管调整后）相加，得到一家银行一级资本；将一级资本与二级资本（经监管调整后）相加，得到一家银行的监管资本总额。用经过监管调整后的核心一级资本、一级资本和资本总额分别除以加权风险资产，就可以得出三个重要的资本充足率数值，即核心一级资本充足率、一级资本充足率、资本充足率。

11. 经济资本是银行持有的，用作吸收潜在损失的资本。经济资本方法试图对各种业务或风险所需要的资本金额作出评估。它寻求将多种不同类别（或来源）的风险的定量评估转化到一个统一的衡量尺度——经济资本。此类方法正逐渐成为银行进行风险管理和资本管理，甚至银行制定和调整其战略的强有力的工具。

12. 虽然各银行的经济资本法并不完全相同，但通常具有的共同特征有：明确损失的定义、确定分析的时间范围、统计损失频率及损失严重性、明确置信度、确定损失弥补的方式、考虑风险的相关性、开展资本配置并调整业务发展方向。

13. 监管资本与经济资本存在差异与趋同。

14. 我国银行的资本监管大体经历了三个阶段，目前我国资本充足率计量体系可以表述为“三轨并行”和“双管齐下”。“三轨并行”简单来说就是有三套统计报表，分别对应三类机构，满足三项法规要求和监管需要。“双管齐下”是指在资本充足率统计中，既要关注分子——监管资本的统计，又要关注分母——加权风险资产的统计，包括表内外信用风险、市场风险和操作风险的资本要求。

15. 按照2004年的《商业银行资本充足率管理办法》，监管资本计量主要包括三项内容，分别是核心资本、附属资本和资本扣减项。

16. 按照《商业行资本管理办法（试行）》的要求，我国商业银行监管资本也包括核心一级资本、其他一级资本、二级资本和资本调整项等部分。

17. 《商业银行资本管理办法（试行）》规定，核心一级资本包括六项内容，分别是实收资本或普通股、资本公积、盈余公积、一般风险准备、未分配利润、少数股东资本可计入部分。规定其他一级资本包括两项内容，其他一级资本工具及其溢价、少数股东资本可计入部分；同时规定二级资本包括二级资本工具及其溢价、超额贷款损失准备和少数股东资本可计入部分。

本章重要概念

监管资本　一级资本　核心一级资本　二级资本　普通股　股本盈余　留存收益　合格的非控制性股权　优先股　次级债　可转债　贷款损失准备　储备资本　逆周期资本　系统重要性银行附加资本　经济资本

本章复习思考题

1. 判断题

(1) 监管当局只需要了解监管资本框架，不需要了解经济资本及经济资本法。（　）

(2) 监管资本是指银行按监管要求应当持有或者实际持有的资本。（　）

(3)《巴塞尔资本协议Ⅲ》使用的定义表示，监管资本由两级资本构成：一级资本和二级资本。（　）

(4) 一级资本就是指普通股。（　）

(5) 二级资本主要包括符合条件的次级债、可转债以及符合条件的贷款损失一般准备金。（　）

(6) 风险加权资产是在转换成资产并根据其风险程度进行监管风险加权之后的全部风险暴露。（　）

(7) 监管资本要求是发行并且是实缴的，包括期权并且发行银行可为这种发行提供信用增级及融资支持。（　）

(8) 对于商誉及其他无形资产要在核心一级资本中进行扣除。（　）

(9) 经济资本和监管资本都是用于抵御非预期损失或潜在损失的。（　）

(10) 经济资本是将多种不同类别（或来源）的风险的定量评估转化到一个统一的衡量尺度。（　）

2. 单选题

(1) 核心一级最低资本充足率为（　）。

A. 4.5%　　B. 6%　　C. 8%

(2) 储备资本的最低资本要求为（　）。

A. 2.5%　　B. 1%　　C. 3%

(3) 监管调整是指（　）。

A. 调整资本结构　　B. 从资本中进行的扣除　　C. 监管资本的整合

(4) 预期损失（EL）可用下列哪种方式弥补？(　　)

A. 经济资本　　B. 当期利润以及前期提取的减值准备

C. 监管资本

(5) 经济资本与监管资本的关系是（　　）。

A. 存在差异　　B. 存在趋同　　C. 存在差异与趋同

3. 计算题

(1) 某银行发行普通股2500亿元，风险加权资产为6700亿元，为满足核心一级资本充足率的要求，还需发行多少普通股？

(2) 某银行按内部评级法操作，对一家公司客户提供了为期四年15亿元的授信额度，并对该笔授信额度计提378000元的资本金。该笔业务是在表外核算，风险转换系数为75%，请计算违约风险暴露及该风险暴露的风险权重。

4. 简答题

(1) 简述监管资本的计量。

(2) 简述经济资本的计量。

(3) 简述监管资本与资本调整原理。

5. 思考题

(1) 从理论上分析资本在银行管理中的作用。

(2) 从实践的角度谈谈资本创新对金融稳定的影响。

第五章
信用风险

信用风险是影响金融机构和整个金融体系稳定性的最大单一因素，也是覆盖银行全部业务及任何时候的一种风险。信用风险的计量是资本监管的基础，本章主要介绍信用风险的计量，通过标准法和内部评级法计算信用风险加权资产，在此基础上，按照一定比例计提的资本，即为信用风险监管资本。

第一节　信用风险概述

什么是信用风险，它存在于银行经营活动的哪些方面？信用风险暴露有哪些分类？有效的信用风险管理的合理措施有哪些，这就是本节讨论的主要内容。

一、信用风险的产生及其影响

信用风险是银行的借款人或其他主体丧失按照约定条款履行还款付息义务能力的潜在可能。它是当前商业银行和整个银行体系面临的最大的风险。2007 年爆发的美国次贷危机表明，信用风险不仅集中于商业银行的银行账户中，同时也大量存在于交易账户中；此外，场外衍生工具交易、证券融资交易、与中央交易对手交易都蕴含着交易对手信用风险，成为信用风险的重要组成部分。那么，这些风险存在于银行经营活动的哪些方面呢？

（1）存在于银行的所有业务活动中，只要这种业务活动的盈利性取决于借款人或交易对手是否归还债务；（2）存在于任何时候，只要资金被提供、支付、投资或者以其他方式暴露于风险中，无论是否在资产负债表中显示；（3）可能是借款者不佳或缺失的信用标准、落后的贷款管理、不良的经济状况及其他因素造成；（4）源自交易对手即贷款协议、交易或合同的相对方。

（一）信用风险是如何产生的

债务人或其他主体违约会给银行造成损失，这是信用风险产生的最主要原因。

违约是指实质性违背合约规定，拒绝支付（或偿付）本金或利息的一切行为。最常见的违约形式是不能全额支付或不能按期偿付，但其他许多行为、遗漏或事件（如破产）在贷款合同或其他合同中也被定义为“违约”。信用风险存在于银行的所有业务活动中，它不仅仅表现在贷款和透支上面，还表现在远期交易合同、互换、期权、期货、外汇兑换、信用证、现金管理和证券投资组合等方面。也就是说，银行经营的所有业务都存在信用风险，只不过信用风险暴露程度不同而已。信用风险存在于银行经营的任何时候。只要资金被提供、支付、投资或者以其他方式进行业务经营，信用风险就存在，而无论这些业务是否反映在资产负债表中。

信用风险产生的一些影响因素包括：个人借贷者偿还借款的能力受到整体经济周期的影响。比如，由于失业率的上升，个人收入有可能下降，个人借贷者即使有能力，也很难按期偿还贷款；整体经济情况和因素，例如经济衰退或者利率的变动将影响整个产业；特别事件，比如说罢工或者消费者偏好的变化也会引起信用风险；本地的、区域的或者国家的因素也会引起信用风险；坏账，即当银行发现一笔贷款已经无法收回的时候，银行就将核销这笔坏账，同时确认损失。银行为应对类似的坏账，通常都会提取相应的贷款损失准备；核销，即对于无法收回的坏账进行销账，也被称作“注销”。

目前有一种新的趋势，那就是银行更多的信用风险从自身报表上转移至非银行金融机构的报表（如保险公司）。这种信用风险转移主要是通过证券化（将贷款打包并销售，同时发行由这些贷款资产支持的证券）、购买信用保险（通过购买信用衍生产品如信用违约互换或信用关联票据等）等方式。

（二） 信用风险的影响

商业银行面临的主要风险是信用风险。比如在2002年，美国银行业取得了历史上最好的盈利业绩，但是当年也核销了高达540亿美元的贷款损失。

银行资本是银行财务稳健性的指标，也是用来补偿可能发生的损失，从银行为补偿各种风险会准备的资本金可以看出信用风险的重要性：银行通常会为抵御信用风险带来的损失预留至少50%的资本金，而一般用于操作风险的资本金在15%～30%之间，用于市场风险的资本金在5%～10%之间。以上数据足以看出银行对信用风险的重视，对信用风险进行科学精准的计量就显得尤为重要了。

一般来说，商业银行主要是通过贷款组合来承担大量的信用风险，银行将款项贷给不同类型出于不同原因的借款人，花费大量努力来处理它们所面临的信用风险。对多数银行来说，贷款是最大的也是最明显的信用风险的来源。除了传统的贷款以外，信用风险还会在银行的投资组合、信用透支、信用证等领域中存在。同时在银行的许多类别的产品、经营活动和服务中也存在信用风险，如衍生产品、外汇兑换、现金管理服务。

二、信用风险管理

信用风险是银行面临的主要风险，商业银行应当为应对风险而持有充足的资本金，并且确保在风险发生时能够获得充足的补偿。金融行业的监管部门在改进银行信用风险管理实践中发挥重要的作用，有效的信用风险管理的合理措施包括：建立一个适当的信用风险环境，通过一个合理的授信程序运作，保持合理的信用管理、计量和监测程序，确保信用风险的充分控制。

（一）信用风险环境

一个适当的信用风险环境便于各种规模和复杂程度的信用管理运作。银行的信用风险管理架构主要包括以下要素。

（1）信用策略：长期（在某些情况下也包括短期）目标的细节，包括如何衡量向这些目标前进中所取得的成果。

（2）董事会：批准并定期审查银行的信用运作的战略规划、目标和政策。

（3）信贷政策：高级管理层和董事会指引信贷活动的主要手段。信贷政策为如何达成目标、预设风险容忍水平和指导银行在战略方向指引下开展贷款业务提供了框架。

（4）高级管理层：制定战略规划、目标和政策，提交董事会批准，并且对日常的信贷经营运作负有更多的监督职责。

（5）程序与流程：银行实施信贷政策的一系列正式或可接受的措施。

（6）贷款清收人员：负责清收过去到期的贷款。

（7）信贷人员：负责贷款审批和发放后、偿还前的贷款质量和借款人还款能力的持续跟踪监督。

（8）信用分析员：负责进行信息分析以判断银行是否应当发放贷款或者为现有借款人展期。

（9）管理员：负责监督各类贷款行为，如确保贷款有充分的担保，贷款评级合理，贷款服务适当，以确保使组合风险保持在可接受的水平。

（10）贷款检查人员：独立开展贷款检查，负责评估贷款评级的准确性和发现银行信贷审批和监控体系中的各种层次的缺陷。

（二）授信与管理

稳健的授信和信贷管理程序可以形成有效的部门间相互制衡，能够有效提高银行管理信用风险暴露的能力，在决定银行经营能否成功中起重要作用。授信与管理主要包括授信过程、信贷管理、信用风险控制、监管部门的作用。

1. 授信过程

一个有效的授信过程包括三个方面内容：审批过程、分析评估过程、资源支持。图 5－1 显示的是一个典型的授信过程。

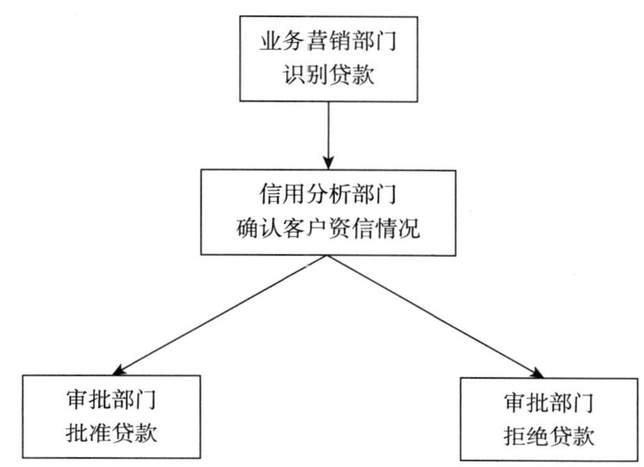

图 5－1　授信过程流程图

（1）审批过程。为保持好的授信组合，银行必须制定正式的交易评估和授信审批程序。审批应按照成文的指引并由适当的管理层办理，应有明确的审计记录说明遵循了审批程序，并确认参与和作出授信决策的个人和委员会。银行的授信审批程序应建立决策责任制，并指定一人拥有审批和更改授信条款的绝对权力。根据授信规模和性质的不同，银行一般采用个人、双重、联合签字，授信审批组或委员会进行审批的制度。审批权限应与所涉个人的专业技能相适应。

（2）分析评估过程。分析评估是授信过程中至关重要的过程。每笔授信申请应由适合其规模和复杂程度的、合格的、有相应专业技能的授信评估人员进行仔细的分析。一个有效的评估程序应提出做此分析所必需的最低信息要求，应有相关的政策规定审批新授信、对现有授信展期或修改已批准授信条款所需的信息和证明文件。所收集的信息将作为对该笔授信进行内部分析和评级的基础，其精确程度和充分性是对该笔授信的可接受性作出适当判断的关键。

（3）资源支持。银行必须投入充分的信贷决策资源，包括人力的和技术的信贷决策资源，这样才能作出符合授信战略并适应竞争性的时间、价格和结构要求的良好的信贷决策。在评估和审批重要的生产线以及授信类型、行业和地区时，银行会受益于建立专家评估组。银行应当培养一批有相应经验、知识和背景的信用风险管理职员，让他们在评估、审批和管理信用风险等方面能作出审慎的判断。

2. 信贷管理

信贷管理是指银行建立的对各种包含信用风险的投资组合进行持续管理的体系。信贷管理在维护银行安全与稳健上起着重要作用。银行需要建立并运作综合的程序和信息系统，以监测单笔授信和各债务人在银行资产组合中的情况。这些程序应界定识别和报告有问题贷款和交易的标准，以确保它们接受更频繁的检查，被采取整改措施，归入适当的类别和提取相应的准备金。

银行应有一个监测授信组合整体构成情况和质量状况的组成的系统，银行董事会和管理层了解和控制银行的风险状况及其信贷文化。高级管理层必须确保所执行的控制单一贷款和贷款组合风险的政策、程序和规定是健全的，且被信贷人员所遵守。

稳健的信用风险管理的一个重要方面主要涉及个别信贷和各种信贷组合在什么情况下可能出现风险。压力测试是信用风险监测人员和管理层评估可能发生潜在授信风险区域的有效的方法，它包括识别对银行的信用风险暴露可能产生不利影响的事件或未来经济形势的变化。压力测试的结果可以帮助管理层评估银行承受该种变动的能力，并在分析资本和准备金的充足程度时将这些情况考虑在内。

压力测试可能是相对简单地对一个或几个金融的、结构的或经济的变量发生变化的假设，也可能使用复杂的金融模型（后面的章节将详细介绍）。

3. 信用风险控制

银行主要通过独立贷款审查和信贷部门的内部审计来获取其在授信与管理成效上的价值反馈，持续关注信用风险的控制。

（1）独立贷款审查。为了评估信贷人员的表现和评测信贷组合的情况，银行必须建立独立的贷款审查部门，贷款审查部门的性质可能因银行的规模、复杂性和管理方法的不同而不同。独立贷款审查的目的在于：迅速地辨别和分类有问题的贷款，估算影响信贷组合资产收回的相关趋势及隔离潜在有问题的区域，提供必要的信息来判断贷款损失准备是否充分，评价是否充分遵守内部信贷政策和贷款管理程序，监控是否符合相关法律法规的规定，评估信贷人员的行为。独立贷款审查部门应当直接向董事会、负责审计的委员会或无授信权力的高级管理层（如负责风险控制的高级管理人员）汇报工作，应当向他们提供对贷款组合整体质量进行的客观及时的评价报告。

（2）信贷部门的内部审计。对信用风险管理程序的内部审计应定期进行，以确保授信活动符合银行的授信政策和程序。审计内容包括：评估信贷审批按照董事会规定的指导原则进行，评估各项授信的状况、质量和价值，并精确地报告给高级管理层，识别信用风险管理程序、政策和制度的薄弱环节，识别任何政策、程序及限额的例外情况。目标在于确保将银行的授信风险控制在董事会和高级管理层确定的范围内，确保管理层对信用风险的考虑超出预先确定的水平，周期性地实施内部审计。

4. 监管部门的作用

尽管银行的董事会和高级管理层承担建立有效的信用风险管理体系最终的责任，但作为其持续监管的一项内容，监管部门也应对每家银行识别、衡量、监测和控制信用风险的体系进行评估，包括评估银行使用的任何衡量手段。此外，还应确保董事会有效地监控银行的信用风险管理程序，确保管理层监测风险状况、业务的合规性以及政策的适当性。

（三）信用分析

信用分析是评估借款人贷款申请的程序，其目的是判断借款人按时全额归还贷款的可能性。信用分析需要综合考虑多种因素，主要是分析借款人所处的行业和分析借款企业以及对借款人进行分析。借款人分析一般采取的方法是审查借款人的财务报表，即比率分析。比率分析包括计算和比较出自公司财务报表的各项比率指标，通过分析这些比率指标的水平以及历史趋势，可以得出有关公司财务状况的总体情况。

银行通常利用信用评分系统来减少评估个人贷款和小额商业贷款申请的成本，通过识别以及权衡某些重要因素，这些系统可以为每一个借款人计算出一个分数，以此判断借款人拖欠贷款的可能性，分值越高，贷款质量就越高，反之，信用风险就越大。银行会设定一个具有代表性的取舍点，在这个点位以下将不予授信。

在收集到潜在借款人的相关信息后，贷款人则需决定是否发放贷款。信用分析5C法是应用于贷款决策最常用的方法。这些我们在第三章已经做过介绍。

第二节 信用风险加权资产——标准法

信用风险加权资产计量的核心，一是确定风险暴露金额，二是确定适用的风险权重。巴塞尔协议的演进在一定程度上也是信用风险加权资产计量方法的改进。按照风险加权资产计量方法的不同，可以分为标准法和内部评级法。

标准法（Standardised Approach）是指银行根据债权主体分类以及外部评级结果，将表内外资产按照监管规定的类别进行分类，并采用监管规定的风险权重加权计算的方法。标准法根据监管当局规定的信用风险暴露划分方法，采用固定的风险权重计算信用风险加权资产，核心是依赖外部评级结果，用标准化处理方式计量信用风险。

一、标准法下的风险权重

标准法下的风险权重依据其不同的信用等级而区别对待。信用等级是外部评级，如标普、穆迪、惠誉等评级机构的评级结果。巴塞尔协议明确各国监管当局负责认定外部评级机构，认定的合格评级机构需满足客观性、独立性、国际通用性和透明度、披露、资源、可信度六项标准。

（一）对主权债权

主权及其中央银行债权的风险权重如表 5－1 所示。

表 5－1　主权及其中央银行债权的风险权重　单位：%

信用级别	AAA 级至 AA－级	A ＋级至 A－级	BBB ＋级至 BBB－级	BB ＋级至 B－级	B－级以下	未评级
风险权重	0	20	50	100	150	100

巴塞尔协议规定，各国监管当局可自行决定，对银行持有的对所在注册国（或中央银行）以本币计价并以本币作为资金来源的债权，给予较低风险权重。一旦某个国家决定使用较低风险权重后，其他国家监管部门也可以允许其管辖的银行对所拥有的上述国家（或中央银行）的本币风险暴露给予同样较低的风险权重。

（二）对公司债权

公司债权的风险权重如表 5－2 所示。

表 5－2　公司债权的风险权重　单位：%

信用级别	AAA 级至 AA－级	A ＋级至 A－级	BBB ＋级至 BB－级	B－级以下	未评级
风险权重	20	50	100	150	100

表 5－2 给出了对有外部评级结果的公司（包括对保险公司）债权的风险权重。对未评级公司债权的标准风险权重一般为 100%。如果公司未评级，就不可获得低于其所在注册国债权的风险权重。巴塞尔协议允许各国监管当局自行决定是否采用外部评级结果。如不使用外部评级结果，则所有公司债权的风险权重均为 100%。

以公司债权为例，若某公司外部评级为 AA 级，则风险权重为 20%，即风险加权资产＝违约风险暴露 × 20%；如果公司外部评级为 CCC 级，则风险权重为 150%，即风险加权资产＝违约风险暴露 ×150%；如果没有外部评级，则权重就为 100%。

假如某商业银行对一家公司贷款 100 万元，该公司外部评级为 AA 级，则银行对该公司贷款的风险加权资产为 20 万元。若该银行对该公司还有一笔期限为 6 个月不可随意撤销的承诺，金额为 50 万元，则计算风险加权资产时应将该承诺按照 20% 的转换系数折算到表内，即为 10 万元。对该公司总的风险加权资产计算如下：$100 \times 20\% + 50 \times 20\% \times 20\% = 22$（万元）。

（三）对银行债权

巴塞尔协议对银行债权提出了两个方案，各国监管当局可采用其中任何一个方案：方案一（见表 5－3）参照债务人所在国的主权评级确定风险权重；方案二（见表 5－4）参照债务人自身的评级确定风险权重；如果银行未评级，则不应获得低于其注册国债权的风险权重。

表 5－3　　对银行债权的风险权重（方案一）　　单位：%

主权评级	AAA 级 至 AA－级	A ＋级 至 A－级	BBB＋级 至 BBB－级	BB＋级 至 B－级	B－级以下	未评级
风险权重	20	50	100	100	150	100

表 5－4　　对银行债权的风险权重（方案二）　　单位：%

银行评级	AAA 级 至 AA－级	A＋级 至 A－级	BBB＋级 至 BBB－级	BB＋级 至 B－级	B－级以下	未评级
风险权重	20	50	50	100	150	50
短期债权风险权重（原始期限在三个月以下）	20	20	20	50	150	20

（四）零售资产债权

除违约贷款外的零售资产风险暴露均可给予 75% 的风险权重。可归入零售资产的风险暴露必须满足以下四个标准。

（1）对象标准。风险暴露必须是对一个人、几个人或一家小企业。

（2）产品标准。风险暴露采取以下某种形式：循环信贷和信贷额度（包括信用卡和透支）、个人定期贷款和租赁（如分期偿还的贷款、汽车贷款和租赁、学生和教育贷款、个人融资），以及小企业授信便利和承诺。此处的风险暴露包括上市和非上市的证券（如债券和股权凭证），不包括居民住房抵押贷款。

（3）分散性标准。监管机构必须确保零售资产具备充分的多样性，足以降低资产的风险。为实现该目标，监管机构可规定一个数量限制，如对单一客户的总风险暴露不可超过监管界定零售资产总额的0.2%。

（4）单个风险暴露的金额较小。对单一客户总的零售风险暴露的绝对金额最大不可超过100万欧元。

（五）其他风险暴露的风险权重

其他风险暴露的风险权重如表5－5所示。

表5－5　其他风险暴露的风险权重

风险暴露	风险权重的相关规定
对非中央政府公共部门实体的债权	对国内公共部门实体债权的风险权重由各国监管当局自行确定，可从对银行债权风险权重的两个方案中任选一个。
对多边开发银行的债权	对多边开发银行的债权建立在外部评级的基础上，采用处理银行债权的第二个方案，但不可对短期债权给予优惠待遇。
对证券公司的债权	在满足巴塞尔新资本协议监管要求的情况下，对证券公司的债权可按照对银行债权处理；否则，应按照对公司债权处理。
以居民房地产抵押的债权	对完全由借款人占有或将要占有，或出租的住房抵押贷款，应给予35%的风险权重。
以商业房地产抵押的债权	以商业房地产抵押的债权只适合给予100%风险权重。
逾期贷款	逾期90天以上的贷款（不包括合格的居民住房抵押贷款）未担保部分，在扣减专项准备以后，其风险权重按照以下方法确定： ·当专项准备小于贷款余额的20%，风险权重为150%； ·当专项准备等于或大于贷款余额的20%，风险权重为100%； ·当专项准备等于或大于贷款余额的50%，风险权重为100%，但监管当局可自行决定将风险权重降低到50%。 对于合格的住房抵押贷款，如果其逾期90天以上，在扣减专项准备以后，其风险权重应当为100%。同时，对专项准备达到贷款余额的50%或以上的逾期贷款，监管当局可自行决定，将扣减处理后贷款的风险权重降低到50%。
高风险债权	以下债权应给予150%或更高的风险权重： ·对评级在B－级以下的主权、公共部门实体、银行和证券公司的债权； ·对评级在BB－级以下的企业的债权； ·逾期贷款； ·评级在BB ＋级至BB－级之间的证券化头寸，风险权重为350%。
其他资产	除资产证券化风险暴露外，其他资产的标准风险权重为100%。

（六）表外项目风险转换系数

资产负债表外项目将通过信用风险转换系数转换为等额的信用风险暴露。

（1）原始期限不超过一年和一年以上的承诺信用风险转换系数为20%和50%；

无条件可撤销承诺，信用风险转换系数为0。

（2）银行的证券借贷或银行用作抵押物的证券，包括回购交易中的证券借贷（如回购/逆回购、证券借出/借入），信用风险转换系数为100%。

（3）对于与贸易有关的短期自偿性信用证，信用风险转换系数为20%。

二、风险权重的变化（从《巴塞尔资本协议Ⅰ》到《巴塞尔资本协议Ⅱ》）

《巴塞尔资本协议Ⅱ》信用风险标准法在1988年出台的《巴塞尔资本协议Ⅰ》的基础上做了重大改进，体现了巴塞尔委员会提高风险计量方法风验敏感性的指导思想。信用风险标准法与之前的不同主要体现在以下几个方面。

一是引入外部评级作为风险权重的基准。按外部评级的结果来判断风险权重，不仅仅是技术上的进步，主要是能够更好地区分不同资质的企业等级，同时体现了更多的公平性和合理性。《巴塞尔资本协议Ⅰ》风险评估技术过于简单，监管资本要求与商业银行风险状况以及风险管理能力脱节，一定程度上扭曲了商业银行的激励机制，导致商业银行过度承担风险。

二是增加了150%的高风险权重，进一步提高银行资产的风险敏感度，体现资产的多样化，这一权重主要适用于评级在B－级以下的主权、公共部门实体、银行和证券公司、评级在BB－级以下的企业债权以及专项准备计提比例不足贷款余额20%的逾期贷款等。

三是降低了零售资产的风险权重，从100%下降至75%。《巴塞尔资本协议Ⅱ》设定了零售资产的定义，在满足对象、产品、分散化以及额度标准条件后，可以将这些满足条件的资产适用75%的风险权重。这一方面反映了零售资产能够更好地分散风险的实践经验，另一方面也反映了部分国家更有力地支持中小企业的发展。

四是降低了居民房产抵押贷款的风险权重，从50%下降至35%。这主要反映了危机前居民房产抵押贷款低违约、低损失的风险特征，同时在一定程度上也反映了部分国家支持房地产业发展的政策倾向。

五是缩短了银行债权优惠权重的时间期限，从以剩余期限1年为分界线缩短至以原始期限3个月为分界线。《巴塞尔资本协议Ⅰ》规定对OECD以外国家注册银行剩余期限在1年期内的债权适用20%的风险权重，而剩余期限在1年期以上的债权适用100%的风险权重。但在《巴塞尔资本协议Ⅱ》框架下，只有对短期银行同业债权才能给予优惠权重（底线是20%），这里的短期是指原始期限在3个月以下的债权，并且监管当局应确保这3个月的期限不含展期的债权。《巴塞尔资本协议

Ⅰ》对1年以内的债权给予较低的风险权重客观上起到了激励银行发放短期贷款的作用，因此，《巴塞尔资本协议Ⅱ》对此进行了修订。

六是区分不同类型的多边开发银行，最低适用0的风险权重。在《巴塞尔资本协议Ⅱ》中，对经巴塞尔委员会审定的符合资格标准的多边开发银行适用0的风险标准，而不再按照《巴塞尔资本协议Ⅰ》对所有多边开发银行采用20%风险权重的做法，既体现了风险敏感性，又更为公平合理。

七是增加了逾期贷款的类别，并将逾期贷款的风险权重与准备金的提取比例挂钩，有利于提高银行计提拨备的积极性。例如，《巴塞尔资本协议Ⅱ》规定当对逾期90天以上的贷款计提的专项准备金等于或大于逾期贷款余额的50%时，监管当局可自行规定风险权重降至50%。

八是对原始期限在1年以内的承诺的信用风险转换系数由0提高至20%。《巴塞尔资本协议Ⅰ》规定原始期限在1年及以内的承诺或可随时无条件取消的承诺的信用风险转换系数为0，但在《巴塞尔资本协议Ⅱ》下，上调原始期限在1年及以内的承诺的信用风险转换系数至20%，对于可随时无条件取消的承诺则维持零的信用风险转换系数。

三、我国实施的权重法

（一）权重法的含义

《商业银行资本管理办法（试行）》中提出的权重法是银行将全部资产按照监管规定的类别进行分类，并采用监管规定的风险权重计量信用风险加权资产的方法。按照该办法规定，对不实施内部评级法的商业银行，需要运用权重法计算银行表内外资产的信用风险加权资产；对实施内部评级法的银行，内部评级法覆盖的表内外资产使用内部评级法计算信用风险加权资产，未覆盖的表内外资产使用权重法计算信用风险加权资产。

在权重法下，信用风险加权资产为银行账户表内信用风险加权资产与表外项目信用风险加权资产之和。计量各类表内资产的风险加权资产应首先从资产账面价值中扣除相应的减值准备，然后乘以风险权重；计量各类表外项目的风险加权资产，应将表外项目名义金额乘以信用风险转换系数得到等值的表内资产，再按表内资产的处理方式计量风险加权资产。

（二）表内资产分类和权重

权重法将表内资产划分为17个类型，根据每个资产类别的性质及风险大小，分别赋予了不同的权重，共分为0、20%、25%、50%、75%、100%、150%、250%、400%、1250%档次。具体资产分类与风险权重的对应关系如表5-6所示。

表 5－6　　表内资产风险权重表　　单位：%

资产分类	风险权重
1. 现金类资产	
1.1 现金	0
1.2 黄金	0
1.3 存放中国人民银行款项	0
2. 对中央政府和中央银行的债权	
2.1 对我国中央政府的债权	0
2.2 对中国人民银行的债权	0
2.3 对评级 AA－级（含 AA－级）以上的国家或地区的中央政府和中央银行的债权	0
2.4 对评级 AA－级以下、A－级（含 A－级）以上的国家或地区的中央政府和中央银行的债权	20
2.5 对评级 A－级以下、BBB－级（含 BBB－级）以上的国家或地区的中央政府和中央银行的债权	50
2.6 对评级 BBB－级以下、B－级（含 B－级）以上的国家或地区的中央政府和中央银行的债权	100
2.7 对评级 B－级以下的国家或地区的中央政府和中央银行的债权	150
2.8 对未评级的国家或地区的中央政府和中央银行的债权	100
3. 对我国公共部门实体的债权	20
4. 对我国金融机构的债权	
4.1 对我国政策性银行的债权（不包括次级债权）	0
4.2 对我国中央政府投资的金融资产管理公司的债权	
4.2.1 持有我国中央政府投资的金融资产管理公司为收购国有银行不良贷款而定向发行的债券	0
4.2.2 对我国中央政府投资的金融资产管理公司的其他债权	100
4.3 对我国其他商业银行的债权（不包括次级债权）	
4.3.1 原始期限 3 个月以内	20
4.3.2 原始期限 3 个月以上	25
4.4 对我国商业银行的次级债权（未扣除部分）	100
4.5 对我国其他金融机构的债权	100
5. 对在其他国家或地区注册的金融机构和公共部门实体的债权	
5.1 对评级 AA－级（含 AA－级）以上国家或地区注册的商业银行和公共部门实体的债权	25
5.2 对评级 AA－级以下、A－级（含 A－级）以上国家或地区注册的商业银行和公共部门实体的债权	50

续表

资产分类	风险权重
5.3 对评级 A－级以下、B－级（含 B－级）以上国家或地区注册的商业银行和公共部门实体的债权	100
5.4 对评级 B－级以下国家或地区注册的商业银行和公共部门实体的债权	150
5.5 对未评级的国家或地区注册的商业银行和公共部门实体的债权	100
5.6 对多边开发银行、国际清算银行及国际货币基金组织的债权	0
5.7 对其他金融机构的债权	100
6. 对一般企业的债权	100
7. 对符合标准的微型和小型企业的债权	75
8. 对个人的债权	
8.1 个人住房抵押贷款	50
8.2 对已抵押房产，在购房人没有全部归还贷款前，商业银行以再评估后的净值为抵押追加贷款的，追加的部分	150
8.3 对个人其他债权	75
9. 租赁资产余值	100
10. 股权	
10.1 对金融机构的股权投资（未扣除部分）	250
10.2 被动持有的对工商企业的股权投资	400
10.3 因政策性原因并经国务院特别批准的对工商企业的股权投资	400
10.4 对工商企业的其他股权投资	1250
11. 非自用不动产	
11.1 因行使抵押权而持有并在法律规定处分期限内的非自用不动产	100
11.2 其他非自用不动产	1250
12. 其他	
12.1 依赖于银行未来盈利的净递延税资产（未扣除部分）	250
12.2 其他表内资产	100

（三）表外资产信用风险转换系数

对于表外资产，权重法根据资产的特性和风险特征，区分为 11 个类别，对每个类别的内容做了具体的说明，并分别规定了 0、20%、50%、100% 四个档次的不同的信用风险转换系数。

（1）等同于贷款的授信业务的信用风险转换系数为 100%。

（2）原始期限不超过 1 年和 1 年以上的贷款承诺的信用风险转换系数分别为

20%和50%，可随时无条件撤销的贷款承诺的信用风险转换系数为0。

（3）未使用的信用卡授信额度的信用风险转换系数为50%，但同时符合以下条件的未使用的信用卡授信额度的信用风险转换系数为20%：

① 授信对象为自然人，授信方式为无担保循环授信；

② 对同一持卡人的授信额度不超过100万元人民币；

③ 商业银行应至少每年一次评估持卡人的信用程度，按季监控授信额度的使用情况；若持卡人信用状况恶化，商业银行有权降低甚至取消授信额度。

（4）票据发行便利和循环认购便利的信用风险转换系数为50%。

（5）银行借出的证券或用作抵押物的证券，包括回购交易中的证券借贷，信用风险转换系数为100%。

（6）与贸易直接相关的短期或有项目，信用风险转换系数为20%。

（7）与交易直接相关的或有项目，信用风险转换系数为50%。

（8）信用风险仍在银行的资产销售与购买协议，信用风险转换系数为100%。

（9）远期资产购买、远期定期存款、部分缴款的股票及证券，信用风险转换系数为100%。

（10）其他表外项目的信用风险转换系数均为100%。

关于信用风险转换系数，有以下几点需要特别说明：一是等同于贷款的授信业务，包括一般负债担保、承兑汇票、具有承兑性质的背书及融资性保函等。二是与贸易直接相关的短期或有项目，主要指有优先索偿权的装运货物做抵押的跟单信用证。三是与交易直接相关的或有项目，包括投标保函、履约保函、预付保函、预留金保函等。四是信用风险仍在银行的资产销售与购买协议，包括资产回购协议和有追索权的资产销售。

第三节　信用风险加权资产——内部评级法

银行通常要比信用评级机构更了解其借款人。1996年巴塞尔委员会发布了《关于市场风险资本的补充规定》，《巴塞尔资本协议Ⅱ》引入了信用风险内部评级法，允许商业银行使用内部评级法计提市场风险资本。该方法允许银行使用自己的数据评级结果估计信用风险关键要素，对交易对手或金融业务的信用风险进行精确计量和等级划分，并按照一定的函数关系计算风险加权资产。

内部评级法的基本思路是允许银行根据已经掌握的定性和定量信息对信用损失进行评估，并将评估结果与资本充足率挂钩。这实质上是现代银行信用风险管理最基本要求的体现，即充分识别银行各行业、地区、产品和客户的实质性信用风险；监测客户和债项的信用风险变化、转移情况；计量风险转化为损失的可能性；确定适当的拨备和资本充足率水平。

内部评级法有两种：内部评级法初级法和内部评级法高级法。初级法，即银行估计每一个借款人的违约概率（PD），监管当局规定其他的风险估计值，如违约损失率及有效期限；高级法，即除了违约概率以外，银行还增加了其他信息，如违约损失率（LGD）、违约风险暴露（EAD）及有效期限（M）等风险参数，对这种方法的要求更精准。初级法和高级法在计算风险加权资产方面有区别，采用初级法的银行可以自行估计违约概率，但要根据监管部门提供的规则计算违约损失率、违约风险暴露和有效期限；采用高级法的银行可以自行估计违约概率、违约损失率、违约风险暴露和有效期限。对于零售类资产，不再区分初级法和高级法，银行均需自行估计违约概率、违约损失率和违约风险暴露。

一、我国信用风险的分类

我国商业银行采用内部评级法计算信用风险加权资产时对银行账户信用风险暴露进行以下分类：主权风险暴露、金融机构风险暴露、公司风险暴露、零售风险暴露、股权风险暴露和其他风险暴露。金融机构风险暴露和公司风险暴露统称为非零售风险暴露，各类风险暴露的定义及主要内容如下。

（一） 主权风险暴露

主权风险暴露是指对主权国家或经济实体区域及其中央银行、公共部门实体，以及多边开发银行、国际清算银行和国际货币基金组织等的债权。

（二） 金融机构风险暴露

金融机构风险暴露是指商业银行对金融机构的债权。根据金融机构的不同属性，金融机构风险暴露可以分为银行类金融机构风险暴露和非银行类金融机构风险暴露。

（1）银行类金融机构包括在中华人民共和国境内设立的商业银行、农村合作银行、农村信用社等吸收公众存款的金融机构，以及在中华人民共和国境外注册并经所在国家或者地区金融监管当局批准的存款类金融机构。

（2）非银行类金融机构包括经批准设立的证券公司、保险公司、信托公司、财务公司、金融租赁公司、汽车金融公司、资产管理公司、基金公司以及其他受金融监管当局监管的机构。

（三） 公司风险暴露

公司风险暴露是商业银行对公司、合伙制企业和独资企业及其他非自然人的债权，但不包括对主权、金融机构和纳入零售风险暴露的企业的债权。根据债务人类型及其风险特征，公司风险暴露分为中小企业风险暴露、专业贷款和一般公司风险暴露。

（1）中小企业风险暴露是指商业银行对年营业收入（近3年营业收入的算术平均值）不超过3亿元人民币的企业的债权。

（2）专业贷款是指公司风险暴露中同时具有以下特征的债权：债务人通常是一个专门为实物资产融资或运作实物资产而设立的特殊目的实体债务人，基本没有其他实质性资产或业务，除了从被融资资产中获得的收入外，没有独立偿还债务的能力。合同安排给予贷款银行对融资形成的资产及其所产生的收入有相当程度的控制权。专业贷款划分为项目融资、物品融资、商品融资和产生收入的房地产贷款。

（3）一般公司风险暴露是指中小企业风险暴露和专业贷款之外的其他公司风险暴露。

（四）零售风险暴露

零售风险暴露应同时具有以下特征：债务人是一个或几个自然人；笔数多，单笔金额小；按照组合方式进行管理。零售风险暴露分为个人住房抵押贷款、合格循环零售风险暴露、其他零售风险暴露三大类。商业银行可根据自身业务状况和管理实际，在上述基础上做进一步细分。

（1）个人住房抵押贷款是指以购买个人住房为目的并以所购房产为抵押的贷款。

（2）合格循环零售风险暴露是各类无担保的个人循环贷款。合格循环零售风险暴露中对单一客户最大信贷余额不超过100万元人民币。

（3）其他零售风险暴露是指除个人住房抵押贷款和合格循环零售风险暴露之外的其他对自然人的债权。对于符合要求的对微型和小型企业的风险暴露，可纳入其他零售风险暴露。

（五）股权风险暴露

股权风险暴露是指商业银行直接或间接持有的股东权益。纳入股权风险暴露的金融工具应同时满足以下条件：

（1）持有该项金融工具获取收益的主要来源是未来资本利得，而不是随时间产生的收益；

（2）该项金融工具不可赎回，不属于发行方的债务；

（3）对发行方资产或收入具有剩余索取权。

（六）其他风险暴露

其他风险暴露主要包括购入应收账款和资产证券化风险暴露两类。

（1）购入应收账款是指销售方将其现在或将来的基于其与买入方订立的商品、产品或劳务销售合同所产生的应收账款，根据契约关系以有追索权或无追索权的方式转让给商业银行所形成的资产。

购入应收账款可分为合格购入公司应收账款和合格购入零售应收账款。合格购入零售应收账款纳入零售风险暴露。合格购入公司应收账款原则上应纳入公司风险暴露，也可将合格购入公司应收账款作为单独一类风险暴露。

（2）资产证券化风险暴露是指商业银行因从事资产证券化业务而形成的表内外风险暴露。资产证券化风险暴露包括但不限于资产支持证券、住房抵押贷款证券、信用增级、流动性便利、利率或货币互换、信用衍生工具和分档次抵补。储备账户如果作为发起机构的资产，应当视同资产证券化风险暴露。储备账户包括但不限于现金抵押账户和利差账户。

二、风险加权资产的计量

内部评级法下的风险加权资产分为未违约风险暴露和违约风险暴露分别计量。

（一）未违约风险暴露的风险加权资产计量

1. 计算信用风险暴露的相关性（R）

（1）主权、一般公司风险暴露

$$R = 0.12 \times \frac{1 - \frac{1}{e^{(50 \times PD)}}}{1 - \frac{1}{e^{50}}} + 0.24 \times \left[1 - \frac{1 - \frac{1}{e^{(50 \times PD)}}}{1 - \frac{1}{e^{50}}}\right]$$

（2）金融机构风险暴露

$$R_{F1} = 1.25\left\{0.12 \times \frac{1 - \frac{1}{e^{(50 \times PD)}}}{1 - \frac{1}{e^{50}}} + 0.24 \times \left[1 - \frac{1 - \frac{1}{e^{(50 \times PD)}}}{1 - \frac{1}{e^{50}}}\right]\right\}$$

（3）中小企业风险暴露

$$R_{SME} = \left[0.12 \times \frac{1 - \frac{1}{e^{(50 \times PD)}}}{1 - \frac{1}{e^{50}}}\right] + 0.24 \times \left[1 - \frac{1 - \frac{1}{e^{(50 \times PD)}}}{1 - \frac{1}{e^{50}}}\right] - 0.04 \times \left(1 - \frac{S - 3}{27}\right)$$

式中，S 为中小企业在报告期的年营业收入（单位为千万元人民币），低于 3000 万元人民币按照 3000 万元人民币处理。

（4）零售风险暴露

个人住房抵押贷款：$R_{r1} = 0.15$；

合格循环零售贷款：$R_{r2}=0.04$；

其他零售贷款：$R_{r3}=0.03\times\dfrac{1-\dfrac{1}{e^{(35\times PD)}}}{1-\dfrac{1}{e^{35}}}+0.16\times\left[1-\dfrac{1-\dfrac{1}{e^{(35\times PD)}}}{1-\dfrac{1}{e^{35}}}\right]$

2. 计算期限调整因子（b）

$$b=[0.11852-0.05478\times\ln(PD)]^2$$

3. 计算信用风险暴露的资本要求（K）

非零售风险暴露

$$K=\left\{LGD\times N\left[(1-R)^{-0.5}\times G(PD)+\left(\frac{R}{1-R}\right)^{0.5}\times G(0.999)\right]-PD\times LGD\right\}$$

$$\frac{1+(M-2.5)\times b}{(1-1.5\times b)}$$

零售风险暴露

$$K=LGD\times N\left[(1-R)^{-0.5}\times G(PD)+\left(\frac{R}{1-R}\right)^{0.5}\times G(0.999)\right]-PD\times LGD$$

4. 计算信用风险暴露的风险加权资产（RWA）

$$RWA=K\times 12.5\times EAD$$

（二）　已违约风险暴露的风险加权资产的计量

$$K=Max[0,(LGD-BEEL)]$$

$$RWA=K\times 12.5\times EAD$$

此处，BEEL 是指在考虑经济环境、法律地位等条件下对已违约风险暴露的预期损失率的最大估计值。

三、风险参数的估计

风险加权资产计算依赖于违约概率（PD）、违约损失率（LGD）、违约风险暴露（EAD）、有效期限（M）等参数，下面简要介绍这些参数的估计方法。

（一）　违约概率的估计

违约概率是指借款人未来一定时期内不能按合同要求偿还贷款本息或履行相关义务的情况发生的可能性。商业银行根据违约定义，记录各类资产的实际违约情况，并估算违约概率。非零售风险暴露在债务人层面认定违约，同一债务人的所有债项的违约概率相同；而零售风险暴露在债项层面构建风险分池和估计风险参数，同一客户的不同债项可以分到不同的分池，具有不同的违约概率，可以在债项层面认定违约定义。

违约概率估计方法有三种：内部违约经验法、映射外部数据法、统计违约模型法。内部违约经验法是指商业银行采取自身积累的内部违约经验估计违约概率，这是一种基于经验判断的方法，商业银行应证明估计的违约概率反映了历史数据对应时期的授信标准以及评级体系和当前的差异；在数据有限或授信标准、评级体系发生变化的情况下，商业银行应留出保守的、较大的调整余地。映射外部数据法是指将内部评级映射到外部信用评级机构（如标准普尔、穆迪）或类似机构的评级，将外部评级的违约概率作为内部评级的违约概率。采取该种方法，评级映射应建立在内部评级标准与外部机构评级标准可比，并且对同样的债务人内部评级和外部评级可相互比较的基础上。统计违约模型法是指采用使用违约概率预测模型得到的每个债务人违约概率的简单平均值作为某一级别的违约概率。统计违约模型是商业银行构建内部评级体系最常用的方法，违约概率模型主要包括统计模型、基于评级机构的外部映射方法、打分卡（专家系统）模型、衍生信用风险模型。

随着信用风险计量技术的发展和统计方法的引入，评级由最初的“打分卡”演进为“高级计量模型”即“模型化”。虽然各类 PD 模型层出不穷，但一般来说，PD 模型的开发可分为三个步骤：第一步以实现客户排序为目的，选取模型指标，确定指标权重，最终获得客户“得分”；第二步以实现客户 PD 估计为目的，将客户“得分”转化为 PD，称为“校准”；第三步以确定客户信用等级为目的，设计评级主标尺，将客户按照 PD 映射到各个级别上。

与非零售债务人 PD 估计明显不同的是，部分零售风险暴露 PD 估计需要考虑成熟性效应。成熟性效应指贷款的违约概率与贷款账龄密切相关，在贷款发放初期，客户普遍正常还款，违约概率较低，在贷款发放一段时间后，客户违约风险充分暴露，违约概率达到高峰。对于一些长期零售贷款而言，成熟性效应十分重要。

出于审慎原因，巴塞尔委员会在结合自身分析的基础上，决定采取 0.03% 的违约概率作为最低限来计算公司、银行风险暴露的风险权重。这个最低违约概率旨在说明该项风险暴露信用风险的内在性，即便它们的内部评级很高。

（二） 违约损失率的估计

违约损失率是一笔风险暴露的违约风险暴露百分比。相对于与借款人相关联的违约概率，违约损失率是一种手段或具体交易参数。对于非零售风险暴露，实施内部评级法初级法的商业银行无需自行估计违约损失率，实施内部评级法高级法的商业银行需要自行估计违约损失率。

1. 内部评级法初级法

采取内部评级法初级法，监管认可合格抵质押品包括金融质押品、应收账款、商用房地产和居住用房地产以及其他抵质押品。

金融质押品的信用风险缓释作用体现为对标准违约损失率的调整，调整后的违

约损失率为：$LGD^{*} = LGD \times (E^{*}/E)$
式中，LGD 是在考虑质押品之前，优先的无担保风险暴露的标准违约损失率；E 是风险暴露的当前值；E^{*} 是信用风险缓释后的风险暴露。

采用内部评级法初级法的商业银行，其应收账款、商用房地产和居住用房地产以及其他抵质押品的信用风险缓释作用体现为违约损失率的下降，下降程度取决于抵质押品当前价值与风险暴露当前价值的比率和抵质押水平。在使用单种抵质押品时，违约损失率的确定方法如下：

（1）抵质押品当前价值与风险暴露当前价值的比率低于最低抵质押水平，视同无抵质押处理，采用标准违约损失率。

（2）抵质押品当前价值与风险暴露当前价值的比率超过超额抵质押水平的贷款，采用相应的最低违约损失率。

（3）抵质押品当前价值与风险暴露当前价值的比率介于最低抵质押水平和超额抵质押水平之间，应将风险暴露分为全额抵质押和无抵质押部分。抵质押品当前价值除以超额抵质押水平得到的为风险暴露全额抵质押的部分，采用该类抵质押品的最低违约损失率；风险暴露的剩余部分视为无抵质押，采用标准违约损失率。

2. 内部评级法高级法

采用内部评级法高级法的商业银行，其违约损失率估计应基于经济损失。经济损失包括由于债务人违约造成的较大的直接和间接的损失或成本，同时还应考虑违约债项回收金额的时间价值和商业银行自身处置和清收能力对贷款回收的影响。商业银行估计经济损失应考虑所有相关因素，根据自身处置和清收能力调整违约损失率应遵循审慎原则，且内部经验数据能够证明处置和清收能力对违约损失率的影响。

违约损失率应不低于违约加权长期平均损失率，且应反映经济衰退时期违约债项的损失严重程度，保证商业银行的违约损失估计值在所有可预见的经济条件下都保持稳健和可靠。商业银行应收集区分违约暴露的关键因素、计算违约风险暴露经济损失的因素；违约损失率估计应考虑实际回收数量和支付的成本；考虑风险暴露损失严重程度的周期性变化；考虑债务人风险和抵质押品风险或抵质押品提供方风险之间的相关性。对于零售风险暴露，长期平均违约损失率和违约加权平均违约损失率的估计可以基于长期预期损失率。

商业银行采用内部评级法高级法，其可在符合相关监管要求的前提下自行认定抵质押品，但应有历史数据证明抵质押品的风险缓释作用；抵质押品的信用风险缓释作用体现在违约损失率的估值中。对合格保证人的类别没有限制，且允许有条件的保证；可以通过调整违约概率或违约损失率的估计值来反映保证和信用衍生工具的信用风险缓释作用，对保证或信用衍生工具覆盖的部分可以采用替代法，也可以采用债务人自身的违约概率和银行内部估计的该类保证人提供保证风险暴露的违约损失率。对同一风险暴露可采用多个信用风险缓释工具，同时应证明此种方式对风险抵补的有效性，并建立合理的多重信用风险缓释工具的处理程序和方法。

（三） 违约风险暴露的估计

违约风险暴露应包括已使用的授信余额、应收未收利息、未使用授信额度的预期提取数量以及可能发生的相关费用等。估计违约风险暴露的数据应仅包含对违约债务人的风险暴露。采用内部评级法高级法的商业银行，应估计每笔表内外项目的违约风险暴露；采用内部评级法初级法的商业银行，可以考虑表内项目净额结算的影响。

对未来提取的零售风险暴露，在全面校验损失估计值之前，要求商业银行考虑历史上的提取状况和预期提取状况。未来提款的可能性或在违约风险暴露估计中考虑，或在违约损失率的估计中考虑。如果零售风险暴露提取金额已经证券化，应该通过信用转化系数估计授信限额中未提取部分的违约风险暴露。

（四） 有效期限的估计

采用内部评级法初级法时，计算风险加权资产时期限是固定因素，除回购类交易有效期限是0.5年外，其他非零售风险暴露的有效期限为2.5年。

采用内部评级法高级法时，应将有效期限视为独立的风险因素。在其他条件相同的情况下，债项的有效期限越短，信用风险就越小。对于某些短期交易，有效期限为内部估计的有效期限与1天中的较大值，包括：原始期限1年以内全额抵押的场外衍生品交易、保证金贷款、回购交易和证券借贷；原始期限1年以内自我清偿性的贸易融资；原始期限3个月以内的短期风险暴露。中小企业风险暴露的有效期限可以采用2.5年。

（五） 专业贷款风险参数的估计

对专业贷款风险加权资产的计量，银行可以采用内部评级法或监管映射法。

若采用内部评级法，专业贷款内部评级体系除满足一般的监管要求外，在估计违约风险暴露时，还应充分考虑债务人违约后，为促使贷款所形成的资产投入运营而继续发放贷款的影响，以确保风险估计的审慎性。在估计违约概率时，还应注意项目不同阶段违约概率的变化，并谨慎处理违约概率与风险暴露相关性对风险加权资产计算的影响。

若采用监管映射法，首先对专业贷款进行评级，然后将内部评级结果映射到优、良、中、差和违约五个监管评级，根据不同的监管评级对应的风险权重和预期损失比例（见表5－7）计算专业贷款的风险加权资产和预期损失。专业贷款内部评级应综合考虑多方面因素，如财务状况、政治和法律环境、交易特点、项目发起人或债务人实力和担保安排等。

表5－7　　监管评级对应的风险权重与预期损失比例　　单位：%

监管评级	风险权重	预期损失比例
优	70	0.4
良	90	0.8
中	115	2.8
差	250	8
违约	0	50

注：1. 对于产生收入房地产贷款，若未来收入波动性较大，对监管评级为优、良、中的，风险权重分别提高至95%、120%、140%。

2. 对贷款剩余期限不足2.5年，或监管认定授信和评级标准比监管评级标准更为审慎的专业贷款，监管评级为优的风险权重为50%，预期损失比例为0；监管评级为良的风险权重为70%，预期损失率为0.4%。

四、风险权重函数

风险权重函数的实质就是通过一个特定信用风险模型，将在一定置信度下的非预期损失转换为监管资本要求的过程。对于不同的资产类别，公司、银行和主权风险暴露的风险权重函数是不同的。

$$K = \left\{LGD \times N\left[(1-R)^{-0.5} \times G(PD) + \left(\frac{R}{1-R}\right)^{0.5} \times G(0.999)\right] - PD \times LGD\right\} \times \frac{[1+(M-2.5)\times b]}{(1-1.5\times b)}$$

资本要求K主要是由参数PD、LGD、EAD、M、R和b确定。R表示假设的资产相关系数；$N(x)$表示累积正态分布；$G(z)$表示累积正态分布的反函数；b表示风险暴露的期限调整因子，反映了风险对于期限长度的敏感性，公司、主权、银行风险暴露的期限调整因子$b = [0.11852 - 0.05478 \times \text{Ln}(PD)]^2$。期限对风险权重的影响取决于违约概率$PD$的大小，并且与违约概率呈反方向变化，对于同一违约概率，期限越长，期限调整的权重也越大。

第四节　证券化信用风险监管资本的计量

证券化是银行为了转移风险、确保流动性等原因而使用的一项技术。在传统形式上，通常都是把银行的资产合并为池，然后出售以资产池为抵押的证券。根据《巴塞尔资本协议Ⅱ》，对于用传统、合成或含两者共同特征的类似结构的证券化产生的风险暴露，银行必须使用证券化框架来决定这些风险暴露的监管资本需求。

1988 年版的巴塞尔资本协议并未解决与证券化相关的银行风险暴露问题。因为当时除了美国外，证券化开展还不够广泛。然而 1988 年以来，这种情况发生了改变，通过证券化业务传递的银行信用风险迅速上升。巴塞尔协议Ⅱ对证券化（Securitization）的风险暴露设定了最低的资本要求，对证券化活动的监管程序提供了指引，并对证券化活动提出了披露要求。为完善证券化监管框架，2009 年发布的巴塞尔协议 2.5 增加了对银行参与再证券化过程的监管要求，同时细化完善了原有资产证券化监管框架；2010 年发布的巴塞尔协议Ⅲ则对证券化框架下的监管资本的扣减处理进行了调整。由此，形成了现行的证券化资本监管框架。为进一步简化资本计量方法，增加风险敏感度，减少对外部评级的依赖，2012 年以来，巴塞尔委员会对现行证券化框架启动了修订程序，并于 2014 年 12 月发布了《证券化修订框架》，于 2018 年开始实施。

一、标准法下证券化资本计量

标准法下的证券化风险暴露的风险权重是建立在外部评级上的，如标准普尔、穆迪。通过对评级的认可和使用来决定合适的风险权重，都要按照固定的操作标准。

（一） 证券化风险暴露的处理

在标准法下，对于符合条件的合格流动性便利，可以设定较低的信用风险转换系数，对于没有外部评级的流动性便利，其信用风险转换系数设为 50%。而对于具有外部评级的流动性便利，其动用概率和违约暴露等信息已包含在评级中，因此仍然使用 100% 的信用风险转换系数。

（二） 风险权重的设定

证券化和再证券化风险暴露的风险权重的设定，基于风险暴露的外部评级状况。对于已评级的风险暴露，根据表 5 - 8 确定对应的风险权重。其中长期评级在 BB + 级到 BB - 级之间的，表中风险权重仅适用于作为投资者的银行，而不适用于作为发起人的银行；发起银行适用 1250% 的风险权重。由于再证券化中债务证券的收益取决于证券化风险暴露的收益表现，因而再证券化风险暴露的风险权重要高于同等评级的风险权重。

表 5-8　　标准法下信用评级与风险权重对应表　　单位：%

长期信用评级	证券化风险暴露	再证券化风险暴露
AAA 级到 AA-级	20	40
A+级到 A-级	50	100
BBB+级到 BBB-级	100	225
BB+级到 BB-级	350	650
B+级及以下或者未评级	1250	
短期信用评级	证券化风险暴露	再证券化风险暴露
A-1/P-1	20	40
A-2/P-2	50	100
A-3/P-3	100	225
其他评级或者未评级	1250	

未提取风险暴露，如承诺贷款中未提取部分，运用信用风险转换系数转换为表内业务信用风险。信用风险转换系数反映了预期的下降，以承诺未提取部分的百分比表示。所有未提取和表外风险暴露都要经过相应的信用风险转换系数进行转换。

（三）信用风险的缓解

当银行为使信用风险得以缓解而投资于证券化风险暴露，它可以意识到用证券化标准法计算资本要求是一种保护。例如，合格的和被认可的抵押品在信用风险缓解标准方法下才能被认可。同样地，合格的担保人（如主权国家、比对手方排名更高的银行和证券公司或其他评级为 A-级或更高级的实体公司）在满足巴塞尔新资本协议最低的业务要求下的保证是被认可的。银行正使用风险缓解标准法来计算被保证部分的资本要求。

当银行而不是发起人对证券化风险暴露提供信用保护时，必须像投资人那样计算覆盖所有风险所需要的资本。如果银行给未评级的信用提升提供保护的话，它必须像直接持有这些未评级的信用提升那样来处理它所提供的信用保护。

二、内部评级法下证券化资本计量

在内部评级法下决定证券化风险暴露取决于在标准法下风险是否被提取。虽然未提取的风险暴露必须使用信用风险转换系数转换为信用等级，但是风险暴露的计算因为银行针对不同贷款风险内容进行评估而完全不同。在内部评级法下证券化资本的计算主要有三种方法，需要依次根据不同的条件使用：当证券化或再证券化风险暴露有外部评级或者即使无评级但能够推断出其评级时，银行必须使用评级基础法（Ratings-based Approach，RBA）；当外部或推断评级均无法得到时，银行则只能使用监管公式法（Supervisory Formula，SF）或内部评估法（Internal Assessment

Approach，IAA），其中内部评估法只适用于银行（包括第三方银行）向资产支持商业票据计划发放的风险暴露。

（一） 评级基础法

在评级基础法下，资本要求的计算步骤与标准法一致，基本方法是将证券化或再证券化风险暴露与相应风险权重相乘得到风险加权资产，风险加权资产再与8%相乘得到最低监管资本要求。风险权重的确定取决于三个因素，即风险暴露的外部评级或推断评级、风险暴露的层级和资产池的高分散性。

1. 风险暴露的外部评级或推断评级

与标准法类似，评级基础法根据风险暴露的评级设定相应的风险权重，其对长期信用评级和风险权重的设定见表5－9。对于未评级的风险暴露，需要首先参考具有外部评级的风险暴露推断其评级，如果能够得到推断评级，则仍然适用评级基础法。

表5－9　评级基础法下长期信用评级与风险权重对应表　单位：%

<table>
<tr><td>长期评级</td><td colspan="3">证券化风险暴露</td><td colspan="2">再证券化风险暴露</td></tr>
<tr><td>外部评级/推断评级</td><td>优先层、资产池分散的风险权重</td><td>非优先层、资产池分散的风险权重</td><td>资产池不分散的风险权重</td><td>优先层风险权重</td><td>非优先层风险权重</td></tr>
<tr><td>AAA级</td><td>7</td><td>12</td><td>20</td><td>20</td><td>30</td></tr>
<tr><td>AA级</td><td>8</td><td>15</td><td>25</td><td>25</td><td>40</td></tr>
<tr><td>A+级</td><td>10</td><td>18</td><td rowspan="3">35</td><td>35</td><td>50</td></tr>
<tr><td>A级</td><td>12</td><td>20</td><td>40</td><td>65</td></tr>
<tr><td>A－级</td><td>20</td><td>35</td><td>60</td><td>100</td></tr>
<tr><td>BBB+级</td><td>35</td><td colspan="2">50</td><td>100</td><td>150</td></tr>
<tr><td>BBB级</td><td>60</td><td colspan="2">75</td><td>150</td><td>225</td></tr>
<tr><td>BBB－级</td><td colspan="3">100</td><td>200</td><td>350</td></tr>
<tr><td>BB+级</td><td colspan="3">250</td><td>300</td><td>500</td></tr>
<tr><td>BB级</td><td colspan="3">425</td><td>500</td><td>650</td></tr>
<tr><td>BB－级</td><td colspan="3">650</td><td>700</td><td>850</td></tr>
<tr><td>BB－级以下或者未评级</td><td colspan="5">1250</td></tr>
</table>

表5－10　评级基础法下短期信用评级与风险权重对应表　单位：%

<table>
<tr><td>短期评级</td><td colspan="3">证券化风险暴露</td><td colspan="2">再证券化风险暴露</td></tr>
<tr><td>外部评级/推断评级</td><td>优先层、资产池分散的风险权重</td><td>非优先层、资产池分散的风险权重</td><td>资产池不分散的风险权重</td><td>优先层风险权重</td><td>非优先层风险权重</td></tr>
<tr><td>A－1/P－1</td><td>7</td><td>12</td><td>20</td><td>20</td><td>30</td></tr>
<tr><td>A－2/P－2</td><td>12</td><td>20</td><td>35</td><td>40</td><td>65</td></tr>
<tr><td>A－3/P－3</td><td>60</td><td>75</td><td>75</td><td>150</td><td>225</td></tr>
<tr><td>其他评级或者未评级</td><td colspan="5">1250</td></tr>
</table>

2. 风险暴露的层级

在优先层/次级层结构中，根据受偿顺序对风险暴露的层级进行了划分，具有最优先受偿权利的风险暴露处于优先层，其风险权重的确定规则区别于其他层级的风险暴露。

优先层的确认需遵循以下要求：在传统型证券化中，如果第一损失责任以上所有层级的风险暴露都有评级，则评级最高的为优先层；如果几个层级的评级相同，则受偿顺序最优先的为优先层。在合成型证券化中，“超优先”层级为优先层。对于资产支持商业票据计划，优先层则一般由受益于流动性支持的商业票据组成；但如果流动性便利的规模足以覆盖所有未偿付商业票据，它就可以视作覆盖了超过信用增级的所有损失，因此可确定为优先层。

再证券化风险暴露属于优先层需要满足两个条件：一是该风险暴露为优先层证券化风险暴露，二是所有基础资产均不是再证券化风险暴露。优先层再证券化风险暴露适用表5－9或表5－10第五列的风险权重，非优先层再证券化风险暴露适用第六列的风险权重。

3. 资产池的分散度

资产池的分散度是指资产池中风险暴露的分散状况。颗粒度较低的资产池不具有分散性，适用表5－9或表5－10第四列的风险权重；颗粒度较高的资产池是分散的，若风险暴露属于优先层，适用表5－9或表5－10第二列的风险权重，否则适用第三列的风险权重。

（二）监管公式法

当证券化风险暴露未评级或无法推断其评级时，需要使用监管公式法。监管公式是建立在单一因子上的证券化风险暴露资本分配经济模型，被称为渐进单风险因子模型（ASFR模型），证券化层级的资本由银行供应的投入所决定。

（1）内部评级法支出中未被证券化的风险暴露（Kirb），即为那些包含未被证券化的风险暴露的证券化风险暴露的资本总和。

（2）证券化份额的信用增级水平（L），即为避免由于资产风险暴露引起的损失，而被更低级别证券化风险暴露保护的特殊风险暴露的范围。证券份额的信用增级水平越高，就越能避免损失。

（3）证券化份额的层数厚度（T）。它是监管公式重要的组成部分，厚的份额要比薄的份额能吸收更多的损失。

（4）资产池中有效的风险暴露数量（N）。它由总风险暴露决定，对于相同债务人持有的风险暴露，处理时视为单一交易。

（5）加权平均违约损失率（LGD）。它是与第i个债务人所有风险暴露相关的平均违约损失率。

（三） 内部评估法

内部评估法被提出是因为有些证券化风险暴露的资本无法采用评级法和监管公式法来计算。内部评估法倾向于通过将监管资本要求联合起来，使其更接近银行内部的风险管理，将银行的风险暴露简单化为资产支持票据。

内部评估法用于证券化风险暴露信贷质量、初级流动性融资、信用增级方面，并可以扩展到资产支持票据项目。只要银行的内部评估过程能满足设定的操作要求，便允许银行对风险暴露的信用质量进行内部评估。内部评估法确定的信用级别体系必须与合格的外部评级机构给出的评级体系保持一致，以便相应地确定风险权重。

第五节　交易对手信用风险监管资本的计量

交易对手信用风险是指交易现金流结算前，交易对手可能出现的信用状况变化带来的风险。《巴塞尔资本协议Ⅱ》提出，银行应计算银行账户和交易账户中未结算的证券、商品和外汇交易的交易对手信用风险暴露对应的风险加权资产，具体包括场外衍生产品的交易对手信用风险，回购交易、证券借贷和保证金贷款交易等证券融资交易的交易对手信用风险，以及与中央交易对手交易形成的信用风险。

交易对手信用状况的变化通过两个途径对银行产生影响：一是交易对手违约直接带来的损失，二是虽未违约但由于交易对手信用等级下迁带来的估值损失，因此，交易对手信用风险资本计提也包括两个方面：一是交易对手违约风险，二是交易对手信用估值调整。

一、交易对手信用风险暴露的计量方法

交易对手信用风险的违约风险暴露的计量方法主要有现期风险暴露法（Current Exposure Method，CEM）和内部模型法（Internal Model Method，IMM），将计算得出的每个交易对手违约风险暴露分别乘以适用的信用风险权重（根据信用风险标准法或内部评级法得出），然后进行相加，即得出交易对手风险加权资产。

（一） 现期风险暴露法

现期风险暴露法主要用于计算场外衍生品交易对手的风险暴露，具体计量方式为：首先计算衍生品金融工具市场价格，然后再加上潜在未来风险暴露作为衍生品

信用风险的总风险暴露，并以此为基础计算风险加权资产和资本要求。银行采用现期风险暴露法计算场外衍生产品交易的违约风险暴露，主要包括两个部分：重置成本（RC）和潜在未来风险暴露（PFE）。因此，

$$EAD = a \times (RC + PFE), \alpha = 1.4$$

具体来说，重置成本是按盯市价值计算的，其计算区别保证金交易和无保证金交易，无保证金交易计算公式为

$$RC = MAX\ (V - C;0),$$

式中，V 为衍生产品价值，可以考虑合格的净扣；C 为担保品净值，收到的非现金押品需要通过监管折扣系数减少，提交对手方的押品需要通过监管折扣系数增加。

对于保证金交易，重置成本计算方法是在无保证金交易计算公式下考虑“押品的最低门槛”“最低提交押品数量”“独立押品数量”因素，计算公式为

$$RC = MAX(V - C;TH + MTA - NICA;0)$$

式中，C 为担保品净值，但包括变动保证金；$TH + MTA - NICA$ 表示未触发保证金调整的最大风险暴露，TH 表示交易对手提供押品的最低门槛，MTA 表示可转移给交易对手的押品最低数量，$NICA$ 表示独立的押品净值。

潜在未来风险暴露等于衍生产品的名义本金乘以相应的附加系数，附加系数由合约的期限和衍生产品类型（利率、汇率、股票、贵金属等）决定，根据其对冲组合最终决定可以抵消的金额。潜在未来风险暴露（PFE）分为两部分：一是总的附加值 $addon^{aggregate}$；二是监管乘数（$Multiplier$），为衍生产品价值（V）、担保品价值（C）和 $addon^{aggregate}$ 的函数。

$$PFE = multiplier \times addon^{aggregate}$$

$$multiplier = \min\left\{1;Floor + (1 - Floor) \times \exp\left(\frac{V - C}{2 \times (1 - Floor) \times addon^{aggregate}}\right)\right\}$$

$multiplier$ 考虑了超额抵押情况。

$Floor$ 为5%。

$addon^{aggregate}$ 的计算分六步：一是对合约名义本金进行调整（期限调整）；二是对非线性产品进行监管 $delta$ 调整；三是经调整的风险层次划分到不同的对冲集合中，允许符合规定的风险层次对冲；四是通过监管因子将对冲集合的有效名义本金转换为单个对冲集合的附加值（$addon$）；五是加总不同对冲集合的附加值，对商品、股权和信用衍生产品的附加值按相关性进行调整；六是加总各类衍生产品的附加值。

表 5－11　　信用衍生产品的附加系数　　单位：%

类型	参照资产	信用保护买方	信用保护卖方
总收益互换	合格参照资产①	5	5
	不合格参照资产	10	10
信用违约互换	合格参照资产	5	5②
	不合格参照资产	10	10

注：①合格参照资产与市场风险标准法计算特定风险时规定为“合格”的类别一致，包括公共部门实体和多边开发银行发行的债券以及其他合格债券等。

②信用违约互换的信用保护卖方只有在参照资产的发行人尚能履约但信用保护买方破产的情况下才需计算附加因子，且以信用保护买方尚未支付的费用为上限。

表 5－12　　其他各类衍生产品的附加系数　　单位：%

剩余期限	利率	汇率和黄金	股权	黄金以外的贵金属	其他商品
不超过 1 年	0	1.0	6.0	7.0	10.0
1 年以上，不超过 5 年	0.5	5.0	8.0	7.0	12.0
5 年以上	1.5	7.5	10.0	8.0	15.0

现期风险暴露法承认合格押品的风险缓释作用，可以在风险暴露中扣除（押品数额需要考虑市场波动），同时可以考虑合格的净额结算计算风险暴露。

综合考虑以上因素，交易对手信用风险资本要求计算公式如下：

交易对手信用风险资本要求 =（重置成本 + 潜在未来风险暴露 － 押品数额）× 交易对手风险权重 × 8%

（二） 内部模型法

采用信用风险内部评级法或标准法的银行均可采用内部模型法计量交易对手信用风险暴露，但必须在模型验证管理体系、压力测试、错向风险识别和管理等方面满足巴塞尔委员会的相关要求。

1. 压力测试

银行应使用多因子压力测试情景，至少应包括以下情景：一是曾经发生的严重经济或市场事件，二是广泛的市场流动性严重收缩，三是大型金融中介清算头寸违约对市场的影响。压力下市场的变动不仅影响交易对手风险暴露，而且对交易对手的信用质量也造成影响。因子波动程度应与压力测试的目标保持一致：在评估清偿能力时，因子波动程度应充分反映历史上极端但可能发生的压力市场状况，而为实现对资产组合的日常监控、对冲等目标，应考虑严重程度较弱但发生可能性更大的压力情景。

2. 错向风险识别

银行应从产品、地区、行业或其他与业务密切相关的角度监控一般错向风险。监控报告应定期提交高级管理层及董事会下设的委员会，向其汇报存在的错向风险及管理该风险所采取的应对措施。对于存在特定错向风险的交易对手，应确保对其采用更高的违约风险暴露计算值。

3. 抵押品风险

为控制重复使用抵押品带来的风险，《巴塞尔资本协议Ⅲ》对内部模型法下抵押品的处理提出要求。对使用内部模型法的银行，其流动性管理政策应同时考虑补充保证金要求而导致的流动性风险。银行必须设立抵押品管理部门，负责计算和追加保证金，管理保证金追加争议以及准确地按日报告保证金水平和变化幅度，还须追踪（现金及非现金）抵押品重复使用的程度，同时需要追踪单个类型抵押物资产的集中度。银行还须确保重复使用抵押品不会损害其及时提交或归还保证抵押品的能力。

4. 内部审计要求

按照《巴塞尔资本协议Ⅲ》的要求，银行必须通过内部审计程序定期对交易对手信用风险管理体系进行独立的评估。评估必须覆盖信贷业务、交易部门以及独立的交易对手信用风险控制部门的业务。内部审计评估应当定期进行，并应至少覆盖以下内容：交易对手信用风险管理架构；抵押品管理组织架构；抵押品和净额结算协议的相关规定是否准确反映在风险暴露的计量中；内部模型数据来源的一致性、及时性和可靠性，包括这些数据来源的独立性；波动性和相关性假设的准确性和恰当性；估值的准确性；通过频繁的返回检验确认模型的准确性；等等。

二、信用估值调整

交易对手违约风险并没有覆盖交易对手信用水平恶化（信用等级下迁）所导致的盯市损失，即为信用估值调整（CVA）风险。交易对手信用估值调整计算可采用标准法和高级法。按照《巴塞尔资本协议Ⅲ》的要求，获准使用市场风险内部模型法并对债券特定利率风险使用 VaR 模型的银行可采用信用估值调整风险资本的高级法，而其他银行必须使用交易对手信用估值调整标准法。

交易对手信用估值调整标准法主要根据交易对手风险暴露、风险权重、有效期限，以及套期工具名义金额、有效期限和风险权重等风险参数并考虑风险的分散程度来进行资本计量。

计量交易对手信用风险的高级法主要通过使用银行的债券风险价值模型，模拟交易对手信用利差的变动对所有场外衍生品交易对手信用估值调整的影响。

本章小结

1. 银行面临的主要风险是信用风险，即借款人或交易对手不能按照事先达成的协议履行义务的可能性。现代意义上的信用风险不仅包括违约风险，还包括当债务人或交易对手的信用状况和履约能力不足即信用质量下降时，市场上相关资产的价格随之降低导致的信用风险损失。

2. 除了传统的贷款以外，信用风险主要存在于银行的投资组合、信用透支、信用证等领域。同时，在银行的许多类别的产品、经营活动和服务中也存在信用风险，如衍生产品、外汇兑换、现金管理服务。

3. 债务人或其他主体违约会给银行造成损失，这是信用风险产生的最主要原因。违约是指实质性违背合约规定，包括拒绝支付（或偿付）本金或利息的一切行为。

4. 一个适当的信用风险环境便于各种规模和复杂程度的信用管理运作。银行的信用风险管理架构主要包括信用策略、董事会、信贷政策、高级管理层、程序与流程、贷款清收人员、信贷人员、信用分析员、管理员、贷款检查人员。

5. 稳健的授信和信贷管理程序可以形成有效的部门间相互制衡，能够有效提高银行管理信用风险暴露的能力，这往往在决定银行经营能否成功中起重要作用。

6. 信用分析是评估借款人贷款申请的程序，其目的是判断借款人按时全额归还贷款的可能性。银行通常利用信用评分系统来减少评估个人贷款和小额商业贷款申请的成本。通过识别以及权衡某些重要因素，这些系统可以为每一个借款人计算出一个分数，以此判断借款人拖欠贷款的可能性。

7. 信用风险计量的主要方法：(1) 在标准法中，银行使用风险权重衡量各种资产的信用风险。风险权重是与外部信用评级机构对主权国家、金融机构和公司的信用评级挂钩的。(2) 在内部评级法中，允许银行自己对交易对手和风险暴露作出内部评级，这样可以使银行对各种风险暴露进行更细致的区分，从而计算与风险度更加吻合的资本要求。

8.《商业银行资本管理办法（试行）》中提出的权重法，是指银行将全部资产按照监管规定的类别进行分类，并采用监管规定的风险权重计量信用风险加权资产的方法。对不实施内部评级法的商业银行，需要运用权重法计算银行表内外资产的信用风险加权资产；对实施内部评级法的银行，内部评级法覆盖的表内外资产使用内部评级法计算信用风险加权资产，未覆盖的表内外资产使用权重法计算信用风险加权资产。

9. 信用风险内部评级法分为内部评级法初级法和内部评级法高级法。采用初级法的银行可以自行估计违约概率，但要根据监管部门提供的规则计算违约损失率、违约风险暴露和有效期限。采用高级法的银行可以自行估计违约概率、违约损失率、违约风险暴露和有效期限。但对于零售类资产，不再区分初级法和高级法，银行均需自行估计违约概率、违约损失率和违约风险暴露。

10. 证券化是银行为了转移风险、确保流动性等原因而使用的一项技术。在传统形式上，通常都是把银行的资产合并为池，然后出售以资产池为抵押的证券。根据《巴塞尔资本协议Ⅱ》，对于用传统、合成或含两者共同特征的类似结构的证券化产生的风险暴露，银行必须使用证券化框架来决定这些风险暴露的监管资本需求。

11. 交易对手信用风险是指交易现金流结算前，交易对手可能出现的信用状况变化带来的风险。根据巴塞尔协议要求，银行应计算银行账户和交易账户中未结算的证券、商品和外汇交易的交易对手信用风险暴露对应的风险加权资产，具体包括场外衍生产品的交易对手信用风险，回购交易、证券借贷和保证金贷款交易等证券融资交易的交易对手信用风险，以及与中央交易对手交易形成的信用风险。交易对手信用状况的变化通过两个途径对银行产生影响：一是交易对手违约直接带来的损失，二是虽未违约但由于交易对手信用等级下迁带来的估值损失。

本章重要概念

信用风险　信用环境　授信与管理　信用分析　权重法　标准法　内部评级法
风险权重　投资组合　信用透支　信用证　信用衍生产品　外汇兑换
证券化信用风险　资产池　交易对手信用风险　压力测试　错向风险
抵押品风险　信用估值调整

本章复习思考题

1. 判断题

(1) 信用风险最准确的定义是借款人无法获取资金以用于实现增长、经营和其他企业活动的潜在可能。 (　　)

(2) 一家银行向客户提供贷款，这笔贷款以客户的财产充分担保，因此，银行不存在信用风险。 (　　)

(3) 小额贷款申请无须严格的授信审批。 (　　)

(4) 只要满足一定的最低条件，银行便可利用自己掌握的定量和定性信息计量

风险敞口，进而计算资本要求。（　　）

（5）公司贷款风险暴露包括所有对中小企业的各种贷款。（　　）

（6）在内部评级法下，信用风险暴露的资本要求取决于其所在组合的特征。（　　）

（7）对银行的风险暴露也包括对证券公司的风险暴露，前提是这些证券公司也受到类似于银行所受到的按照巴塞尔新资本协议实施的监管。（　　）

（8）对证券公司贷款的风险暴露总是可以按照对银行的风险暴露进行处理。（　　）

（9）对国际清算银行、国际货币基金组织和欧洲中央银行的债权处理不同于对主权国家债权的处理方式。（　　）

（10）如果一家银行对一家中小型企业借款人的总体风险暴露大于100万欧元，或者该银行将这些贷款按照公司业务风险暴露处理，那么，对这家中小企业的贷款可以按照对公司业务风险暴露的监管要求处理。（　　）

（11）通过外部评级机构进行评级只适用于标准法。（　　）

（12）违约概率对风险权重具有线性影响。（　　）

（13）若想获得批准使用内部评级法处理零售业务风险暴露，银行内部对零售业务组合资产的分类需要经过一段过渡期，然后才能按照内部评级法对风险暴露进行分类。（　　）

2. 单选题

（1）银行不会因为以下哪种行为而承受信用风险？（　　）

A. 直接放贷　　B. 存放在银行的存款

C. 承诺借款的保证　　D. 银行发放的信用证

（2）以下哪一项不是董事会的缺陷？（　　）

A. 充当管理层信贷审批决策的“橡皮图章”

B. 对影响银行信用质量的事项有很强的独立观点

C. 对信用风险一无所知

D. 董事会成员之间有利益冲突

（3）如果违约概率接近于100%，这就意味着借款人几近违约，则风险权重接近于（　　）%。

A. 0　　B. 20　　C. 100　　D. 150

（4）借款人的信用由银行的（　　）评估。

A. 信贷管理部门　　B. 信用分析部门

C. 信贷审批部门　　D. 贷款业务拓展部门

(5) 下面哪一项不是银行监管部门的职责?(　　)

A. 设定银行信用风险限额

B. 要求银行采用内部评级系统

C. 对银行信贷管理进行独立评估

D. 对银行董事会有效地监控银行信用风险程序作出认定

(6) 以下哪一项不是零售业务风险暴露的风险加权函数的组成部分?(　　)

A. 预期损失　　B. 违约风险暴露　　C. 违约损失率　　D. 到期日调整

(7) 对个人和小企业借款人进行信用分析时通常采取的方法是(　　)。

A. 财务分析　　B. 信用分析报告　　C. 信用评分　　D. 信用管理

(8) 银行运用信用评分系统来减少评估个人贷款和小额商业贷款申请的成本。分值越高表明借款人(　　)。

A. 高质量贷款和低信用风险　　B. 高质量贷款和高信用风险

C. 低质量贷款和低信用风险　　D. 低质量风险和高信用风险

(9) 以下哪一项不属于信用风险标准法对表内外资产的分类?(　　)

A. 对主权及中央银行的债权　　B. 对银行的债权

C. 资产证券化的债权　　D. 居民房地产抵押的债权

(10) 巴塞尔协议内部评级法风险权重函数使用的是哪种相关性?(　　)

A. 资产相关性　　B. 离散相关性　　C. 违约相关性　　D. 非相关性

(11) 证券化框架不适用于以下哪种情况?(　　)

A. 银行作为发起人

B. 银行投资于证券化产品并将其纳入交易账户

C. 银行投资于证券化产品并将其纳入银行账户

D. 隶属于金融集团的保险公司投资于证券化产品

(12) 在证券化标准法下，AA级证券化产品的风险权重是(　　)。

A. 0　　B. 20%　　C. 50%　　D. 100%

3. 计算题

(1) 一家借款公司的信息如下：息税前利润为300万美元；总资产为1000万美元；销售收入为1200万美元；权益市值为3000万美元；负债账面价值为1000万美元；未分配利润为500万美元；营运资本为300万美元。

运用Altman公式：

Z=3.3×(息税前利润/总资产)+(销售额/总资产)+0.6×(权益市值/负债账面价值)+1.4×(未分配利润/总资产)+1.2×(营运资本/总资产)

计算该公司的Z分值。(答案保留一位小数)

（2）假设一家零售企业划做其他零售业务的风险暴露发生违约：应付金额（违约风险暴露）为10000欧元，可收回现值的最佳估计值为6500欧元，回收费用的最佳估计值为500欧元，损失准备金为4000欧元，预期损失最佳估计值为4000欧元（40%），反映经济下行情况的违约损失估计值为50%。

计算该企业的风险加权资产数量。

4. 简答题

（1）什么是信用风险，我们能看到它吗？

（2）信用风险是如何产生的？其重要性表现在哪些方面？

（3）简述信用风险暴露的两种分类方法。

（4）有效的信用风险管理的合理措施包括哪些？

（5）简述《商业银行资本管理办法（试行）》中权重法的含义，采用权重法如何计算表内外信用风险加权资产？

（6）简述内部评级法的含义，内部评级法初级法和内部评级法高级法有什么区别？

（7）简述内部评级法下证券化资本风险计量的方法。

（8）简述交易对手信用的变化对银行产生影响的主要途径。

5. 思考题

（1）谈谈对评级客观性及其作用的看法。

（2）谈谈信用风险监管与逆周期调节和货币政策的关系。

第六章
市场风险

随着银行交易活动和交易规模的大幅增加，市场风险也随之加大。对此，巴塞尔委员会于 1996 年 1 月对资本协议进行了修订，将市场风险纳入其中，并于 1998 年 4 月再次进行了修订。

本章在对市场风险的基本概念和分类进行简要介绍的基础上，具体阐述市场风险的两种计量方法和我国市场风险计量与实践。

第一节　市场风险概述

什么是市场风险？市场风险有哪些不同的分类方法？具体可分为哪几种类别？这就是本节要讨论的主要内容。

一、市场风险的含义

市场风险是指市场价格（利率、汇率、股票价格和商品价格等）的不利变动而使商业银行表内业务和表外业务发生损失的风险。市场风险存在于银行的交易业务和非交易业务中，源于市场价格的变化。市场风险评估是基于对市场价格不确定性的考察，以及对市场价格变化引起的银行金融工具潜在价值变化（即敏感度）的分析，最终通过测量市场参数的波动性和金融工具的敏感度来量化市场风险。

市场风险存在于银行的交易和非交易业务中。交易业务主要包括金融市场业务，如外汇交易、债券投资以及远期、掉期、期权等衍生产品交易等。其特殊之处在于，风险驱动因素（如利率、汇率、期权等）的变化会导致金融投资组合或单笔交易市值的波动，因为此类业务面临的市场风险更为集中复杂，管理要求更高。非交易业务市场风险表现形式体现为银行资产和负债结构（如期限结构、利率结构、币种结构等）不匹配，利率、汇率等发生变动时遭受损失的风险。

二、市场风险的类别

市场风险大致有三种分类方式。按风险因素不同，市场风险可分为利率风险、汇率风险、股票价格风险、商品价格风险等；按价格变动的原因不同，市场风险可分为一般市场风险和特定市场风险；按持有头寸的目的不同，市场风险分为银行账户风险和交易账户风险。

（一）按风险因素分类

1. 利率风险

利率风险是指利率水平的不确定对银行收益或内在经济价值产生不利影响的风险。利率风险是银行面临的主要市场风险。按照来源不同，利率风险又分为以下几种。

（1）重新定价风险（Reprising Risk），又称期限错配风险，来源于银行资产、负债和表外业务到期期限或重新定价期限之间存在的差异，即重新定价缺口。这种重新定价的不对称性使银行的收益或内在经济价值会随着利率的变动而变化。如果银行以短期存款作为长期固定利率贷款的融资来源，当利率上升时，贷款的利息收入固定不变，而存款的利息支出随着利率上升而增加，从而使银行的未来收益和经济价值降低。一般来说，重新定价缺口越大，银行面临的利率风险越大。如果重新定价资产大于重新定价负债，则为正缺口，商业银行在利率下降时会面临利率风险；否则为负缺口，商业银行在利率上升时面临利率风险。

（2）基准风险（Basis Risk），即使商业银行的资产、负债和表外业务的重新定价特征相似，但如果各自依据的基准利率不一致，在基准利率发生变化且变动幅度不同时，商业银行的收益或内在经济价值也会遭受不利影响，这类风险统称基准风险。

（3）收益率曲线风险（Yield Curve Risk），又称利率期限结构风险。由于银行资产、负债业务的期限不同，在收益率曲线中对应不同的利率，当收益率曲线的斜率和形态发生变化（即出现收益率曲线的非平行移动）时，所引发的利率风险即为收益率曲线风险。一般情况下，收益率曲线是短期低、长期高，商业银行通常借短贷长来获取利差收益。但当经济环境发生变化时，可能会出现意想不到的变化。

（4）期权性风险（Optionality），银行的资产、负债和表外业务可能会含有期权性条款，如期权合同、债券或存款的提前兑付条款、贷款的提前偿付权等。当利率发生变化而对期权持有人有利时，期权持有人将重新安排其债务或资产，从而影响银行的收益和内在经济价值。例如，当利率上升时，借款人将会提取存款并重新存入以获取更高存款收益；当利率下降时，贷款人归还贷款并重新借贷以获得更低的贷款利率。由于这些金融产品具有较高的杠杆效应，其交易可能会放大期权性风险，从而对银行的财务状况产生不利影响。

2. 汇率风险

汇率风险来源于银行表内外业务的货币错配。在某一时段，银行某一币种（黄金被视为一个币种）的多头头寸与空头头寸不一致时，两者的差额就形成了外汇敞口，汇率变动可能会给银行的当期收益或经济价值带来损失，从而形成汇率风险。

（1）外汇交易业务的风险敞口源于：一是银行为客户提供外汇交易服务时未能立即对冲形成的外汇敞口头寸（某外汇资产与负债的差额），二是银行根据外币走势预判而主动持有的外汇敞口头寸。

（2）外汇结构性风险是由银行结构性资产或负债形成的非交易性汇率风险。结构性资产或负债是指银行在经营上必然要持有的策略性外币资产或负债，如经扣除折旧后的固定资产和物业、与记账本位币所属货币不同的资本和法定储备、对海外附属公司和关联公司的投资以及为维持资本充足率稳定而持有的头寸等。

3. 股票价格风险

股票价格风险是指股票价格变动而导致亏损或收益的可能性。根据《商业银行法》的规定，银行不得在境内从事证券经营业务，因此我国商业银行面临的股票价格风险很少。但随着越来越多的商业银行走向国际市场，其境外子公司可能从事证券投资业务，从境内外全口径来看，我国商业银行仍然存在一定的股票价格风险。

4. 商品价格风险

商品价格风险是指商品价格波动导致商品头寸价值受损的风险，主要是指农产品、能源和贵金属（不包括黄金）等。银行面临的商品价格风险包含在远期或衍生产品合同的投资组合策略中，这些风险可能远远高于即期商品价格变化的风险。

（二）按价格变动原因分类

1. 一般市场风险

一般市场风险是指一般市场行为导致的市场价格变动带来的风险。例如，对股票头寸来说，一般市场风险可能来自股市指数的变动。对固定收益工具来说，一般市场风险来自收益曲线的变化。

2. 特定风险

特定风险是指与单笔证券交易相关的市场风险，指与工具发行人有关的因素使金融工具的市场价格变动产生的风险。特定风险不影响与外汇和商品有关的工具。

这是因为汇率和商品价格的变动完全取决于一般市场变化。

特定风险又可分为特有风险和事件风险。特有风险是指债券或股票发行人个体特定风险因素导致相应证券价值相对一般市场状况的偏离，也就是单个证券的非系统性风险。事件风险是指与发行人相关的突然事件，如并购、违约等，导致单个证券与一般市场状况相比产生剧烈波动的风险。

（三） 按持有头寸目的分类

在资产处理方面，监管当局要求商业银行持有的头寸要分为银行账户和交易账户两大类。相应地，市场风险也可以分为银行账户风险和交易账户风险。

1. 银行账户风险

一般来说，划归银行账户的头寸被持有至到期日，这意味着对这些头寸没有交易的打算。这些头寸通常缺乏流动性。这意味着由于市场狭小并且价格难以确定，它们可能难以出售。在正常市场情况下如此，在遇到压力情形时更是如此。可能也有具有流动性的头寸被划归银行账户，银行打算在更长的期限内持有这些头寸或持有至到期日。最典型的是存贷款业务。银行账户中的项目则通常按历史成本计价。银行业务划分为银行账户和交易账户，是准确计算市场风险监管资本的基础。市场风险计算范围包括交易账户中的利率风险和股票价格风险以及银行账户和交易账户中的汇率风险和商品价格风险。商业银行应该正确划分交易账户和银行账户，并按照具体业务的目的、风险性质等实施差别化管理，采取相应的市场风险识别、计量、监测和控制方法。

2. 交易账户风险

由于存在交易目的，需将有关头寸划归交易账户。交易账户记录的是银行为了交易或管理交易账户其他项目的风险而持有的可自由交易的金融工具和商品头寸，包括自营头寸、代客买卖头寸和做市交易形成的头寸等。记入交易账户的头寸必须在交易方面不受任何条款的限制，或者能够完全规避自身的风险。银行应当对交易账户头寸经常进行估值，并积极管理投资组合。

三、市场风险的计量方法

市场风险的计量方法包括标准法和内部模型法。《巴塞尔资本协议Ⅱ》提出了市场风险标准法的完整框架，分别计算利率、汇率、股票、商品和期权风险的资本要求，然后加总得到市场风险资本要求；《巴塞尔资本协议Ⅱ》也对内部模型法提出了新要求，拓宽了资本计量风险覆盖范围，增加了压力风险价值以及被风险价值模型计量的违约和评级迁移风险等。市场风险资本要求计量框架如图 6 – 1 所示。

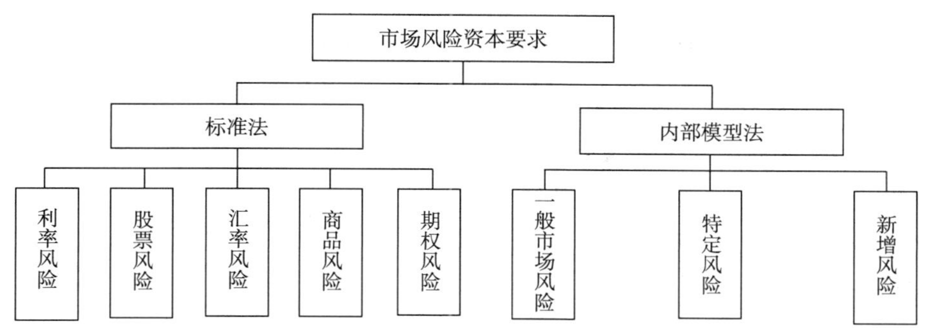

图6-1　市场风险资本要求计量框架

第二节　市场风险资产——标准法

一、利率风险

利率风险指利率的变动对表内外头寸产生不利影响的风险。利率风险最低资本要求由两部分资本组成：一部分是反映每种证券的“特定风险”（无论多头还是空头）；另一部分是反映整个证券组合的利率风险，即一般市场风险。计算一般市场风险资本要求有两种可用的方法：到期法和久期法。计算特定市场风险资本要求要更注重从单一发行主体的信用度上去考虑。对利率衍生产品应将其拆分为基础产品头寸，再对这些头寸计算一般市场风险资本要求或特定风险资本要求。

（一）特定风险

特定风险资本要求是为了防范单一发行主体造成的证券价格不利波动。这种价格的波动往往非市场变动引发。计量特定风险时，头寸轧差受限。只有相同证券的匹配头寸（包括衍生品头寸）才可进行冲销；即使是同一发行人发行的不同证券也不能进行冲销，因为不同证券息票率、流动性、赎回条款的不同都会使价格在短期内发生偏离。

表6-1　各类证券特定市场风险的资本要求

类别	外部信用评级	特定风险资本要求
政府证券	AAA级至AA-级	0
	A+级至BBB-级	0.25%（剩余期限不超过6个月）
		1%（剩余期限在6个月至24个月，包括24个月）
	BB+级至B-级	8%
	B-级以下	12%
	未评级	8%

续表

类别	外部信用评级	特定风险资本要求
合格证券		0.25%（剩余期限不超过6个月）
		1.00%（剩余期限在6个月至24个月，包括24个月）
		1.6%（剩余期限超过24个月）
其他证券	与本框架标准法下的信用风险资本要求相似	
	BB+级至B-级	8%
	B-级以下	12%
	未评级	8%

1. 对“政府证券”的资本要求

“政府证券”包括各种政府票据，如政府债券、国库券和其他政府发行的短期金融工具等。但各国监管当局有权对某些外国政府发行的证券，特别是不以发行国货币计价的证券规定不同的特定风险权重。若政府票据以本国货币计价且通过银行以同种货币融资，各国可灵活决定是否对其计提较低的特定风险资本。

2. 对“合格证券”的资本要求

“合格证券”包括公共部门实体和多边开发银行发行的证券，以及满足下列条件的其他证券：如被至少两家本国监管当局指定的信用评级机构评为投资级；或被一家评级机构评为投资级同时被一家本国监管当局指定的评级机构评为不低于投资级；或经监管当局批准，未评级但报告行认为其达到相当于投资级的质量，且其发行人已有证券在受认可的交易所挂牌交易。

各国监管当局应负责监督上述标准的应用，尤其最后一条标准中证券的最初分类是由报告行决定的。各国监管当局也可自行决定是否将已实施新资本协议国家的银行发行的证券纳入“合格证券”，条件是当这类银行无法满足资本协议下的资本要求时，监管当局能够及时采取补救措施。同样，监管当局也可以自行决定是否将符合同等条件的证券公司发行的债券纳入“合格证券”。另外，“合格证券”应包括等同于投资级且在新资本协议下受到监管约束的机构发行的证券。

3. 对不合格发行人的特定风险要求

不合格发行人发行的金融工具的特定风险权重与《巴塞尔资本协议Ⅲ》标准法下非投资级企业借款人的信用风险权重相同。然而，由于某些债务工具相对政府债券具有较高的赎回收益率，在某些情况下其特定风险可能被低估，因此各国监管当局有权对此类金融工具计提较高的特定风险资本要求，且/或在计量一般市场风险时不允许在此类金融工具和其他债务工具间进行对冲。

4. 资产证券化头寸的特定风险处理规则

交易账户上资产证券化头寸特定风险的计算方法与银行账户上该类头寸的计算方法一致。在标准法框架下，对头寸的特定风险资本要求见表6－2，该要求适用于采用信用风险标准法的银行。对于长期评级为B＋级及以下的头寸和短期评级不是A－1/P－1、A－2/P－2或A－3/P－3的头寸，应进行资本扣除。

表6－2　　标准法下基于外部信用评级的特定风险资本要求　　单位：%

外部信用评级	AAA级到AA－级 A－1/P－1	A＋级到A－级 A－2/P－2	BBB＋级到BBB－级A－3/P－3	BB＋级 到BB－级	BB－级以下 和A－3/P－3 以下或未评级
资产证券化风险暴露	1.60	4	8	28	扣除
再资产证券化风险暴露	3.20	8	18	52	扣除

在标准法下未评级资产证券化头寸的特定风险资本要求为8%加权平均风险权重乘以集中度率。若集中度率大于等于12.5，该头寸应从资本中扣除。“集中度率”等于所有头寸的名义金额总和除以级别低于或等于该头寸的名义金额总和。按此方法计算出的特定风险资本要求不得低于任何更高优先级头寸的特定风险资本要求。如果银行不能按照上述方法确定特定风险资本要求或者未使用上述方法处理该头寸，则从资本中扣除该头寸。

5. 对有信用衍生品对冲的头寸的特定风险资本要求

（1）满足下列条件且价值变动方向相反、变动幅度大致相同的多头和空头可以完全冲销：（a）双方由完全相同的金融工具组成，或（b）用总收益互换对冲现金多头头寸（反之则相反）且双方的参考债务和基础工具能够完全匹配。在上述情况下，无须对头寸双方计提特定风险资本要求。

（2）若用信用违约互换或信用联系票据对冲现金多头头寸，且参考债务和信用衍生品的到期日和基础工具的币种完全相同，则变动方向相反、变动幅度略有差异的多头和空头可以冲销80%。

信用衍生合约的关键要素（如信用事件定义、清算机制）不应使信用衍生品价格的波动明显偏离现金头寸的价格波动。以对冲交易转移的风险为限（即考虑限制性支付条款，如固定支付和付款的临界值标准），交易中资本要求高的一方可扣减80%的特定风险资本，而另一方特定风险资本要求为零。

（3）满足下列条件，且价值变动方向相反的多头和空头可以部分冲销：①该头寸满足上述（1）中的（b）条件，但参考债务和基础工具间存在资产错配；②该头寸满足上述（1）中的（a）或（2）条件，但信用保护和基础资产间存在币种或期限错配；③该头寸满足上述（2）条件，但现金头寸和信用衍生品之间存在资产错配。同时，基础资产应包含在信用衍生合约的债务中。

应用上述三点规则时应注意：交易双方（即信用保护和基础资产）中只有资本要求高的一方才须计提特定风险资本，而不是将双方的特定风险资本要求相加。不适用上述三种情况的头寸双方都须计提特定风险资本要求。

（4）第 n 次违约信用衍生品的特定风险资本要求。第 n 次违约信用衍生品是指损益取决于一篮子基础参考工具中第 n 个资产违约情况的合约。一旦第 n 次违约发生，交易结束并进入清算。①首次违约信用衍生品的特定风险资本要求为以下较小者：篮子中单一参考信用衍生工具的特定风险资本要求之和，合约发生信用事件时的最大可能支付额。若银行有一个信用工具风险头寸，且该信用工具是首次违约信用衍生品的基础参考工具，则该信用衍生品可用于对冲银行的风险头寸，银行可以不计提该信用衍生品及其基础信用工具可对冲部分特定风险资本；若银行在首次违约信用衍生品的基础信用工具上有多个头寸，则只能对冲特定风险资本要求最低的那部分基础参考信用工具。②第 n 次违约信用衍生品（$n>1$）的特定风险资本要求为以下较小者：篮子中单一参考信用衍生工具的特定风险资本要求之和，但不包括特定风险资本要求最低的 $n-1$ 个债务；合约发生信用事件时的最大可能支付额。对于 $n>1$ 的第 n 次违约信用衍生品，不允许与任何基础参考信用工具进行特定风险资本要求对冲。③若首次或其他第 n 次违约信用衍生品存在外部评级，则需使用衍生品的评级计算特定风险资本要求，并使用表 6－2 列出的适当的资产证券化风险权重。④每个第 n 次违约信用衍生品净头寸的特定风险资本要求与净头寸是多头或空头无关。

银行应将信用衍生品和资产证券化工具单一头寸的资本要求限制在最大可能损失之内。对于空头而言，该限额为由于基础工具发生无风险违约造成的价值变动；对于多头而言，最大可能损失为当所有基础工具全部违约且无法弥补时造成的价值变动。最大可能损失须按每个头寸分别计算。

（二）一般市场风险

一般市场风险资本要求涵盖了因市场利率变动而产生损失的风险。计量风险方法有到期日法和久期法。对于这两种方法，资本要求都为以下四部分之和：整个交易账户的净多头或净空头头寸，每时段中匹配头寸的较小一部分（称为垂直资本要求），不同时段间匹配头寸的较大一部分（称为横向资本要求）；对期权头寸的净资本要求。

1. 到期日法和久期法的具体步骤

（1）到期日法

用到期日法计算一般市场风险时，每种货币应使用单独的到期日阶梯，并分别计算所需资本，然后逐项相加，不同币种间符号相反的头寸不允许冲销。对于业务量极小的币种则无需使用单独的到期日阶梯，可建立一个到期日阶梯用以填报各小币种的净多头合计或净空头合计。

到期日阶梯由13个时段（对于息票率低的金融工具有15个时段）组成，计算一般市场风险时应将债券和其他利率风险暴露的多头头寸或空头头寸分别填入13个（或15个）时段中。固定利率工具按距到期日的剩余期限填报，浮动利率工具按距下一重新定价日的剩余期限填报。同种债券（不包括同一发行人发行的不同债券）金额相同的一对相反头寸无需填入到期日阶梯。各项净头寸，无论是多头还是空头，都应在相应的时段内加总得到一个总头寸数据。其计算步骤如下：

第一步：根据各时段头寸对假定利率变动的价格敏感性设定相应的风险权重，各时段的风险权重如表6－3所示。零息债券和大幅折价债券（息票率小于3%的债券）的风险权重应根据表中的第二列分配。

表6－3　　时段与权重（到期日法）　　单位：%

息票率不小于3%	息票率小于3%	风险权重	假定收益率变化
不超过1个月	不超过1个月	0	1.00
1～3个月	1～3个月	0.20	1.00
3～6个月	3～6个月	0.40	1.00
6～12个月	6～12个月	0.70	1.00
1～2年	1.0～1.9年	1.25	0.90
2～3年	1.9～2.8年	1.75	0.80
3～4年	2.8～3.6年	2.25	0.75
4～5年	3.6～4.3年	2.75	0.75
5～7年	4.3～5.7年	3.25	0.70
7～10年	5.7～7.3年	3.75	0.65
10～15年	7.3～9.3年	4.50	0.60
15～20年	9.3～10.6年	5.25	0.60
20年以上	10.6～12年	6.00	0.60
	12～20年	8.00	0.60
	20年以上	12.50	0.60

第二步：将各时段内加权后的多头和空头进行轧差，得到各时段的净多头或净空头头寸，并计算垂直资本要求。每个时段内可能包含不同种类的金融工具和不同到期日，因此应对时段内可对冲部分计提10%的资本，以反映基差风险和期差风

险。例如，若一个时段的加权多头头寸合计为1亿元，加权空头头寸合计为9000万元，则该时段的“垂直资本要求”为9000万元的10%，即900万元。

第三步：将同一时区内不同时段的净多头或净空头头寸进行轧差，并计算时区内横向资本要求。该步骤对第二步计算后得到的各时段净多头或净空头头寸进行“横向对冲”，对冲在每个时区内（0～1年、1～4年和4年以上）分别进行。同时仍应对可对冲部分按比率计提一部分横向资本要求，计提比率见表6－4。

第四步：将不同时区的净多头或净空头头寸进行轧差，并计算时区间横向资本要求。该步骤对第三步计算后得到的各时区剩余净头寸与其他时区的相反头寸进行“横向对冲”，并对可对冲部分按比率计提一部分横向资本要求，计提比率见表6－4。对冲先在相邻时区间进行，再在1区和3区间进行。本轮轧差后剩下的净多头或净空头即为整个交易账户的加权净头寸。

表6－4　　横向资本要求　　单位：%

<table>
<tr><th>时区</th><th>时段</th><th>同一区内</th><th>相邻区之间</th><th>1区和3区之间</th></tr>
<tr><td rowspan="4">1</td><td>0～1个月</td><td rowspan="4">40</td><td rowspan="4">40</td><td rowspan="13">100</td></tr>
<tr><td>1～3个月</td></tr>
<tr><td>3～6个月</td></tr>
<tr><td>6～12个月</td></tr>
<tr><td rowspan="3">2</td><td>1～2年</td><td rowspan="3">30</td><td rowspan="9">40</td></tr>
<tr><td>2～3年</td></tr>
<tr><td>3～4年</td></tr>
<tr><td rowspan="6">3</td><td>4～5年</td><td rowspan="6">30</td></tr>
<tr><td>5～7年</td></tr>
<tr><td>7～10年</td></tr>
<tr><td>10～15年</td></tr>
<tr><td>15～20年</td></tr>
<tr><td>20年以上</td></tr>
</table>

利率一般市场风险资本要求即为上述四个步骤计算出的各部分资本要求和整个交易账户的加权净头寸的绝对值之和。

（2）久期法

久期法通过分别计算每个头寸的价格敏感性，即久期，更精确地计量一般市场风险。银行必须持续选择并使用同一种方法，并接受监管当局的监督。久期法的计算步骤如下：

第一步：根据金融工具的到期日，计算利率变化0.6～1个百分点时每种工具的价格敏感性（见表6－5）。

第二步：将得出的敏感性指标填入分为15个时段的久期阶梯表。

第三步：对各时段的多头和空头头寸计提5%垂直资本要求，以覆盖基差风险。

第四步：对各时段的净头寸进行横向对冲，并根据表6－4列出的比率计提资本要求。横向对冲法与到期日法相同。

表6－5　　时段和假定收益率变化（久期法）　　单位：%

时段	假定收益率变化	时段	假定收益率变化
1区		3区	
0～1个月	1.00	3.6～4.3年	0.75
1～3个月	1.00	4.3～5.7年	0.70
3～6个月	1.00	5.7～7.3年	0.65
6～12个月	1.00	7.3～9.3年	0.60
2区		9.3～10.6年	0.60
1.9～2.8年	0.80	10.6～12年	0.60
1～1.9年	0.90	12～20年	0.60
2.8～3.6年	0.75	20年以上	0.60

对于其他小币种在各时段的总头寸，若采用标准法，则按照表6－4列出的风险权重进行计算；若采用久期法，则按照表6－5列出的假定收益变化进行计算。头寸不需要再进行进一步轧差。

2. 对利率衍生品的处理方法

利率一般市场风险的计量应包括交易账户上所有受利率变化影响的利率衍生品和表外金融工具（如远期利率协议、其他远期合约、债券期货、利率互换、交叉货币互换和远期外汇头寸）。衍生品应转换为相应的基础工具头寸，并按前文所述方法计算特定风险和一般市场风险资本要求。

（1）衍生品头寸填报方法

①期货和远期合约，包括远期利率协议。此类金融工具应视为名义政府债券的一个多头头寸和一个空头头寸组合。期货和远期利率协议的到期日是指距合约交割或执行的时间加上基础金融工具的存续期。若有多种金融工具可用于交割履约，银行可灵活选择其中一种可交割债券填入到期日阶梯或久期阶梯，但应考虑交易所规定的转换系数。对于公司债券指数期货，其头寸应按名义基础债券组合的市场价值计算。

②互换。互换应视为具有不同到期日的两个政府债券的名义头寸。若银行在一份利率互换中收取浮动利息并支付固定利息，则该互换应视为一个浮动利率金融工具多头（到期日为距下一利率定价日）和一个固定利率金融工具空头（到期日为该

互换的剩余期限）。

（2）标准法下衍生品的资本计算要点

①匹配头寸允许冲销。发行人、息票率、币种和到期日完全相同的金融工具的一对相反头寸可以不填入利率到期日阶梯；期货、远期及其相应基础工具的匹配头寸可以完全冲销，无需计算资本。若期货或远期由多种可交割金融工具组成，则只能与最便宜交割债券进行冲销。不同币种的头寸不允许冲销；交叉货币互换或远期外汇交易应视为相关金融工具的名义头寸并在各币种的到期日阶梯中分别计算。同类金融工具的相反头寸在某些情况下可被视为匹配头寸并完全冲销，条件是必须基于同种基础工具，名义金额相同，且以同种货币计价。

此外，对于期货，与期货挂钩的名义或基础金融工具的冲销头寸必须是完全相同的产品且与到期日相距不超过7天。对于互换和远期利率协议，参考利率（对于浮动利率头寸而言）必须完全相同且息票率必须近似匹配（即相差不超过15个基点）。对于互换、远期利率协议和其他远期，下一利率定价日或剩余期限（对于固定利率头寸和远期）必须符合下列限制条件：少于一个月的，同一天；一个月期到一年期的，相差不超过7天；一年期以上的，相差不超过30天。

②部分衍生品无需计提特定风险资本。利率和货币互换、远期利率协议、远期外汇合约和利率期货不必计提特定风险资本。此做法同样适用于利率指数期货。然而，如果期货合约的基础工具是债券，或是代表一篮子债券的指数，则应按照表6－1列出的发行人风险权重计提特定风险资本。

③一般市场风险计算方法与即期头寸相同。除前文提到的相同金融工具的完全匹配或高度匹配头寸可以不计提一般市场风险资本外，各种金融工具头寸都应按照适用于即期头寸的规则填入到期日阶梯。

二、股票风险

股票风险的计量适用于市场行为类似股票的所有金融工具的多空头头寸，但不包括不可转换优先股（不可转换优先股的资本要求见利率风险部分）。这里的金融工具包括普通股（无论是否有投票权）、类似股票的可转换证券和买卖股票的承诺。同一股票的多空头可以按轧差后的净额计算。

（一） 特定风险和一般市场风险资本要求

同债券一样，股票的最低资本要求由分别计算出的两部分组成，一是对单个证券多头或空头头寸的“特定风险”资本要求，二是反映市场整体情况的“一般市场风险”资本要求。特定风险是股票头寸总额，而一般市场风险是各股票市场的净头寸，即各股票市场多头头寸和空头头寸的差额。多头头寸或空头头寸必须逐个市场计算，即分别计算银行在各个国家的市场上持有的股票头寸。特定风险资本要求和一般市场风险资本要求均为8%。

（二）对股票衍生品的处理方法

受股票价格变动影响的股票衍生品和表外项目头寸都应纳入风险计量体系中，包括基于单个股票和股票指数的期货和互换。

1. 股票衍生品头寸的填报方法

衍生品应转换为相应基础工具的头寸，若股票作为近期合约、期货或期权的一部分，则合约其他部分的利率风险或外汇风险暴露应按利率风险或外汇风险部分的规则处理。具体填报方法如下：

（1）涉及单个股票的期货和远期合约原则上应以当前市价填报。

（2）股指期货应以名义标的股票组合的盯市价值填报。

（3）股票互换应视为两个名义头寸。

（4）股票期权和股指期权可以与相关基础工具分开单独处理，也可以按照delta+法纳入一般市场风险的计量中。

2. 股票衍生品的资本计算要点

（1）匹配头寸允许冲销。各市场中衍生品及其基础股票或基础股票指数的匹配头寸可以完全冲销，得到一个净多头或净空头头寸。

（2）指数相关头寸的特定风险资本要求。除了一般市场风险，对于由多样化股票组成的指数还应计提2%的特定风险资本要求。这部分资本要求是为了覆盖执行风险等因素。各国监管当局应注意，2%的资本权重仅适用于高度多样化的股票指数，而不适用于产业指数。

（3）采取套利策略时的处理方法。有时银行会运用基于某种综合指数的期货合约进行如下套利：①就同种指数在不用日期或不同市场建立相反头寸。②在日期相同、标的指数种类不同但相似的合约中持有相反头寸。监管当局应监督这两种指数是否包含足够多的共同部分以满足对冲条件。

若该期货合约与一篮子股票相匹配，则在满足下列条件的情况下头寸双方都无需计提资本要求：①此类交易是有意进行的，且分别进行控制。②一篮子股票的组成部分至少能代表90%的指数成分。在期货合约与一篮子股票相匹配的情况下应计提多头敞口2%和空头敞口2%的资本要求以覆盖分散风险和执行风险。同时，一篮子股票价值超过期货合约价值的部分应视为多头敞口，期货合约价值超过一篮子股票价值的部分应视为空头敞口。

若银行针对某一基础股票头寸或不同市场上的相同股票头寸建立一个方向相反的存托凭证头寸，则这两个头寸可以冲销（即无需计提资本），但要充分考虑转换成本，如这些头寸产生的外汇风险应按照外汇风险部分的规则填报。

表6－6总结了对股票衍生品市场风险计量的处理方法。

表6－6　　股票衍生品处理方法总结

金融工具	是否计提特定风险资本①	是否计提一般市场风险资本
场内或场外期货		
——单只股票	是	是，根据基础工具计提
——股票指数	2%	是，根据基础工具计提
期权		二者选一：
——单只股票	是	（1）与其相关对冲头寸一起剔除出来单独计算 ——简易法 ——情景分析法 ——内部模型法
——股票指数	2%	（2）根据 delta + 法计算一般市场风险资本（gamma 和 vega 资本要求需单独计算）

注：①特定风险资本要求与金融工具发行人相关。在现有的信用风险规则下，还应单独计算交易对手风险资本要求。

三、汇率风险

汇率风险（外汇风险）覆盖因持有或建立外币头寸（包括黄金）产生风险的最低资本要求。计算外汇风险资本要求需要两个步骤：首先是计算单币种头寸的风险暴露，其次是计算不同币种多空头头寸组合的内在风险。

（一）计算单币种风险暴露

1. 银行单币种的净敞口头寸应为下列项目之和：

（1）即期净头寸（即以某币种计价的所有资产项目减去所有负债项目，包括应计利息）；

（2）远期净头寸（即远期外汇交易下所有应收款减去所有应付款，包括未计入即期头寸的外汇期货及外汇互换的本金）；

（3）确定会被执行且不可撤销的担保（或类似金融工具）；

（4）非应计但已完全对冲的净未来收入或净支出；

（5）根据不同国家的特殊会计处理方法，任何表示外汇损益的项目；

（6）所有账户上外汇期权的 delta 等值净额。

计量敞口头寸时，合成货币头寸应单独填报，可以将其本身当成一种货币处理，也可将其分解为各组成货币。计算黄金敞口头寸时，银行首先须采用黄金的标准计量单位（克、盎司等）表示即期和远期黄金头寸，再将黄金净头寸按照当前价格转换成本国货币。

2. 在计算单币种敞口头寸时，应注意以下三个方面：

（1）利息、其他收入和费用的处理方法。应计利息和应计费用应包含在头寸的计算中。未赚取但可预期的未来利息和可预期的未来费用可以不纳入头寸计算，除非金额是确定的且银行已采取对冲措施。若银行将预期未来收入/费用纳入头寸计算，则应保持一致的做法，不得只挑选那些能降低其敞口头寸的现金流。

（2）远期外汇头寸和远期黄金头寸的计量。远期外汇头寸和远期黄金头寸通常应按当前市场汇率估值。在会计管理上使用净现值的银行在计量远期外汇头寸和远期黄金头寸时，应同样用净现值法对各头寸进行估值，采用当前利率进行贴现并用当前即期汇率进行估值。

（3）结构性头寸的处理方法。完全匹配的外汇头寸可使银行免受汇率波动损失，但不一定能保护该银行的资本充足率。假设某家银行的资本以本币计价，且外汇资产负债组合完全匹配。如果本币贬值，则会造成资本充足率下降。为避免出现这种情况，银行可以通过建立一个本币空头头寸对冲本币贬值的风险。当本币贬值时，该空头获益，资本充足率得到保护。

3. 监管当局可以允许银行采取上述方法保护其资本充足率。因此，银行为对冲汇率对资本充足率产生的不利影响而建立的头寸可以不纳入净外汇敞口头寸的计算。但此类头寸应满足下列条件：

（1）头寸应是“结构性”的，即非交易性的（精确的定义由各国监管当局根据本国会计准则和实践确定）；

（2）监管当局必须确认该“结构性”头寸仅用于保护资本充足率；

（3）此类头寸应持续从外汇敞口中扣除，并在资产存续期内维持处理方法不变。

某些资本扣减项（如对非并表附属公司的投资）和以历史成本法记账的外币长期投资无需计提资本要求，此类项目也可被视为结构性头寸。

（二）计算总净敞口头寸

在标准法下，银行应采用“短边法”计算总净敞口头寸。计算时首先将各种货币和黄金净头寸的名义金额（或净现值）按即期汇率转换成报告币种。总净敞口头寸为净多头头寸之和与净空头头寸之和中较大的一方，加上黄金净头寸（无论多头或空头）。外汇风险资本要求为以上总净敞口头寸的8%。

若一家银行的外汇业务量很小且账户上没有外汇空头头寸，则经过监管当局批准后，可不对这些头寸计提外汇风险资本，但需要满足下列条件：该银行的外汇业务，即所有外币多头头寸合计和空头头寸合计较大的一方，不超过合格资本的100%且总净敞口头寸不超过合格资本的2%。

四、商品风险

商品风险资本为覆盖因持有或建立商品头寸产生风险的最低资本要求。商品指的是可在二级市场上交易的实物产品，如农产品、矿物（包括石油）以及贵金属，但不包括黄金（黄金已按外汇风险部分的规则处理）。

商品价格风险通常比汇率和利率风险更复杂、波动性更大，商品市场也比外汇和利率市场更缺乏流动性，因此供求关系的变化对商品价格及其波动性的影响更明显。对于即期或实物交易，由现货价格变动引起的方向性风险是最主要的风险。然而，采用远期之类的衍生品组合策略的银行还会面对一系列额外风险，这些风险可能比即期价格变动的风险要大得多。这些风险包括基差风险、利率风险和远期缺口风险。

商品头寸资金还可能使银行面临利率或外汇风险暴露，在此情况下，相关头寸应分别纳入利率风险和外汇风险计量。若商品作为远期合约（收取或支付一定数量商品）的一部分时，合约其他部分的利率风险或外汇风险暴露应按照利率风险或外汇风险部分的规则处理。纯粹的存货融资头寸（即已卖出远期实物存货且融资成本在远期合约出售日已经锁定）可以不计算商品风险资本，虽然它将面临利率风险和交易对手风险资本约束。

在标准法下，银行可采用到期日阶梯法或简易法计量商品风险。对于这两种方法，每种商品在计算敞口头寸时都可按净头寸填报，不同种商品的头寸不能进行冲销。但各国监管当局可自行决定是否允许银行在同类商品的不同子类头寸间进行轧差。若这些商品子类之间相互具有高度可替代性，且价格波动的相关系数在至少一年的时期内都大于等于0.9，则也是可冲销的。

（一）到期日阶梯法

使用到期日阶梯法计算商品风险资本，首先，银行须采用标准计量单位（桶、千克、克等）表示各种商品头寸（包括即期和远期），再将每种商品的净头寸按照当前即期价格转换成本国货币。其次，为了反映一个时段内的远期缺口利率风险（有时被合称为曲度/价差风险），应对每个时段中的匹配多空头头寸计提资本。这种方法类似于对利率相关金融工具的处理方法，将不同商品的头寸按到期日分别分配给相应时段（实物存货填入第一时段），每种商品应分别填入一个单独的到期日阶梯。对于每个时段，匹配的多空头寸合计应首先乘以商品的即期价格，再乘以该时段相应的价差率。最后，相邻时段的头寸按从近到远逐步进行轧差，即第一时段和第二时段先进行轧差，轧差后的净头寸再与第三时段轧差，以此类推。不同时段头寸的轧差是不准确的，因此应对轧差后的净头寸计提额外 0.6% 的资本。同时，每笔匹配头寸仍应按上段要求计提资本。完成这一步骤后，银行将只有多头头寸或只有空头头寸，再对这部分头寸计提 15% 的资本。

表 6－7　　时段与价差率　　单位：%

时段	0～1 月	1～3 月	3～6 月	6～12 月	1～2 年	2～3 年	3 年以上
价差率	1.5	1.5	1.5	1.5	1.5	1.5	1.5

所有商品衍生品和受到商品价格变动影响的表外项目头寸应纳入上述计量框架，包括商品期货、商品互换和采用 delta + 法计量的期权。为了计量风险，商品衍生品应转换为名义商品头寸并按下列要求分配到期日：

（1）基于单个商品的期货和远期合约应以桶、千克等名义数量纳入计量体系，并根据距合约到期日的时间填入到期日阶梯。

（2）一方为固定价格而另一方为当前市场价格的商品互换应视为与合约名义金额相等的一系列头寸，每个头寸对应互换的一笔支付金额，并分别填入到期日阶梯。若银行支付固定价格并收取浮动价格则视为多头，若银行收取固定价格并支付浮动价格则视为空头；若互换的一方涉及收取/支付固定或浮动利率，则风险暴露应根据重新定价日填入利率相关金融工具的到期日阶梯中。

（3）若商品互换双方涉及不同商品，则应分别填入相应的到期日阶梯。在此情况下不允许做任何对冲，除非这两种商品属于符合条件的同一子类。

（二）　简易法

商品交易业务量很小的银行可以采用更简单的简易法计量商品风险。简易法下商品风险资本要求由以下两个部分组成：

（1）方向性风险资本要求，为每种商品净多头或净空头头寸的 15%。

（2）基差风险、利率风险和远期缺口风险资本要求，为每种商品总头寸（多头加上空头）的 3%。

五、期权风险

在标准法下有两种方法可用于计量期权风险：仅购买期权的银行可以使用简易法，同时出售期权的银行应采用中级方法（delta + 法或情景分析法）。期权交易量越大，银行应采用越复杂的方法。

（一）　简易法

只进行期权购买业务的银行可采用简易法来处理，具体处理方法如下。

1. 持有现货多头和看跌期权多头（或现货空头和看涨期权多头）

资本要求为基础证券的市值乘以其特定风险和一般市场风险资本要求之和，减去期权处于实值的金额（若有），以零为下限（对于剩余期限在6个月以上的期权，应将行权价格与近期价格而非当前价格做比较。无法做此处理的银行应将期权的实值部分金额视为零）。

2. 持有看涨期权多头（或看跌期权多头）

资本要求为以下中较小者：（1）基础证券的市值乘以其特定风险和一般市场风险资本要求之和；（2）期权市值（对于不属于交易账户的期权头寸，可用其账面价值替代）。假设某银行持有100股当前每股市值10美元的股票，同时持有一份行权价格为11美元的等值看跌期权，则资本要求为：1000×16%（8%+8%）=160美元，减去期权处于实值的部分（11-10）×100=100美元，即资本要求为60美元。基础工具为外汇、利率相关金融工具或商品的期权的处理方法与此类似。

（二）中级方法

1. delta+法

出售期权的银行应计算期权delta加权头寸，并将其纳入前面四种风险的计量框架中。期权delta加权头寸按基础工具市值乘以其delta值填报。然而，由于delta不足以充分覆盖期权头寸相关风险，银行还应计量gamma（用于计量delta的变化率）和vega（用于计量期权价值对波动率变动的敏感性）敏感性，从而得出总资本要求。这些敏感性指标应根据交易所模型或受到本国监管当局监督的银行的期权定价模型进行计算。

（1）delta风险

以债券或利率为基础工具的delta加权头寸应填入利率风险部分的到期日阶梯中。填报时应采用“双边法”，即在基础工具合约生效时记一笔头寸，然后在基础工具合约到期时再记一笔头寸。例如，购入一份6月生效的3个月期利率期货期权，在4月时应被视为一个剩余期限5个月的delta等值多头头寸和一个剩余期限2个月的delta等值空头头寸。出售的期权可视为一个2个月期的多头头寸和一个5个月期的空头头寸。带有上限或下限的浮动利率工具应被视为浮动利率证券和一系列欧式期权的组合。例如，持有一份基于6个月期LIBOR，带有15%上限的3年期浮动利率债券应被视为：一份6个月后重新定价的债券和5份基于参考利率为15%的远期利率协议的看涨期权空头，每个头寸在该远期利率协议生效时带负号，在其到期时带正号。

股票期权的资本要求也应以delta加权头寸为基础，纳入股票风险部分的计量框架。计算时应将每个国家市场上的股票视为单独的基础工具。

外汇和黄金期权头寸的资本要求应按照外汇风险部分的规则进行计算，将外汇和黄金头寸的净 delta 等值纳入各币种（或黄金）头寸风险暴露的计量框架中。

商品期权的资本要求应基于商品风险部分介绍的简易法或到期日阶梯法进行计算，delta 加权头寸应纳入商品风险的计量框架中。

（2）gamma 风险

对于单个期权，“gamma 效应值”应根据泰勒展开式计算：gamma 效应值 = $1/2 \times \text{gamma} \times (\text{VU})^2$，式中 VU 为期权基础工具的变化值。VU 的计算方法如下：

①仅购买期权的银行可以使用简易法。对于利率期权，若基础工具为债券，则应将基础工具市值乘以表 6 – 3 列出的风险权重；若基础工具为利率，基础工具市值乘以表 6 – 3 列出的假定相应收益率。

②对于股票期权和股指期权头寸，应将基础工具市值乘以 8%。

③对于外汇和黄金期权头寸，应将基础工具市值乘以 8%。

④对于商品期权，应将基础工具市值乘以 15%。

进行上述计算时，下列头寸应视为同种基础工具：

①表 6 – 3 或者表 6 – 5 中各时段的利率工具。

②各国市场上的股票和股票指数。

③每个货币对和黄金。

④每种商品。

基于相同基础工具的每份期权都会得到一个或正或负的 gamma 效应值。应将各 gamma 效应值相加，得到每种基础工具的净 gamma 效应值，该值或正或负。只有负的净 gamma 效应值才纳入资本计算中，gamma 风险资本要求总额等于按上述方法计算得出的净负 gamma 效应值之和。

（3）vega 风险

对于波动性风险，银行计算资本要求时应将基于同种基础工具的所有期权的 vega 值之和乘以 ±25% 的波动率呈比例变化。vega 风险的资本要求总额为单项 vega 风险资本要求的绝对值之和。

2. 情景分析法

复杂程度较高的银行可以采用情景矩阵分析法计算期权组合及其相关对冲头寸的市场风险资本要求。这个方法通过确定期权组合风险因素的一个固定变动范围，计算期权组合在这个“网格”各点上的价值变动情况。计算资本要求时，银行应根据期权基础工具利率（或价格）变动值和该基础工具利率（或价格）波动率变动值组成的矩阵，对期权组合进行重新估值。每种基础工具都应建立不同的矩阵。监管当局也可酌情批准期权交易量大的银行使用至少六组时段计算利率期权。当使用该方法时，最多只能将三个时段（见表6－3或表6－5）合并为一组。

期权及其对冲头寸的价值围绕当前基础工具的价值在一定范围内上下浮动。利率的浮动范围与表6－3列出的假定收益变化一致。银行使用合并时段的方法处理利率期权时，应使用每组时段中最大的假定收益变化值。其他金融工具的浮动范围为：股票±8%、外汇和黄金±8%、商品±15%。对于所有风险类别，至少应使用7个观察值（包括当前观察值），将波动范围分为间隔相等的几个区间。

期权的第二个维度反映期权基础工具利率（或价格）波动率的变化。在大多数情况下，只需考虑相当于±25%波动率的单一变动。然而，监管当局可根据实际需要，要求银行采用不同的波动率变化值，并（或）计算网格上的中点值。

对矩阵进行计算后，每个数值都表示期权及其基础对冲金融工具的净损益，每个基础工具的资本要求即为矩阵中计算得出的最大损失值。

任何银行采用情景分析法均需得到监管当局批准，并符合内部模型法下提到的与其业务性质相适应的定性标准。

第三节　市场风险资产——内部模型法

经监管部门同意，银行可以使用市场风险内部模型确定市场风险的监管资本要求，但市场风险内部模型不仅复杂，而且需要大量可靠的数据。本节内容主要是如何计算银行的风险价值及市场风险监管资本要求，明确使用市场风险内部模型的定量及定性标准，并解决银行的市场风险内部模型中的实际问题。

巴塞尔委员会发布的《引入市场风险的资本协议修正案》（市场风险修订稿）旨在为市场风险内部模型的实施提供标准。市场风险修订稿提出了银行使用内部模型计算监管资本要求时，必须持续遵守的定性与定量标准。

巴塞尔委员会推动市场风险内部模型的使用，旨在鼓励银行发展与完善自身的风险管理。改善风险管理可以使银行更清楚地识别自身承担的风险。相对于标准计量方法，使用市场风险内部模型法计算监管资本能够更准确地计量风险；使监管资本与经济资本更一致，从而避免运行两套系统；相对于保守的标准计量方法，可能会降低监管资本要求；内部模型提供更先进有效的方法进行市场风险的分析、管理、控制与限额设定，因而具有竞争优势。但内部模型的开发复杂且成本很高。内部模型需要不断升级，这要求有大量的专业人员、数据和技术资源。

一、市场风险内部模型评估

银行在获得监管部门确认及审批的情况下，可以选择使用内部模型法。通常，内部模型都是风险价值模型，如方差—协方差法、历史模拟法以及蒙特卡罗模拟法。

（一）风险价值

银行用于确定市场风险潜在损失的内部模型一般为风险价值模型。风险价值是计算市场风险敞口的一种方法，它用一个数字（货币金额）来表示在一定的时期内（即持有期）及给定的置信水平下，一个投资组合的最大预期损失。风险价值的数额是监管资本要求的基础。

（二）风险价值模型

1. 方差—协方差法

方差—协方差法是一种常见的和比较容易的计算风险价值的方法。这一方法包括使用内部或发布的波动率和相关性数据，并建立方差—协方差矩阵计算风险价值。这种方法需要很多重要的假设，包括假设资产的收益是正态分布的，这一假设非常重要但也常常受到批判。

2. 历史模拟法

历史模拟法使用投资组合的实际历史收益数据计算组合可能出现的损失，从而发现资产收益的潜在异动。由于它使用的是实际历史收益，市场上的极端事件很可能在结果中得以反映。

历史模拟法的概念简单，易于操作。历史模拟法不需要方差—协方差法的假设，包括不需要收益正态分布的假设。

3. 蒙特卡罗模拟法

蒙特卡罗（或随机）模拟法是最灵活的方法。它包括模拟投资组合中金融资产的随机价格行为。每次模拟都会计算出在一定时期末的投资组合的价值。在进行足够多次数的模拟后，模拟的投资组合价值分布（风险价值预测的推断基础）应会贴近组合未知的真实分布。这种方法是最灵活的，但需要进行大量的模拟。投资组合越复杂，需要进行的模拟次数越多。

事实上，银行在选用市场风险内部模型时，往往是局部使用，而对内部模型法未涵盖的部分使用标准法。局部使用可能包括以下情况：运用内部模型计算一般市场风险的资本要求，同时使用标准法计算特定市场风险的资本要求；运用内部模型计算一个投资组合，如外汇投资组合，同时使用标准法计算另一个投资组合，如债券投资组合；在一个地点运用内部模型，同时在另一个地点使用标准法，如在全球运营的银行。不论是哪种局部使用，监管部门都必须确保模型涵盖所有主要市场风险。

除此之外，市场风险还应至少对风险模型进行一种外部验证，一般由监管当局、外部审计或两者同时予以实施。监管部门的职责是评估内部模型及其实施的充分性。

在评估的基础上，监管部门决定是否批准该模型的使用；如果批准使用，就要确定用于计算监管资本要求的乘数因子。通过审批后，监管部门应定期实施监管审查。银行可以对其内部模型作出重大修改，以反映其投资组合、交易和对冲策略以及交易产品类别的不断变化。因此，内部模型充分性的评估要求监管部门不断地介入并具备重要的技术资源。整体而言，相对于标准法，内部模型法需要更多的监管资源。

二、市场风险内部模型的标准与要求

为评估市场风险系统的稳健性和完整性，市场风险修订稿详细阐述了监管部门在批准模型前银行须满足的一些标准。这些标准包括一般最低标准、市场风险因子的独立标准，以及定性标准和定量标准。

（一） 一般最低标准

市场风险修订稿规定，在批准一家银行使用内部模型之前，银行必须满足的一般最低标准，主要包括：风险管理系统理论上稳健且实施上完整；有充足的擅长使用复杂模型的员工，不仅仅是在交易领域，还包括风险控制、审计及后台部门；银行的模型有关于风险计量的准确性的跟踪记录；银行定期进行压力测试。

（二） 市场风险因子的独立标准

银行的市场风险评估体系中的一个重要组成部分是识别相关的市场风险因子。市场风险因子是指影响银行的交易、外汇及商品头寸的特定市场利率和价格。这些风险因子应充分涵盖银行资产负债表内外的交易头寸组合的内在风险，只有已确定的风险因子的变化会影响风险价值。银行设定内部模型的市场风险因子，应当满足以下标准。

1. 关于利率，对于银行具有利率敏感性的表内外头寸中每个币种的利率，都必须有一套相应的风险因子。风险计量系统应该使用某种被广泛接受的方法，建立收益曲线模型。对于主要货币和市场上利率波动的较大风险暴露，银行应至少使用6个风险因子建立收益曲线模型。风险计量系统必须包含单独的风险因子以反映利差风险。

2. 对于汇率（包括黄金价格），风险计量系统应包含与银行各币种外汇头寸相对应的风险因子。对于风险暴露较大的每种外汇，都必须有风险因子与该币种汇率相对应。

3. 对于股票价格，应该有风险因子与银行持有大量头寸的各个股票市场相对应，至少应设计一个风险因子反映整个市场的股价变动（如股市指数）。单个证券或板块指数中的头寸，可用其相对于整个市场指数的“beta 等值”来表示。最完全的方法是将风险因子对应每只股票的波动性。对既定的市场，建模技术的复杂程度和特性应当与银行在整个市场上的暴露以及市场中个股的集中度对应。

4. 对于商品价格，应当有风险因子与银行持有大量头寸的每个商品市场相对应。对于以商品为基础的金融工具头寸相对有限的商业银行，可以对有风险暴露的每种商品的价格都确定一个对应的风险因子，如商业银行持有的总商品头寸较小，也可采用一个风险因子作为一系列相关商品的风险因子。对于交易比较活跃的商品，内部模型应考虑衍生品头寸和实物商品之间“便利收益率”的不同。

银行选择内部模型计量商品价格风险时，模型至少应覆盖以下风险：方向性风险，以反映由净敞口头寸引起即期价格变动的风险暴露；远期缺口和利率风险，以反映由期限错配引起即期价格变动的风险暴露；基差风险，以反映两种相似但不完全相同的商品之间的价格关系发生变化的风险暴露；特别重要的是，模型应充分考虑市场特征，尤其是价格日期和可供交易者选择平仓的范围。

（三） 定性标准和定量标准

1. 定性标准

按照巴塞尔委员会新资本协议的规定，监管部门在允许银行使用内部模型法之前，要求银行必须达到一系列定性标准。这些定性标准包括：

（1）内部方针。银行应建立标准的流程以确保其内部模型与涉及风险计量系统运作的内部方针、控制与程序等文件的内容相符，并直接向银行高级管理层汇报。

（2）定期事后检验。风险控制小组应定期进行事后检验，以比较银行模型产生的风险价值与每日投资组合价值的实际变动。由于很多内部风险价值模型基于概率、假设、精简和历史数据，其预测能力是有限的。

（3）限额设定。风险计量系统应当与内部交易及风险暴露限额结合使用。交易限额管理应与风险计量系统保持持续、稳定的联系，并被交易人员和高级管理人员充分理解。

（4）压力测试。银行应进行严格的压力测试，作为对基于风险计量模型风险分析的补充。压力测试的结果应由高级管理层定期核查，用于内部资产充足率评估。当压力测试显示出特定情况下的脆弱性时，应立即采取措施进行合理管控。

（5）内审检查。银行的内审程序应包括定期地独立检查风险计量系统。检查应包括交易部门和独立的风险控制部门的活动，并应至少每年进行一次。

（6）与日常风险管理工作相结合。银行内部风险计量模型必须被整合到银行的日常风险管理过程中。模型输出结果应该成为计划、监测和控制银行市场风险状况的一个有机组成部分。

（7）独立的风险控制小组。银行应建立一个独立的风险控制部门负责设计与运作银行的风险管理系统。该风险控制部门应就银行的风险计量模型的结果进行每日报告并加以分析，并直接向银行的高级管理层报告，并必须独立于交易部门。

（8）管理层参与。董事会和高级管理层应该积极参与风险控制过程，必须将风险控制视为业务活动的重要方面，独立风险控制部门的日报必须由高级管理者审阅，该管理人员须有权降低单个交易员持有的头寸和银行总体风险暴露，以应对不良市场变动的能力。

2. 定量标准

银行使用模型计量资本要求时，必须采用下述最低标准。银行及其监管部门可以酌情使用更加严格的标准：

（1）每日计算“风险价值”。

（2）在计算风险价值时，使用99%置信度的单侧置信区间。

（3）计算风险价值时，使用等同于10天价格变化的瞬时价格冲击，即最短“持有期限”为10个交易日。使用此方法的银行必须定期验证方法合理性并得到监管当局的认可。

（4）计算风险价值而选择的历史观测期（样本期）必须至少为1年。

（5）银行必须每个月至少更新一次数据集，且只要市场价格发生重大变化，就要对其重新评估。如果监管当局认定价格波动性显著上升，也可以要求银行使用更短的观测期计算其风险价值。

（6）对于使用的模型方法没有预先的规定。银行可以自由地使用如上所述的方差—协方差法、历史模拟法或者蒙特卡罗模拟法等。

（7）银行可以酌情辨别各类风险类别之间的实证相关性。

（8）银行模型必须准确反映各项大的风险种类中与期权相关的特殊风险。银行模型必须体现期权头寸的非线性价格特征，银行应最终能对期权头寸或有期权特性的头寸应用10天价格冲击，每家银行的风险计量系统都必须有一组风险因子，以反映期权基础工具的利率、汇率和价格波动性。

（9）银行必须计算“压力状态下的风险价值”，即假设相关市场因素经历一段时期的金融压力时，银行现有资产组合的风险价值。该计算以10天持有期、99%单侧置信区间为基础，将现有资产组合在连续12个月显著金融压力情景下的校准历史数据输入风险价值模型计算得到。

三、市场风险的资本要求

在检查完内部模型是否符合市场风险修订稿中的标准后，必须确定计算市场风险资本要求的乘数因子。银行必须每天满足市场风险的资本要求，即以下两项中较高的一个：前一天的风险价值和前60个工作日的每日风险价值的平均值乘以乘数因子。乘数因子用于计算银行的监管资本要求。它由各监管当局根据其对银行的风险管理系统的质量评估结果而定，最低绝对值为3。

银行采用内部模型法，其市场风险资本要求为一般风险价值与压力风险价值之和，即

$$K = Max(VaR_{t-1}, m_c \times VaR_{avg}) + Max(sVaR_{t-1}, m_s \times sVaR_{avg})$$

式中，VaR 为一般风险价值，是以下两项中的较大值：一是根据内部模型计量的上一交易日的风险价值（VaR_{t-1}），二是最近60个交易日风险价值的均值（VaR_{avg}）乘以 m_c，m_c 最小为3。根据返回检验的突破次数可以增加附加因子。$sVaR$ 为压力风险价值，是以下两项中的较大值：一是根据内部模型计量的上一交易日的压力风险价值（$sVaR_{t-1}$），二是最近60个交易日压力风险价值的均值（$sVaR_{avg}$）乘以 m_s，m_s 最小为3。

第四节　我国对市场风险的监管

从历史上看，由于利率、汇率等市场价格长期受到管制，我国商业银行的市场风险管理起步较晚，计量水平相对落后。但随着国际上对银行业市场风险监管的加强，以及我国金融体系市场化程度及开放程度的不断提高，我国对银行市场风险的监管要求不断提高，国内商业银行在市场风险管理和计量方面也取得了长足的进步。

一、我国商业银行市场风险计量的实施状况

（一）我国商业银行市场风险管理和计量体系的建立

我国早在1995年就明确提出了利率市场化改革的基本设想，并先后放开了对银行同业拆借利率、银行间债券市场回购和现券交易、商业银行贷款利率上限和存款利率下限等部分利率的管制。同时，汇率改革也逐步推进。从2005年7月21日起，人民币汇率开始实行以市场供求为基础、参考一篮子货币进行调节、有管理的浮动汇率制度。在此期间，国内银行间债券市场和外汇市场也迅速发展起来。利率、汇率市场化改革的稳步推进和银行间金融市场的迅速发展，使我国银行业面临的市场风险明显增大。

在此背景下，中国银监会参照国际监管要求和领先实践，从2005年起相继发布了《商业银行市场风险管理指引》等相关监管条例，并开展市场风险管理专项检查，推出市场风险计量相关的监管统计报表，督促商业银行提高市场风险管理水平。从2005年开始，按照银监会监管要求，我国主要国有和股份制商业银行先后成立了

负责市场风险管理的专职部门或团队，完善市场风险管理组织架构，建立市场风险的识别、计量、监测和控制流程体系。

在市场风险计量方面，运用外汇敞口、久期和敏感度分析等工具进行风险设置和管理，并逐步探索市场风险高级计量方法的实施，从方法研究、数据积累、IT系统建设和专业人员培养等方面不断夯实基础条件，提升市场风险计量水平。

（二） 我国市场风险资本计量内部模型法的实施

2004年6月，巴塞尔委员会发布《巴塞尔资本协议Ⅱ》。为履行国际义务，提升我国银行业抵御风险的能力，我国监管部门积极推动《巴塞尔资本协议Ⅱ》在中国银行业的实施。2007年2月，中国银监会发布《中国银行业实施新资本协议指导意见》，2009—2012年，根据巴塞尔协议的最新变化，又相继出台了相关实施指引和《商业银行资本管理办法（试行）》等监管法规以及配套的监管报表体系。在市场风险方面，监管机构鼓励有条件的银行在审慎基础上使用内部模型法计量市场风险资本。

基于此，我国商业银行从2007年起积极推进市场风险内部模型法建设，在满足监管要求的同时，提高自身风险计量和管理水平。主要国有大型银行和股份制银行先后在市场风险内部模型法系统建设、内部组织架构和政策流程等方面投入了大量的人力、物力。在计量系统实施路径上，大多数银行采用了外购成熟的市场风险计量引擎，通过本地客制化开发，进行系统集成。在系统实施落地的基础上，各银行系统建设体现在对系统和模型的验证、优化和扩展升级，以及内部政策制度的完善和成果的应用推广等方面。

总体来看，我国商业银行在市场风险内部模型法资本计量实施和风险计量水平提升方面已取得很大进步。截至2012年末，国有大型银行和大多数股份制商业银行均建立或初步建立了市场风险内部模型。其中，中国银行、中国农业银行、中国工商银行、中国建设银行和交通银行在年度报告中，对其交易账户的风险价值数据进行了披露。

二、我国商业银行市场风险计量面临的问题

与国际银行业市场风险计量的先进实践相比，我国商业银行市场风险管理和计量体系建设起步较晚，金融市场成熟程度不高，在市场风险计量方面仍然面临一些问题和挑战，需要进一步加以改进。

一是风险计量所需的部分市场数据不够完善。由于我国金融市场，特别是金融衍生品市场发展较为滞后，部分市场数据，如期权隐含波动率曲面、信用利差曲线，以及部分收益率曲线和信用评级数据等，或存在数据缺失，或因流动性较差，不能反映真实的市场交易价格，使相关交易产品的估值和风险计量难度较大。

二是外购计量引擎的本地化面临挑战。我国商业银行大多外购国外厂商提供的

成熟计量引擎系统。但由于这些外购系统一般针对国外成熟市场产品设计，往往难以反映中国市场部分金融产品和市场的特殊属性，其本地化实施面临一定挑战。

三是数据管理不健全，数据质量有待提高。基础信息数据的真实性和完整性是进行有效的市场风险计量的前提。目前我国商业银行对相关业务和市场数据的管理尚不够健全，数据缺乏规范性，对数据的采集维护和清洗检查缺少严格流程约束，数据质量不高，使市场风险计量的准确性受到一定影响。

本章小结

1. 市场风险是指市场价格（利率、汇率、股票价格和商品价格等）的不利变动使商业银行表内业务和表外业务发生损失的风险。

2. 市场风险大致有三种分类方式：按市场价格因素构成不同，市场风险可分为利率风险、汇率风险、股票价格风险、商品价格风险等；按价格变动的原因不同，市场风险可分为一般市场风险和特定市场风险；按持有头寸的目的不同，市场风险可分为银行账户风险和交易账户风险。

3. 市场风险的计量方法包括标准法和内部模型法。

4. 利率风险主要是指交易账户中债券或其他利率相关工具所产生的风险，主要包括所有固定利率和浮动利率债券以及类似金融工具。利率风险最低资本要求由两部分资本组成：一部分反映每种证券的“特定风险”；另一部分反映整个证券组合的利率风险，计算该部分资本时，不同证券和工具的多空头可以在一定程度上冲销。

5. 利率特定风险资本要求是为了抵御单一证券的价格由于单一发行人的原因出现不利波动带来的风险。计量特定风险时，只有相同证券的匹配头寸（包括衍生品头寸）才可进行冲销；即使是同一发行人发行的不同证券也不能进行冲销，因为不同证券息票率、流动性、赎回条款的不同都会使价格在短期内发生偏离。

6. 利率一般市场风险资本要求是为了反映因市场利率变动而产生损失的风险。计量风险方法有到期日法和久期法两种。

7. 股票风险的计量适用于市场行为类似股票的所有金融工具的多空头头寸，但不包括不可转换优先股。这里金融工具包括普通股、类似股票的可转换证券和买卖股票的承诺。同一股票的多空头可以按轧差后的净额计算。

8. 汇率风险覆盖因持有或建立外币头寸（包括黄金）产生风险的最低资本要求。计算外汇风险资本要求需要两个步骤：首先是计算单币种头寸的风险暴露，其次是计算不同币种多空头头寸组合的内在风险。

9. 商品风险是因持有或建立商品头寸产生风险的最低资本要求。商品指的是可在二级市场上交易的实物产品。商品价格风险通常比汇率和利率风险更复杂、波动性更大，商品市场也比外汇和利率市场缺乏流动性，因此供求关系的变化对商品价格及其波动性的影响更明显。在标准法下，银行可采用到期日阶梯法或简易法计量商品风险。

10. 在标准法下，期权风险计量有两种方法：仅购买期权的银行可以使用简易法，同时出售期权的银行应采用中级方法（delta + 法或情景分析法）。期权交易量越大，银行应采用越复杂的方法。

11. 银行在获得监管部门确认及审批的情况下，可以选择使用内部模型法，但市场风险内部模型不仅复杂，而且需要大量可靠的数据。通常，内部模型都是风险价值模型，包括方差—协方差法、历史模拟法以及蒙特卡罗模拟法。

12. 为评估市场风险系统的稳健性和完整性，市场风险修订稿详细阐述了监管部门在批准模型前银行须满足的一些标准。这些标准包括一般最低标准、市场风险因子的独立标准以及定性标准和定量标准。

13. 市场风险的资本要求是以下两项中较高的一个：前一天的风险价值和前60个工作日的每日风险价值的平均值乘以乘数因子。乘数因子用于计算银行的监管资本要求。它由各监管当局根据其对银行的风险管理系统的质量评估结果而定，最低绝对值为3。

14. 与国际银行业市场风险计量的先进实践相比，我国商业银行市场风险管理和计量体系建设起步较晚，金融市场成熟程度不高，在市场风险计量方面仍然面临一些问题和挑战，需要进一步加以改进：一是风险计量所需的部分市场数据不够完善；二是外购计量引擎的本地化面临挑战；三是数据管理不健全，数据质量有待提高。

本章重要概念

利率风险　汇率风险　股票价格风险　商品价格风险　期货风险
特定市场风险　一般市场风险　市场风险标准法　市场风险内部模型法
市场风险价值

本章复习思考题

1. 判断题

(1) 市场风险存在于银行的交易业务和非交易业务中，源于市场价格的变化。
（　）

（2）对于股票投资组合而言，按照全部股票的净头寸计算一般市场风险资本要求。（　）

（3）黄金头寸应被视为汇率头寸而不是商品头寸，因为黄金的波动性更类似于外汇，且银行对黄金的管理方式类似外汇。（　）

（4）一家银行的风险计量系统必须包括独立的风险要素以涵盖利率风险头寸中的价差风险。（　）

（5）监管部门针对银行的市场风险内部模型设定的乘数因子会受到事后检验结果以及银行压力测试的质量的影响。（　）

（6）市场风险修订稿要求银行持有资本防范市场风险，它允许银行使用市场风险内部模型计算资本要求。（　）

（7）只有已确定的市场风险要素的变化会影响风险价值。（　）

（8）银行的内审程序应包括定期地独立检查风险计量系统。检查应包括交易部门和独立的风险控制部门的活动，并应至少每年进行一次。（　）

（9）在检查完内部模型是否符合市场风险修订稿中的标准后，必须确定计算市场风险资本要求的乘数因子。（　）

（10）监管部门可以根据定性标准中的不足来提高乘数因子。（　）

（11）风险要素只需涵盖银行资产负债表内交易头寸的投资组合风险即可。（　）

2. 不定项选择题

（1）一家以美元为记账本位币的银行将所有外币净头寸的名义本金以即期汇率折算为美元。多头净头寸之和为 3 亿美元，空头净头寸之和为 3.5 亿美元。资本要求是（　）百万美元。

A. 8　　B. 24　　C. 28　　D. 30

（2）在简易法中，按照每一种商品的净头寸的15%计算商品风险的资本要求。但是为了防范基差风险、利率风险和远期缺口风险，还要对每一种商品计算额外资本要求，额外资本要求占银行总头寸的比例是(　)。

A. 8%　　B. 25%　　C. 28%　　D. 3%

（3）下面的表述哪一项是正确的？(　)

A. 计算资本要求的标准法涵盖所有商品头寸的风险，包括黄金和其他贵金属。

B. 在简易法和到期阶梯法中，根据轧差规定，只有同一商品的多头和空头头寸可以进行轧差。

C. 在简易法和到期阶梯法中，不同商品的头寸都可以轧差。

D. 在商品互换中，如果互换的是不同的商品，不需归入不同的期限阶梯计算。

(4) 计算期权的市场风险资本要求的方法有很多，作为期权卖方的银行不得采用以下哪种方法？(　　)

A. 简易法　　B. delta + 法　　C. 情景分析法　　D. 中间法

(5) 根据一般市场风险的概念，以下属于一般市场风险的是 (　　)。

A. 无风险收益率曲线的变化　　B. 并购竞标

C. 债务人违约　　D. S&P500 大幅下跌

(6) 以下关于计算商品风险的资本要求的说法哪一个是正确的？(　　)

A. 只有在简易法中才允许不同类型的商品头寸进行轧差

B. 只有在到期阶梯法中才允许不同类型的商品头寸轧差

C. 两种方法都允许不同类型的商品头寸轧差

D. 两种方法都不允许不同类型的商品头寸轧差

(7) 巴塞尔委员会规定的使用内部模型计算市场风险资本要求的最低要求是 (　　)。

A. 必须每日计算风险价值

B. 必须使用 95% 的、双尾置信水平计算风险价值

C. 持有期至少应为 5 个交易日

D. 历史观察（样本）期至少应为 1 年

E. 银行应至少每 3 个月更新一次数据集

(8) 对使用内部模型的银行的资本要求 (　　) 前一天的风险价值，以及前 60 个工作日的每日风险价值的平均值乘以乘数因子。

A. 低于　　B. 高于　　C. 等于　　D. 不同于

(9) 根据市场风险修改稿中的使用内部模型计算市场风险的标准，银行计算风险价值的时间间隔应是 (　　)。

A. 每天　　B. 每周　　C. 每月　　D. 每年

(10) 巴塞尔委员会规定用于计算资本要求的最低乘数因子是 (　　)。

A. 0　　B. 1　　C. 3　　D. 0 ~ 1 之间

3. 计算题

(1) 某银行持有每股现值为 25.50 美元的股票 500 股，同时持有相同数量的执行价格为 26.25 美元的看跌期权（执行一份期权可以出售一股股票）。如果该银行的股票投资组合不符合多样化和流动性的要求，请计算该组合的股票市场资本要求。

(2) 假设某银行持有某一国家市场上的如下股票投资组合头寸：

以每股 25 美元多头 2000 股 A 公司股票 = 50000 美元；

以每股 25 美元空头 1500 股 A 公司股票 = 37500 美元；

以每股57美元多头3000股B公司股票=171000美元；

以每股57美元空头4000股B公司股票=228000美元；

以每股80美元多头2500股C公司股票=200000美元；

以每股45美元空头2000股D公司股票=90000美元。

假定特定风险的资本要求为8%，请计算该投资组合的市场风险资本要求。

（3）一家银行已经计算出前一个交易日的一般市场风险的风险价值是124320美元。银行过去60个交易日的风险价值的平均值是41915美元。假设银行使用3作为一般市场风险的乘数因子，并使用0.4的事后检验附加因子。请计算银行的市场风险资本要求。

4. 简答题

（1）简述市场风险的概念与类型。

（2）简述市场风险计量的主要方法。

（3）简述市场风险资本计量的标准法的计量方法及其步骤。

（4）简述市场风险资本计量的内部模型法及其使用时应考虑的主要因素。

（5）简述市场风险内部评估的方法。

（6）简述我国银行市场风险资本的计量与国际标准存在的差异。

（7）简述我国商业银行市场风险计量面临的问题和挑战。

5. 思考题

（1）谈谈你对银行市场风险管理与金融市场风险关系的看法。

（2）如何防范我国单体银行风险通过拆借市场风险波及影响其他银行市场风险？

第七章
操作风险

操作风险是银行主要风险之一。对银行来说，无论管理水平如何提升都难以完全消除操作风险。随着当前金融市场的全球化、复杂化和网络化，金融服务范围不断扩大，金融产品类型日益丰富，操作风险的多样性和复杂性也越来越受到重视。

本章主要结合巴塞尔协议以及我国《商业银行资本管理办法（试行）》（以下简称《资本办法》）等对操作风险监管要求，介绍操作风险监管资本计量的主要方法以及我国对操作风险监管资本计量的基本要求。

第一节　操作风险概述

随着金融全球化日益加剧，以及当前数字技术、电子银行业务、外包、金融创新技术和兼并、并购等新技术新市场的发展，银行不可避免面临各类风险事件，如欺诈、系统瘫痪、恐怖袭击以及员工索赔等，甚至还面临法律风险、声誉风险和战略（经营）风险等。这都说明风险计量和管理的范围不能仅限于市场风险和信用风险。尤其自《巴塞尔资本协议Ⅱ》为操作风险提出资本金要求以来，识别和计量操作风险成为银行风险管理的重要内容。

一、操作风险的定义和类型

（一）操作风险的定义

在《巴塞尔资本协议Ⅱ》中，操作风险定义为由不完善或有问题的内部程序、人员及系统或外部事件造成损失的风险。该定义包括法律风险，但不包括战略（经营）风险和声誉风险，即在第一支柱的风险资本要求中没有涵盖策略风险和声誉风险，这两类风险将在第二支柱中予以考虑。然而，巴塞尔委员会认识到操作风险是一个包括多方面含义的概念，因此，出于内部管理的需要，允许各银行使用自身的操作风险定义，但至少需要涵盖巴塞尔委员会所规定的各个最低要素。

（二） 操作风险的类型

根据操作风险的定义及其发生的原因，可对操作风险进行以下分类。

1. 由人员因素引发的操作风险

由人员因素引发的操作风险是指由于银行内部员工的行为不当、人员流失或关系员工利益的事件发生而给银行带来损失的情况，具体包括：

（1）员工操作失误，是指由员工业务操作过程中的非主观失误造成的，其发生频率高，难以事先预测且非故意的行为。

（2）员工违法行为，是指由银行内部员工利用其具有的信息、身份优势进行违法活动造成的。这类行为包括挪用客户资金、欺骗客户、诈骗（包括内部员工欺诈和内外勾结欺诈）、蓄意破坏银行声誉、洗钱、偷窃银行财产（实物资产和知识产权）等。

（3）违反用工法，是指在银行业人力资源管理的实际操作中，违反《劳动法》《劳动合同法》等相关法规或者没有按照规定的程序直接解除劳动合同的做法，如非法终止合同、歧视政策或差别待遇、虐待员工、违反健康与安全规定等，引起劳动合同纠纷，从而给银行造成一定的损失。

（4）员工越权行为，是指员工滥用职权，对客户交易进行误导或者支配超出其权限的资金额度，或者从事未经授权的交易等，致使银行发生损失的风险。

（5）关键人员流失，是指掌握大量技术和重要信息的关键技术人员的流失给银行带来的损失。这类事件对银行的影响通常要经过一段时间以后才能体现出来且难以量化。

（6）劳动力中断，是指罢工等劳工行动造成的银行因人员不足而无法正常运转的情况。

2. 由流程因素引发的操作风险

流程因素引发的操作风险是指由于银行业务流程设计不合理或流程没有被严格执行而造成的风险。具体包括：

（1）流程设计不合理，不仅影响银行的经营效率，流程中的漏洞还有可能被不法分子利用，从而给银行造成损失。

（2）流程执行不严格，导致的操作风险主要包括在业务执行过程中缩减步骤和随意加插不必要的人员或程序。

3. 由系统因素引发的操作风险

系统因素引发的操作风险是指计算机和信息技术系统、机具设备因技术故障、设备失灵造成系统服务中断或错误服务，以及由于系统数据风险影响业务正常运行而导致损失的风险，主要包括系统开发不完善、系统（软硬件）失灵或瘫痪、系统本身的漏洞以及客户信息安全性出现重大事故等。

4. 由外部事件因素引发的操作风险

外部事件因素引发的操作风险是指由于外部主观或客观的破坏性因素导致损失的风险。银行的经营一般都处于一定的政治、社会、经济环境中，经营环境的变化、外部突发事件都会影响到银行的经营活动，甚至会产生损失。外部事件引起银行损失的范围非常广泛，包括外部欺诈、外部突发事件和外部经营环境的不利变化。

（1）外部欺诈是指外部人员的蓄意欺诈行为。这类行为是给银行造成的损失最大、发生次数最多的操作风险之一。外部人员精心设计的骗局和陷阱常常令商业银行防不胜防。

（2）外部突发事件可能导致银行经营的突然中断，并因此引起损失，这类事件具有不可预测的特点，包括自然灾害、外部人员的犯罪行为等。

（3）经营场所的安全性包括银行设施出现故障给客户或银行员工造成身体的伤害或财产损失，如银行经营场所发生抢劫等突发事故，银行一些设备老化引发火灾事故等。因此，必须认识到，银行有义务对在其经营场所内客户的人身安全负责。

二、操作风险的评估和管理

操作风险管理已发展成一套完备的独立体系。巴塞尔委员会规定了操作风险管理应遵循的十项稳健原则，这些原则给出了银行应采用的各类评估内容。

（一）操作风险的定性评估

巴塞尔委员会在2003年关于操作风险管理的文件中，给出了银行应采用的各类定性评估内容，规定了操作风险管理应遵守的十项稳健原则，这些原则覆盖了四个方面。

（1）董事会应该意识到将银行操作风险的各个方面作为一项单独的风险类别来加以管理，审批和定期评估银行操作风险管理框架。

（2）董事会应确保银行操作风险管理框架有全面有效的内部审计，并由独立合格的人员来加以实施。

（3）高级管理层应负责执行风险管理框架，所有员工应清楚在操作风险管理中的职责和任务。

原则（1）至原则（3）属于操作风险管理环境。

（4）银行应该识别和评估所有新的和已有重要产品、业务、流程和系统的内在操作风险。

（5）银行应建立一套程序来定期监控操作风险状况和重大损失风险。

（6）银行应具有完备的政策、流程和程序来控制和缓释操作风险。银行应定期评估其风险缓释和控制策略，并在必要的情况下使用其他策略来调整操作风险偏好。

（7）银行应该制定应急和连续营业方案，以确保在严重的业务中断事件中能够连续经营。

原则（4）至原则（7）属于操作风险管理活动。

（8）银行监管当局应该要求所有银行具备一套有效的操作风险框架来识别、评估、监控、控制和缓释缓解操作风险。

（9）监管当局应该定期独立评估银行操作风险管理方面的政策、程序和实际做法。

原则（8）至原则（9）属于监管当局的职责。

（10）银行应该进行充分的信息披露，以便于市场参与者对其操作风险管理方法进行评估。

原则（10）属于信息披露的作用。

巴塞尔委员会认为，有效实施这些原则可以反映银行已建立了良好的操作风险管理框架。因此，根据《巴塞尔资本协议Ⅱ》，对于不能证明自身已有效实施这些原则的银行，可能将被要求保持更高的资本金水平。

（二）操作风险的量化评估

操作风险评估方法主要包括操作风险打分卡方法、操作风险指标法和操作风险统计法。

1. 操作风险打分卡方法

操作风险打分卡方法是一种非常普遍的操作风险评估方法，它可以将定性评估转换为量化尺度，从而进一步对不同类型的操作风险进行排序。

打分卡是银行评估自身操作风险的一个清单。尽管该清单是主观的，但其具有灵活性，即可以与银行所识别的操作风险自动匹配，而不需要任何关于银行所面临操作风险的外部意见。

打分卡方法通常按货币金额对操作风险潜在的损失程度进行打分，以及按每年发生的次数来对操作风险潜在的损失频率进行打分，详见图7－1。

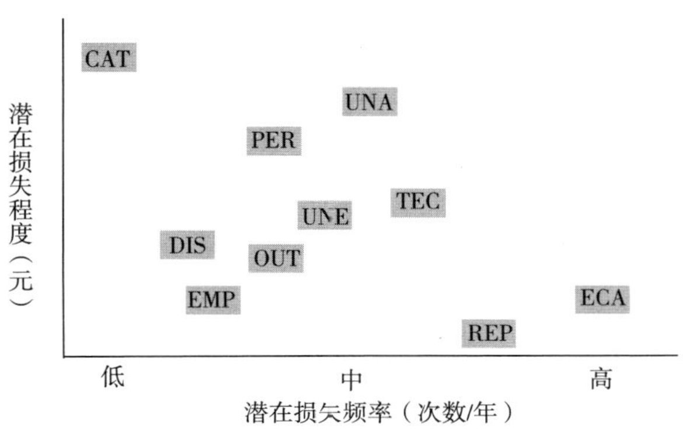

图7－1　操作风险打分卡

在图 7－1 中，CAT 代表灾难性事件，DIS 代表营业中断，EMP 代表用工制度，UNA 代表未经授权的交易，PER 代表人员，TEC 代表科技系统，UNE 代表无意性差错，OUT 代表外包，REP 代表报告错误，ECA 代表外部犯罪活动。

打分卡方法中的自我评估工作通常采用调查表形式。为了得到可靠的打分结果，调查表的设计以及对调查表填写人员的选择至关重要。打分卡一般是按照产品、地域或部门划分的特定业务流程而设计的。一旦评估人员填写了所有这些流程的调查表，就可以按照产品、地域或部门将单个打分卡进行汇总。

2. 操作风险指标法

操作风险指标是指一系列用来考察操作风险状况的度量指标，这些指标反映了损失事件实际发生前所具有的潜在操作风险损失。一些指标只适用于特定的业务单元（如交易量、错误和遗漏的频率和严重程度），而其他指标则适用于整个银行（如员工流动率、新雇用人数以及员工病假天数等）。表 7－1 列举了一些主要的操作风险指标。

表 7－1　　操作风险指标

操作风险损失事件	风险指标
内部欺诈	提前介入 谎报交易头寸 未经授权的交易 高于市场的回报
外部欺诈	未经授权的信用卡交易
用工制度和工作场所安全	员工流动率 病假 员工有关歧视的指控
客户、产品和业务活动	客户发起的法律行动 客户投诉 监管当局对银行不适当的做法进行的罚款/警告
实物资产的损坏	保险费
营业中断和系统瘫痪	系统停机时间 技术支持热线
执行、交割和流程管理	失败的交易 结算差错 结算延迟

无论是哪一类指标，都必须有一定的参考值，该参考值一般被称为触发水平/阈值或上报标准。这些水平代表了可接受的水平，并与银行的风险偏好或特定目标质

量水平有关。一旦超过了该水平，那么就必须向上一级管理层报告。有些银行甚至规定了多个触发水平，并根据不同的超越水平确定相应的报告层级。

3. 操作风险统计法

操作风险统计法一般使用各种方法以货币为单位对操作风险进行计量。这些方法需要收集实际损失数据，并基于该数据得到操作风险损失的经验统计分布。由此，可根据该统计分布来计算非预期损失金额，对此银行也必须保留相应的资本金。

从理论上讲，可以按照任何目标置信水平计算非预期损失。但在实际工作中，许多银行都是按照99.9%的置信水平来度量操作风险。从统计学角度出发，在该置信水平上，银行预计1000年才可能遭遇一次灾难性的损失事件，消耗银行全部的资本。

第二节　操作风险计量——基本指标法

《巴塞尔资本协议Ⅱ》将操作风险纳入监管资本要求，银行可以根据基本指标法、标准法来计量操作风险的资本要求。这两种方法不必确认损失事件和损失原因，只是从一个外部宏观角度进行简单统一的计量，这两类方法均以收入为计量指标，较为易于操作。

基本指标法（Basic Indicator Approach，BIA）是操作风险计量方法中最为简单的一种方法，因为其最易于执行，无须商业银行开发高级模型，特别是在损失数据库不完备的时候是可选的过渡性办法，较为适合中小规模银行采用。但由于该方法对商业银行的产品品种、业务结构等因素均未予以考虑，操作风险计量结果缺乏风险敏感性。

巴塞尔委员会使用总收入指标来衡量操作风险的暴露程度，其中，总收入为净利息收入与净非利息收入之和。操作风险资本要求为商业银行前三年（总收入为正年度）的总收入平均值与某一固定比例（α）的乘积，目前α定为15%。资本计量公式为

$$K_{BIA}=\frac{\sum(GI_i\times\alpha)}{n}$$

式中，K_{BIA}表示按基本指标法计量的操作风险资本要求；GI表示过去三年中每年正的总收入；n表示过去三年中总收入为正的年数；$\alpha=15\%$。

具体实施步骤如下。

步骤一：计算总收入。总收入是净利息收入总额加净非利息收入，不扣除拨备，也不扣除营业费用（如对外包商支付的费用），但要扣除银行账户上“持有至到期

日”和“可供出售”证券实现的损益，扣除非正常项目收入和保险收入。

净利息收益的总额为银行的利息收益减去利息费用，净非利息收入为整个银行收取的费用和佣金减去非利息费用和其他收入。

步骤二：计算资本。基本指标法资本为过去三年平均正的总收入除以总收入为正的年数，但可能会出现银行的收益低，连续出现负的总收入，这样在计算资本计提时负的数字将被排除出分子和分母，不能将负总收入放到分子里，同样，收入是负的那年也要从分母中去掉。如此，低估了操作风险的资本要求。此时，需要监管部门通过第二支柱的监管措施来保障银行资本水平的审慎性。

第三节　操作风险计量——标准法和高级法

一、标准法的含义

标准法是一种比基本指标法更进一步的计算操作风险资本要求的方法。标准法分为一般标准法（The Standardized Approach，TSA）和替代标准法（The Alternative Standardized Approach，ASA）。标准法以各业务条线的总收入为计量基础，与基本指标法类似，总收入是一个广义的指标，代表业务经营规模，因此也大致代表了各业务条线的操作风险暴露。业务条线分为八个，即公司金融、交易和销售、零售银行业务、商业银行业务、支付和清算、代理服务、资产管理和零售经纪。

二、一般标准法

（一）一般标准法资本要求的计提

在标准法中，操作风险资本要求是基于银行每个产品线的操作风险资本要求进行的。在标准法中计算操作风险资本要求的公式如下：

$$K_{TSA} = \{\sum_{i=1}^{3} Max[\sum_{i=1}^{9}(GI_i \times \beta_i),0]/3\}$$

式中，K_{TSA} 表示按标准法计量的操作风险资本要求；$Max[\sum_{i=1}^{9}(GI_i \times \beta_i),0]$ 表示各年为正的操作风险资本要求；GI_i 表示各业务条线总收入，β_i 表示各业务条线的操作风险资本系数。

1. 产品线的总收入

在按照标准法计算操作风险计提时，巴塞尔委员会推荐使用八条产品线。巴塞尔委员会认为这些产品线代表了银行从事的各种业务，详见表 7－2。

表7－2　　巴塞尔委员会推荐使用的八条产品线

产品线	说明
公司金融	为大型商业企业、跨国公司、非银行金融机构、政府部门等提供的银行服务
交易和销售	股东和客户账户进行国库券交易，购买和出售证券、货币和商品
零售银行业务	对私人、零售客户及小企业提供融资服务，如个人贷款、信用、汽车贷款等，并提供诸如信托、财产权及投资建议等服务
商业银行业务	为商业企业提供融资服务，包括项目融资、不动产融资、贸易融资、保理、租赁、担保及汇票等
支付和清算	有关支付和托收、银行间资金转账及结算和交收的业务活动
代理服务	为公司客户担当承销人和代付人，提供保管服务等
资产管理	经授权，采用集合、分散、零售、机构、封闭式或开放式的形式，对客户的基金进行管理
零售经纪	为零售投资者而不是机构投资者提供经纪服务

在标准法中，对八个产品线中的每个业务条线都要计算其总收入。该总收入近似代表了银行相关业务条线操作风险暴露的规模且所有产品线的总收入之和应该与整个银行的总收入相等。

标准法的总收入由净利息收入加上净非利息收入组成，每条产品线的总收入应该包含各项备抵（如未付利息备抵）；包含运营费用，其中包括支付给外包服务供应商的费用；不包括销售银行账户下的证券所实现的利润或损失，以及非常项目或不经常项目及保险索赔得到的收入。

2. 各业务条线β系数

β系数代表整个银行在每条产品线上的操作风险损失情况与产品线总收入所反映的操作风险暴露水平之间的关系，它代表银行一条给定风险暴露水平的产品线可能遭受的非预期操作风险损失的数额。巴塞尔委员会设定的八条产品线的β系数如表7－3所示。

表7－3　　各业务条线β系数　　单位：%

业务条线	β系数
公司金融	18
交易和销售	18
零售银行业务	12
商业银行业务	15
支付和清算	18
代理服务	15
资产管理	12
零售经纪	12

3. 对产品线负总收入的处理

一些银行可能会在某些产品线、某些年有负总收入，使该年内产品线的资本计提为负。如果某具体产品线的总收入和所产生的资本计提为负，那么只要其他产品线的总收入为正，该年的整个产品线的资本计提总额可能仍为正。

用标准法计算操作风险资本时，对负资本计提的处理方法如下：

（1）在同一年中，部分产品线的负资本计提可以无限地抵消其他产品线的正资本计提。

（2）监管部门可以依据经验判断，采取更保守的方法处理产品线的负总收入。

（3）如果在产品线的正负资本计提互相抵消后，某年的资本计提总额为负，那么公式中该年的分子将设定为零。

（4）如果负总收入使按照标准法计算的操作风险资本失真，监管部门应考虑按照第二支柱的相关规定采取适当的监管措施。

4. 产品线的映射

按照标准法，银行所有的业务都必须映射到八条产品线之一。这样，标准法就将银行所有业务的总收入都纳入操作风险资本要求中。为了便于将各种业务映射到适当的产品线，《巴塞尔资本协议Ⅱ》规定了将各种业务映射到适当的产品线模板以及产品线映射的指导方针，详见表7－4和表7－5。

表7－4　　产品线映射模板

第一层	第二层	业务群
公司金融	公司金融 市政/政府融资 商业银行业务 咨询服务	兼并与收购、承销、私有化、证券化、研究、债务（政府，高收益）、股本、银团、首次公开发行上市、配股
交易和销售	销售 造市交易 自营头寸 资金业务	固定收益证券、股权、外汇、商品、信贷、融资、自营证券、贷款和回购、经纪、债务、大宗经纪业务
零售银行业务	零售银行业务	零售贷款和存款、银行业务服务、信托和财产
	私人银行业务	私人贷款和存款、银行业务服务、信托和财产、投资建议
	信用卡业务	商户/商业/公司信用卡、零售店品牌和零售信用卡
商业银行业务	商业银行业务	项目融资、不动产、出口金融、贸易金融、保理、租赁、贷款、担保、汇票
支付和清算	外部客户	支付和托收、资金转账、清算和结算

续表

第一层	第二层	业务群
代理服务	保管服务 公司代理	第三方账户托管、存托凭证、证券贷出（消费者）、公司行为
	公司信托	发行和支付代理
资产管理	代客资金管理	集合、分散、零售、机构、封闭式、开放式、私募基金
	指定资金管理	集合、分散、零售、机构、封闭式、开放式
零售经纪	散户经纪人	执行指令等全套服务

表 7－5　　产品线映射的指导意见

问题	指导意见
文件归档方面有哪些要求？	产品线映射的过程必须清楚地记录归档，必须明确提供书面形式的产品线定义
谁应该负责制定产品线映射政策？	高级管理层应负责制定产品线映射政策
程序是不是必需的？	程序一定要落实，将新业务活动或产品映射到各条产品线
与其他风险类别中定义的产品线的一致性问题怎样处理？	计算操作风险资本时对业务活动的划分必须与计算其他类别风险（比如，信用风险和市场风险）的监管资本时使用的产品线定义相一致。任何不符合该原则的产品线映射，都必须清楚地以书面形式记录归档
如何将辅助职能映射到各条产品线？	任何不能映射到产品线框架中，但同时又为产品线框架中包含的某项业务提供辅助职能（不属于主要业务而是提供支持的职能或业务部门）的银行业务或非银行业务
	应该映射到它所支持的产品线。如果该辅助业务支持的产品线不止一个的话，必须制定客观的映射准则
如果某项业务活动无法映射到产品线，怎么办？	如果某项业务活动无法映射到某一产品线，那就必须将其划分到所需操作风险资本最高的产品线
银行应如何将收入分配到各个产品线？	在基本指标法的要求下，所有产品线总收入的和应与整个银行的总收入总额相等，此时银行可以使用内部定价法将总收入分配到各个业务条线
审核的要求是什么？	业务映射必须接受独立审核，例如由内部审计部门进行审核

（二）一般标准法的实施步骤

在标准法中，对操作风险资本的计算可以分为以下几个步骤：

步骤一：利用每条产品线的总收入和相应的 β 系数，计算各产品线第一年的资本计提。银行所有的业务都必须映射到八条产品线之一。值得注意的是，如果某产品线的总收入为负，该产品线在第一年的资本计提将为负。

步骤二：将第一年内八条产品线的资本计提加总。值得一提的是，在某一年，一些产品线的负资本计提可以无限抵消其他产品线的正资本计提。

步骤三和步骤四：对剩下的两年重复第一个步骤和第二个步骤。

步骤五：计算三年资本计提总额的平均值。值得注意的是，如果某年八条产品线的资本计提总额为负，分子中代表该年的部分为零，而分母仍为 3，表示计算中用到了三年的数据。

三、替代标准法

2004 年 6 月，巴塞尔委员会为贷存息差较高的国家或地区的银行提出了标准法的替代方法，即替代标准法。根据替代标准法，各国监管当局可以根据本国情况决定是否允许银行采用标准法的替代形式，只要银行能够说服监管当局该方法有所改进，且一旦银行获准使用标准法的替代形式，未经监管当局批准，不得再使用标准法。

替代标准法打破了单一使用收入指标的做法，而是将商业银行的业务区分为零售银行业务和商业银行业务（替代标准法业务条线的定义和归类原则与标准法相同，参见表 7－2）。替代标准法实施的规则是：对于零售银行业务和商业银行业务两个产品线，用贷款和垫款额乘以一个固定系数 m（$m=0.035$）代替总收入作为风险暴露指标。零售银行业务的操作风险资本系数为 12%；商业银行业务的操作风险资本系数为 15%，零售银行和商业银行两个产品线的 β 系数与标准法的 β 系数一样。总操作风险资本要求为零售银行业务资本要求、商业银行业务资本要求与其他业务资本要求之和。替代标准法的其他产品线计算操作风险资本的方法与标准法相同，也可以用其他业务条线的总收入之和与 18% 的乘积代替。

替代标准法也无须商业银行开发高级模型，但风险敏感性比一般标准法有提高且没有考虑各个条线之间的相关关系。

四、高级计量法

当前，通过内部操作风险计量系统计算监管资本要求的操作风险模型还处在发展成熟阶段，巴塞尔资本协议和我国《资本办法》均只对操作风险的高级计量法模型提出原则性要求，未指定具体的模型形式。以下简要介绍几个操作风险高级计量法模型的主要思路，包括内部衡量法、损失分布法和打分卡法。

（一） 内部衡量法

内部衡量法是基于银行损失数据计算操作风险监管资本的一种方法，对每一业务线分别计算预期损失（EL），并引入换算因子将 EL 转化为非预期损失（UL）。

内部衡量法操作风险资本计算公式为

操作风险资本 = 换算因子 × 预期损失 = 换算因子 ×（操作风险暴露 × 损失概率 × 损失程度）

内部衡量法是银行从基本的由上至下模型向复杂的操作风险资本计量模型过渡的方法，计算简便。但该方法也存在一定缺陷，例如，换算因子是监管部门根据银行业整体的操作风险状况设定的统一标准，不一定普遍适用所有银行；预期损失

（EL）和非预期损失（UL）之间不一定满足该方法假设的线性关系。这些因素都限制了内部衡量法的推广使用。

（二）损失分布法

损失分布法就是银行利用过去的内部数据分别估计每个产品或每种风险类型的两个概率分布函数：一是单一事件冲击下的条件概率分布，即每件风险事件损失严重程度的概率分布，常用的统计分布模型包括对数正态分布、韦伯分布、广义帕累托分布等；二是关于下一年度的事件发生频率的条件概率，即在未来一定时期内会发生多少件风险事件的概率分布，常用的统计分布模型包括泊松分布、负二项分布等。在两种预测分布的基础上，银行可以整合出总损失的概率分布函数，常用的整合方法包括蒙特卡罗模拟、快速傅里叶变换等。给定置信度水平，在总损失分布中可计算出一定置信度下的 VaR 值。

为了度量精确，巴塞尔委员会将操作风险损失事件库按照 7 种事件类型和 8 个业务条线划分为 7×8 的矩阵，先对矩阵中的每一个单元格计量 VaR 值，再对 56 个单元格进行加总。在加总时要考虑到单元格之间的相关性。

（三）打分卡法

打分卡法是银行根据历史损失数据和打分卡数据确定操作风险资本，然后通过打分卡不断修正使其更能反映潜在风险和适应不同业务线的风险控制环境。与其他高级计量法模型相比，打分卡法尽管采用了部分历史数据，但更多偏重于定性分析，主要目标是运用前瞻性的眼光，捕捉各业务线的风险特征与控制环境，掌握潜在风险，进而降低操作风险损失事件发生频率与严重程度。打分卡法的主要缺点在于主观性太强，过于依赖风险管理人员的经验判断。

值得注意的是，由于高级计量法非常复杂，如果银行计划采用，还必须符合银行监管部门规定的各项假设标准，满足高级计量法的实施条件。一旦获得批准可使用较高级的方法，银行就不可以自行选择恢复较简单的方法。只有在监管部门批准后，才允许恢复较简单的方法。同时，如果监管部门确定使用较高级方法的银行不能再满足该方法的合格标准，它可能会要求银行将其一些或所有业务操作恢复较简单的方法，直到银行满足监管部门指定的恢复较高级方法的条件。

第四节　我国对操作风险计量的要求

一、我国对操作风险计量的总体要求

在政策导向上，基本指标法和标准法体现规则导向，监管部门明确计量规则。

保证各银行结果可比，避免套利；高级法体现原则导向，监管部门仅明确数据和计量原则。商业银行自行选择计量方法，体现对风险管理较好银行的激励。

在核准思路上，核准前，对银行实施准入监管，仅核准符合要求的银行实施较为高级的方法；核准后，体现持续监管原则，持续监测高级方法体系的运行情况，及时要求银行整改，并对整改不到位的银行采取监管措施，直至取消实施资格。

在审慎监管上，监管部门认定商业银行内部控制不健全、操作风险管理薄弱的，可要求商业银行提高操作风险资本要求。

二、我国对操作风险基本指标法和标准法实施的要求

我国监管部门对操作风险基本指标法和标准法计量的实施要求主要包括计量方法和实施条件两个方面。

（一）计量方法

《资本办法》在标准法部分取消了标准法的替代形式，其余主要计量方法与《巴塞尔资本协议Ⅱ》保持一致。在具体细节上，一方面明确了基本指标法和标准法总收入的计量口径，发布了总收入构成说明，具体见表7－6；另一方面结合中国的银行业业务实际，制定了业务条线归类的目录，具体见表7－7。

表7－6　总收入构成说明

项目	内容
利息收入	金融机构往来利息收入，贷款、投资利息收入，其他利息收入等
利息支出	金融机构往来利息支出、客户存款利息支出、其他借入资金利息支出等
净利息收入	利息收入－利息支出
手续费和佣金净收入	手续费及佣金收入－手续费及佣金支出
净交易损益	汇兑与汇率产品损益、贵金属与其他商品交易损益、利率产品交易损益、权益衍生产品交易损益等
证券投资净损益	证券投资净损益等，但不包括银行账户“拥有至到期日”和“可供出售”两类证券出售实现的损益
其他营业收入	股利收入、投资物业公允价值变动等
净非利息收入	手续费和佣金净收入＋净交易损益＋证券投资净损益＋其他营业收入
总收入	净利息收入＋净非利息收入

表7－7　业务条线归类目录

一级目录	二级目录	业务种类示例
公司金融	公司和机构融资	并购重组服务、包销、承销、上市服务、退市服务、证券化，研究和信息服务，债务融资，股权融资，银团贷款安排服务，公开发行新股服务、配股及定向增发服务、咨询见证、债务重组服务、财务顾问与咨询，其他公司金融服务等
	政府融资	
	投资银行	
	咨询服务	

续表

一级目录	二级目录	业务种类示例
交易和销售	销售	交易账户人民币理财产品、外币理财产品、在银行间债券市场做市、自营贵金属买卖业务、自营衍生金融工具买卖业务、外汇买卖业务、存放同业、证券回购、资金拆借、外资金融机构客户融资、贵金属租赁业务、资产支持证券、远期利率合约、货币利率掉期、利率期权、远期汇率合约、利率掉期、掉期期权、外汇期权、远期结售汇、债券投资、现金及银行存款、中央银行往来、系统内往来、其他资金管理等
	做市商交易	
	自营业务	
	资金管理	
零售银行	零售业务	零售贷款、零售存款、个人收入证明、个人结售汇、旅行支票、其他零售服务
	私人银行业务	高端贷款、高端客户存款收费、高端客户理财、投资咨询、其他私人银行服务
	银行卡业务	信用卡、借记卡、准贷记卡、收单、其他银行卡服务
商业银行	商业银行业务	单位贷款、单位存款、项目融资、贴现、信贷资产买断卖断、担保、保函、承兑、委托贷款、进出口贸易融资、不动产服务、保理、租赁、单位存款证明、转贷款服务、担保/承诺类、信用证、银行信贷证明、债券投资（银行账户）、其他商业银行业务
支付和结算	客户	债券结算代理、代理外资金融机构外汇清算、代理政策性银行贷款资金结算、银证转账、代理其他商业银行办理银行汇票、代理外资金融机构人民币清算、支票、企业电子银行、商业汇票、结售汇、证券资金清算、彩票资金结算、黄金交易资金清算、期货交易资金清算、个人电子汇款，银行汇票、本票、汇兑、托收承付、托收交易、其他支付结算业务
代理服务	托管	证券投资基金托管、QFⅡ托管、QDII托管、企业年金托管、其他各项资产托管、交易资金第三方账户托管、代保管、保管箱业务、其他相关业务
	公司代理服务	代收代扣业务、代理政策性银行贷款、代理财政授权支付、对公理财业务、代客外汇买卖、代客衍生金融工具业务、代理证券业务、代理买卖贵金属业务、代理保险业务、代收税款、代发工资、代理企业年金业务、其他对公代理业务
	公司受托业务	企业年金受托人业务、其他受托代理业务
资产管理	全权委托的资金管理	投资基金管理、委托资产管理、私募股权基金、其他全权委托的资金管理
	非全权委托的资金管理	投资基金管理、委托资产管理、企业年金管理、其他全权委托的资金管理
零售经纪	零售经纪业务	执行指令服务、代销基金、代理保险、个人理财、代理投资、代理储蓄国债、代理个人黄金业务、代理外汇买卖、其他零售经纪业务
其他业务	其他业务	无法归入以上八个业务条线的业务种类

（二） 实施条件

按照规定，商业银行采用基本指标法不需经监管部门核准。采用标准法应满足以下要求并经监管部门核准。

1. 治理架构清晰。商业银行应当建立清晰的操作风险管理组织架构、政策、工具、流程和报告路线。董事会应承担监控操作风险管理有效性的最终责任，高级管理层应负责执行董事会批准的操作风险管理策略、总体政策及体系。商业银行应指定部门专门负责全行操作风险管理体系的建设，组织实施操作风险的识别、监测、评估、计量、控制、缓释、监督与报告等。商业银行应在全行范围内建立激励机制鼓励改进操作风险管理。

2. 信息系统适用。商业银行应当建立与本行的业务性质、规模和产品复杂程度相适应的操作风险管理系统。该管理系统应能够记录和存储与操作风险损失相关的数据和操作风险事件信息，能够支持操作风险及控制措施的自我评估和对关键风险指标的监测。该管理系统应配备完整的制度文件，规定对未遵守制度的情况进行合理的处置和补救。

3. 数据收集全面。商业银行应当系统性地收集、跟踪和分析与操作风险相关的数据，包括各业务条线的操作风险损失金额和损失频率。商业银行收集内部损失数据应符合相关规定。

4. 风险评估有效。商业银行应当制定操作风险评估机制，将风险评估整合入业务处理流程，建立操作风险和控制自我评估或其他评估工具，定期评估主要业务条线的操作风险，并将评估结果应用到风险考核、流程优化和风险报告中。

5. 风险监测敏感。商业银行应当建立关键风险指标体系，实时监测相关指标，并建立指标突破阈值情况的处理流程，积极开展风险预警管控。

6. 连续性管理体系健全。商业银行应当制定全行统一的业务连续性管理政策措施，建立业务连续性管理应急计划。

7. 报告体系稳健。商业银行负责操作风险管理的部门应定期向高级管理层和董事会提交全行的操作风险管理与控制情况报告，报告中应包括主要操作风险事件的详细信息、已确认或潜在的重大操作风险损失等信息、操作风险及控制措施的评估结果、关键风险指标监测结果，并制定流程对报告中反映的信息采取有效行动。

8. 内部审查严格。商业银行的操作风险管理系统和流程应接受内部独立审查，内部审查应覆盖业务部门的活动和全行各层次的操作风险管理活动。

9. 内控内审充分。商业银行应当投入充足的人力和物力支持在业务条线实施操作风险管理，并确保内部控制和内部审计的有效性。

10. 配合监管。商业银行的操作风险管理体系及其审查情况应接受监管部门的监督检查。

三、我国对操作风险高级计量法实施的要求

按照《资本办法》要求，我国要求实施操作风险高级计量法的银行必须通过监管部门的核准。除满足上述基本指标法和标准法实施的条件外，还须满足如下要求。

（一） 治理架构

银行应将操作风险管理作为主要风险管理职能纳入全行风险管理体系，逐步建立起权责明晰、制约平衡、运行高效的操作风险管理架构：董事会及董事会风险管理委员会要负责制定风险管理战略和风险管理基本制度，承担操作风险管理的最终责任；高管层及高管层风险管理委员会要负责执行董事会批准的操作风险战略和体系，审议操作风险管理的重大事项，解决操作风险管理中出现的重大问题；操作风险管理的牵头部门负责统筹和协调全行操作风险计量和管理工作；各专业部门按职能分工，分别负责相关业务条线的操作风险管理；内部审计部门负责监督评价操作风险治理架构的合理性、内控体系的有效性及管理流程的适用性。

（二） 制度体系

银行要结合监管要求和本行实际，按照以风险识别、评估、计量、监测、控制与报告为核心内容的操作风险管理流程，建立健全覆盖各业务条线和各管理层级的操作风险管理制度体系。在总的框架方面，要有本行的操作风险管理规定、内部控制规定及合规管理规定；在职能分工方面，要出台操作风险管理委员会工作规则及风险管理的职责边界；在管理工具方面，要制定操作风险与控制自我评估、损失数据收集、关键风险指标监测等管理办法；在资本计量方面，要根据商业银行选择的资本计量方法起草实施细则；在其他操作风险管理方面，要制定业务连续性管理、新产品风险评估、外包业务管理、员工违规违纪行为处理等一系列制度体系，保证整个银行操作风险管理工作有章可循、运行高效。

（三） 工具应用

银行要全面应用操作风险损失数据收集、风险与控制自我评估、关键风险指标监测等操作风险管理工具，实施高级计量法的银行还需开展情景分析工作。

1. 损失数据收集

损失数据收集是银行对因操作风险引起的损失事件进行收集、报告并管理的相关工作。损失收集工作要明确损失的定义、损失的形态、统计标准、职责分工和报告路径等内容，保障损失数据统计工作的规范性。

2. 风险与控制自我评估

风险与控制自我评估是银行对自身经营管理中存在的操作风险点进行识别，评

估固有风险，再通过分析现有控制活动的有效性，评估剩余风险，进而提出控制优化措施的工作。

3. 关键风险指标监测

关键风险指标是代表某一业务领域操作风险变化情况的统计指标，是识别、计量操作风险的重要工具。设计良好的关键风险指标体系要满足整体性、重要性、敏感性、可靠性原则，且须明确数据口径、门槛值、报告路径等要素。

4. 情景分析

情景分析是银行对业务中潜在的重大操作风险事件进行分析，评估事件发生的可能性和造成的影响，并采取相应的控制措施的方法。开展情景分析工作，有助于评估银行面临的重要风险因素，为操作风险资本计量及分配提供数据支持。情景分析的范围既包括当前面临的各种社会、经济、法律等宏观情景因素，也包括业务经营中人员、流程等微观情景。情景分析应当综合考虑目前及未来的内部、外部环境变化因素。同时应当谨慎、客观，从而保证作出恰当的决策并采取适当的管理行动。此外，还要根据银行内部、外部环境变化对既定情景的变化进行密切关注，必要时进行重新分析。

（四） 信息系统

银行应建设操作风险应用管理系统，系统要支持损失事件收集（LDC）、操作风险与控制自我评估（RCSA）和关键风险指标（KRI）等操作风险管理工具的电子化操作，同时支持操作风险监管资本的自动化计量。通过系统建设，应逐步形成商业银行统一的操作风险数据集市，提升整个银行操作风险管理工作的信息化和标准化水平。

（五） 成果应用

实施标准法的银行要将资本计量工作与操作风险管理实现有机融合，有效提高全行的操作风险量化管理能力。完善资本和绩效考核体系，将资本向分行分配，并将结果用于分行经营绩效考核。积极推广应用各项操作风险管理工具，主动分析内外部环境变化因素并评估风险大小，提升整个银行操作风险管理的科学性、敏感性和前瞻性。

对银行操作风险管理现状进行系统梳理，优化操作风险管理流程，完善制度办法，强化业务培训和风险文化教育，提升全员参与的风险管理理念。实施高级计量法的银行，还要进一步将操作风险资本纳入风险定价、RAROC、保险等领域，体现“应用测试”原则。

（六） 量化基础

量化基础主要包括治理基础和数据基础。治理基础主要强调操作风险计量应成为操作风险管理流程的重要组成部分，相关计量体系应能促进商业银行改进整个银行和各业务条线的操作风险管理，支持向各业务条线配置相应的资本。银行应当建立对操作风险资本计量系统严格的独立验证程序，验证应包括操作风险高级计量模型及支持体系，证明高级计量模型能够充分反映低频高损事件风险，审慎计量操作风险的监管资本。商业银行的操作风险管理系统和流程还应接受第三方的验证，验证应覆盖业务条线和整个银行的操作风险管理。

数据基础方面则主要明确银行操作风险计量系统的建立应基于内部损失数据、外部损失数据、情景分析、业务经营环境和内部控制四项基本要素，并对其在操作风险计量系统中的作用和权重作出书面合理界定。四项基本要素应分别至少符合以下要求。

1. 内部损失数据

应当具备至少5年观测期的内部损失数据。初次使用高级计量法的商业银行可使用3年期的内部损失数据；应当书面规定对内部损失数据进行加工、调整的方法、程序和权限，有效处理数据质量问题；内部损失数据应全面覆盖对银行风险评估有重大影响的所有重要业务活动，并应设置合理的损失事件统计金额起点；操作风险计量系统使用的内部损失数据应与业务条线归类目录和损失事件类型目录建立对应关系；除收集损失金额信息外，还应收集损失事件发生时间、损失事件发生的原因等信息；对由一个中心控制部门（如信息科技部门）或由跨业务条线及跨期事件引起的操作风险损失，应制定合理具体的损失分配标准；应当建立对损失事件的跟踪和检查机制，及时更新损失事件状态和损失金额等的变化情况；应当收集记录没有造成任何损失影响或带来收益的事件，此类事件可不用于建模，但应通过情景分析等方法评估其风险及损失；对因操作风险事件（如抵押品管理缺陷）引起的信用风险损失，如已将其反映在信用风险数据库中，应视其为信用风险损失，不纳入操作风险监管资本计量，但应将此类事件在操作风险内部损失数据库中单独作出标记说明；对因操作风险事件引起的市场风险损失，应反映在操作风险的内部损失数据库中，纳入操作风险监管资本计量；操作风险内部损失数据收集情况及评估结果应接受监管部门的监督检查。

2. 外部损失数据

操作风险计量系统应使用相关的外部数据，包括公开数据、银行业共享数据等；应书面规定外部数据加工、调整的方法、程序和权限，有效处理外部数据应用于本行的适应性问题；应包含实际损失金额、发生损失事件的业务规模、损失事件的原因和背景等信息。实施高级计量法的银行之间可以适当的形式共享内部数据，作为操作风险计量的外部数据来源。银行之间汇总、管理和共享使用内部数据，应遵循事先确定的书面规则。有关规则和运行管理机制应事先报告监管部门，使用情况应接受监管部门的监督检查。

3. 情景分析

应当综合运用外部数据及情景分析来估计潜在的操作风险大额损失，应当对操作风险计量系统所使用的相关性假设进行情景分析。商业银行应及时将事后真实的损失结果与情景分析进行对比，不断提高情景分析的合理性。

4. 业务经营环境和内部控制

在运用内部、外部损失数据和情景分析方法计量操作风险时，还应考虑到可能使操作风险状况发生变化的业务经营环境、内部控制因素，并将这些因素转换成为可计量的定量指标纳入操作风险计量系统。

（七） 计量模型

由于操作风险模型还处在发展成熟阶段，巴塞尔新资本协议和我国《资本办法》均只对操作风险高级计量法模型提出原则性要求，未指定具体的模型形式。主要原则如下：

（1）用于计量操作风险资本要求模型的置信度应不低于99.9%，观测期为1年。

（2）操作风险计量系统应具有较高的精确度，应考虑到非常严重和极端损失事件发生的频率和损失的金额。

（3）如不能证明已准确计算出了预期损失并充分反映在当期损益中，应在计量操作风险资本时综合考虑预期损失和非预期损失之和。

（4）在加总不同类型的操作风险资本时，可以自行确定相关系数，但要书面证明所估计的各项操作风险损失之间相关系数的合理性。

（5）可以将保险作为操作风险高级计量法的缓释因素。保险的缓释最高不超过操作风险资本要求的20%。

本章小结

1. 操作风险是指由不完善或有问题的内部程序、员工和信息科技系统，以及外部事件造成损失的风险，包括法律风险，但不包括策略风险和声誉风险。

2. 根据操作风险的定义及其发生的原因，可对操作风险进行分类：由人员因素引发的操作风险，可分为员工操作失误、员工违法行为、违反用工法、员工越权行为、关键人员流失、劳动力中断；由流程因素引发的操作风险，可分为流程设计不合理、流程执行不严格；由系统因素引发的操作风险，可分为系统因素引发的操作风险和系统数据风险影响业务正常运行导致损失的风险；由外部事件因素引发的操作风险，可分为外部欺诈、外部突发事件和经营场所的安全性。

3. 操作风险资本应在巴塞尔资本协议第一支柱框架下计量，银行可以使用三种方法计量操作风险：基本指标法、标准法和高级计量法，这三种方法的复杂程度和风险敏感度依次上升。

4. 巴塞尔委员会给出了银行应采用的各类定性评估内容，规定了操作风险管理应遵守的稳健原则，这些原则覆盖四个方面：操作风险管理环境、操作风险管理活动、监管当局的职责和信息披露的作用。

5. 操作风险评估方法主要包括操作风险打分卡方法、操作风险指标法和操作风险统计方法。

6. 基本指标法是操作风险计量方法中最为简单的一种方法，因为其最易于执行，无须商业银行开发高级模型，特别是在损失数据库不完备的时候是可选的过渡性办法，较为适用于中小规模银行采用。

7. 标准法是一种比基本指标法更进一步的计算操作风险资本的方法。标准法分为一般标准法和替代标准法。标准法以各业务条线的总收入为计量基础，因此也大致代表了各业务条线的操作风险暴露。

8. 高级计量法包括内部衡量法、损失分布法和打分卡法。

9. 我国监管部门对操作风险计量的总体要求如下：在政策导向上，基本指标法和标准法体现规则导向，监管部门明确了计量规则；在核准思路上，核准前，对银行实施准入监管，仅核准符合要求的银行实施较为高级的方法；核准后，体现持续监管原则，持续监测高级方法体系的运行情况，及时要求银行整改，并对整改不到位的银行采取监管措施，直至取消实施资格；在审慎监管上，监管部门认定商业银行内部控制不健全、操作风险管理薄弱的，可要求商业银行提高操作风险资本。

10. 我国监管部门对操作风险基本指标法和标准法计量的实施要求主要包括计量方法和实施条件两个方面。

11. 《商业银行资本管理办法（试行）》在标准法部分取消了标准法的替代形式，其余主要计量方法与《巴塞尔资本协议Ⅱ》保持一致。在具体细节方面，一方面是明确了基本指标法和标准法总收入的计量口径，发布了总收入构成说明；另一方面是结合中国的银行业业务实际，制定了业务条线归类的目录。

12. 按照规定，商业银行采用指标法无须核准。商业银行采用标准法应满足以下要求并经监管部门核准：治理架构清晰、信息系统适用、数据收集全面、风险评估有效、风险监测敏感、连续性管理体系健全、报告体系稳健、内部审查严格、内控内审充分、配合监管。

13. 按照《商业银行资本管理办法（试行）》要求实施操作风险高级计量法的银行必须通过监管部门的核准。除满足上述基本指标法和标准法实施的条件外，还须满足在治理架构、制度体系、工具应用、信息系统、成果应用、量化基础、计量模型等方面的要求。

本章重要概念

操作风险　操作风险打分卡法　操作风险基本指标法　操作风险标准法　操作风险替代标准法　操作风险高级计量法

本章复习思考题

1. 判断题

(1) 操作风险对银行来说是可以消除的威胁。（　　）

(2) 操作风险主要是内部原因引起的风险。（　　）

(3) 对于不能证明自身已有效实施操作风险管理十项稳健原则的银行，监管当局可能要求其保持更高的资本金水平。（　　）

(4) 打分卡一般是按照产品、地域或部门划分的特定业务流程而设计的。（　　）

(5) 对操作风险的量化评估与对操作风险监管资本计提完全相同。（　　）

(6) 在操作风险监管资本计提基本指标法中，操作风险资本计提基于两个组成部分：总收入（前三年正的）和固定系数。（　　）

(7) 巴塞尔协议操作风险监管资本计量的基本指标法中，总收入仅指当年银行的所有营业收入。（　　）

(8) 巴塞尔协议操作风险监管资本计量的标准法和基本指标法中，总收入含义完全相同。（　　）

(9) 在替代标准法中，计量操作风险监管资本时，零售银行和商业银行两个产品线不用总收入指标，改用贷款和垫款额乘以3.5%代替。（　　）

(10) 高级计量法包括内部衡量法、损失分布法和打分卡法。（　　）

2. 单选题

(1) 巴塞尔委员会关于操作风险的定义中包括下列哪一类风险？（　　）

A. 战略风险　B. 经营风险　C. 法律风险　D. 声誉风险

(2) 下列哪一项损失事件不属于操作风险事件？（　　）

A. 地震　B. 利率上升　C. 违反KYC（了解你的客户）原则

D. 有关不公正解聘的指控

(3) 下列哪一项损失事件属于操作风险？( )

A. 标准普尔500指数下跌　　B. 电力供应发生故障

C. 贷款发生违约

(4) 下列哪一项损失事件不属于操作风险事件？( )

A. 违反员工健康与安全规定　　B. 客户信用评级下降

C. 火灾损失　　D. 数据录入错误

(5) 基本指标法中的操作风险资本是基于银行过去三年中的( )的一个固定百分比。

A. 总收入　　B. 总资产　　C. 总运营成本　　D. 总成本

(6) 标准法中的操作风险资本是基于银行的( )。

A. 特定地区的运营情况　　B. 特定产品线的总收入

C. 特定行业的风险暴露　　D. 特定产品的总收入

(7) 与基本指标法相比，标准法具有哪些特点？下列关于标准法使用的说法中正确的陈述是( )。

A. 标准法能更好地符合银行的操作风险状况，因为它使用了操作风险损失事件的数据

B. 标准法能更好地符合银行的操作风险状况，因为它使用产品线方法来计算资本计提

C. 标准法能更好地反映银行从事各个不同业务活动的部门具有的不同的风险状况

D. 标准法为银行按产品线逐步向高级计量方法过渡提供了基础

(8) 银行采用替代标准法计算其操作风险资本。在第一年，零售银行业务中的贷款和垫款额是50000元，那么该产品线在第一年的资本计提数额是( )。

A. 150　　B. 180　　C. 210　　D. 240

(9) 下列说法不正确的是( )。

A. 倘若银行达到了最低标准的要求，监管部门可以准许它对某部分业务使用基本指标法或标准法，而对其他部分使用高级计量法。

B. 无论何时，只要银行需要，它都可以在使用高级法之后恢复到较简单的方法。

C. 只要银行能够说服监管当局该方法有所改进，各国监管当局可根据本国情况决定是否允许银行采用替代标准法。

D. 按照基本指标法计算资本计提时，会用到前三年的正总收入总额。

(10) 我国操作风险高级计量法实施中，对计量模型( )。

A. 指定具体模型形式　　B. 未指定具体模型形式　　C. 提出了主要原则

3. 计算题

（1）用基本指标法计算 A 银行的操作风险监管资本。

表 1　　A 银行三年的总收入　　单位：百万美元

年份	银行的总收入
2018	120
2019	20
2020	250

请计算：①三年的正数总收入的总额；②三年的正数总收入平均值；③α；④基本指标法规定的操作风险资金要求。

（2）用基本指标法和标准法计算 M 银行操作风险监管资本。

表 2　　M 银行近三年总收入情况　　单位：百万美元

年份	总收入
第一年	1635
第二年	-350
第三年	1945

表 3　　M 银行各条产品线的总收入　　单位：百万美元

生产线	总收入		
	第一年	第二年	第三年
公司金融	-50	-500	200
交易和销售	100	-270	-80
零售银行业务	500	700	800
商业银行业务	800	0	700
支付和清算	200	150	500
代理服务	5	50	45
资产管理	20	-390	-120
零售经纪	50	-275	100

表 4　　M 银行第二年各条产品线的资本要求　　单位：百万美元

生产线	第二年的资本要求
公司金融	-90
交易和销售	-48.6
零售银行业务	84
商业银行业务	75
支付和清算	27
代理服务	7.5
资产管理	-46.8
零售经纪	33

表 5　　　　　M 银行在第 1～3 年中各条产品线的总资本要求　　单位：百万美元

年份	总资本要求
第一年	235.6
第二年	-24.9
第三年	280.95

①假如 M 银行使用基本指标法，请根据表 2 计算操作风险资本要求；

②假如 M 银行使用标准法，请根据表 3 计算该银行商业银行产品线第一年的资本要求；

③假如 M 银行使用标准法，请根据表 4 计算该银行第二年各条产品线资本要求的总额；

④假如 M 银行使用标准法，请根据表 5 计算该银行操作风险资本要求的总额。

4. 简答题

（1）简述操作风险的概念与类型。

（2）简述操作风险评估和管理。

（3）简述操作风险资本计量的基本指标法的计算方法及其步骤。

（4）简述操作风险资本计量的标准法的两种类型及其计量方法。

（5）简述操作风险资本计量的高级计量法包括的类型及其计量方法。

（6）简述我国监管部门对操作风险资本计量及其要求。

5. 思考题

（1）谈谈对操作风险资本计量的高级计量法的看法。

（2）谈谈对我国银行案件高发与操作风险管理关系的看法。

第八章
杠杆率

这里的杠杆是指银行用来撬动经营规模的资本金。银行监管规则中所称的杠杆率是指银行资本占总资产的比例，其倒数（总资产资本）就是杠杆倍数。如前所述，银行是信用中介，其杠杆率比其他公司要高。

始于 2007 年的美国次贷危机并很快演变成为国际金融危机，使处于暴风眼的高杠杆经营的大型银行暴露出资本严重不足的问题，无法有效抵御其面临的损失，引发了国际社会对资本监管的全面反思。引入杠杆率弥补《巴塞尔资本协议Ⅱ》的内在缺陷，提供资本监管的有效性，成为国际社会的共识。《巴塞尔资本协议Ⅲ》引入了杠杆率，限制过度的杠杆经营。

本章主要介绍《巴塞尔资本协议Ⅲ》引入杠杆率的背景、基本内容特别是杠杆率的计算以及各国的实践。

第一节 《巴塞尔资本协议Ⅲ》与杠杆率

一、《巴塞尔资本协议Ⅲ》引入杠杆率的背景

如前所述，《巴塞尔资本协议Ⅲ》引入杠杆率是基于对国际金融危机的反思。国际金融危机的教训主要包括以下几点。

（一） 资本充足率并不完全反映风险抵御程度

国际金融危机显示，危机前西方国家主要商业银行的资本充足率并不反映其杠杆程度和资本充足状况。一方面商业银行呈现出高的资本充足率、低的杠杆率的状况，商业银行的资本充足率与杠杆率出现明显的偏离；另一方面高的资本充足率并不表现商业银行风险程度较低或有更强的风险抵御能力。

国际金融危机数据显示，德国、瑞士、比利时、英国等国家的商业银行的一级资本充足率和杠杆率出现了大幅度的偏离，其中一级资本充足率都在 9.5% 以上，

但杠杆率低于2%。从一级资本充足率和杠杆率与损失的关系来看，杠杆率与损失率具有较强的负相关性；而一级资本充足率与损失率的相关性较弱，甚至存在正相关。高资本充足率与高损失率并存，表明一级资本充足率基本不反映其杠杆化的程度。这种情况的出现与《巴塞尔资本协议Ⅱ》的缺陷相关。

（二）对《巴塞尔资本协议Ⅱ》的反思

资本充足率指标的失效引发了对《巴塞尔资本协议Ⅱ》的全面反思。《巴塞尔资本协议Ⅱ》对资本定义、模型的使用风险、顺周期性、复杂性等问题成为讨论的热点。

1. 资本定义问题

在《巴塞尔资本协议Ⅱ》中，合格的资本定义并没有明确。《巴塞尔资本协议Ⅱ》发布以来，国际活跃银行监管资本呈现出资本构成日趋复杂、资本质量下降的特点。一方面，创新资本工具不断增多，成为银行补充资本的重要方式；另一方面，随着混合资本工具的规模不断扩大，种类也越来越多，各类资本的性质不尽相同，有些并不具备普通股的永久性特征和吸收损失的能力，银行资本的整体质量下降。要求资本定义应确保资本具备良好的损失吸收能力，成为国际社会的共识。

2. 模型使用风险问题

《巴塞尔资本协议Ⅱ》允许银行采用内部模型计算监管资本要求，提高了资本充足率的风险敏感性，但也带来了模型套利和模型风险问题。

从银行的角度来说，为了追求利润最大化，银行有可能通过调整模型参数、改变样本数据等方式降低资本要求，实施监管套利；从监管当局角度来说，由于监管当局和银行存在信息不对称，监管当局无法通过外部监管有效控制银行的逆向选择。

在模型监管套利之外，还存在模型使用中的模型风险问题。与监管套利通过人为地调整模型参数降低资本要求不同，模型风险是指银行输入的数据不准或时间太短、模型设计存在缺陷、对尾部事件考虑不足以及模型运用出现偏差等因素造成的模型无法真实反映资产风险由此给银行带来损失的风险。在金融危机中，广泛运用的 VaR 模型受到了严厉批评，其主要原因就是模型严重低估了银行的市场风险。在资本充足率之外，引入不具有风险敏感性的资本监管底线要求，成为提高资本监管有效性的一个可行的选择。

3. 顺周期性问题

在提高风险敏感性的同时，与《巴塞尔资本协议Ⅰ》相比，《巴塞尔资本协议Ⅱ》存在加强顺周期的问题。在《巴塞尔资本协议Ⅱ》框架下，资本要求是违约概率、违约损失率和违约损失风险敞口的函数。这些参数随着经济周期的变动而波动，在经济上行周期，违约概率和违约损失率往往较低，以其计算出的资本要求也较低，推动银行在经济上行周期扩张信贷；在经济下行周期，违约概率和违约损失率往往较高，以其计算出的资本要求也较高，加剧了银行信贷的收缩。由此提出修订《巴塞尔资本协议Ⅱ》缓解最低资本要求顺周期的方法的要求。

4. 复杂性问题

《巴塞尔资本协议Ⅱ》在赋予银行对多种不同资本计量方法进行选择的同时，也进一步加大了资本监管框架的复杂性。复杂的资本监管框架既加大了银行理解和实施的难度，也给监管当局的监管工作带来了困难。由此提出如何在现有框架下，引入一个简单的方法作为补充的要求。

二、《巴塞尔资本协议Ⅲ》引入杠杆率的过程

针对《巴塞尔资本协议Ⅱ》存在的问题，国际社会在反思中提出，在风险敏感的加权资本充足率之外，引入简单的、透明的、不具有风险敏感性的杠杆率作为资本充足率的补充。2009 年 3 月，巴塞尔委员会成立了杠杆率工作组，负责推进全球统一的杠杆率监管标准的研究设计工作。2010 年 12 月，《巴塞尔资本协议Ⅲ》正式发布了全球统一的杠杆率监管标准，首次将杠杆率引入银行监管国际规则，明确了杠杆率的计算规则和监管要求。2014 年 1 月，《巴塞尔Ⅲ：杠杆率框架和披露要求》正式发布，杠杆率成为资本监管的核心指标之一。2017 年 12 月 8 日巴塞尔委员会公布了《巴塞尔Ⅲ：后危机改革的最终方案》。2017 年版《巴塞尔资本协议Ⅲ》最终方案对 2010 年版进行了补充修订，对杠杆率指标进行校准，2018 年 1 月 1 日开始将其纳入第一支柱监管要求。

三、《巴塞尔资本协议Ⅲ》引入杠杆率的作用

巴塞尔委员会认为，作为简单的、透明的、不具有风险敏感性的监管工具，杠杆率兼具宏观审慎和微观审慎的功能，可以在这两个方面发挥作用：一是在微观方面，杠杆率为以风险计量为基础的资本充足率提供了一个监管资本要求的底线；二是在宏观方面，杠杆率可以限制银行体系的过度杠杆化，减少去杠杆（指银行出售资产引起杠杆率下降的现象）对金融体系和实体经济的伤害。

在微观审慎层面，杠杆率对资本充足率形成有益补充，防止银行使用内部模型进行监管套利，确保银行维持一定水平的合格资本。

杠杆率坚持以高质量的资本为其分子，其口径为一级资本净额，这与巴塞尔委员会改进资本定义以提高资本质量的方向一致，有利于防止资本构成日益复杂带来资本质量下降的问题；杠杆率不以风险计量为基础的特点，使其不再依赖评估风险的模型，有利于防止模型套利和模型风险；杠杆率简单的特点，可以防止《巴塞尔

资本协议Ⅱ》框架下资本充足率规则日益复杂带来的问题，在确保银行持有一定水平的合格资本的同时，减少银行实施和监管当局监管的成本。

杠杆率不是取代资本充足率，而是资本充足率的补充，这里需要理解杠杆率与资本充足率的关系。由于杠杆率的分子与一级资本充足率的分子相同，将杠杆率与一级资本充足率相比，最能体现二者之间的对比。资本充足率的分母是加权风险资产，而杠杆率的分母是表内外总资产。这样按现行规定计算出来的达标比率并不相同：有的银行既满足资本充足率的要求，又满足杠杆率的要求；有的银行只满足资本充足率的要求，满足不了杠杆率的要求。出现后一种情况可能是多种原因造成的，一种原因是该银行主要从事低风险业务，经风险加权后，银行的风险加权资产真实反映其资产状况；另一种原因可能是银行通过监管套利或受模型风险等因素的影响，较低的加权资产没有真实反映其资产的风险状况。正是在后一种情况下，杠杆率对资本充足率起到了有益补充作用。

在宏观审慎层面，杠杆率能够起到逆周期调节作用，有利于防止银行体系资产负债表的过度扩张，控制银行体系杠杆化程度的非理性增长和系统性风险的增加。通过设定杠杆率限额，在经济上行周期，杠杆率的实施可以控制银行过度杠杆化；在经济下行周期，则可减少银行“去杠杆”带来的冲击，有利于降低银行体系的顺周期性。

第二节　杠杆率的计算

2010 年 12 月《巴塞尔资本协议Ⅲ》的发布，标志着杠杆率正式成为一项新的国际资本监管标准。这是巴塞尔委员会历时近两年努力的结果。依托巴塞尔委员会杠杆率工作组，巴塞尔委员会组织相关国家监管当局对各国会计准则、监管标准以及杠杆率的各项要素进行了反复的研究和讨论，并先后组织了多轮定量测算，研究确定了全球统一的杠杆率计量方法。2014 年 1 月，巴塞尔委员会针对实施中存在的问题，又进一步对杠杆率的计量方法进行了修订。修订后的杠杆率计量方法成为 2015 年各国国际活跃银行披露杠杆率情况的基础。经过评估，2018 年 1 月 1 日起将杠杆率作为第一支柱监管要求，即作为强制性监管要求。

一、杠杆率的计算公式

巴塞尔委员会 2014 年 1 月发布的杠杆率修订框架规定，《巴塞尔资本协议Ⅲ》杠杆率采用比例形式，即

$$杠杆率 = 资本/敞口$$

式中，资本为《巴塞尔资本协议Ⅲ》框架下的一级资本净额，敞口（Exposure）为调整后的表内外资产总额。该规定统一了杠杆率的表达形式，该规定在2010年12月发布的《巴塞尔资本协议Ⅲ》中首次确立，并得到了延用。采用比例方式的主要目的是保持和一级资本充足率等加权风险资本充足率指标的直接可比性。

在杠杆率的分子上，巴塞尔委员会选择了一级资本净额。考虑到《巴塞尔资本协议Ⅲ》框架下的一级资本及其扣减项从2013年起逐步实施，在过渡期内，杠杆率将采用过渡期内的一级资本定义，即在过渡期内，杠杆率的分子将和资本充足率的分子保持一致，直至2018年1月1日以后全面采用《巴塞尔资本协议Ⅲ》框架下的一级资本定义。采用一级资本作为杠杆率的分子，主要是因为巴塞尔委员会设计杠杆率时提出的杠杆率的分子应当为高质量资本。巴塞尔委员会认为，杠杆率采用的资本应当是维护银行正常经营的资本，而不应是倒闭情况下用于吸收损失的资本。但考虑到不同层次资本（包括二级资本）均有其功用，巴塞尔委员会表示将在过渡期内持续收集数据，评估采用核心一级资本和总监管资本作为杠杆率分子的影响。

二、杠杆率敞口的计量

在国际金融危机中，表外业务成为金融机构损失的重要来源。巴塞尔委员会明确，杠杆率敞口应当全面覆盖表内和表外各项资产。考虑到衍生产品和证券融资交易（Security Financing Transactions）既可能形成表内资产，也会在表外项目中体现，巴塞尔委员会将杠杆率敞口划分为四个部分：表内资产、衍生产品、证券融资交易、表外项目，并对各个部分的敞口及其子项目提出了不同的计量方法。在计量杠杆率敞口时，巴塞尔委员会提出了以下原则：一是杠杆率敞口应主要采用会计方法计量，即主要根据会计准则确定相关敞口的大小；二是杠杆率敞口不应承认风险缓释。该两大原则是杠杆率简单、不以风险计量为基础的两大特征在计量方法中的具体体现。主要采用会计方法，既有利于维持杠杆率的简单性，也易于为业界和利益相关者所理解。在各国会计准则趋同的背景下，还有利于保证银行间杠杆率的可比性。不考虑风险缓释，是杠杆率不以风险计量为基础特性的必然要求，同时也有利于防止增加杠杆率计量的复杂性。巴塞尔委员会规定，根据主要采用会计方法的原则，在计量表内资产和非衍生产品资产时，可以按照会计准则的规定从敞口中扣除专项准备，进行相应的会计估值调整。根据不承认风险缓释的原则，各种抵质押品、担保和其他信用风险缓释（如购买信用违约互换）都不应从敞口中扣减，存款和贷款也不得相互轧抵。

（一） 表内资产

在计量杠杆率敞口时，应当将所有表内资产纳入敞口中。在计量表内资产时采用会计方法，即杠杆率敞口中的表内资产敞口将与会计报表保持一致。为保证杠杆率分子、分母的一致性，从一级资本中扣除的项目应当相应从杠杆率敞口中扣除。根据《巴塞尔资本协议Ⅲ》，应当按照相关规定从一级资本中扣除的项目包括商誉和其他无形资产、递延税资产、现金流套期储备、贷款损失准备缺口、资产证券化销售利得、银行自身信用风险变化导致其负债公允价值变化带来的未实现损益、确定受益的养老金资产净额、库藏股和商业银行之间通过协议相互持有的各级资本工具等。这些内容我们在第四章已经做过介绍。

（二）衍生产品

在巴塞尔资本监管框架中，衍生产品敞口的计量是一个难点。计量的困难来源于衍生产品风险暴露的不确定性和双边性：不确定性是指衍生产品的风险敞口随着市场价格而波动；双边性是指在交易过程中交易金融工具的市值对于交易的一方来说既可能是正值，也可能是负值，因而交易的任何一方都存在损失的可能。

1. 主要会计和监管计量方法

在会计上，衍生产品资产的计量主要有两种方法：市值（Market Value）和名义本金（Notional Principal）。市值指的是按照公允价值会计计量的衍生产品合约的当期价值，即在特定时点的市场价值；名义本金指的是衍生产品合约的面值，即衍生产品基础资产的价值。一方面，名义本金不能反映交易对手方之间的风险敞口，也不能反映交易双方应当对对手方的支付义务，而是可能远远大于风险敞口值。以利率互换为例，交易的一方对另一方仅应支付根据互换利率计算的利息的差额，而不支付特定互换利率下的基础资产总额。另一方面，市值也不能完全反映交易双方的风险敞口。市值仅是在特定时点下衍生产品的市场价值，但是在合约存续期间或终止的时候，由于衍生产品合约的价格随市场价格波动，在另一个时点，衍生产品合约的价值既可能更大，也可能更小。考虑到市值和名义本金都无法准确反映衍生产品的风险敞口，巴塞尔协议基于交易对手信用风险的计量方法，对衍生产品敞口的计量作出了规定。在《巴塞尔资本协议Ⅱ》中，衍生产品敞口有三种计量方法：现期风险暴露法、标准法和内部模型法。在三种方法中，标准法过于复杂，银行基本不采用该方法，从而使现期风险暴露法成为内部模型法以外的唯一选择。

在市场实践中，金融机构缓释交易对手信用风险的常用方法主要有两种：一种方法是要求交易对手方提交保证金，包括初始保证金（Initial Margin）和可变保证金（Variation Margin）。初始保证金是金融机构根据交易对手的信用资质和可能开展的各种交易类型要求交易对手提交的保证金，用于弥补与交易对手交易可能带来的总体损失；可变保证金是金融机构根据特定衍生产品交易合约市值变化要求交易对手提交的保证金。在一般情况下，衍生产品合约价值为正值的一方可以要求另一方提交可变保证金。在市场实践中，金融机构一般每日对衍生产品合约进行估值，并根据估值结果交换可变保证金。另一种风险缓释方法是净额结算（Netting），指在特定情况下（一般为交易对手方违约或破产），当交易双方存在多项衍生产品合约时，对衍生产品合约的市值进行轧差，并按所得的净值进行支付的方法。净额结算有利于减少金融机构的交易对手信用风险敞口，降低整个市场的风险敞口水平；也有利于在一方出现违约或破产时，提高结算或清算效率，避免受制于繁琐的法律程序。

2. 杠杆率框架下衍生产品的计量方法

衍生产品业务，尤其是信用衍生产品业务是引发系统性危机的重要原因。主要表现为：第一，衍生产品助推了住房抵押贷款证券化的扩张，放大了房地产市场泡沫。通过购买衍生产品（主要是信用衍生产品），投资者加大了对住房抵押贷款证券的购买力度，使住房抵押贷款证券化的规模不断扩大，对房地产市场泡沫起到了推波助澜的作用。房地产市场泡沫的破裂，是引发金融危机的第一推动力。第二，衍生产品交易成为金融机构损失的重要来源。场外衍生产品不透明、杠杆程度高的特点，使很小的市场波动就可能给金融机构带来巨大的损失，并成为一些金融机构倒闭的重要原因。金融危机爆发后，一些金融衍生产品丧失流动性，加大了其估值的难度，给金融机构进一步带来了损失。第三，衍生产品交易增加了金融机构的关联度，放大了风险传染。衍生产品交易将金融机构紧密地联系在一起，使一家金融机构的损失很快传导给其他金融机构，引发了整个金融体系的危机。考虑到衍生产品尤其是信用衍生产品在危机中的负面作用，在制定《巴塞尔资本协议Ⅲ》的过程中，巴塞尔委员会拟从资本约束的角度强化对衍生产品的监管。在2009年12月发布的《巴塞尔资本协议Ⅲ》（征求意见稿）中，巴塞尔委员会提出，将对信用衍生产品和其他衍生产品采用不同的计量方法，信用衍生产品采用名义本金，其他衍生产品采用现期风险暴露法或市值。同时，在计量衍生产品敞口时不允许净额结算。在征求意见的过程中，不允许净额结算和卖出信用衍生产品采用名义本金计量敞口遭到强烈的反对。在反复研究业界意见的基础上，2010年12月发布的《巴塞尔资本协议Ⅲ》调整了衍生产品的计量方法，对包括信用衍生产品在内的各类衍生产品统一采用现期风险暴露法，同时允许采用《巴塞尔资本协议Ⅱ》框架下的净额结算。在确定现期风险暴露法下的重置成本时，采用根据会计准则计量的市值。

《巴塞尔资本协议Ⅲ》发布之后，其有关杠杆率框架下衍生产品计量的规则就受到了质疑。质疑主要来源于两个方面：一是《巴塞尔资本协议Ⅲ》文本解释的问题。一方面，《巴塞尔资本协议Ⅲ》规定，在计量杠杆率敞口时，不承认风险缓释；另一方面，在衍生产品敞口计量方法上，《巴塞尔资本协议Ⅲ》又规定采用《巴塞尔资本协议Ⅱ》规定的现期风险暴露法，而现期风险暴露法允许在计算衍生产品敞口时扣除抵质押品。二是国际会计准则和美国通用会计准则差异带来的问题。美国通用会计准则规定，在计量衍生产品市值时，应当扣除收到的质押现金。而在国际会计准则下，无论现金还是非现金抵质押品，都不允许从衍生产品市值中扣除。因此，《巴塞尔资本协议Ⅲ》有关杠杆率框架下衍生产品的计量规则，既无法保证全球实施的一致性，也与杠杆率框架的其他规则相互矛盾，其核心问题是是否允许从衍生产品敞口中扣除抵质押品。经反复讨论，巴塞尔委员会在2014年1月发布的杠杆率修订框架中，进一步明确了杠杆率框架下衍生产品的计量方法：第一，衍生产品敞口采用现期风险暴露法计算；第二，在计算重置成本时，允许符合《巴塞尔资本协议Ⅱ》规定的合格净额结算；第三，不允许从衍生产品敞口中扣除抵质押品，但现金形式的可变保证金（Cash Variation Margin）除外。修订后的杠杆率框架在坚持杠杆率不承认风险缓释的原则的基础上，考虑到现金形式的可变保证具有的支付性质，将其视为对偿付义务的支付而非抵押品，对可变保证金做了变通处理，允许合格可变保证金从衍生产品敞口中扣除。

3. 信用衍生产品敞口的计量

除文本解释和全球实施不一致的质疑外，2010年《巴塞尔资本协议Ⅲ》中的信用衍生产品敞口计量规则也因其不够审慎受到了质疑。《巴塞尔资本协议Ⅲ》发布后，一些国家监管当局提出，应当根据信用衍生产品敞口的特殊性对其采取特殊的计量方法。信用衍生产品实质上有两种风险暴露：一种是随合约价值变化的交易对手信用风险敞口，另一种是基于信用衍生产品标的实体（Reference Entity）信用状况变化的信用风险敞口。现期风险暴露法捕捉了前一种敞口，但并不能有效覆盖后一种敞口。根据相关国家监管当局的建议，巴塞尔委员会在2012年启动杠杆率框架修订时，将信用衍生产品计量方法审查作为重要议题之一。2014年1月，巴塞尔委员会发布的杠杆率修订框架，修改了信用衍生产品敞口的计量方法。巴塞尔委员会提出，为捕捉与标的实体相关的敞口，在计量卖出信用衍生产品（Written Credit Derivative）敞口时，除应当按照现期风险暴露法计量其交易对手信用风险敞口外，还应将信用衍生产品的名义本金纳入信用衍生产品敞口中。

（三） 证券融资交易

在《巴塞尔资本协议Ⅲ》框架下，证券融资交易是指交易价值取决于市场估值确定且通常要求提供现金或证券作为抵押品的交易，包括回购、逆回购、融资融券等。计量敞口包括以下内容。

1. 证券融资交易的计量

在国际金融危机中，证券融资交易成为系统性风险的主要来源，主要表现在以下方面：第一，证券融资交易呈现出很强的顺周期性。危机中，随着市场状况恶化，证券融资交易的折扣系数（Haircut）大幅上升，增加了金融机构的融资困难，使其不得不通过出售资产的方式满足其资金需要。资产的火线出售（Fire Sale）导致资产价格进一步下降，资产估值减少，证券融资交易的折扣进一步上升，市场形势进一步恶化。形成了“资产价格下降—融资难度加大—资产火线出售—资产价格进一步下降”的恶性循环，对金融市场造成严重的负面冲击。第二，证券融资交易成为金融机构相互关联和风险传染的关键渠道。危机中，一些大型金融机构高度依赖短期证券融资交易作为其主要融资来源，并将取得的资金用于长期资产投资，存在严重的期限错配问题。一旦证券融资交易的资金出借方不愿提供融资或减少融资，就会产生证券融资交易市场的挤兑问题，引发大型金融机构的流动性危机，从而产生多米诺骨牌效应，促使更多的金融机构出现流动性问题。

巴塞尔委员会认为证券融资交易是银行资产负债表杠杆的重要来源，要求将其纳入杠杆率敞口的范围，以此作为加强证券融资交易监管的重要组成部分。2010 年 12 月，巴塞尔委员会发布《巴塞尔资本协议Ⅲ》，规定证券融资交易的敞口应当采用会计方法计量，允许采用《巴塞尔资本协议Ⅱ》框架下的净额结算。《巴塞尔资本协议Ⅲ》发布后，该规定很快受到了业界的质疑，主要原因是国际会计准则和美国通用会计准则对证券融资交易的会计处理不同，简单地规定采用会计计量方法带来了全球实施的不一致性问题。国际会计准则和美国通用会计准则的差异主要体现在两个方面：一是券券交易（Security for Security）的会计计量方法不同。在融券交易中，如果该交易为券券交易（即交易一方对另一方借出证券，借入证券的一方以证券为质押），在美国通用会计准则下，借出证券的一方将在会计报表中体现收到的质押证券，从而导致其资产增加。而在国际会计准则下，借出证券的一方并不将质押证券纳入其资产负债表内。该差异导致在券券交易下，适用美国通用会计准则的银行的敞口将大于适用国际会计准则的银行。二是净额结算的差异。尽管两大会计准则的差异较小，但总体上国际会计准则规定的合格净额结算的条件比美国通用会计准则严格。采用《巴塞尔资本协议Ⅱ》框架下的净额结算同样面临会计准则差异带来的问题，例如，美国通用会计准则将券券交易中的质押证券计入会计敞口，导致净额结算结果存在差异。

针对证券融资交易计量存在的困难，巴塞尔委员会在 2011 年 9 月专门成立了杠杆率专家工作组，该工作组主席由杠杆率工作组主席兼任，负责推进证券融资交易敞口计量方法的研究。基于杠杆率专家工作组的研究成果，2014 年 1 月发布的杠杆率修订框架明确了证券融资交易的计量方法。证券融资交易的敞口应当包括两个部分：第一部分是依据会计方法计量的证券融资交易总额，在计量时不承认净额结算，但针对两大会计准则的差异，允许适用美国通用会计准则的银行从敞口中扣除其确认在表内资产中的质押证券金额。在符合下列条件时，允许银行将与同一个交易对手交易收到的现金和付出的现金轧差：交易的最终结算时间相同；无论是在正常经营的条件下还是在交易对手方违约、资不抵债或破产的情况下，该轧差在法律上是有效的；交易双方有采用净额结算和多笔交易同时结算的意图，或交易机制表明双方意图是以净额方式结算。第二部分是交易对手信用风险敞口，采用《巴塞尔资本协议Ⅱ》框架下计量证券融资交易风险敞口的标准法计算。在存在净额结算总协议的情况下，为银行借出的各项现金和证券之和与从交易对手收到的各项现金和证券之和的差额；在不存在净额结算总协议的情况下，为该笔证券融资交易中，银行借出的现金或证券与从交易对手收到的现金或证券的差额。

杠杆率修订框架同时还明确了在银行代理证券融资交易时相关敞口的计量方法以及符合买断（卖断）会计处理条件的证券融资交易的计量方法。在银行代理证券融资交易的情形中，一般情况下，银行会对交易双方支付义务的差额提供担保。在此情况下，该差额部分应当计入银行的杠杆率敞口，在计量时只需计入证券融资交易敞口中的第二部分，即交易对手信用风险敞口部分。在银行开展的符合买断（卖断）会计处理条件时，考虑到交易的实质仍是回购交易，巴塞尔委员会认为会计的计量方法不够审慎，要求将其视为回购交易计量其敞口。

2. 证券融资交易的净额结算

净额结算问题是杠杆率框架下证券融资交易敞口计量的难点。2010 年 12 月发布的《巴塞尔资本协议Ⅲ》规定，在计量证券融资交易敞口时，允许采用《巴塞尔资本协议Ⅱ》规定的净额结算。2013 年 6 月，经过杠杆率专家工作组的深入研究后，巴塞尔委员会在其发布的杠杆率修订框架（征求意见稿）中提出，证券融资交易敞口应当采用总额方法计算，即不允许净额结算。之所以不允许净额结算，巴塞尔委员会主要有两个方面的考虑：第一，不允许净额结算有利于控制系统性风险，从国际金融危机来看，证券融资交易的资本要求过低，且一些券商利用净额结算条款相互之间大量交易，加大了系统性风险。第二，考虑到不同会计准则关于净额结算的差异，不允许净额结算可以避免全球实施不一致的问题。同时，不允许净额结算有利于防止计量方法过于复杂。由于杠杆率修订框架（征求意见稿）进一步提高了证券融资交易的杠杆率要求，业界表示了强烈反对。反对意见认为，巴塞尔委员会没有准确估计实施新的计量方法可能对金融市场带来的负面影响，包括加大市场的融资成本、减少市场的流动性、影响货币政策的有效实施等。经过反复斟酌后，巴塞尔委员会最终采纳了国际金融市场协会（Global Financial Markets Association，GFMA）的建议，在计量证券融资交易敞口时允许有限制的净额结算，即符合巴塞尔委员会规定条件的证券融资交易方可采用净额结算，且净额结算只适用于交易中的现金部分，即允许应收和应付的现金相互轧差。

（四）表外项目

在国际金融危机中，表外项目成为金融机构监管套利的重要渠道。为进一步加强对表外项目的监管，巴塞尔委员会在启动杠杆率国际标准研究时就明确提出杠杆率敞口应当将表外项目包含在内。2010 年 12 月发布的《巴塞尔资本协议Ⅲ》确定，除可无条件撤销承诺采用 10% 的信用风险转换系数外，其他表外项目应当以 100% 的信用风险转换系数纳入杠杆率敞口中。巴塞尔委员会认为，采用严格的信用风险转换系数，主要是确保杠杆率作为资本底线工具的功能，防止由于计量方法不准确可能带来的风险。

100% 信用风险转换系数受到了国际商会等国际组织的质疑。国际商会等国际组织认为，巴塞尔委员会在制定国际规则时没有考虑其对贸易融资可能造成的负面影响。2010 年 11 月，G20 首尔峰会提出，应当对监管制度可能对贸易融资产生的负面影响进行评估。根据 G20 的要求，巴塞尔委员会从 2010 年底开始启动对相关国际规则对贸易融资影响的研究，包括杠杆率框架下 100% 的信用风险转换系数对贸易融资的影响及是否需要对规则进行修改。巴塞尔委员会经过历时近一年的研究后，在 2011 年 10 月发布了《巴塞尔框架下贸易融资的处理》，该报告认为，杠杆率框架采用 100% 的信用风险转换系数是符合巴塞尔委员会的政策意图的，不应进行修改。巴塞尔委员会重申了杠杆率作为简单、非风险为本的资本监管工具的性质，并强调为维持杠杆率的资本底线功能，不应改变现有 100% 信用风险转换系数的做法。

在修订巴塞尔委员会杠杆率框架的过程中，巴塞尔委员会进一步审视了表外项目的计量方法，并就此征求了业界的意见。业界普遍反对采用 100% 的信用风险转换系数，认为该系数过高，与实际情况不符，且可能影响贸易融资等对实体经济极为重要的领域。同时，2013 年 6 月，欧盟发布的《资本监管指令》打破了巴塞尔委员会要求表外项目信用风险转换系数为 100% 的规则，在其杠杆率规则中规定，贸易融资的信用风险转换系数为 20% 或 50%。综合考虑业界意见，同时也为了维持全球实施的一致性，防止地区间的不公平，巴塞尔委员会在 2014 年 1 月发布的杠杆率修订框架中，将表外项目的计量方法调整为采用《巴塞尔资本协议Ⅱ》框架下的标准法确定信用风险转换系数，但不得低于 10%。

第三节　杠杆率的国际实施

在巴塞尔委员会形成全球统一的杠杆率国际规则之前，一些国家，如美国和加拿大已经采用杠杆率作为资本监管的重要指标。国际金融危机爆发后，瑞士监管当局也引入了杠杆率指标，作为加强对大型银行监管的重要措施。考虑到各国监管规则的差异，巴塞尔委员会需要在这些国家监管实践的基础上，形成全球统一的杠杆率国际标准。在制定国际标准时，巴塞尔委员会还需要充分考虑各国会计准则的差异，以确保杠杆率标准全球实施的一致性。

一、美国

美国监管当局从 1982 年开始引入杠杆率，作为评估银行资本充足状况的指标。1988 年《巴塞尔资本协议Ⅰ》发布后，美国监管当局按照《巴塞尔资本协议Ⅰ》修改了本国的监管规则，将风险加权的资本充足率作为资本监管的主要指标，但同时维持将杠杆率作为资本监管的指标之一。美联储、货币监理署和联邦存款保险公司 1989 年发布的资本监管规则规定，杠杆率 = 一级资本/调整后总资产。调整后总资产 = 总资产 – 应当从一级资本中扣除的无形资产和递延税项。美国监管当局规定，杠杆率的最低监管要求为 4%；骆驼评级（CAMELS）为 1 级且风险较为分散，资产质量、盈利、流动性和内控等良好的银行，杠杆率最低监管要求为 3%。美国监管当局同时采用有形资产比例指标，作为杠杆率的补充指标，用于确定一家银行是否资本严重不足。有形资产比例 = 有形股本/总资产，其中，有形股本 = 一级资本 + 累积性永久优先股 – 应当从一级资本中扣除的无形资产（允许计入一级资本的抵押贷款服务权除外）；总资产 = 表内总资产 – 应当从有形股本中减去的无形资产。

美国监管当局根据银行的杠杆率和资本充足率状况将银行分为五类，针对不同类别的银行采取不同的监管措施。第一类银行为资本状况良好的银行，指资本充足率在 10% 以上、一级资本充足率和杠杆率在 6% 以上的银行，对第一类银行监管当局不需要采取监管措施。第二类银行为资本充足的银行，指资本充足率在 8% 以上、一级资本充足率和杠杆率在 4% 以上的银行（如果相关银行骆驼评级为 1 级，杠杆率在 3% 以上）。美国监管当局要求第二类银行不得在未经联邦存款保险公司同意的情况下吸收代理存款。第三类银行为资本不足的银行，指资本充足率在 8% 以下、一级资本充足率在 4% 以下或杠杆率在 4% 以下的银行。美国监管当局要求资本不足的银行应当在资本水平低于相关要求的 45 日内制定资本恢复计划，并由其控股公司对银行按照资本恢复计划恢复资本水平提供保证。资本不足的银行除不能吸收代理存款外，监管当局还将对其采取限制资产增长、禁止其设立新的分支机构和开办新的业务、禁止其收购兼并其他机构等监管措施。第四类银行为资本实质性不足的银行，指资本充足率在 6% 以下、一级资本充足率在 3% 以下或杠杆率在 3% 以下的银行。对资本实质性不足的银行，美国监管当局将要求其通过出售股份或与其他机构合并等方式增加资本，对其采取限制与关联机构进行交易、限制其吸收存款的利率水平、限制资产增长、限制高风险业务等监管措施，并可能禁止其吸收代理行存款、禁止其对控股公司分红、要求银行更换董事和高级管理人员等。第五类银行为资本严重不足的银行，指有形资本比例在2%以下的银行。对于资本严重不足的银行，如果银行在90日内不能恢复资本水平，监管当局将对其实施接管，指定联邦存款保险公司作为接管人，对其实施处置。

资本充足率和杠杆率同时并存，提高了美国银行监管框架的有效性。杠杆率能够确保银行持有一定数量的合格资本，使银行维持一定的损失吸收能力，对于减少金融危机的负面影响发挥了积极作用。通过分析《巴塞尔资本协议Ⅱ》实施前美国最大10家银行的资本充足率和杠杆率，认为杠杆率发挥了资本底线的作用，即杠杆率要求的实施使即使在《巴塞尔资本协议Ⅱ》框架下资本水平大幅下降的银行仍然持有一定数量的资本，用于弥补损失。

2012年6月，美国监管当局发布《资本监管规则》（征求意见稿）明确了实施《巴塞尔资本协议Ⅲ》的一揽子要求和相关安排。在规则中，美国监管当局区分不同类别的银行提出了杠杆率要求。该规则坚持美国传统的4%的杠杆率监管要求，但做了两项修订：一项是在坚持传统杠杆率的分子仍为一级资本的同时，要求一级资本采用《巴塞尔资本协议Ⅲ》框架下的一级资本定义；另一项是取消了符合规定的、骆驼评级为1级的银行杠杆率最低要求为3%的规定，使所有银行的杠杆率最低要求统一为4%。该征求意见稿同时提出，实施高级法的银行除满足4%的传统杠杆率的要求外，还应当满足补充杠杆率（Supplemental Leverage Ratio）的要求，补充杠杆率将采用《巴塞尔资本协议Ⅲ》杠杆率的定义和计量方法，最低监管要求为3%。只将《巴塞尔资本协议Ⅲ》杠杆率适用于实施高级法的银行，美国监管当局主要有两个方面的考虑：一是实施高级法的银行有大量的表外敞口，传统杠杆率不能有效覆盖该敞口；二是《巴塞尔资本协议Ⅲ》的杠杆率在一定程度上提高了杠杆率计量的复杂程度，将增加小型银行的监管成本。

2013年7月，美国监管当局在征求意见稿的基础上，最终发布了《资本监管规则》。该规则全面维持了征求意见稿中有关杠杆率的规定。同时，作为加强系统重要性金融机构监管措施的组成部分，美国监管当局发布的《对特定银行控股公司及其在存款保险范围内的存款类子公司的补充杠杆率要求》对并表总资产在7000亿美元以上或托管资产在10万亿美元以上的8家银行控股公司提出了杠杆率附加资本要求（Leverage Buffer），即在满足《巴塞尔资本协议Ⅲ》的3%最低杠杆率要求的基础上，相关银行控股公司还要计提2个百分点的杠杆率附加资本，使杠杆率要求达到5%。这8家银行控股公司之下由存款保险覆盖的存款类子公司，在杠杆率达到

6% 时，才能满足“资本状况良好银行”的标准。

二、欧盟

2013 年 6 月，欧盟发布《资本监管指令》（CRD），明确了欧盟区域内银行的资本监管要求。对于杠杆率，该指令没有将其作为强制性的监管要求，而只是要求区域内银行按照指令的规定计算并向监管当局报告杠杆率情况。杠杆率的计量方法基本上遵循了《巴塞尔资本协议Ⅲ》的规定，但是允许贸易融资采用 20% 或 50% 的信用风险转换系数：对于指令附件 1 规定的中低风险的贸易融资，包括以提单为质押的信用、不具有信用替代性质的保证和担保、不具有信用替代性质的不可撤销备用信用证和政府提供信用支持的未提取承诺，该承诺期限在 1 年以下且不可无条件撤销，这类贸易融资采用 20% 的信用风险转换系数；对于指令附件 1 规定的中度风险的贸易融资，包括为贸易融资提供的信用、海运担保、海关和税务债券，以及政府提供信用支持的期限在 1 年以上的未提取承诺，采用 50% 的信用风险转换系数。

尽管没有将杠杆率监管作为第一支柱监管要求，欧盟提出，欧盟委员会应在 2016 年 12 月 31 日前向欧盟议会和部长理事会提交报告，就杠杆率的影响及其有效性进行分析。并在必要时，就将杠杆率作为第一支柱强制性监管要求提交立法建议。2014 年 10 月，欧盟委员会发布《杠杆率修订规则》，对《资本监管指令》中规定的杠杆率敞口计量方法进行修订，旨在与巴塞尔委员会 2014 年 1 月发布的杠杆率修订框架的规定保持一致。

三、英国

英国当时是欧盟成员国之一，欧盟 2013 年 6 月发布的《资本监管指令》适用于英国。在该指令的基础上，2013 年 1 月，英国审慎监管局（Prudential Regulatory Authority）发布监管通知，要求英国 8 家主要的银行（分别是巴克莱银行、合作银行、汇丰银行、劳埃德银行、苏格兰皇家银行、英国标准银行、渣打银行和全国银行）和建筑业协会应当达到 3% 的杠杆率要求，即对该 8 家银行提出了强制性的杠杆率监管要求。杠杆率的计量方法依据欧盟《资本监管指令》，但允许做两项调整：一项是对非会员金融机构通过中央交易对手清算的衍生产品交易，允许扣除会员银行与中央交易对手交易的衍生产品交易敞口；另一项是对场外衍生产品敞口，允许扣除现金可变保证金。其实质是英国监管当局纳入了巴塞尔委员会杠杆率工作组提交巴塞尔委员会政策制定工作组（PDG）讨论的杠杆率修订框架过程稿的相关内容，因此，其相关规定与巴塞尔委员会 2014 年 1 月发布的杠杆率修订框架趋同，但又存在差异。

英国政府同时提出，其将探索杠杆率如何作为宏观审慎监管工具。2013 年 11 月 26 日，英国财政大臣奥斯本致信英格兰银行行长卡尼征询英格兰银行金融政策委员会（Financial Policy Committee）是否需要被赋予杠杆率的指导权，包括在什么情况下金融政策委员会需要行使杠杆率的指导权，如何运用该权力，杠杆率工具如何与其他宏观审慎监管工具协调配合，以及是否需要对栅栏银行（Ring-fenced Bank）① 提出更高的杠杆率要求。卡尼回信表示，如果需要寻找加拿大银行业在金融危机中表现良好的唯一原因，那一定是其受到了杠杆率监管。2014 年 10 月，英格兰银行发布了《杠杆率评估报告》（*Financial Policy Committee's Review of the Leverage Ratio*），认为应当在巴塞尔委员会将杠杆率设定为第一支柱要求之前制定本国杠杆率监管规则。英格兰银行提出，考虑到系统重要性金融机构在英国的数量、英国银行业资产占 GDP 的比重、有效管理模型风险和防止过迟实施杠杆率监管可能带来的风险，英格兰银行提出三个层次的杠杆率要求：一是最低杠杆率要求，适用于所有银行，杠杆率监管标准为 3%；二是补充杠杆率要求，适用于系统重要性金融机构，包括全球系统重要性银行、其他国内主要银行和建筑业协会，为相关机构系统性风险附加资本要求的 35%；三是逆周期杠杆率要求，适用于按照监管当局要求应当计提逆周期资本的所有机构，为相关机构逆周期资本要求的 35%。之所以补充杠杆率要求和逆周期杠杆率要求均设定为相对应资本充率要求的 35%，主要是因为最低杠杆率要求为 3%，包括储备资本要求的资本充足率要求为 8.5%，3% 为 8.5% 的 35%，因此对应增加的资本充足率要求，杠杆率要求相应增加。

四、加拿大

加拿大监管当局从 1982 年起开始对银行实施杠杆率监管。加拿大的杠杆率没有采取资本/资产的比例形式，而是采用杠杆倍数的形式。1982—1991 年，杠杆倍数监管要求为不得高于 30 倍。1991 年，加拿大监管当局将该监管标准调整为不得高于 20 倍。但符合监管当局规定条件的银行，经监管当局批准可以采用更高的杠杆倍数，最高为 23 倍。这些条件包括：一是持有的合格资本满足最低资本要求和资本缓冲要求；二是维持有相当数量的总资本且主要在风险较低的领域运营；三是过去四个季度风险加权资产占资产的比例低于 60%；四是具有良好的资本管理政策和程序；五是监管当局评价认为该机构运营正常；六是没有过度风险集中。相比于美国的杠杆率，除形式上采用倍数而不采用比例形式外，加拿大的杠杆倍数相应的资本

---

① 栅栏银行指根据英国最新金融监管改革方案，只从事零售银行业务的银行。该银行应当与银行集团的其他部分分离。

和敞口的定义也与美国的杠杆率不同。在加拿大的杠杆倍数中，资本为总监管资本，既包括一级资本，也包括二级资本；资产则既包括表内资产，又包括作为直接信用替代的表外项目，包括信用证和担保、与交易相关的或有债务、回购等，表外项目按照名义价值计入杠杆倍数的敞口总额。

杠杆率的实施对于有效控制加拿大银行体系的杠杆程度发挥了重要作用。相比于没有杠杆率监管要求的英国、欧洲大陆国家，国际金融危机前加拿大银行业和主要银行的杠杆程度上升幅度明显较小。杠杆率的实施被加拿大监管当局认为是加拿大银行在金融危机中受到冲击较小的重要原因。

五、瑞士

2008 年 11 月，瑞士监管当局发布监管规定，对瑞士联合银行和瑞士信贷银行两家最大的银行提出杠杆率监管要求，从 2013 年起实施。作为“太大而不能倒”监管政策的重要组成部分，瑞士监管当局规定该两家银行应当同时满足资本充足率和杠杆率的相关要求。瑞士监管当局规定的杠杆率定义与美国基本相同，即分子为一级资本，分母为表内总资产。但为防止杠杆率的实施对本国信贷供给造成负面影响，银行在计算杠杆率分母时可以扣除其在瑞士国内的贷款。

瑞士监管当局在区分并表和法人机构层面提出了不同的杠杆率要求，对于并表银行集团，杠杆率应当达到 3% 以上；对于单个法人机构，杠杆率要求为 4%。瑞士监管当局同时提出，在经济上行周期，两家银行杠杆率水平应当高于上述最低监管要求，以达到逆周期调节的目的。

第四节　我国对商业银行杠杆率的监管

2011 年之前，我国没有明确的杠杆率监管要求，但实践中监管部门长期运用其他形式的杠杆率进行监管，如通过设定存款准备金率维护银行体系流动性，控制货币乘数和信贷规模扩张；通过存贷比例约束贷款扩张速度，降低资产负债期限错配的程度；通过设定住房贷款的首付款比例和抵押率，控制贷款风险等。这些监管指标从不同角度约束商业银行的经营行为，在一定程度上弥补了资本充足率的缺陷。总体而言，国内银行仍以传统信贷业务为主导，非信贷资产中相当一部分是现金以及现金等价物（对中央银行和中央政府的债权），资本充足率监管对抑制商业银行资产扩张（特别是信贷扩张）总体上是有效的。统计资料表明，2004 年《商业银行资本充足率管理办法》实施以来，商业银行风险权重总体保持稳定，风险加权资产占总资产的比例长期维持在48%～55%之间，核心资本充足率与杠杆率（核心资本/总资产）之比为2:1，资本充足率与杠杆率之间未出现明显的偏离。

但近年来，随着国内金融市场的发展，银行组织结构日趋复杂和资产更加多元化，在完善资本充足率监管框架的基础上，辅以杠杆率监管有助于增强资本监管的有效性。杠杆率监管的功能主要体现在以下几个方面：一是约束表内非信贷资产的规模扩张带来的风险。近年来，国内银行的非信贷资产规模快速增加，占比不断上升，包括商业银行之间的授信、银行对非银行金融机构的授信、银行持有的投资类和交易类资产等，实施杠杆率监管有助于抑制此类资产过度膨胀，降低去杠杆化过程中降价销售和单个银行违约带来的社会成本。二是控制商业银行表外业务的快速扩张带来的风险。近年来国内银行表外业务保持快速扩张，2013年底商业银行主要表外业务（包括承兑汇票、保函跟单信用证、承诺和信用风险仍在银行的销售和购买协议）总规模达到25万亿元，商业银行金融衍生品合约名义本金达22万亿元，市场价值（正负之和）为3400亿元。三是限制不受资本充足率约束的子公司快速扩张，进而控制整个银行集团的风险扩大。国内大型银行已经设立信托公司、保险公司、证券公司、基金公司、金融租赁公司、消费金融公司和货币经纪公司等非银行金融机构。由于这些机构不受资本充足率约束，无法通过资本充足率并表监管控制其风险，通过对银行集体实施并表杠杆率监管，可以有效约束这些机构资产规模快速扩张最终给银行带来的风险。

为此，借鉴《巴塞尔资本协议Ⅲ》关于杠杆率监管的规定，2011年6月中国银监会发布了《商业银行杠杆率管理办法》，建立中国商业银行杠杆率监管制度。该办法下杠杆率的计算方法与《巴塞尔资本协议Ⅲ》（2010年12月）的规定保持一致，但杠杆率监管要求为4%，高于《巴塞尔资本协议Ⅲ》规定的3%，主要原因是大量实证分析表明银行杠杆率的合理区间为3%～5%。巴塞尔委员会之所以将杠杆率监管标准确定为3%，是各方利益博弈的结果。考虑到西方银行体系杠杆率过低的现实，若短期内将杠杆率监管标准设定为4%或更高，可能会诱发欧美银行体系的进一步去杠杆化，延缓经济复苏的进程。与欧美银行显著不同的是，近年来我国银行信贷高速增长，采用更高的杠杆率监管标准有助于约束银行业整体风险的积累。另外，从国内商业银行实际来看，国内商业银行平均杠杆率水平较高，2013年底641家商业银行平均杠杆率为5.41%，只有11家银行杠杆率低于4%，并且达标难度不大，因此4%的杠杆率监管要求也是可行的。

本章小结

1. 杠杆率是指银行资本占总资产的比例，其倒数（总资产资本）就是杠杆倍数。

2.《巴塞尔资本协议Ⅲ》引入杠杆率是基于对国际金融危机的反思。国际金融危机的教训主要包括资本充足率并不完全反映风险抵御程度，《巴塞尔资本协议Ⅱ》关于资本的定义、模型的使用风险、顺周期等内容需要改革。

3. 杠杆率兼具宏观审慎和微观审慎的功能，可以在两个方面发挥作用：一是在微观方面，杠杆率为以风险计量为基础的资本充足率提供了一个监管资本要求的底线；二是在宏观方面，杠杆率可以限制银行体系的过度杠杆化，减少“去杠杆”（指银行出售资产引起杠杆率下降的现象）对金融体系和实体经济的伤害。

4. 杠杆率＝资本/敞口，资本为《巴塞尔资本协议Ⅲ》框架下的一级资本净额，敞口为调整后的表内外资产总额，具体包括表内资产、衍生产品、证券融资交易、表外项目。

5. 在计量杠杆率敞口时，巴塞尔委员会提出了以下原则：一是杠杆率敞口应主要采用会计方法计量，即主要根据会计准则确定相关敞口的大小；二是杠杆率敞口不应承认风险缓释。

6. 在计量表内资产时采用会计方法，即杠杆率敞口中的表内资产敞口将与会计报表保持一致。

7. 衍生产品敞口的计量方法主要包括主要会计和监管计量方法、杠杆率框架下衍生产品的计量方法、信用衍生产品敞口的计量。

8. 在《巴塞尔资本协议Ⅲ》框架下，证券融资交易是指交易价值取决于市场估值确定且通常要求提供现金或证券作为抵押品的交易，包括回购、逆回购、融资融券等。计量敞口包括证券融资交易的计量、证券融资交易的净额结算。

9. 巴塞尔委员会在2014年1月发布的杠杆率修订框架中，将表外项目的计量方法调整为采用《巴塞尔资本协议Ⅱ》框架下的标准法确定信用风险转换系数，但不得低于10%。

10. 各国对于杠杆率计算方式的设定不尽相同。

11. 2011年中国银监会发布了《商业银行杠杆率管理办法》，该办法计算杠杆率的方法与《巴塞尔资本协议Ⅲ》的规定保持一致，但杠杆率监管要求为4%，高于《巴塞尔资本协议Ⅲ》的3%的规定。

本章重要概念

杠杆率　加杠杆　去杠杆　监管套利　杠杆率敞口　表内资产敞口　衍生产品敞口　证券融资交易敞口　表外资产敞口

本章复习思考题

1. 判断题

（1）《巴塞尔资本协议Ⅲ》首次将杠杆率引入银行监管国际规则。（ ）

（2）杠杆率计算简单，会导致监管套利的行为出现。（ ）

（3）杠杆率的计算公式中，使用《巴塞尔资本协议Ⅲ》框架下的资本总额作为杠杆率的分子。（ ）

（4）通过市值法计量衍生产品的资产可以完全反映交易双方的风险敞口。（ ）

（5）在计量衍生产品敞口时，《巴塞尔资本协议Ⅲ》不允许采用净额结算。（ ）

（6）证券融资交易具有顺周期性。（ ）

（7）2013 年修订后的《巴塞尔资本协议Ⅲ》提出证券融资交易敞口不允许净额结算。（ ）

（8）在计算表外项目敞口时，业界普遍认为 100% 的信用风险转换系数符合实际情况，不需要调整。（ ）

（9）杠杆率具有简单、透明、风险敏感的特点。（ ）

（10）杠杆率能够起到逆周期调节和对资本充足率补充的作用。（ ）

2. 单选题

（1）《巴塞尔资本协议Ⅲ》要求商业银行设立最低杠杆率，该指标要求为（ ）。

A. 1.5%　　B. 3.0%　　C. 2.5%

（2）巴塞尔委员会选择了（ ）作为计算杠杆率的分子。

A.《巴塞尔资本协议Ⅲ》定义的一级资本净额

B.《巴塞尔资本协议Ⅲ》定义的一级资本总额

C.《巴塞尔资本协议Ⅲ》定义的资本总额

（3）杠杆率是资本监管的核心指标之一，2018 年开始将其纳入（ ）监管要求。

A. 第一支柱　　B. 第二支柱　　C. 第三支柱

（4）杠杆率的优势不包括（ ）。

A. 简单透明　　B. 实施成本高　　C. 具有风险敏感性

（5）下列哪种情况下杠杆监管无效？（ ）

A. 资本充足率 ×50% < 杠杆率

B. 资本充足率 ×50% >杠杆率

C. 资本充足率 ×50% =杠杆率

3. 简答题

（1）简述杠杆率的概念以及杠杆率的作用。

（2）简述如何计算《巴塞尔资本协议Ⅲ》设定的杠杆率。

（3）简述杠杆率与资本充足率的关系。

4. 思考题

（1）阐述《巴塞尔资本协议Ⅲ》为何要引入杠杆率监管标准?

（2）谈谈《巴塞尔资本协议Ⅲ》中杠杆率监管对商业银行风险的影响。

第九章
流动性风险

流动性风险具有次生性，复杂且隐蔽，实践中易被忽略。2008 年国际金融危机爆发之后，国际组织和各国监管当局更加重视银行流动性风险问题，出台了一系列流动性风险监管相关的定性要求和定量标准。本章重点介绍流动性风险的概念、产生的根源、与其他风险的关系以及流动性风险监管的改革；流动性风险监管的定性要求和定量标准；我国对流动性风险管理的监管等内容。

第一节　流动性风险监管概述

一、流动性的含义

按照《新帕尔格雷夫经济学大辞典》的观点，“流动性是一种高度复杂的现象，其具体形式深受金融机构及其实际活动变化的影响，这些变化在近几十年来异常之快。”因此，对流动性的定义也很多，例如凯恩斯在《就业、利息和货币通论》中把流动性定义为最能代表财富支付能力的货币和现金。后来随着经济金融的发展，流动性的定义扩大到广义的货币、各类证券及衍生品等金融资产。但从银行业的视角看，权威的定义是巴塞尔委员会提出的：流动性是指银行在不引起无法接受的损失的情况下，应对资产增长和履行到期债务的能力。这样银行的流动性涉及三个方面：资产的流动性、市场的流动性与机构的流动性。资产的流动性是对流动性最常见的一种理解，是指资产迅速变现而不受损失的能力（Keynes，1930），此外，托宾（1965）将流动性资产定义为“那些可以马上以市场价值变现的资产”。市场的流动性是指市场使投资者迅速、低成本地交易金融资产的能力，也有学者将其定义为立即执行交易的成本。机构的流动性主要指金融机构的流动性，即金融机构能够保证经营正常支付的能力，Decker（2000）将其定义为机构在合理的价格下及时偿还负债和满足资产增长的能力。我们需要注意的是，资产的流动性是流动性概念的核心，也是后两种流动性的基础，因为任何流动性市场都是由流动性资产构成的，同时资产的流动性是机构流动性的根本保证（Lore and Borodosky，2000）。

二、流动性风险的含义

（一）流动性风险的定义

流动性风险是指流动性不足产生的风险。从宏观来看，流动性风险分为融资流动性风险、资产流动性风险和联合流动性风险。根据国际货币基金组织的定义，融资流动性风险是指无法在短期内筹集到预期所需资金的风险；资产流动性风险是指不能在不影响资产价格的情况下迅速出手资产的风险；联合流动性风险是指融资流动性风险与资产流动性风险共同作用形成的风险。

本章主要聚焦于讨论商业银行的流动性风险。从狭义来看，根据中国银保监会的定义，流动性风险是指商业银行无法以合理成本及时获得充足资金，用于偿付到期债务、履行其他支付义务和满足正常业务开展的其他资金需求的风险。

通俗地讲，流动性风险是指商业银行无力为负债的减少或资产的增加提供融资而造成损失或破产的风险。当商业银行流动性不足时，它无法以合理的成本迅速增加负债或变现资产获取足够的资金，从而影响其日常经营，在极端情况下会导致商业银行破产。由于商业银行随时持有的、用于支付需要的流动资产只占负债总额很小的一部分，如果商业银行的大量债权人同时要求兑现债权，例如出现大量存款人挤兑的行为，商业银行可能面临着流动性危机，此时流动性风险的危害较大。

在实践中，流动性风险既可能来自商业银行的资产负债期限错配，以及信用风险、市场风险等其他类别风险向流动性风险的转化，也可能来自市场流动性对银行流动性风险的负面影响，即外部融资市场深度不足或市场动荡等导致商业银行无法及时用合理价格变现或抵押资产以获得流动性支持。因此，流动性风险是一种综合性风险，是其他风险的综合体现。

流动性风险包括金融工具买卖的流动性或现金流与资金需求不匹配两种情况。第一种情况是指金融工具不能及时变现或由于市场效率低下而无法按照正常的市场价格交易；第二种情况是指金融机构的现金流不能及时满足支出的需求而导致金融机构违约或发生财务损失的可能性。这种情况往往迫使金融机构提前清算，从而使账面上的潜在损失转化为实际损失，甚至导致机构破产。

（二）流动性风险的范围

传统上，流动性风险包括筹资流动性风险、市场流动性风险、结构性的流动性风险。

1. 筹资流动性风险

筹资流动性风险是指在不影响其日常运转或财务状况的情况下，一家公司将无法满足其当前和未来的现金流以及抵押品需要的风险。

2. 市场流动性风险

市场流动性风险是指因市场缺乏足够的深度，公司在不招致损失的情况下，无法容易地对冲或出售某一头寸的风险。

3. 结构性的流动性风险

结构性的流动性风险涉及到期期限转换（或传统的银行中介服务），即银行借入短期资金、贷出长期资金，以适应其客户的资金需求。风险源自资产与负债之间的期限错配。其中一个例子是银行的客户存款多以短期为主，其与长期的住宅按揭贷款之间易形成期限错配。

（三） 流动性风险的基本特征

与金融风险中的市场风险、信用风险和操作风险相比，流动性风险的基本特征如下。

1. 流动性风险一般表现为结果性风险

商业银行的市场风险、信用风险和操作风险与流动性风险高度相关、互相影响，因此流动性风险是一种次级风险，也是银行所有风险的最终表现（是一种结果性风险）。虽然流动性风险是银行倒闭的直接原因，但实际很可能并不完全由流动性管理本身导致。如果其他各类风险长期潜伏集聚且得不到有效控制，最终都会以流动性风险的形式表现出来，例如由市场信心缺失引发的挤兑就是声誉风险演变为流动性风险的一种具体表现形式。

2. 流动性风险具有很强的传染性、系统性和破坏性

随着金融业综合经营及金融市场的发展，金融机构之间、金融机构与金融市场之间的联系日趋紧密，单一机构的流动性不足不仅会减弱市场整体的流动性，而且会导致市场整体的价格波动，进而引发恐慌心理，最终演变为全局性或全球性的金融危机。这种传染性、系统性的流动性风险，加上爆发时具有的突发性，往往会对金融系统产生致命性破坏。正如2008年我们所看到的，次贷危机引发的流动性危机不仅使许多中小银行破产，即使像花旗银行等风险管理水平较高的国际性银行也遭受了巨额损失。

3. 流动性风险要求的保证金与其他金融风险的保证金不同

在现代银行风险管理中，一般会通过持有资本（经济资本或监管资本）来防范净资产价值的潜在损失。在VaR计量框架中，要求银行持有的资本数量由VaR决定，即计算一定时间内（1天、5天、10天）的损失分布，然后根据这个损失分布

在一定置信水平（95%、99%）下的分位数，决定银行预防意外损失需要持有的资本数量。

但现实中利用 VaR 框架并不能很好地解决流动性风险问题。在解决流动性问题时，银行需要现金流入，通常这比筹集资本更容易实现。在实践中，银行可以通过减少现金流出累计净值，或通过出售无抵押的合格资产两种方法获取现金流入。但实际上，银行出售无抵押的合格资产以弥补现金流出累计净值的能力，取决于银行的总资产负债情况、银行在市场中的头寸和市场吸收这些资产的能力。因此，尽管资本充足是银行获得高信用评级的前提，但如果不能有效改善银行的融资成本和能力，那么在流动性危机发生时，资本或许不能有效缓冲流动性风险，资本雄厚的银行在发生流动性危机时并不一定能够迅速出售资产获得流动性。因此，一个银行可能有充足的流动性资产，但经济或监管资本却很少，这提示我们，实践中流动性风险分析必须基于特定银行和市场情景进行。

三、流动性风险的根源

从本质上说，银行流动性风险产生的根源是资产负债之间的期限错配。作为金融中介，银行在资金来源与资金运用之间进行期限转换是其基本职能之一，例如商业银行通过吸纳不同存款人的短期资金，向借款人提供长期贷款，将短期负债转化为长期资产，以满足市场对长期资金的需求。上述资金的流转过程将社会的流动性风险集中在商业银行，从而导致银行资产负债期限错配。

因此，商业银行流动性风险具有内生性，是商业银行的固有风险。银行可以对流动性风险进行有效管理和控制，但不可能从根本上消除流动性风险，否则银行将失去其作为金融中介而存在的意义。

四、流动性风险与其他风险的关系

流动性风险往往具有次生性，通常是信用风险、市场风险、操作风险、声誉风险等上升到一定程度突然暴露导致的。

（一）信用风险

银行信用风险上升到一定程度时，一方面，资产质量的下降直接影响银行现金流入（例如无法按时收回贷款），导致现金流出现缺口；另一方面，银行信用状况恶化促使对银行信用敏感的资金提供者重新考虑融资条件和金额，银行的融资能力将受到损害。现实中，大多数银行倒闭都是严重的信用风险和流动性风险共同作用导致的。

（二）市场风险

利率、汇率、股票和大宗商品的价格变化导致的市场风险会对银行的盈利水平、交易类业务（例如衍生品）的现金流产生影响。此外，利率的上升、证券市场价格的下跌都将对银行的流动性产生影响。

（三） 操作风险

支付清算系统、电子交易系统、网上银行和信用卡系统等出现操作风险事件导致的支付结算无法正常进行、现金流异常或引发资金大规模转移，均可能导致银行发生流动性风险。

（四） 声誉风险

银行在履行债务偿还义务和安全稳健运行方面的良好声誉，有利于银行维护融资渠道，降低融资成本。银行在声誉方面产生的负面影响，可能促使存款人、其他资金提供者和投资人要求更高的风险补偿（例如更高的回报或增加增信措施等），或从银行转出资金，进而引发银行流动性问题。

（五） 战略风险

战略风险一般源于银行对外部环境和行业变化缺乏正确的判断，导致在战略决策制定或执行过程中产生偏差或错误。银行制定发展战略时，应充分考虑流动性风险。战略决策失误将会增加银行的流动性风险。

五、流动性风险监管的必要性

流动性风险管理是银行经营的重要职能，是银行体系稳健运行的重要保障，一旦流动性风险爆发，将会对银行的经营造成重大威胁，甚至引发系统性风险，具有很大的负外部性。但以下几个方面因素削弱了银行加强流动性风险管理的动力：一是保持充足的流动性需要付出较大代价；二是相对于其他风险，流动性风险的爆发概率相对较低，容易被人忽视；三是存在金融安全网制度的情况下（例如准备金制度、存款保险制度），银行在流动性风险管理方面存在一定的道德风险和侥幸心理。此外，市场流动性充裕，低成本资金容易获得，也是导致许多大型银行放松流动性风险管理的重要原因。

另外，近二十年以来，许多银行大量使用抵押品、复杂的金融工具和衍生品交易，对市场流动性的依赖程度日益增加，使流动性风险特征日益复杂和隐蔽。与传统的存款相比，部分银行过度依赖短期批发融资，该类产品波动性较大且稳定性偏低。上述流动性风险的特征，使金融机构之间的联系更加紧密，也对银行流动性风险管理的精细化程度提出了更高要求。

国际金融危机爆发后，西方主要发达国家金融市场的流动性迅速降低，流动性短缺的状况长期持续。由于银行流动性风险状况和特征已出现本质性变化，银行流动性管理未能有效适应流动性风险的发展变化，尽管很多银行资本水平充足，但仍会由于流动性紧张造成经营困难，甚至破产清算。金融危机的爆发凸显了银行流动性风险管理的诸多缺陷，例如银行对流动性风险管理的重视程度不足、资源投入有限；银行流动性风险偏好过高；未能有效评估快速发展的复杂产品和业务带来的流动性风险；未能有效评估表外或有负债潜在的流动性需求；压力测试情景设置过于宽松，应急计划不够有效等。国际金融危机再次证明了流动性风险的突发性、传染性、破坏性，以及流动性风险管理和监管对于维护金融稳健的重要性。

六、流动性风险监管改革

巴塞尔委员会已于 1992 年和 2000 年发布了《计量和管理流动性风险的框架》和《银行流动性风险管理的稳健做法》，但总体看国际银行业的流动性风险监管标准并不统一，难以对金融创新和金融市场迅速发展下的流动性风险进行有效监管。2008 年国际金融危机爆发后，国际组织和各国监管当局达成共识，要以金融危机为契机，进一步加强对银行流动性风险的监管，巴塞尔委员会制定了全球一致的流动性监管标准，将加强流动性风险监管的国际协调作为其重要的任务之一。

（一） 流动性风险管理和监管稳健原则

巴塞尔委员会下设的流动性工作小组成立于 2006 年，成立时最主要的任务是研究银行业流动性风险面临的新形势，评估各国银行流动性风险管理和监管实践。基于流动性工作组的调查研究，巴塞尔委员会于 2008 年 2 月发布了《流动性风险：管理和监管挑战》的报告。国际金融危机爆发后，巴塞尔委员会流动性工作组负责研究制定流动性风险国际监管标准的任务。2008 年 9 月，巴塞尔委员会对 2000 年发布的《银行流动性风险管理的稳健做法》进行了重大修订，并发布了《流动性风险管理和监管的稳健原则》（以下简称《稳健原则》），建立了国际公认的流动性风险监管定性标准。

（二） 全球统一的流动性风险监管定量标准

2008 年国际金融危机后，巴塞尔委员会推出了全球统一的流动性风险监管定量标准，与《稳健原则》中的定性标准共同构成了完整的流动性风险监管框架。巴塞尔委员会于 2010 年 12 月发布了《巴塞尔协议Ⅲ：流动性风险计量、标准和监测的国际框架》（以下简称《巴塞尔Ⅲ流动性标准》），提出了流动性覆盖率和净稳定资金比例两项监管指标及其最低标准（不低于 100%）。上述两项定量监管标准的发布，旨在增加全球银行体系的优质流动性资产储备水平，鼓励银行减少期限错配的同时增加长期稳定资金，防止银行在流动性充裕时期过度依赖批发融资，减少流动性危机发生的概率，减轻流动性风险造成的负面影响。

发布《巴塞尔Ⅲ流动性标准》时，巴塞尔委员会同时表示将设定观察期以了解新的流动性风险国际监管标准对金融市场、信贷投放和经济增长造成的影响，并根据实际情况进行修订，流动性覆盖率和净稳定资金比例计划分别于2015年和2018年实施。经过两年的观察评估后，巴塞尔委员会于2013年1月和2014年10月发布了《巴塞尔协议Ⅲ：流动性覆盖率和流动性风险监测标准》（以下简称《巴塞尔Ⅲ流动性覆盖率》）和《巴塞尔Ⅲ净稳定资金比例》，对2010年公布的《巴塞尔Ⅲ流动性标准》进行了修订和调整，并对流动性覆盖率最终达到100%设定了4年的过渡期。

第二节　流动性风险监管的定性要求

2008年9月，巴塞尔委员会发布了《稳健原则》，围绕商业银行流动性风险管理体系和流动性风险管理有效性提出了17条原则，主要内容包括：流动性风险管理和监管的基本原则（原则1）、流动性风险管理的治理（原则2~4）、流动性风险的计量和管理（原则5~12）、信息披露（原则13）、监管机构的作用（原则14~17）。《稳健原则》建立了流动性风险监管定性标准的基本框架，是巴塞尔委员会制定的银行风险管理和审慎监管的有机组成部分，也为此后出台的全球统一的流动性风险监管定量标准奠定了坚实的基础。

一、基本原则及相关概念（原则1）

《稳健原则》统领性地提出了流动性风险管理和监管的基本要求，其中对银行的基本要求可概括为：建立完善的流动性风险管理框架并与银行整体风险管理体系紧密结合；既要确保满足日常流动性需求，也有能够经受一段时间的流动性压力；持有充足的流动性储备，确保维持充足的流动性以应对上述流动性压力；不能以牺牲流动性风险管理来获取市场竞争优势。对监管当局的基本要求可概括为：监管当局对流动性风险管理体系和流动性风险状况进行评估，当发现银行在上述方面存在缺陷，应及时采取纠正措施以保护存款人利益和维护金融体系的稳定。

原则1中还提出了一系列与流动性风险有关的基本概念：银行拥有充足资本虽然可能降低其陷入流动性危机的概率，但并不能完全避免遭遇流动性困难；流动性风险具有低频率高损失的特点，容易被银行忽视，在银行竞争激烈时尤其如此；由于存在央行提供流动性支持，或者存保机制能够对存款人提供担保，银行往往弱化了审慎管理流动性风险的动力。正因为如此，监管当局更有责任督促银行健全流动性风险管理体系，防止银行放松流动性风险管理。

二、流动性风险管理的治理（原则2 ~4）

围绕流动性风险管理体系中有关风险治理的一系列关键性内容，《稳健原则》的原则2 ~4 对流动性偏好、流动性风险管理的职责分工以及在银行内部激励机制和新产品审批中如何纳入流动性风险考量等分别提出了具体要求。

（一） 流动性风险偏好

流动性风险偏好是指银行在实现其经营目标的过程中愿意接受的流动性风险水平。银行的流动性偏好应与其经营战略、业务特点、财务实力、融资能力总体风险偏好及市场影响力相适应，并确保银行正常经营情况下拥有足够的流动性从而能够抵御较长时期的压力情景。

流动性风险偏好应由银行董事会最终确定，并体现银行流动性风险管理的总体目标。流动性风险偏好可以采取定性和定量表述方式。从定性表述来看，流动性风险偏好可以概括地描述银行如何在提高经营效益与管控流动性风险之间取得平衡的总体看法，为银行的流动性风险管理指明方向。从定量表述来看，流动性风险偏好可以体现一系列流动性风险限额指标，包括正常经营和压力情景下，银行在采取缓冲措施前愿意承担的最高流动性风险水平。

（二） 流动性风险管理的职责分工

银行的流动性风险管理体系应明确董事会、高级管理层在流动性风险管理中的基本职责。董事会对于银行流动性风险管理要承担最终责任。高级管理层根据董事会确定的流动性风险偏好，制定流动性风险管理的总体策略、各项政策和程序，使其传达到整个银行，并确保其得到执行。流动性风险管理是否有效还取决于各业务部门是否充分理解银行的流动性风险管理策略，并切实执行相关的政策、程序、限额控制等。

（三） 纳入流动性风险考量的激励机制

有效的流动性风险管理需要以适当的激励机制为支撑。这一激励机制可以把银行业务部门开展主要业务的动力与其带来的流动性风险挂钩，如将各项业务的流动性成本、收益和未来风险变化清晰地、以可计量的方式嵌入银行内部定价和业绩考核体系之中。

三、流动性风险的计量和管理（原则5 ~12）

银行流动性风险管理体系通常涵盖以下方面：现金流预测、压力测试、流动性风险限额体系、流动性风险预警、融资和抵押品管理、优质流动性资产储备管理、日间流动性管理和应急计划等内容。《稳健原则》用大量篇幅（原则5~12）对流动性风险计量和管理的主要内容、方法、技术和工具提出了要求。

（一）流动性风险计量

《稳健原则》指出，任何单一指标都无法全面计量流动性风险。银行可根据自身特点设计一系列流动性风险指标，用于计量不同时段、正常和压力情景下银行的流动性风险水平，以及提供流动性风险预警信号和设置流动性风险限额。

1. 现金流预测

《稳健原则》要求银行具备现金流预测框架，作为识别、计量、监测和控制流动性风险的基础。银行的现金流预测框架应能够预测未来适当时段各类资产、负债和表外业务的现金流，包括非契约性义务相关的潜在现金流，以及代理、托管、结算等中间业务对现金流的影响，并分别考虑各主要交易币种的现金流。

银行预测现金流时应将交易对手的行为变化考虑在内，并对各表内外及资产负债等项目按不同的流动性特征进行细分，确保现金流预测具有足够的精细化程度。在开展现金流预测时，设置各类客户行为假设是关键环节之一，尤其是在压力情景下这种假设至关重要。

2. 压力测试

国际金融危机爆发凸显了银行需要为应对流动性压力或冲击做好充分准备的重要性。虽然银行大多数时候是管理正常经营情况下的流动性风险，但为识别和量化银行面临压力情景时的流动性风险敞口水平，银行需要定期开展流动性压力测试。压力测试的方法我们在第十六章将详细介绍。

（二）流动性风险管理

流动性风险管理包括流动性风险限额体系、流动性风险预警、融资和抵押品管理、优质流动性资产储备管理、日间流动性管理和应急计划等内容。

1. 流动性风险限额体系

流动性风险限额是银行日常管理和控制流动性风险的重要工具，主要目的是确保银行在一段时间的压力情景下仍能够持续经营，其可用的流动性超过了流动性需求。银行在选择用于设置限额的流动性风险指标时，应与其业务规模、性质复杂程度、流动性风险偏好和外部环境相适应。《稳健原则》指出，常用的限额指标之一是各个时间段表内外业务的累计现金缺口，此外还有在压力情景下的流动性资产储备等指标。

若监管部门对银行内部流动风险限额设有监管指标，银行内部限额水平不能突破监管标准规定的水平。

2. 流动性风险预警

流动性风险预警是指银行通过监测一系列流动性风险事件或流动性风险指标，前瞻性地识别潜在流动性风险头寸或潜在资金需求的增加。银行应制定预警指标，前瞻地分析其对流动性风险的影响。《稳健原则》列出了一系列流动性风险预警指标，既有定性的情景或事件描述，也有量化指标。银行管理信息系统应能够计算不同时间段、各个币种、不同机构层面的流动性头寸和风险指标，可与设定的流动性风险限额进行比较。

3. 融资和抵押品管理

融资管理是流动性风险管理的重要内容，其核心是提高融资多元化和稳定性。融资多元化需要融资结构足够分散，从而确保银行能以合理成本获取所需期限的资金。维护市场融资渠道对于银行变现资产和增加融资能力非常关键。银行应在市场保持活跃度，并需要有参与市场交易的基础设施等。为此，银行需要投入人力、物力和财力。

银行在市场融资往往需要以有充足的符合条件的抵押品为前提。为此，银行应积极管理抵押品，将其作为流动性风险管理的重要组成部分。《稳健原则》要求银行能够计量和监测在其不同机构层面、不同地域的各个币种的可做抵押品的资产，即区分是否有变现障碍资产，充分了解各类主要资产能否满足向央行、主要融资提供者进行抵押融资的条件，以及用各类资产作为长期、短期乃至日间融资抵押品时可能涉及的操作和时间要求。

4. 优质流动性资产储备管理

为提供抵御流动性冲击的能力，银行应当具有充足的优质流动性资产储备，以确保其在压力情景下能够通过出售或抵押这些资产获得资金，满足各种压力情景下的流动性需求。优质流动性资产储备应当为无变现障碍资产，即在任何情况下将其用于满足流动性需求时都不存在法律、监管或操作上的障碍，并且即使在压力情景下也能够将其出售或抵押以获取资金，从而为银行依靠自身能力抵御流动性冲击提供最后保障。一般来说，优质流动性资产储备中的核心资产是现金和优质政府债券等最可靠的流动性资产。银行应当按照审慎原则确定优质流动性资产储备规模和构成。

5. 日间流动性管理

银行的现金流入和流出分布于每日的不同时间，由此可能带来日间流动性风险，银行应加强日间流动性风险管理。银行日间流动性管理至少应完成以下任务：（1）预测日间现金流入、流出时间和各个时点融资缺口的范围；（2）密切监测日间流动性头寸的变化；（3）安排日间充足的日间融资来源；（4）有效管理和运用抵押品进行日间融资；（5）按照日间流动性管理目标，有效管理现金流出的发生时间；（6）了解当支付系统因故障中断时银行流动性需要的规模和时间要求，并做好充分准备。

6. 应急计划

在流动性风险管理中，除了制定日常的流动性计划外，还应具备应对流动性压力或突发事件的应急计划。应急计划的内容包括触发情景、应急可获得资金数量、应急资金来源的可靠性和充分性、分级和优先处理程序以及获得应急资金所需提前的时间等要素。

四、公开信息披露（原则 13）

《稳健原则》的原则 13 对银行提出了流动性风险信息披露要求，通过市场参与者获取必要信息，对银行流动性风险管理和流动性风险水平进行恰当评价，发挥市场约束作用。有关信息披露的内容，我们将在第十二章中做详细介绍。

五、监管当局的职责（原则 14 ~17）

有关监管当局在流动性风险监管方面的职责，我们将在第十四章进行详细介绍。这里主要指出《稳健原则》提出的监管当局的职责包括对银行风险管理进行全面的检查评估、发现银行流动性风险管理不足或流动性风险过高时及时纠正和整改、监管当局与相关部门加强信息沟通和监管合作等。

第三节　流动性风险监管的定量标准

2010 年，巴塞尔委员会发布《巴塞尔Ⅲ流动性标准》，首次提出流动性覆盖率和净稳定资金比例两项流动性风险监管定量要求的国际标准，对于加强全球银行业流动性风险监管具有重要的意义。此后，巴塞尔委员会在通过实践检验的基础上，分别于 2013 年 1 月和 2014 年 10 月发布了更新后的流动性覆盖率和净稳定资金比例标准。

一、流动性覆盖率

流动性覆盖率是首个国际统一的流动性风险监管定量指标。流动性覆盖率引入了压力情景，通过将资产、负债和表外项目进行分类，分别赋予压力情景下的资金流入和流出系数，旨在反映银行各项表内外业务的流动性特征，确保银行持有充足的合格优质流动性资产储备。需要注意的是，流动性覆盖率对同业业务采用了更为审慎的风险系数，这样有助于约束银行对同业资金的过度依赖，尤其是减少对短期批发融资的过度依赖。流动性覆盖率作为统一的监管指标的同时，也为银行内部基于现金流缺口的流动性计量体系提供了可供参考的基本框架和方法。在对2010年《巴塞尔Ⅲ流动性标准》进行修改后，巴塞尔委员会于2013年出台了《巴塞尔协议Ⅲ：流动性覆盖率》。

（一） 计算公式

流动性覆盖率旨在确保商业银行拥有充足的合格优质流动性资产，能够在设定的流动性压力情景下，通过变现合格优质流动性资产满足未来至少30日的流动性需求。流动性覆盖率计算公式为

$$流动性覆盖率=\frac{合格优质流动性资产}{未来30日现金净流出量}\times 100\%$$

（二） 压力情景

在流动性覆盖率计算公式中，设定的压力情景主要包括商业银行自身的特定冲击以及影响整个市场的系统性冲击，具体包括：一定比例的零售存款流失；以特定抵（质）押品或与特定交易对手进行短期抵（质）押融资的能力下降；无抵（质）押批发融资能力下降；银行信用评级下调1～3个档次，导致额外契约性现金流出或被要求追加抵（质）押品；市场波动造成抵（质）押品质量下降、衍生产品的潜在远期风险敞口增加；为防范声誉风险，银行可能需要回购债务或履行非契约性义务等情况。

（三） 合格优质流动性资产

合格优质流动性资产是指在流动性覆盖率所设定的压力情景下，采用出售或抵（质）押方式，在无损失或极小损失的情况下快速变现各类资产。合格优质流动性资产实质是无变现障碍的资产，其具有的基本特征包括：在清算、出售、转移、转让时不存在法律或操作障碍的资产；风险低且与高风险资产的相关性低；易于定价且价值稳定；在活跃的获得广泛认可且具有规模、广度和深度的成熟市场中交易，历史数据反映在压力时期市场价格波动性仍较低；市场机制较为健全，存在多元化的买卖双方，市场集中度低；在发生系统性危机时，市场参与者倾向于持有的资产。

合格优质流动性资产除应具备上述基本特征外，还应满足操作性的相关要求：一是合格流动性资产应当由商业银行负责流动性风险管理的部门操作控制。该部门具有法律和操作权限，可以将合格优质流动性资产作为应急资金进行单独管理，或能够在设定的压力情景下，在30日内随时变现，且不与银行现有的业务和风险管理策略互相冲突。二是商业银行应当具有内部的政策和程序，可以获得合格优质流动

性资产所在地域和机构、托管账户和币种等基本信息，并且能够每天确定合格优质流动性资产的最新构成情况。三是商业银行应当定期测试合格优质流动性资产的变现能力，避免在压力情景下出售资产可能带来的负面影响。四是商业银行变现合格优质流动性资产，不应导致其违反相关法律法规和监管要求。

合格优质流动性资产由一级资产和二级资产组成。一级资产可按100%计入合格优质流动性资产，主要包括：现金；存放于中央银行且在压力情景下可以提取的准备金；由主权实体、中央银行、国际货币基金组织等发行或担保的，可在市场上交易且满足相关评级（风险权重为0）与交易等条件的证券。二级资产由2A资产和2B资产构成，其中2A资产可按85%计入合格优质流动性资产，2B资产可按50%计入合格优质流动性资产。2A资产主要包括由主权实体、中央银行、国际货币基金组织等发行或担保的，可在市场上交易且满足相关评级（风险权重为20%）与交易等条件的证券；满足评级（AA－级以上）与交易等条件的公司债券和担保债券。2B资产主要包括满足特定条件的公司债券、住房抵押支持证券和股票等。在全部合格优质流动性资产中，二级资产占比不得超过40%，2B资产占比不得超过15%。

（四）现金净流出量的计算

现金净流出量是指在流动性覆盖率设定的压力情景下，未来30日的预期现金流出总量与预期现金流入总量之间的差额。其中，预期现金流出总量是在压力情景下，各项负债和表外项目余额与其预计现金流出系数的乘积之和；预期现金流入总量是在压力情景下，各项表内外契约性应收款项余额与其预计现金流入系数的乘积之和。巴塞尔委员会为了有效防止银行过度依赖预期现金流入满足流动性需求，确保银行持有一定数量的合格优质流动性资产，规定可计入的预期现金流入总量不得超过预期现金流出总量的75%。

在现金流出方面，负债流失或承诺等表外项目的提取都将导致银行的现金流出。在通常情况下，压力情景越严重，负债的流失或表外项目的提取就越大。在一定压力条件下，负债的流失程度或表外项目的提取率与负债或表外项目的稳定性直接相关。按照资金来源稳定性的不同，流动性覆盖率可将短期负债分为零售存款和小企业客户存款、对公存款、同业存放和拆入等抵（质）押融资等类别，可将表外项目分为信用便利和流动性便利、或有融资义务、与衍生产品及其他抵（质）押品要求相关的现金流出等类别，并按照资金来源稳定性分别赋予不同的预计现金流出系数。

在现金流入方面，出于审慎考虑，流动性覆盖率只考虑未来30日内的契约性现金流入，非契约性现金流入均不纳入计算。契约性现金流入项目主要包括正常到期的贷款、逆回购和证券借入、存放和拆放同业等。契约性现金流项目的流入程度与对应资产的流动性直接相关，资产流动性越高，现金流入就越多。因此，按照对应资产的流动性强弱，契约性现金流入项目分别被赋予了不同的预计现金流入系数。表 9－1 列示了对不同项目涉及的预计现金流出系数和现金流入系数。

表 9－1　　预计现金流出系数和现金流入系数一览表　　单位：%

现金流出项目		现金流入项目	
1. 零售和小企业客户存款	预计现金流出系数	1. 逆回购和证券借入	预计现金流入系数
稳定存款	5	由一级资产担保	0
满足有效存款保险计划的附加标准	3	由 2A 资产担保	15
欠稳定存款	10	由 2B 资产担保	50
2. 业务关系存款	25	由合格住房抵押贷款支持证券担保	25
被有效存款保险计划覆盖的部分	5	由其他抵（质）押品担保的保证金贷款	50
3. 合作银行体系中成员机构存放在中心机构的存款	25	由其他抵（质）押品担保	100
4. 非业务关系存款		2. 正常履约贷款	
非金融机构、主权实体、中央银行、多边开发银行和公共部门实体提供的存款	40	来自零售、小企业和非金融机构	50
被有效存款保险计划全部覆盖	20	来自金融机构和中央银行	100
金融机构等其他法人客户提供的融资	100	3. 30 日内到期的未纳入合格优质流动性资产的证券	100
5. 抵（质）押融资	0/15/25/50/100	4. 存放于合作银行体系中心机构的存款	0
其中，以一级资产为抵（质）押品或以中央银行为交易对手	0	5. 存放于其他金融机构的业务关系存款	0
以 2A 资产为抵（质）押品	15	6. 从其他机构获得的信用便利、流动性便利和或有融资便利	0
6. 其他项目		7. 其他项目	
与衍生产品相关的现金流出	100	衍生产品交易的净现金流入	100
与抵（质）押品相关的现金流出	20/100	其他契约性现金流入	各国监管机构自定
信用便利和流动性便利	5/10/30/40/100		
或有融资义务	各国监管机构自定（0～5，5C）		
其他契约性义务	100		

（五） 监管标准

根据《巴塞尔Ⅲ流动性覆盖率》的要求，在正常情况下，商业银行的流动性覆盖率降至最低监管标准以下，监管机构应及时考虑当前和未来国内外经济金融状况，分析影响单家银行和金融市场整体的流动性因素，同时依据商业银行流动性覆盖率降低至最低监管标准以下的原因、严重程度、频率和持续时间等实施相应措施。

（六） 流动性覆盖率信息披露

为提高银行流动性风险管理的透明度，形成对《巴塞尔Ⅲ流动性覆盖率》的有益补充，巴塞尔委员会于2014年1月出台了《流动性覆盖率披露标准》。按照《流动性覆盖率披露标准》的要求，国际活跃银行应按照规定的披露模板定期在财务报告或银行公开网站中披露流动性覆盖率及其主要构成部分。此外，商业银行还应对流动性覆盖率进行定性分析。

二、净稳定资金比例

净稳定资金比例是衡量银行在正常经营状态下流动性风险的结构性指标。首先，我们需要对比流动性覆盖率和净稳定资金比例两项指标。流动性覆盖率是为了确保银行具备充足的优质流动性资产，在设定的压力情景下仍能支持银行30日内的现金净流出，旨在提高银行自主应对短期流动性冲击的能力，为一项流量指标；净稳定资金比例是为了确保银行稳定资金需求和供给之间的平衡，为一项存量指标。净稳定资金比例作为一项中长期结构性存量指标，对流动性覆盖率形成必要补充。巴塞尔委员会于2014年出台了《巴塞尔协议Ⅲ：净稳定资金比例》。

（一） 计算公式

净稳定资金比例为可用的稳定资金与所需的稳定资金之比，旨在用充足的稳定资金来源支持其业务活动，避免过于依赖短期批发融资。净稳定资金比例的计算公式为

$$净稳定资金比例 = \frac{可用的稳定资金}{所需的稳定资金} \times 100\%$$

（二） 可用的稳定资金

可用的稳定资金是指银行的资本和负债在未来至少一年所能提供的可靠资金来源。由于不同的资本工具和负债作为资金来源的稳定性不同，计算该指标首先要对银行各类资金的来源按照稳定特性进行分类，并设定与之相对应的可用稳定资金系数。再将各类资金工具和负债分别按其账面价值乘以对应的可用稳定资金系数，加总后得到可用稳定资金总量。

影响资金来源稳定性的主要因素包括各类资金提供者收回资金的倾向和各类负债的期限。例如，在通常情况下，长期负债比短期负债更加稳定；零售客户的短期

存款较其他交易对手同期限的批发融资更为稳定等。对于银行可用资金来源的稳定性，可用稳定资金系数细分为五档，分别为100%、95%、90%、50%和0。表9－2列示了可用稳定资金系数的主要分类情况。

表9－2　　可用稳定资金系数的主要分类情况　　单位：%

可用稳定资金的类别构成	可用稳定资金系数
（1）监管资金（含资本扣除项，但不包括剩余期限小于一年的二级资本工具） （2）有效剩余期限在一年及以上的其他资本工具和负债，但不包括最终期限大于一年的负债在一年内产生的现金流	100
来自零售和小企业客户的无确定到期日（活期）存款和剩余期限小于一年的定期存款中的稳定部分	95
来自零售和小企业客户的无确定到期日（活期）存款和剩余期限小于一年的定期存款中的欠稳定部分	90
（1）非金融企业客户提供的剩余期限小于一年的融资 （2）业务关系存款 （3）主权、公共部门实体等提供的剩余期限小于一年的融资 （4）以上所列之外的剩余期限在六个月到一年的其他融资（包括央行和金融机构提供的融资）	50
（1）以上所列之外的其他负债和权益，包括以上所列之外的无明确到期日的负债（递延税负债和少数股东权益例外） （2）按照净稳定资金比例有关规则计算的衍生品负债大于衍生品资产时，衍生品负债超出衍生品资产的差额部分 （3）在购买金融工具、外汇和大宗商品的结算过程中产生的应付款项	0

（三）所需的稳定资金

所需的稳定资金是指银行表内外资产业务所需占用的稳定资金。由于不同的资产和表外项目流动性不同，造成其需要占用的稳定资金不同，计算该指标首先需要对银行各类资产和表外项目按照流动性特征进行分类，并设定相应所需的稳定资金系数；再将各类资产和表外风险敞口分别乘以对应的所需稳定资金系数，加总后得到所需的稳定资金总量。

影响所需资金稳定性的主要因素包括资产的期限、质量和可交易性等，例如期限小于一年的短期优质资产所需的稳定资金较少。同时，实践中还需考虑银行作为中介机构行使中介职能的稳定性和可持续性，例如需要确保银行资金支持实体经济，以及银行出于维护客户关系和贷款规模的目的对部分到期贷款进行续贷等。对应于银行各类资产和表外风险敞口的流动性特征，所需稳定资金系数被细分为八档，分别为0、5%、10%、15%、50%、65%、85%和100%。其中，例如现金、存放央行的准备金等流动性最强的资产稳定资金系数为0，对于不良贷款等流动性最差的资产，稳定资金系数为100%。表9－3列示了各类资产所需的稳定资金系数情况。

表9－3　所需的稳定资金系数情况　单位：%

所需的稳定资金的类别构成	所需的稳定资金系数
（1）现金 （2）存放于中央银行的准备金 （3）剩余期限小于六个月的对中央银行的债券 （4）在出售金融工具、外汇和大宗商品的结算过程中产生的应收款项	0
（1）无变现障碍的一级资产，不包括现金和存放于中央银行的准备金 （2）不可撤销或有条件撤销的信用与流动性便利的未提取部分	5
无变现障碍的向金融机构发放的剩余期限小于六个月的贷款（由一级资产抵押并且银行能在贷款期限内将抵押物自由地再抵押）	10
（1）无变现障碍的向金融机构发放的剩余期限小于六个月的其他贷款 （2）无变现障碍的2A资产	15
（1）无变现障碍的2B资产 （2）变现障碍期限在六个月到一年之间的合格优质流动性资产 （3）向金融机构和央行发放的剩余期限为六个月到一年之间的贷款 （4）存在其他金融机构的业务关系存款 （5）其他剩余期限小于一年的资产，包括向非金融机构客户、零售和小企业客户等发放的贷款	50
（1）无变现障碍的剩余期限在一年以上、在标准法下风险权重不高于35%的住房抵押贷款 （2）其他无变现障碍贷款，不包括向金融机构发放的剩余期限在一年以上、标准法下风险权重不高于35%的贷款	65
（1）作为衍生产品交易初始保证金的现金、证券或其他资产，以及向中央交易对手违约基金提供的现金或其他资产，不包括银行代表客户提供的初始保证金 （2）其他无变现障碍的标准法下风险权重超过35%、剩余期限一年以上的正常贷款，不包括向金融机构发放的贷款 （3）无变现障碍不符合合格优质流动性资产标准、剩余期限一年以上的未违约证券和交易所交易的股权 （4）实物交易的大宗商品（含黄金）	85
（1）变现障碍期限在一年以上的全部资产 （2）按照净稳定资金比例有关规则计算的衍生品资产大于衍生品负债时，衍生品资产超过衍生品负债的差额部分 （3）按照净稳定资金比例有关规则计算的衍生品负债的20%（不扣减变动保证金） （4）其他资产，包括不良贷款、向金融机构发放的剩余期限一年以上的贷款、非交易所交易股权、固定资产、子公司权益和违约证券等	100
其他或有融资义务	各国监管机构自定

（四）监管标准

净稳定资金比例应持续地不低于 100%。正如前文所述，流动性覆盖率是一项压力指标，当银行真正处在压力情景时，即使可能导致流动性覆盖率降低至 100% 以下，也应允许其动用合格优质流动性资产储备，这样才能真正发挥流动性储备的作用。与流动性覆盖率不同，净稳定资金比例反映的是银行在正常经营情况下的资产负债结构，并不具备压力情景的特征。另外，净稳定资金比例的恶化通常需要一定时间，且银行将净稳定资金比例保持在不低于 100% 的水平有利于防止短期流动性紧缺的情况出现。因此，对于净稳定资金比例的监管达标要求不存在例外规定。

三、监测工具

流动性覆盖率和净稳定资金比例对银行流动性风险水平设定了最低标准。但正如前文所述，任何单一指标在反映商业银行流动性风险方面均存在一定局限性，流动性覆盖率和净稳定资金比例也不例外。监管机构还需采用多项监测工具和指标以获取不同维度的流动性风险信息，进一步补充完善流动性风险的定量分析框架。在 2010 年《巴塞尔Ⅲ流动性标准》和 2013 年《巴塞尔Ⅲ流动性覆盖率》中，巴塞尔委员会均提出了合同期限错配、融资集中度、可用的无变现障碍资产、重要货币计价的流动性覆盖率以及与市场有关的监测工具等流动性风险监测工具，以此作为对监管指标的补充。需要注意的是，监测工具没有国际统一的最低标准，在运用这些工具时，监管机构主要通过分析监测工具的变化趋势，从不同角度和维度判断银行是否面临潜在流动性风险，以便及早采取对应措施。

（一）合同期限错配

合同期限错配监测工具是将表内外所有项目按照合同到期日划分为指定的时间段，通常分为隔夜、7 天、14 天、1 个月、2 个月、3 个月、6 个月、9 个月、1 年、3 年、5 年及超过 5 年等，以此得出各个时间段的期限错配缺口情况，监管当局可以采用此种方法，发现商业银行当前对期限转换的依赖程度。

（二）融资集中度

融资集中度监测工具包括从单个重要交易对手吸收的负债资金占总负债的比例、通过单个产品或工具吸收的负债资金占总负债的比例和以每种重要货币计价的资产和负债的清单等。

（三）可用的无变现障碍资产

由于银行可以用无变现障碍资产作为抵押品在二级市场或向中央银行融资，通过监测商业银行持有的无变现障碍资产，有助于监管当局衡量银行获得额外融资来源的能力。

（四） 重要货币计价的流动性覆盖率

比照一般的流动性覆盖率定义，重要货币计价的流动性覆盖率定义为

$$\text{以重要货币计价的流动性覆盖率}=\frac{\text{以重要货币计价的合格优质流动性资产}}{\text{以重要货币计价的未来 30 日现金流出量}}\times 100\%$$

通过监测商业银行以重要货币计价的流动性覆盖率，有助于监管当局发现由于币种错配带来的潜在流动性风险。

（五） 与市场有关的监测工具

通过监测与市场相关的指标（如股票价格、债券价格、利率和汇率等），有助于监管当局分析金融市场流动性的整体情况，进而监测分析其对金融行业和银行业可能造成的潜在流动性影响。与市场有关的监测工具如果反映出市场流动性紧张、融资成本上升、优质流动性资产变现能力降低等情况时，监管当局应及时分析其对银行融资能力和流动性风险的影响。

《巴塞尔资本协议Ⅲ》提出的流动性覆盖率和净稳定资金比例监管标准填补了此前国际上缺乏统一流动性风险监管定量标准的空白，从而与资本监管的定量标准形成相互补充，进一步完善了银行业监管的总体框架。针对流动性风险在压力情况下的特点，流动性覆盖率标准中引入了压力测试的基本方法，弥补了此前流动性风险监管指标只侧重于衡量商业银行正常经营情况下流动性风险的不足。巴塞尔委员会制定的全球统一流动性风险监管标准，有效提升并规范了流动性监管标准在各国执行的一致性，对于维护全球金融安全将发挥重要的积极作用。

随着银行业流动性风险状况的日益复杂，流动性风险管理和监管的传统理念与方法不断面临新的挑战。目前，巴塞尔委员会推出全球统一的流动性风险监管标准的时间尚短，流动性风险管理和监管在政策、方法和技术层面仍有许多内容需在实践的基础上进一步研究，例如流动性覆盖率和净稳定资金比例的各项风险系数后续是否要进一步校准、银行流动性风险压力测试中应如何设置客户行为模型和压力情景、如何综合运用宏观经济和金融变量开展系统层面的流动性压力测试等。在上述领域继续研究探索，是未来学界、业界和监管当局的共同努力方向。

第四节 我国对流动性风险的管理

2013 年，中国银监会起草了《商业银行流动性风险管理办法（试行）》（征求意见稿），要求商业银行的流动性覆盖率应于 2018 年底前不低于 100%。2018 年我国监管部门修订了试行办法，公布了《商业银行流动性风险管理办法》。该办法提

出了我国商业银行流动性监管的定性要求和定量标准。我国商业银行流动风险监管的定量标准中第一次正式引入了净稳定资金比例，同时还新设立了流动性比例、优质流动性资产充足率、流动性匹配率等监管指标，要求资产规模不小于2000亿元人民币的商业银行应当持续达到流动性覆盖率、净稳定资金比例和流动性匹配率的最低监管标准；资产规模小于2000亿元人民币的商业银行应当持续达到优质流动性资产充足率、流动性比例和流动性匹配率的最低监管标准。

一、流动性覆盖率

流动性覆盖率旨在确保商业银行具有合格优质流动性资产，能够在规定的流动性压力情景下，通过变现满足未来30天的流动性需求。其计算公式为

流动性覆盖率 = 合格优质流动性资产 ÷ 未来30天现金净流出量

流动性覆盖率的最低监管标准为不低于100%。

相比于巴塞尔协议下的流动性覆盖率，我国的流动性覆盖率规则在部分方面要求更为严格。例如巴塞尔协议允许将央行准备金纳入一级合格优质流动性资产，但我国监管当局要求银行只能将超额准备金作为一级合格优质流动性资产；我国监管当局只允许将合格的公司债券纳入无变现障碍的2B资产，且不包括住房抵押支持证券和股票等。

二、净稳定资金比例

净稳定资金比例监管指标旨在确保商业银行具有充足的稳定资金来源，以满足各类资产和表外风险敞口对稳定资金的需求。其计算公式为

净稳定资金比例 = 可用的稳定资金 ÷ 所需的稳定资金

净稳定资金比例最低监管标准为不低于100%。

三、流动性比例

流动性比例的计算公式为

流动性比例 = 流动性资产余额 ÷ 流动性负债余额

流动性比例最低监管标准为不低于25%。

四、流动性匹配率

流动性匹配率监管指标衡量商业银行主要资产与负债期限配置结构，旨在引导商业银行合理配置长期稳定负债、高流动性或短期资产，避免过度依赖短期资金支持长期业务发展，提高流动性风险抵御能力。流动性匹配率的计算公式为

流动性匹配率 = 加权资金来源 ÷ 加权资金运用

流动性匹配率最低监管标准为不低于100%。

五、优质流动性资产充足率

优质流动性资产充足率监管指标旨在确保商业银行保持充足、无变现障碍的优质流动性资产，在压力情景下，银行可通过变现这些资产来满足未来30天内的流动性需求。优质流动性资产充足率的计算公式为

优质流动性资产充足率 = 优质流动性资产 ÷ 短期现金净流出

优质流动性资产充足率最低监管标准为不低于100%。

本章小结

1. 流动性是指银行在不引起无法接受的损失的情况下，应对资产增长和履行到期债务的能力。

2. 流动性风险是指商业银行无力为负债的减少或资产的增加提供融资而造成损失或破产的风险。

3. 传统上，流动性风险包括筹资流动性风险、市场流动性风险、结构性的流动性风险。

4. 与金融风险中的市场风险、信用风险和操作风险相比，流动性风险的基本特征如下：流动性风险一般表现为结果性风险，流动性风险具有很强的传染性、系统性和破坏性，流动性风险要求的保证金与其他金融风险的保证金不同。

5. 银行流动性风险产生的根源是资产负债之间的期限错配，商业银行流动性风险具有内生性，为商业银行的固有风险。

6. 流动性风险往往具有次生性，通常因信用风险、市场风险、操作风险、声誉风险等上升到一定程度突然暴露导致。

7. 流动性风险管理是银行经营的重要职能，是银行体系稳健运行的重要保障，一旦流动性风险爆发，将会对银行的经营造成重大威胁，甚至引发系统性风险，具有很大的负外部性。2008年国际金融危机再次证明了流动性风险的突发性、传染性、破坏性，以及流动性风险管理和监管对于维护金融稳健的重要性。

8. 2008年国际金融危机爆发后，国际组织和各国监管当局达成共识，要以金融危机为契机，进一步加强对银行流动性风险的监管，巴塞尔委员会制定了全球一致的定量要求和定性流动性监管标准，将加强流动性风险监管的国际协调作为其重要的任务之一。

9. 巴塞尔委员会发布《稳健原则》，围绕商业银行流动性风险管理体系和流动性风险管理有效性提出了17条原则，建立了流动性风险监管定性标准的基本框架，是巴塞尔委员会制定的银行风险管理和审慎监管的有机组成部分，也为此后出台的全球统一的流动性风险监管定量标准奠定了坚实的基础。

10. 《稳健原则》的原则1统领性地提出了流动性风险管理和监管的基本要求和一系列与流动性风险有关的基本概念。

11. 《稳健原则》的原则2~4对流动性偏好、流动性风险管理的职责分工以及在银行内部激励机制和新产品审批中如何纳入流动性风险考量等分别提出了具体要求。

12. 《稳健原则》的原则5~12对流动性风险计量和管理的主要内容、方法、技术和工具提出了要求。

13. 《稳健原则》的原则13对银行提出了流动性风险信息披露要求。

14. 《稳健原则》的原则14~17对监管当局的职责提出了要求。

15. 巴塞尔委员会发布《巴塞尔Ⅲ流动性标准》，首次提出流动性覆盖率和净稳定资金比例两项流动性风险监管定量要求的国际标准，对于加强全球银行业流动性风险监管具有重要的意义。此后，巴塞尔委员会在通过实践检验的基础上，分别于2013年1月和2014年10月发布了更新后的流动性覆盖率和净稳定资金比例标准。

16. 流动性覆盖率旨在确保商业银行具有合格优质流动性资产，能够在规定的流动性压力情景下，通过变现满足未来30天的流动性需求。其计算公式为：流动性覆盖率=合格优质流动性资产÷未来30天现金净流出量。流动性覆盖率的最低监管标准为不低于100%。

17. 净稳定资金比例为可用的稳定资金与所需的稳定资金之比，旨在用充足的稳定资金来源支持其业务活动，避免过于依赖短期批发融资。净稳定资金比例应持续地不低于100%。

18. 我国商业银行流动性风险监管定量指标包括流动性覆盖率、净稳定资金比例、流动性比例、优质流动性资产充足率、流动性匹配率。监管的定量标准除流动性比例最低监管标准不低于25%外，其余均为100%。

本章重要概念

流动性　流动性风险　流动性风险偏好　流动性风险限额　优质流动性资产储备
日间流动性风险　流动性覆盖率　合格优质流动性资产　净稳定资金比例
可用的稳定资金　可用稳定资金系数　所需的稳定资金　所需的稳定资金系数

合同期限错配　融资集中度　可用的无变现障碍资产
重要货币计价的流动性覆盖率　流动性比例　优质流动性资产充足率
流动性匹配率

本章复习思考题

1. 判断题

(1) 流动性风险具有的次生性特点。 ( )

(2) 银行拥有充足资本就完全避免遭遇流动性困难。 ( )

(3) 任何单一指标都无法全面计量流动性风险。 ( )

(4) 一般来说，优质流动性资产储备中的核心资产是现金和优质政府债券等最可靠的流动性资产。 ( )

(5) 商业银行具有中介机构职能，因此流动性风险可以从根本上消除。( )

(6) 银行在市场融资往往并不需要以有充足的符合条件的抵押品为前提。 ( )

(7) 合格优质流动性资产由一级资产和二级资产组成，无论其等级如何，全部按100%系数计入。 ( )

(8) 商业银行流动性风险与币种无关。 ( )

(9) 我国商业银行无论规模大小，都实施统一的流动性风险监管指标。( )

(10) 我国流动性风险监管指标的数量多于《巴塞尔资本协议Ⅲ》。 ( )

2. 单选题

(1) 流动性风险是一种（ ）风险。

A. 原生性　　B. 结果性　　C. 局限性

(2) 流动性覆盖率的构成要素是（ ）。

A. 可用的稳定资金　　B. 合格优质流动性资产　　C. 所需的稳定资金

(3) 在流动性覆盖率和净稳定资金比例的两项指标基础上，引入监测工具的主要原因为（ ）。

A. 单一指标局限性

B. 两个指标的相互作用引起偏差

C. 商业银行的共同要求

(4) 净稳定资金比例的构成要素是（ ）。

A. 未来30日现金净流出量

B. 合格优质流动性资产

C. 融资集中度

（5）下列哪种指标是基于压力情景预测分析的？（　　）

A. 同业市场负债比例　　B. 净稳定资金比例　　C. 流动性覆盖率

3. 简答题

（1）简述流动性风险与其他风险的关系。

（2）简述流动性监管的定性要求的内容。

（3）简述流动性风险监管定量标准的内容。

（4）简述我国流动性风险监管要求与国际通行标准的异同。

4. 思考题

（1）流动性风险监管为何没有被纳入巴塞尔协议第一支柱？

（2）谈谈对流动性微观审慎监管与宏观调控关系的看法。

第十章
贷款评级与分类

贷款评级就是评定贷款质量等级，贷款分类就是贷款质量的分类。贷款评级与分类都与贷款质量相关，前者是银行自己内部评定的，后者是监管当局规定的，但二者相互联系。监管当局需要评估银行贷款评级的有效性，需要明确对银行贷款分类的有关要求。本章重点介绍银行对贷款评级的定义以及如何运用贷款评级来判定贷款质量、贷款评级在信用风险管理中的作用、贷款评级体系框架的建立，贷款分类的标准、贷款分类的特征、贷款分类的监管目标等。

第一节　贷款评级

什么是贷款评级？贷款评级有哪些作用？如何进行贷款评级？这就是本节介绍的主要内容。

一、贷款评级概述

（一） 贷款评级的含义

贷款评级就是评定贷款等级。贷款等级通常由字母、数字或字母加数字组成，用于表示银行对贷款存在风险的认识判断。银行根据借款人或贷款本身具有的特征决定贷款等级，具体示例见表 10 - 1。

表 10 - 1　　贷款等级相对应的风险/损失概念

贷款等级	损失风险概念
1	最小风险
2	存在一些潜在风险
3	中等程度风险——借款人已经出现一些困难
4	相当程度风险——现金流出现恶化
5	贷款逾期 30 天以内

续表

贷款等级	损失风险概念
6	贷款逾期 30 ~ 60 天
7	贷款逾期 90 ~ 180 天
8	需启动法律追索程序
9	没有收回的可能性

贷款等级是衡量贷款质量的主要指标，体现了银行对贷款风险的认识和判断。在通常情况下，贷款等级在贷款审批的最初阶段评定，随着银行与借款人业务往来的深入，对借款人的业务及风险状况也有了进一步的认识，这些信息可以帮助银行更加准确地评估风险并评定合适的贷款等级。因此，当贷款质量发生变化时，例如贷款复查或展期时，贷款等级可能会发生变化。

（二） 贷款等级的变化

贷款等级必须始终能够反映贷款质量的实时信息，也就是贷款风险的实时信息。因此，从贷款发放到收回的整个过程中，贷款等级有可能随时发生变化。通过下面的案例，我们可以看出在现实中贷款等级是如何变化的。

1. 贷款申请时点：王某是欢乐时光餐厅的实际拥有者和管理者，为更新餐厅现有设备，他向银行申请 5 年期 10 万元的贷款。信贷人员评定该贷款等级为 1（正常贷款，低风险，执行最低利率，提取 0.25% 的损失准备，并每年复查一次）。

2. 贷款审批时点：当信贷经理发现作为贷款抵押物的资产存在问题时（如抵押物价值较最初评估价值低），贷款等级被调整为等级 3（正常贷款，中等程度风险，利率执行最优利率加 1%，按 2.5% 提取损失准备，并每半年复查一次）。

3. 第一次复查时点：在第一次半年度复查时，贷款本金和利息足额按时支付，因此贷款仍维持等级 3（正常贷款，中等程度风险，利率执行最优利率加 1%，按 2.5% 提取损失准备，每半年复查一次）。

4. 第二次复查时点：抵押物市场价值增加（或抵押物的其他留置权被取消），抵押物足值可靠，风险总体可控，贷款等级升为等级 2（正常贷款，低风险，利率执行最优利率加 0.5%，按 1% 提取损失准备，每年复查一次），并决定如果下一次复查时贷款良好，进一步将贷款等级提升为等级 1。

（三） 评定贷款等级方法的选择

大多数银行根据自身规模，应用量身定制的贷款质量评估方法。

1. 大额贷款：为了评定等级，需对大额贷款进行单独的详细评估。这个过程称作信用评估。我们将在“贷款评级体系”中详细介绍。

2. 小额贷款：从时间及成本考虑，对小额贷款评估的效率不高，因此不一定需要单独评估。这些贷款可以通过打包，采用信用打分的方法进行评估。例如，消费者零售贷款和小企业贷款通过与同类贷款客观标准相比较的办法进行评估，并打出分值。这可能与借款人月收入、工作状况、以前的违约记录、拥有的资产以及银行过去发放该类贷款的经历有关。历史经验及定量技术是信用打分的基础。这些内容我们还将在“贷款评级体系”中详细介绍。

二、贷款评级的作用

银行贷款评级体系有多种用途，它既可以用于判断是否应发放贷款，又可以用于贷款定价。此外，贷款评级还能够帮助银行管理和监控贷款及贷款组合的质量，成熟的评级能够有效地引导银行如何提取贷款损失准备金和分配资本。

贷款评级是银行信贷业务的基础。因此，从贷款发放到回收的整个过程中，贷款评级均应被视为决策过程的重要组成部分。在实践中，贷款评级体系主要在贷款审批与定价、贷款损失准备提取、监控贷款或贷款组合、信息管理等领域发挥关键作用。

（一）贷款审批与定价

当提交贷款申请后，银行会对该贷款评定一个等级，并用于决定以下事项：

（1）是否应与该客户建立并发展信贷关系；

（2）组织层级中谁有权批准发放该笔贷款；

（3）可以授予该客户多少信用额度；

（4）贷款需要的保证条件（包括抵押物、还款条款、保证人等）。

此外，评定贷款等级还与贷款定价、贷款损失准备提取、贷款复查频率等直接相关。

我们仍以王某经营的欢乐时光餐厅为例，他向银行申请贷款，银行信贷人员根据对有利因素的评估（如良好的财务状况和盈利能力、提供足值的抵押物担保等），评定贷款等级为1，银行把贷款评定为最小风险的等级，并执行等级1对应的利率水平、损失准备金提取标准和贷款复查频率。当银行发现抵押物存在其他抵押时，该贷款的信用等级被下调为等级3，并执行等级3对应的利率水平、损失准备金提取标准和贷款复查频率。

上述案例说明，银行因承担信用风险所取得的回报应与收益和资本所承担的风险相匹配。不合理的定价可能导致风险收益的不平衡，最终失去资质良好的客户及产生不利的客户选择。

（二）贷款损失准备提取

因贷款风险暴露提取的损失准备金数额一般按照监管要求和会计指引确定。但在实践中，有时银行也会根据银行内部估算提取额外的准备金。银行内部贷款评级能够帮助银行更好地根据特定贷款或贷款类型所隐含的风险程度提取一般准备金和特定准备金。

例如，按照监管当局对一般贷款损失准备金提取的规定，标准贷款的损失准备金提取的比率为贷款余额的 25%。作为一项审慎的措施，银行可以根据贷款评级情况追加提取 25% 的损失准备金。

另一个可供选择的办法是，监管当局可规定对可疑贷款按照贷款余额的 50% 提取特定损失准备金。银行可以基于内部评估和贷款评级，选择提取最多达到贷款余额 60% 的损失准备金。

在实践中，部分大型银行采用更详细、更复杂的贷款评级体系，可被用来决定内部资本的分配。

（三） 监控贷款或贷款组合

贷款监控对银行信用风险管理至关重要，并能够影响银行的战略决策。所有贷款必须受到定期监控，贷款复查是实践中最常用的定期监控方法。贷款等级直接决定复查频率的高低，等级较低的贷款或贷款组合的复查频率高于等级较高的贷款或贷款组合。

在实践中，大额贷款一般单独进行复查，小额贷款一般集中在一起统一作为一个贷款组合进行复查。例如，银行可以把所有信用卡贷款、汽车金融贷款等分别作为一个贷款组合进行复查，并制定复查的日期。

（四） 信息管理

一个有效的贷款评级体系能够为形成报告和数据库服务，这些报告和数据库可被用于确定新发放贷款对整体贷款质量的影响，帮助银行实现跨越周期的稳健。

三、贷款评级体系

（一） 贷款评级体系的概念及其与信用分类体系的关系

1. 贷款评级体系的概念

贷款评级涉及不同的贷款、不同借款人以及影响贷款风险的有关因素，涉及贷款评级的组织及评级评估的方法选择等，为了完成贷款评级，需要开发贷款的评级系统（体系）。

贷款评级体系是银行内部开发的一个系统，主要目的是根据贷款的质量和风险状况将贷款区分为不同类别。在不同银行的贷款评级体系中，贷款等级和相对应的风险损失概念可能存在不同。从事传统银行业务的小银行的贷款评级体系可能只有少数几个贷款等级，从事多样化银行业务的大银行的贷款评级体系可能具有较多的贷款等级，主要是为了对贷款的不同风险情况进行更为精细的分类。需要注意的是，无论银行采用相对简单还是相对复杂的贷款评级体系，都必须与所在国家监管当局规定的信用分类相对应。

贷款评级体系有一个从简单到成熟的过程。简单的贷款评级体系主要应用于小银行的传统业务，贷款一般分为满意（合格）、不满意（问题），以及与监管分类要求相对应的类别；成熟的贷款评级体系主要应用于多元化和复杂的业务，贷款一般分为满意（合格）、不满意（问题），以及被细分为很多贷款等级。银行贷款等级越细分，贷款之间的区分就越精细，相应地不同贷款的风险区分就越明确。

贷款评级体系应与银行业务的性质、规模和复杂程度相匹配。监管当局应确保贷款评级体系成为银行信用风险管理体系中不可或缺的一部分。一个健全的贷款评级体系能够区分不同贷款隐含的不同程度的风险，并在贷款质量恶化时及时发出预警，为评估银行的信用风险提供一个良好的基础。

2. 贷款评级体系与信用分类体系的关系

贷款评级体系和信用分类体系都是通过对贷款质量进行评级和分类实现对贷款的监控。贷款的质量与多种因素有关，这些因素主要包括借款人的财务状况、偿债能力、信用历史记录和可提供的担保及抵押物情况，这些直接影响借款人的偿债能力的因素构成了贷款评级体系与信用分类体系。

贷款评级体系是银行在其内部进行开发和使用的，因此银行与银行之间的贷款评级体系会存在一定差异。贷款的信用分类体系是由监管当局规定的（如正常、关注、次级、可疑、损失），因此在监管当局的视角下，所有银行采用相同的贷款信用分类体系。需要注意的是，为便于相互比较，银行贷款评级体系的分级需要与监管当局信用分类体系形成对应关系。

（二） 贷款评级体系的框架

虽然每家银行贷款评级体系的具体特征不同，但一个良好的贷款评级体系必须具备一些主要因素，包括组织架构、评级方法、风险要素、评估方法等。

1. 组织架构

贷款评级体系组织架构是解决谁来确定贷款评级体系。正式的贷款评级体系必须经过高级管理层或董事会的同意。此外，必须有相关的执行人员支撑贷款评级体系。贷款评级体系的组织框架需要明确：谁来确定最初的贷款等级、谁来对确定的贷款等级进行复核、谁具有最终的贷款审批权。

通常最初贷款等级由一线人员如客户经理或信贷人员确定，复核和审批视贷款性质和规模分别由高等级信贷人员或贷款委员会负责。

组织框架还需明确向高级管理层或董事会报告贷款质量的机制，特别是应明确评级较差的贷款、潜在问题贷款及需要特别注意贷款的报告性质及频率。

典型的组织层级包括董事会、贷款委员会、总经理、助理经理、信贷人员、贷款复核部门等。

（1）董事会。董事会负责特别大额贷款和银团贷款（由几家银行同时向一个借款人发放贷款）的最终审批。董事会也会阶段性地复查贷款组合、问题贷款，决定下一步要采取的行动。

（2）贷款委员会。贷款委员会由高级管理层组成，负责审批规定限额以上的贷款，以及其他一些最初没有评定等级的贷款。

（3）总经理。总经理负责一定限额以下贷款的审批，同时负责一定限额以下贷款每半年的复查及问题贷款的复审。

（4）助理经理。最初的贷款等级由助理经理进行审核，同意信贷人员的决定或者评定新的等级。助理经理同时负责每季度或半年审核信贷人员提交的贷款监控报告。

（5）信贷人员。信贷人员一般负责确定最初的评级，并负责对贷款和贷款组合进行季度、半年度的监控。

（6）贷款复审部门。独立的贷款复审部门，阶段性地对贷款等级进行复审及相应的调整。如果需要，可以由有经验和合格的高级人员组成，独立执行贷款审批手续。

2. 评级方法

贷款评级方法明确不同贷款人的贷款等级评定方法。银行一般采用以下两种方法中的一种来评定贷款等级，采用哪种方法取决于借款人的借款规模。

（1）信用评级法。信用评级法根据特定的可识别的风险因素进行单独评估。这些因素的评估以不同的借款人的基准指引为基础。信用评级方法中定性因素和主观评估起到了重要作用，主要原因是借款人的特征甚至在同类借款人中都很难进行比较。

（2）信用打分法。信用打分法是评估借款人违约可能性的一种统计方法。它运用历史数据和统计技术分析借款人月收入、未偿付债务、工作经历等特征对贷款违约的可能影响。这种方法可以产生一个分值，根据风险程度对借款人进行分级。这种方法大量用于消费贷款，可以确保对所有具有相似特征的借款人都采用相似的贷款审批标准。

银行评定贷款等级时，需要考虑的风险因素基本相同，这些因素主要包括借款人财务状况、偿债能力、公司治理水平和发展前景等。银行根据不同风险因素的重要性确定不同权重，通过使用客观标准，例如，通过财务状况、行业比率数据以及定性判断等主观因素对风险因素进行评估，通过以下流程方法，最终得到贷款等级：①将某一风险因素各个要素分值加总；②将加总后的分值与风险因素的权重相乘；③将所有风险因素的加权分值相加得到最终结果。

3. 风险因素

这是评级时需要考虑的主要因素，主要包括借款人的财务状况、公司治理水平、行业分析、抵押品风险、国家风险以及外部事件影响等。

（1）借款人的财务状况。考量借款人的财务状况，最终是为了衡量借款人的偿债风险。为了评估该风险，需要对借款人的历史财务信息，以及销售、盈利、现金流、筹资能力等财务现状进行详细分析，以了解借款人的实际还款能力。

（2）公司治理水平。借款人的公司治理水平是开展评估需考量的重要因素。在实践中，考量公司治理水平，主要是对借款人的管理层能力、经验、个人诚信等作出主观评估判断。

（3）行业分析。行业分析主要包括对借款人所在行业的上下游情况、盈利能力、需求周期和现金流特点的分析。此外，在实践中，可以通过将借款人的主要财务数据与行业标准进行比较，了解借款人在行业中所处的市场地位。

（4）抵押品风险。提供保证、抵押担保等可提高对贷款的评级。在一般情况下，长期贷款通常比短期贷款具有更高的风险，但可以通过提供有效的风险缓释措施减少发放贷款的风险。在实践中，提供存款、股票质押、固定资产抵押等增信措施可对贷款的评级发挥积极作用。

（5）国家风险。国家风险也是开展评估需要考虑的重要因素之一，通过对借款人所在国家进行国家风险和转移风险的评估，衡量其对借款人还款能力的影响。

（6）外部事件影响。在实践中，除了上述需考量的主要因素外，如监管环境、经济情况等外部时间也是影响评估的重要因素，但需要注意的是，借款人无法有效规避外部事件对其的影响。

4. 评估方法

评级结果通过对借款人相关风险因素的评估得出。在实践中，既需要对借款人进行评估，也需要对借款的保证条件进行评估，通常会使用借款保证条件的评估结果对借款人的评估结果进行修订，主要考虑因素包括借款人的自身风险、风险缓释措施情况以及具体贷款合同条款的个性化条款优化。

四、开展评估需要考量的主要问题

监管当局必须确保银行的贷款评级体系对于监控银行的信用风险暴露是有效的。在实践中，监管当局的评估应包括对以下事项的评价：贷款评级体系是否纳入银行信用风险管理的过程中；对各种不同的贷款所使用的风险因素和评级方法是否恰当；贷款复查机制是否有效；对于需要特别关注的贷款，贷款评级和复查体系的运用情况。

第二节　贷款分类

一、贷款分类的基本含义

贷款分类是根据贷款质量对银行贷款进行分类的一种监管框架，是监管当局要求银行对其贷款进行的分类。那么监管当局要求的贷款分类和银行内部贷款评级是什么关系？这是我们理解贷款分类含义需要弄清的基本问题。

监管当局要求的贷款分类系统主要用于跟踪所有银行总体的贷款质量。银行的内部评级系统也被各银行用于跟踪自身的贷款质量，但相比于监管当局的跟踪，通常各银行内部贷款评级体系更为细化，因此对贷款的监控一般更为详细密切。具体而言，细化的程度主要是指该体系所评定的贷款等级数目，在一般情况下，银行内部的贷款评级体系越细化，在不同风险类别之间就越能作出更细致的区分。

在实践中，银行的内部贷款评级体系需要与监管当局的贷款分类建立对应关系，表 10－2 可以让我们看到一家银行的内部贷款评级体系是如何与监管当局要求的贷款分类形成对应关系的。

表 10－2　　银行内部贷款评级体系与监管当局贷款分类的对应关系

银行内部贷款评级体系	特征描述	监管当局的贷款分类
AAA	优异	正常类
AA	优良	
A	良好	
BBB	满意	
BB	充足	
B	注意	特别关注类或关注类
CCC	特别注意	
CC	次级	次级
C	可疑/损失	可疑/损失

二、监管当局为什么要对贷款进行分类

对监管当局来说，贷款分类框架具有现实意义，目的主要包括监控银行的总体

稳健性、按照贷款分类规定准备金计提的标准、评估银行体系的健康程度、提高市场透明度。

（一） 监控银行的总体稳健性

通过计算不良贷款在总贷款余额中的占比，可以衡量一家银行的贷款组合质量。该比例越高，意味着贷款组合的质量越差。监管当局可以使用基准值设定银行不良贷款比例的上限，基准值既可以采用国际公认标准，也可能是各国监管当局根据自身银行业的历史经验数值设定。需要注意的是，不良贷款总额是所有不良等级贷款（次级类、可疑类和损失类）的总和。不良贷款净额是不良贷款总额减去为上述贷款计提的损失准备金。例如，一个国际公认的不良贷款的基准值可能是：按照在总贷款余额中所占的百分比，不良贷款总额不得超过 7%，而且不良贷款净额不超过 3%。但在某些国家，基于银行业的总体情况，监管当局可能将这些比率设定为更高水平。

（二） 按照贷款分类规定准备金计提的标准

对于贷款组合中已确认的损失，监管当局必须确保银行已按最低标准要求计提了损失准备金。一些国家监管当局会根据不同的贷款分类，分别规定相应的准备金最低标准，银行可在监管当局要求的最低标准基础上，根据内部贷款评级体系进一步计提准备金。还有一些国家监管当局只对准备金计提做总体要求，银行可在符合总体要求的基础上，根据自己的内部贷款评级体系估计值计提准备金。此外，如果银行在信贷政策、监管监察、内外部审计、不良贷款管理和清收程序等方面存在问题，有可能会被监管当局要求计提更高水平的准备金。

（三） 评估银行体系的健康程度

监管当局通过银行上报的贷款分类报告对银行的情况进行监控，通过比较各类银行的贷款质量，确定银行业总体贷款质量的变化趋势。例如，在某些国家的 100 家银行中，有一家银行贷款组合的 50% 为不良贷款。从审慎的角度出发，监管当局可能需要做进一步调查，看能否帮助这家银行改进对贷款组合的管理。此外，监管当局也需要跟踪了解不良贷款比例在各银行间的分布规律，例如来自特定地区或有着相似资产结构或股权结构的银行不良贷款情况的异同。

（四） 提高市场透明度

在通常情况下，监管当局都会要求银行向公众披露贷款分类的信息，上市银行还必须定期报告其财务状况和贷款质量。此外，银行还需披露其不良贷款状况以及会计处理。

三、贷款分类的标准

在通常情况下，监管当局规定了贷款的分类标准，银行可以按照该标准将其贷款恰当地划入相应的监管当局的贷款类别。这些标准可能是客观的，也可能是主观的。

如果监管当局规定使用客观标准，那么银行必须根据发生逾期时间的长短进行贷款分类。此时所用的时间框架各国可能有所不同，但90天和180天是两个常用于反映贷款程度恶化程度的重要时间跨度。如果监管当局规定使用主观标准，那么银行可以根据一系列因素，例如借款人的财务实力和偿债能力、贷款的逾期情况、抵押品等增信措施情况，判断贷款是否能按期收回。

（一）客观标准

假设贷款质量发生恶化的关键指标是指借款人无法按照贷款合约正常还款，采用客观标准的银行通常依据贷款的逾期时间长短对贷款类别进行划分。例如，可基于逾期状态将贷款分为以下四个类别。

（1）正常类：该类贷款被认为是正常的，即已按照贷款合同正常还本付息。

（2）次级类：一旦贷款本息的偿还违反了初始贷款合同的规定，那么贷款就变为逾期状态，如果逾期时间在90～180天，那么该贷款将被划分为次级类。

（3）可疑类：如果逾期时间超过180天，该贷款将被划分为可疑类。

（4）损失类：如果逾期时间超过360天，该笔贷款将被划分为损失类。此外，如果银行内外部审计或监管当局通过检查认定贷款无法收回，也可直接将该贷款划分为损失类，此时不必考虑其逾期情况。

（二）主观标准

通过以下假设的主观分类标准，我们能够区分贷款分类主观标准与客观标准在实践中的区别。

（1）正常类：当借款人还款能力正常，或者采用现金、银行定期存单等现金等价物提供足额担保时，贷款应划分为正常类。

（2）特别关注类或关注类：特别关注类或关注类贷款具有潜在的缺陷，如不采取一定的方法消除缺陷，未来可能对借款人的还款能力产生不利影响。例如，贷款易受到经济和市场波动的影响，或者银行失去了对抵押品的完全控制权。

（3）次级类：借款人的还款能力明显下降。例如，借款人的现金流不足以完全覆盖贷款本息，或者借款人的市值出现大幅下跌。

（4）可疑类：发生明显影响贷款回收能力的事件。例如，当银行定期评估抵押品时，抵押物价值下降50%，可直接将贷款纳入次级类。

（5）损失类：被认定无法回收的贷款，但这并不意味这类贷款已经没有回收的希望，只是不能推迟冲销这些贷款，即使将来有可能会回收部分贷款。

（三） 贷款分类与抵押品

在实践中，一些国家贷款分类适用于主观标准时，会对单笔贷款进行拆分分类。上述情况一般发生在担保不能完全覆盖贷款本息的情况下，例如贷款中有担保的部分被视为次级类，未担保的部分则被划分为可疑类或损失类。

通常抵押品价值也会影响贷款的收回。在贷款分类中如何考虑抵押品因素，取决于监管当局制定的规定。有些监管当局在贷款分类时不考虑抵押品因素，此时贷款分类仅根据逾期状态反映贷款质量。也有一些国家的监管当局规定，在贷款分类时，明确需要考虑抵押品因素，这种观点认为抵押品会直接影响贷款的回收能力。

在实践中，考虑抵押品对贷款分类的影响时，通常需要考虑以下因素：抵押品的流动性及变现能力、抵押品的实际价值、抵押品可否足额覆盖贷款本息。如果贷款的抵押品市场价值可以完全覆盖贷款本息，则不需要将其划分为不良贷款。反之，如果贷款的抵押品市场价值大幅下跌，那么即使逾期状态尚未达到不良贷款的标准，也可将其纳入不良贷款。在贷款分类时，我国会考虑抵押品因素的影响，与我国类似考虑抵押品因素影响的国家包括美国、日本和俄罗斯等；不考虑抵押品因素影响的国家包括法国、意大利和阿根廷等。

本章小结

1. 贷款评级就是评定贷款等级。贷款等级通常由字母、数字或字母加数字组成，用于表示银行对贷款存在风险的认识判断。

2. 贷款等级必须始终能够反映贷款质量的实时信息，也就是贷款风险的实时信息。因此，从贷款发放到收回的整个过程中，贷款等级有可能随时发生变化。

3. 银行贷款评级体系有多种用途，它既可以用于判断是否应发放贷款，又可以用于贷款定价。此外，贷款评级还能够帮助银行管理和监控贷款及贷款组合的质量，成熟的评级能够有效地引导银行如何提取贷款损失准备金和分配资本。

4. 贷款评级体系是银行内部开发的一个系统，主要目的是根据贷款的质量和风险状况将贷款区分为不同类别。在不同银行的贷款评级体系中，贷款等级和相对应的风险损失概念可能存在不同。需要注意的是，无论银行采用相对简单还是相对复杂的贷款评级体系，都必须与所在国家监管当局规定的信用分类相对应。

5. 虽然每家银行贷款评级体系的具体特征不同，但一个良好的贷款评级体系必须具备一些主要因素，包括组织架构、评级方法、风险要素、评估方法等。

6. 对监管当局来说，贷款分类框架具有现实意义，目的主要包括监控银行的总体稳健性、按照贷款分类规定准备金计提的标准、评估银行体系的健康程度、提高市场透明度。

7. 在对贷款进行分类时，可以采用不同的标准。有些国家的监管当局规定银行只能使用客观标准对贷款进行归类，此时强调的是贷款发生逾期的时间长短。还有部分监管当局允许银行使用主观标准，此时银行可以按照能否足额收回到期贷款主观评定是否将贷款划分为不良贷款。此外，抵押品的性质和价值在主观评定中起着重要作用。

8. 贷款按客观标准分为正常类、次级类、可疑类和损失类。

9. 贷款按主观标准分为正常类、关注类、次级类、可疑类和损失类。

10. 在实践中，一些国家贷款分类适用于主观标准时，会对单笔贷款进行拆分分类。上述情况一般发生在担保不能完全覆盖贷款本息的情况下，例如贷款中有担保的部分被视为次级类，未担保的部分则被划分为可疑类或损失类。

本章重要概念

贷款等级　贷款评级　贷款复查　贷款质量　损失风险　贷款评级体系
信用分类体系　信用评级方法　信用打分方法　监管当局贷款分类
银行内部贷款评级

本章复习思考题

1. 判断题

(1) 贷款等级与贷款评级的概念一致。 (　　)

(2) 贷款等级是衡量贷款质量的主要指标。 (　　)

(3) 贷款评级体系是监管当局开发的，具体应用于管理信用风险。 (　　)

(4) 贷款评级体系能够区分不同贷款隐含的不同程度的风险。 (　　)

(5) 银行贷款评级体系不能被应用于资本分配。 (　　)

(6) 主观判断是信用打分方法的显著特征。 (　　)

(7) 简单的评级体系可被用于准备金提取。 (　　)

(8) 在一般情况下，监管当局的贷款分类要比银行的内部贷款评级更为精细复杂。 (　　)

(9) 主要考虑逾期时间是贷款分类主观标准的重要特征。 (　　)

(10) 银行内部贷款评级体系不必与监管当局的贷款分类一一对应。 (　　)

2. 单选题

(1) 下列不属于不良贷款分类（　　）。

A. 次级类　　B. 关注类　　C. 可疑类

(2) 贷款评级体系的主要用途不包括（　　）。

A. 贷款损失准备提取　　B. 贷款审批与定价　　C. 经营考核

(3) 贷款主要评级方法不包括（　　）。

A. 信用打分方法　　B. 信用分类方法　　C. 信用评估方法

(4) 贷款的信用分类体系是由（　　）确定的。

A. 银行　　B. 监管当局　　C. 监管当局和银行共同确定

(5) 在银行评定贷款等级时，下列哪项不是主要考虑的风险因素？(　　)

A. 抵押品情况　　B. 银行同业评级　　C. 借款人财务状况

(6) 银行评定贷款等级时，常用的反映贷款程度恶化程度的重要时间跨度为（　　）。

A. 15 天　　B. 90 天　　C. 365 天

3. 简答题

(1) 简述贷款评级体系的主要用途。

(2) 简述信用评估方法和信用打分方法的不同点。

(3) 简述贷款评级的框架内容。

(4) 简述监管当局为什么要对贷款进行分类。

(5) 简述贷款分类的标准。

第十一章
监督检查

前面我们已经介绍了巴塞尔协议的第一支柱——最低资本要求。本章我们介绍巴塞尔协议的第二支柱——监督检查。监管当局为什么要对银行进行监督检查，如何开展监督检查，这是本章阐述的主要内容。

第一节　监督检查概述

一、监督检查的内容和目标

第一支柱资本要求是最低监管要求。银行要针对信用风险、市场风险和操作风险等计提资本。在通常情况下，银行的业务还涉及其他风险，如银行账户的利率风险等。此外，第一支柱涉及的风险没有得到全面反映，如信用风险的集中度等；并且反映的风险指标，如操作风险是根据替代指标估算出来的。同时，外部风险如经济周期效应等也没有在第一支柱得到反映。

第二支柱旨在确保每家银行对风险进行全面评估，主要覆盖三个领域：一是第一支柱涉及但没有完全覆盖的风险，如集中度风险等；二是第一支柱没有涉及的风险，如银行账户利率风险等；三是外部因素，如经济周期效应等。同时第二支柱还要对第一支柱的内部模型法等高级方法进行评估。

第二支柱的目标是在确保每家银行对风险全面评估的基础上，建立稳健的内部程序，以便评估资本的充足性，确定与总体风险状况相对应的资本规模。

二、监督检查的原则

为了实现监督检查的目标，巴塞尔委员会提出了监督检查应当遵守的四项原则。

原则之一：资本评估程序（银行在资本评估中的责任，我们在第二节详细介绍）。银行应建立相关程序，评估相对于风险状况来说总体资本的充足性，并建立维持资本水平的相关战略。银行应有充分依据证明其总体资本需求符合银行当前的风险状况和经营环境。

原则之二：监管当局的责任和手段（监管当局评估银行内部资本充足率评估程序的责任，我们在第三节详细介绍）。监管当局应检查和评估银行的内部资本充足评估情况及其战略，检查和评估银行监测监管资本比率合规情况和确保达到监管资本比率的能力。如果对检查结果不满意，监管当局可以采取适当的监管措施。

原则之三：最低资本要求（强调了银行在最低资本充足率之上经营的重要性，我们在第三节详细讨论）。监管当局要求银行在最低监管资本充足率之上经营，并应有能力持有超过最低要求的资本。

原则之四：对资本充足问题早干预、早介入（鼓励监管当局积极解决各银行资本充足率问题，我们在第三节详细讨论）。为防止银行资本水平下降到防范风险所需的最低要求之下，监管当局应当尽早介入并采取措施。

监督检查的四个原则，是从程序上规定了银行本身、监管当局在监督检查银行资本充足方面的责任和手段等，是监督检查的整体框架。

三、第二支柱与第一支柱的关系

我们在前面介绍第二支柱监督检查的内容时，已经涉及了第二支柱与第一支柱的关系，但并未展开。第二支柱与第一支柱的关系如下：

一是第二支柱补充了第一支柱。虽然第一支柱涉及通常存在的重大风险（主要是信用风险、市场风险和操作风险），并对这些风险规定了明确的资本要求，但第二支柱对此加以补充，增加了一个评估过程，评估第一支柱要求是否使银行为这些风险计提足够的资本。同时，第二支柱为各银行提供了路线图，通过银行自己的资本充足率评估程序，自查第一支柱的要求是否很好地反映了风险。这也为监管当局检查银行提供了一个框架。

二是第二支柱强化了第一支柱。第二支柱涉及第一支柱没有反映的风险，例如银行信贷集中度风险和银行账户利率风险，从而为第一支柱提供补充。另外，我们还要讨论对银行证券化业务带来的专门问题的监管检查程序。

有关第二支柱与第一支柱的关系，我们在第四节还要进行详细讨论。

第二节　银行内部资本充足率评估的程序

根据第二支柱的原则之一，银行应当具有一整套评估资本是否充足，并确保维持一定资本水平的程序。银行的规模、业务复杂程度和经营战略不同，用于评估资本充足率的方法也不同。采用高级法的大型银行往往使用更加成熟和复杂的内部风险评估程序，包括经济资本模型。业务复杂程度较低的银行可能采用更简单的方法。

无论这些方法是相对简单还是复杂和成熟，在资本规划时都包含判断。不应将资本看作解决根本不适当的控制或风险管理程序的一种替代。应对风险的其他方法包括加强风险管理、采用内部限额、提高准备金和储备的规模、完善内部控制等。银行在内部评估时还要评估这些应对风险的其他方法的有效性。

在评估资本充足率时，银行需要注意所处的经济周期的特定阶段。严格的、前瞻性的压力测试应是这一程序不可分割的组成部分，这种压力测试能够发现可能会对银行产生不利影响的事件或市场形势变化。

银行压力测试包括确定似乎合理的不利变化和情景，并衡量其对银行风险、收益和资本的影响。这些情景往往以过去的事件或冲击为基础，但要进行修订以反映当前的情况和预期。所选事件或冲击应与银行的风险状况和风险控制环境相关。

为使评估资本规模与总体风险状况相一致，巴塞尔委员会认为，该程序应包括以下五个要素：董事会和高级管理层职责、健全的资本评估、全面的风险评估、监测和报告、内部控制检查。

一、董事会和高级管理层的职责

董事会是银行的重要决策和管理机构，负责银行的重大决策，对银行股东大会负责并报告工作。高级管理层由董事会聘任，执行董事会的决策，负责银行的日常经营，受董事会监督。巴塞尔委员会认为，在一套健全的风险管理程序中，董事会和高级管理层都应当承担相应的职责。

董事会应主要负责风险偏好的制定和对银行高级管理层的监管。一方面，董事会有责任确定银行对风险的承受能力；另一方面，董事会应确保管理层建立了评估各类风险的框架，开发了将资本需求与风险挂钩的体系，制定了监测内部合规状况的流程方法。董事会应实施有力的内部控制，制定书面政策和流程，确保管理层在银行内部有效地落实这些政策流程。

高级管理层应承担制定风险管理流程的主要工作。高级管理层应负责把握银行所承担的风险的性质和程度，了解资本充足程度与风险之间的关系，并确保风险管理流程的规范性、复杂性与其风险状况和经营计划相适应。

董事会和高管层都应将资本规划视为能否实现银行战略目标的关键要素。银行应从其战略目标出发，对当前和未来的资本需求进行分析。在银行的资本战略中，应清楚地阐明银行资本需求、预计资本使用、目标资本水平和外部资本来源。

二、健全的资本评估

巴塞尔委员会认为，一个健全的资本评估程序应当包括以下要素：一是识别、计量和报告所有实质性风险的政策和程序；二是将风险水平与资本水平挂钩的程序；三是根据银行的战略重点和经营计划，设定与风险状况相符的资本需求的程序；四是确保风险管理过程的内部控制、检查和审计程序的完整性。

三、全面的风险评估

银行的资本评估程序应覆盖银行面临的所有实质性风险。巴塞尔委员会认为，虽然并非所有风险都可精确计量，但评估和计量风险的方法应不断改进。巴塞尔委员会指出，无论银行使用哪种计量体系，也无论其复杂程度如何，银行管理层都应确保系统的有效性和完整性。此外，银行管理层应特别关注数据质量和模型使用的各种假设，因为这些因素直接决定了计量系统的质量和可靠性。

为了评估银行风险，巴塞尔委员会确定了一系列风险，并列明了估计这些风险应采用的方法。这份清单并非包含一切风险，银行要有证据表明银行的内部资本充足率评估内容除了涉及所列清单的风险外，还涵盖其他重大风险。这些重大风险若被忽视，可能导致银行遭受重大损失。

巴塞尔委员会确定的系列风险包括信用风险、市场风险、操作风险、利率风险、流动性风险和其他风险。

（一） 信用风险

银行应建立相关制度，评估各借款人风险暴露的信用风险以及资产组合的信用风险。银行内部风险评级系统是监测信用风险的基本要素。监管当局应要求银行把内部风险评级系统作为信用风险和资本充足率总体分析的不可分割的组成部分。

内部风险评级系统应包括对所有信用风险暴露提供详细的评级；贷款损失准备金计提程序；在资产组合的层次上，发现薄弱环节，包括大额风险暴露以及信用风险集中度；证券化和复杂的信用衍生产品所涉及的风险。

（二） 市场风险

巴塞尔委员会对市场风险评估作出了较为明确的规定，对银行市场风险评估主要基于银行自身对风险价值的计量或基于标准法。

银行的资本充足率评估程序应侧重于资本要求在多大程度上有效反映银行的市场风险。如果未能有效反映，则考虑是否有理由在第二支柱下提出额外的资本要求。还应自查银行的资本充足率评估程序，评估银行在多大程度上进行压力测试，以评估支持交易部门的资本充足率。

（三） 操作风险

银行未能适当地管理操作风险可能会导致误报该机构的风险和收益情况，使银行面临重大损失。巴塞尔委员会认为应将操作风险与其他重大银行业风险一样进行严格管理。银行应开发操作风险的管理框架，并将其作为评价资本充足与否的重要因素。操作风险的管理框架应根据操作管理的政策，覆盖银行对操作风险的偏好和承受能力、操作风险转移的程度和方式，以及银行识别、评估、监测、控制操作风险的相关政策。

监管当局应确保银行资本充足率评估程序具体评估银行为管理操作风险建立的框架，并评估在银行确定所需资本的过程中是否较好地考虑了该框架的优缺点。

（四） 利率风险

在银行账户利率风险方面，巴塞尔委员会并未将其放入第一支柱的资本要求之中，而是将其作为第二支柱的风险。巴塞尔委员会要求，在计量银行账户利率风险时，应考虑银行所有的实质性利率风险敞口，并考虑所有相关的重新定价和期限数据。这样，银行应具有详细的记录来监测利率的风险，确定所做的假设以及所使用的计量技术。这些技术应反映银行账户中的所有重要利率的头寸。

为评估所产生的信息的质量和可靠性以及银行利率管理的有效性，资本充足率评估程序应包括对银行制度的适当性和完整性的评估。

（五） 流动性风险

巴塞尔委员会要求每家银行建立能够有效计量、监测和控制流动性风险的系统。银行的头寸可能影响其获得流动性的能力，特别是在危机时。在评估资本充足性时，银行考虑自身的流动性状况以及所在市场的流动性状况。

（六） 其他风险

银行的声誉风险、战略风险等其他风险不易计量。巴塞尔委员会鼓励银行进一步开发识别和管理这些风险的技术。监管当局应要求银行的资本充足率评估程序对控制/限制这些风险的程序进行检查，并对评估这些风险的方法是否稳健进行检查。

四、监测和报告

第二支柱要求银行应建立一套完整的监测与报告系统。实现对风险敞口的充分监测和报告，使董事会和高级管理层能够履行其职责。定期监测风险暴露使董事会和高级管理层能够评估银行的风险状况正在发生怎样的变化，以及这些变化对资本充足率将产生哪些影响。

提供给董事会和高级管理层的报告应明确确定资本的需要，使管理层能够评估重大风险的程度和趋势及其对资本规模的影响；评价资本评估或评估计量系统所使用的关键假设的敏感性和合理性；确定银行针对各种风险持有足够的资本并达到既定的资本充足率目标；根据银行的风险状况，评估今后的资本需求，并相应地对银行战略计划进行必要的调整。

五、内部控制检查

银行评估其所面临的各种风险的系统以及将风险与银行的资本规模联系起来的系统需要定期得到独立的检查和评估。进行这种检查的方式是开展内部或外部审计。为履行职责，董事会应定期核实内部控制系统符合董事会批准的政策，并核实该系统足以确保有序和审慎的经营活动。银行应定期检查风险管理程序，确保其完整、准确和合理。检查的内容包括：（1）根据银行业务的性质、范围和复杂性，银行资本评估程序是否适当；（2）识别大额风险暴露和风险集中度；（3）被输入银行评估程序的数据的准确性和完整性；（4）评估程序所使用的各种情景的合理性和有效性；（5）压力测试以及对假设和输入信息的分析。

第三节　监督检查的流程

我们在第二节介绍了第二支柱的第一项原则，本节介绍第二支柱的其他三项原则，它们涉及监管当局的责任：原则二涉及监管当局评估资本充足率评估程序的责任，原则三强调银行在最低资本充足率之上经营的重要性，原则四鼓励监管当局积极解决各银行资本充足率问题。

一、监管当局的责任及手段

第二支柱的原则二对监管当局的责任和手段提出了原则性的要求。

监管当局应检查和评估银行内部资本充足率评估和战略、银行监测监管资本比率合规情况和达到监管资本比率的能力。如果监管当局对这一过程的结果感到不满意，则应采取适当的监管措施。

监管当局履行监管职责的方法存在很大差异，因而其检查和评估银行内部资本充足率的评估程序的方法也不一样，通常的方法或手段包括：（1）现场检查，可以由监管当局自己的工作人员实施，也可以通过外部专家实施；（2）非现场检查，通过审查监管报告、统计报表和其他相关信息实施；（3）与银行管理层进行讨论；（4）检查外部审计人员的工作，侧重于资本充足率；（5）银行的定期报告。

监管当局应检查银行内部资本充足率评估程序的某些基本要素。评估内部指标和程序在多大程度上包含银行面临的重大风险。这些风险不仅包括目前十分明显的风险，还包括预计业务变化可能会出现的一些风险。评价用于评估内部资本充足率的风险指标的适当性以及在多大程度上这些风险指标在操作层面也得到了运用，例如，规定限额、评估业务的表现、评估并控制风险等。

对银行内部资本充足率评估程序进行检查的目标是确定资本的规模和构成与银行的业务性质和规模相称。评估银行确定的资本规模时可确定：是否基于严格的程序，该程序十分全面并包括银行面临的所有重大风险；是否与目前的经营环境相关；是否基于未预期事件的测试（情景分析或压力测试）；是否与银行的风险状况、风险管理的适当性及内部控制环境相称；是否得到高级管理层的适当监测和检查。

监督检查一旦完成，监管当局就需要考虑采取什么措施。如果监管当局对银行的风险评估和资本规划结果感到不满意，就会采取措施，让银行及时弥补这些缺陷。同时监管当局就这些措施与银行进行沟通。

二、银行在最低资本比率之上经营

第二支柱原则三强调银行在最低资本比率之上经营的必要性。其原因主要有以下四点：一是因为第一支柱并未覆盖单个银行面临的每种风险，如集中度风险、剩余风险等；二是由于银行业务和规模可能会随着不同的风险变化而变化，从而引起资本充足率的波动；三是由于资本成本较高，银行很难在短期内尤其是在市场状况较差时迅速完成资本补充；四是资本要求较为严格，如果银行资本降到最低资本要求以下，可能触及法律或导致监管当局更为严厉的监管措施。第二支柱希望银行应高于第一支柱的最低要求，但不是通过一般性监管要求，规定一套要求银行自动增加资本的制度，也不是制定更加全面的、正规的资本监管要求，相反，监督检查主要是分析解决每家银行的不同情况和问题。

实施第二支柱原则三的方法有两种：一是资本雄厚法。这个方法就是监管当局根据银行经营规模及风险情况确定的更高的门槛，达到这个门槛的银行被看作是资本雄厚，而不再是“资本充足”。二是临界点和目标法。它也是监管当局根据银行经营规模及风险状况确定的临界的资本比率和目标的资本比率，确保银行的资本高于最低资本要求。

监管当局应就其采用的方法及原因与银行进行沟通。根据银行的风险状况、风险管理程序和内部控制系统，确定银行具体的临界比率；要求银行遵守单一的临界比率，这一比率可以高于第一支柱 8% 的最低要求；确定银行具体的目标比率或行业范围内的目标比率，规定如果银行没有保持既定的资本缓冲，将采取越来越严厉的纠正措施。

三、鼓励监管对资本充足率问题早干预、早介入

第二支柱的原则之四就是鼓励银行监管当局积极解决各银行资本充足率的问题。如果监管当局认为银行未达到监管原则中规定的要求，就应该考虑采取多种备选措施。监管当局有权针对银行当前的经营环境和风险状况决定使用相应的监管措施。这些措施包括加强对该银行的监测、限制现有的业务、禁止开展新业务或收购、限制或禁止支付红利、要求该银行制定并实施令人满意的恢复资本充足率的计划、要求该银行筹集更多的资本等。

事实上，提高资本要求并非解决问题的根本措施，优化风险管理流程、完善内部控制程序等方法才能切实提高银行的风险管理能力。然而这些措施实施起来需要花费的时间较长，所以提高资本要求只能作为阶段性的措施。但同时，还应要求银行采取一些根本性措施以改善状况，一旦这些根本性措施得到落实，其有效性也得到了监管当局的认可，便可以取消提高资本的阶段性措施。

第四节　第二支柱与第一支柱

前面我们已经指出，第二支柱与第一支柱的关系是补充和强化的关系，是对资本监管框架的完善。下面我们做详细解释。

一、第二支柱对第一支柱的补充

第二支柱旨在确保各银行的资本规模适应其风险状况，虽然第一支柱涉及银行存在的重大风险（主要是信用风险、市场风险和操作风险），并对这些风险规定了明确的资本要求，但第二支柱可对此加以补充；另外，增加了一个程序，以评估第一支柱是否使各银行为这些风险计提了充足的资本。

第二支柱提供了评估资本充足率的路线图：银行通过自身资本充足率评估检查第一支柱资本要求是否很好地反映了风险。这也同时为监管当局检查银行评估资本充足率提供了一个框架。第二支柱对第一支柱的补充主要表现在以下几个方面。

（一）操作风险

银行制定控制操作风险的制度并记录有关损失，但收集的数据及所采用的方法在多大程度上经过检验，这需要通过第二支柱加以评估并采取措施纠正和完善。

第一支柱规定确定操作风险资本较为简单的方法是基本指标法和标准法。这种

方法用总收入替代银行操作风险的风险暴露规模。虽然总收入是衡量操作风险暴露的一个指标，但也可能没有准确反映这种风险暴露的程度。特别是盈利较低的银行，用总收入计算资本要求，可能低估了操作风险所需资本的数额。

监管当局在检查中，应对银行有关操作风险的政策、程序和做法进行评估。这种评估应确定第一支柱计算出来的资本要求是否一致地反映了银行操作风险的风险暴露。在此过程中，与具有类似规模和业务的其他银行进行比较，可能更有利于帮助监管当局确定资本需要的规模。此外，监管当局应评估银行在多大程度上建立了有效的框架来识别、评估、监测和控制/释放重大操作风险，在多大程度上遵守巴塞尔委员会文件《操作风险管理与监管的稳健做法》。

（二）信用风险

1. 压力测试

第一支柱要求，经批准采用内部评级法的银行应建立稳健的压力测试程序，用于评估资本充足率。第一支柱针对压力测试规定了内部评级法最低要求，但没有规定压力测试的细节。第二支柱规定，银行应设计自身的压力测试，并确定资本的目标规模是否适当反映了这些压力测试的结果。监管当局的职责是监督银行的评估，并根据自己的评估采取必要措施。

银行进行压力测试时，情景应包括经济衰退、市场风险事件、流动性情况。银行压力测试应确保有充足的资本达到第一支柱的要求，为通过信用风险压力测试发现的问题提供担保。

在第二支柱的监管检查中，监管当局应检查压力测试是如何进行的。如果发现压力测试不够严格，监管人员应采取措施，要求银行降低风险或持有更多的资本/准备金。

2. 违约的定义

第一支柱规定了违约的定义，但这个定义的一些内容有待解释。因此，监管当局应在其辖区内就如何诠释违约的定义发布指导。

银行也可能使用与违约的参考定义不完全一致的外部数据或内部历史数据来评估信用风险。在监管检查中，监管当局应评估各银行适用违约参考定义的情况及其对资本要求的影响。如果偏离参考定义的影响很大并导致对违约概率或违约损失及违约风险暴露不符合实际的内部估计，则需要更多的资本缓冲。

3. 剩余风险

巴塞尔协议认为，银行可以用抵押品、担保或信用衍生产品抵消或部分抵消信用风险。这些信用风险缓释技术能够降低资本的要求，但这些技术可能导致其他风险，如法律风险、文档记录风险或流动性风险，这可能影响总体风险缓释的有效性。

虽然银行可能达到了第一支柱的资本最低要求，但上面所谈的这些剩余风险可能导致银行对潜在对手方的信用风险暴露超出预期。为控制这些剩余风险，银行应具备适当的书面的信用风险缓释政策和程序。银行的信用风险缓释管理政策和程序应与它所认可的采用风险缓释技术在资本方面所带来的好处相称。如果银行的信用风险缓释政策和程序不健全，那么完全可以认为银行第一支柱所允许的信用风险缓释工具的价值可能是不适当的。监管当局可以要求银行对剩余风险持有更多的资本，或采取某些补救措施，如调整抵押品交易的持有期限、不全额认可信用风险缓释工具等。

4. 证券化资产

证券化提供了将流动性较差的金融资产转化成流动性强的可交易资本工具的一种手段。这些工具以各种名称销售，可通称证券化资产。证券化资产代表金融资产（如信用卡应收款、汽车贷款和其他形式的分期偿还消费贷款）抵押担保的证券化。

第一支柱为证券化规定了最低资本要求。监管当局应对证券交易中以下内容进行检查和评估：

（1）信用风险在多大程度上被转移出去。发起行因证券化交易而降低资本要求，那么这种交易所带来的风险转移就很大。监管当局应认同降低资本要求与转移的信用风险的数量相对称。

（2）是否提供隐性支持。发起行可以为证券化结构提供两种不同的支持：合同支持和隐性支持。如果在证券化交易开始时提供增信，则出现合同支持。在证券化交易的文件中规定了提供这种支持的条件。增信可以采取各种形式，如超额担保、信用衍生产品、利差账户、合同追索权利、次级票据等。

（3）剩余风险。因认可第一损失增信保护，银行可能面临剩余风险。监管当局如果认为保护的方法不当，应采取措施，例如可针对特定一笔交易或一类交易提高资本要求。

（4）提前赎回条款。提前赎回条款是授权银行在证券化交易合同期限之前终止或结束证券交易或信用保护的条款。在银行进行赎回前，监管当局应要求检查：银行决定进行赎回的原因，对银行资本充足率的影响。

（5）对循环信用贷款证券化的提前摊还。循环信用贷款证券化中的提前摊还条款一旦启动，可使投资者在证券原定期限之前得到偿付。银行应具备资本和流动性应急计划，评估提前摊还发生的可能性及其影响，采用强调不利趋势或潜在不利影响的压力测试和其他分析技术。监管当局如果认为，银行没有制定适当的政策应对不利的变化，可要求银行获取专门的流动性额度，或提高提前摊还信用风险转换系数。

二、第二支柱对第一支柱的强化

我们在前面已经指出，第一支柱没有考虑面临的潜在重要风险，如信贷集中度风险、银行账户利率风险等。如果存在这些风险，应有资本来弥补。下面我们讨论第二支柱如何通过对这些风险的处理来强化第一支柱。

（一）信贷集中度风险

风险集中度是指单个风险暴露或一组风险暴露造成的损失可能大到足以威胁银行的稳健或威胁到银行维持其核心业务的能力。信贷风险集中度高是银行出现重大问题的一个主要的原因。虽然在一般情况下，银行通过内部限额或监管限额来解决这种集中度问题，但第一支柱没有明确对信贷风险集中度规定资本要求。作为第二支柱要求的一部分，银行在资本充足率评估中应考虑信用风险集中度，如有必要，应为这种风险持有更多资本。

监管当局应评估银行信用风险集中度、对信用风险集中度的管理，以及在第二支柱下的内部资本充足率评估中，银行在多大程度上考虑了信用风险集中度。这些评估包括检查银行压力测试的结果。如果银行没有适当处理信用风险集中度带来的风险，监管当局应采取措施。

（二）银行账户利率风险

银行账户利率风险的性质在不同银行存在很大差异，银行用于监测和管理这种风险的程序也相当不同。因此，巴塞尔委员会决定在第二支柱下处理银行账户利率风险。在《利率风险管理和监管原则》的文件中，巴塞尔委员会将异常银行界定为标准的利率冲击（200个基点）或同等情况资本金下降20%以上的银行。

监管当局应特别注意异常银行的资本充足率，应要求持有资本与利率风险度不符的银行或降低风险，或持有更多的资本金，或降低风险并持有更多的资本金。

第五节　我国银行监督检查

一、我国银行监督检查的演变

（一）初始阶段（《巴塞尔资本协议Ⅰ》阶段）

在借鉴1988年《巴塞尔资本协议Ⅰ》的基础上，我国从1995年到2003年先后出台了《商业银行法》《中国人民银行法》《银行业监督管理法》等，并数次进行修订；1996年中国人民银行发布《商业银行资产负债比例管理监控、监测指标和考核办法》，对资本充足率的计算方法进行了细化，提出了具体要求。

（二） 强化阶段（《巴塞尔资本协议Ⅱ》阶段）

2004 年巴塞尔委员会发布了《统一资本计量和资本标准的国际协议：修订框架》（即新资本协议），增加了监督检查作为第二支柱，明确要求各国监管当局结合本国银行业的实际风险，对银行实施相应的监督检查措施。

2004 年 2 月，中国银监会发布《商业银行资本充足率管理办法》，在总体上借鉴了《巴塞尔资本协议Ⅰ》和《巴塞尔资本协议Ⅱ》的主要框架，提出了完整、明确的资本充足率监督检查标准和程序，主要内容有：一是明确了董事会和高级管理人员的职责；二是中国银监会对商业银行资本充足率实行现场检查和非现场监控；三是根据资本充足率的状况，中国银监会将商业银行分为三类进行监管。

2007 年 2 月，中国银监会发布《中国银行业实施新资本协议指导意见》（以下简称《指导意见》），推进新资本协议在我国的实施，推动商业银行增强风险管理能力，提升资本监管有效性。《指导意见》提出分类实施、分层推进、分别达标的原则，并将商业银行分为两大类：一是新资本协议银行，即在其他国家或地区（含中国香港、中国澳门等）设有业务活跃的经营性机构、国际业务占相当大比重的大型商业银行应实施新资本协议。二是其他商业银行，可以自愿申请实施新资本协议。《指导意见》对资本充足率监督检查提出了明确的要求，包括：商业银行应建立稳健的内部资本评估程序，设立内部资本目标，并制定保持资本水平的战略；商业银行资本应覆盖所面临的全部实质性风险；监管机构将建立资本充足率监督检查程序，验证商业银行内部风险和资本评估程序的稳健性，评价商业银行整体风险管理能力以及资本充足水平等内容。《指导意见》制定了实施新资本协议的时间表。

中国银监会先后发布了一系列关于实施《巴塞尔资本协议Ⅱ》的指引文件，其中涉及第二支柱的包括《商业银行资本充足率监督检查指引》《商业银行流动性风险管理指引》《商业银行银行账户利率风险管理指引》《商业银行声誉风险管理指引》等。

（三） 完善阶段（《巴塞尔资本协议Ⅲ》阶段）

2010 年 12 月，巴塞尔委员会发布了《巴塞尔资本协议Ⅲ》，并要求各成员经济体两年内完成相应监管法规的制定和修订工作，2013 年 1 月 1 日开始实施新监管标准，2019 年 1 月 1 日前全面达标。中国银监会于 2011 年 4 月发布《中国银监会关于中国银行业实施新监管标准的指导意见》，对推动中国银行业实施国际新监管标准作出安排。

2012 年 6 月，中国银监会发布《商业银行资本管理办法（试行）》（以下简称《资本办法》），自 2013 年 1 月 1 日起正式施行。《资本办法》在整合已有监管文件的基础上，在第二支柱方面的主要内容上与国际规则保持趋同，并基于我国银行业的特殊风险问题做了适当调整和细化，使其更具有操作性。《资本办法》中涉及第二支柱监督检查的章节主要包括“第七章　商业银行内部资本充足评估程序”“第八章　监督检查”，以及“附件 15　商业银行风险评估标准”“附件 16　资本计量高级方法监督检查”，并分别作出具体的要求。《资本办法》根据资本充足状况将商业银行从高到低分为四类，分别为第一类商业银行、第二类商业银行、第三类商业银行、第四类商业银行，监管机构可以根据商业银行所属类别采取相应的监管措施。

在第二支柱资本要求方面，《资本办法》在借鉴巴塞尔协议等国际监管准则的同时，充分考虑了本土银行业风险的特殊情况。主要体现为“三挂钩”：一是与内部资本充足评估程序（ICAAP）挂钩。对已经建立内部资本充足评估程序且达标的银行，将根据内部资本水平确定第二支柱监管资本要求；对于未建立内部资本充足评估程序或未达标的银行，根据风险评估的结果确定监管资本要求。二是与特定信用风险资产组合挂钩，即考虑行业集中度、贷款期限情况、重点风险领域资产组合的现金流覆盖情况等因素。监管部门可通过调整风险权重、相关性系数、有效期限等方法，提高对地方政府融资平台贷款、中长期贷款、贷款行业集中度等特定资产组合的资本要求。三是与操作风险挂钩。监管部门根据单家商业银行操作风险管理水平及操作风险事件发生情况，提高操作风险的监管资本要求。

在确定第二支柱资本要求时，《资本办法》遵循以下三个原则：一是统筹考虑原则。监管部门将全面考虑内部资本充足评估程序、风险评估结果、贷款损失准备的充足情况、商业银行全面风险管理能力等多方面因素，统筹确定最终的第二支柱资本要求。二是充分沟通原则。监管当局就第二支柱资本要求与商业银行进行充分交流和沟通，而不是单方面提高第二支柱资本要求。三是只增不减原则。监管部门根据评价结果确定第二支柱监管资本要求时，只能在第一支柱之上增加资本要求，而不能降低第一支柱的监管资本要求。

二、实施监督检查的手段

我国银行监管部门对银行的监督检查手段包括现场检查、非现场检查、与银行管理层进行讨论、检查外部审计人员的工作、银行定期报告等。这里我们主要介绍现场检查和非现场检查。

（一）现场检查

理论和实践表明，现场检查是银行监管最为有效的工具和手段之一。在我国银行监管工作中，现场检查是指监管部门对银行机构经营管理情况进行监督检查的行政执法行为，是监管部门履行监督管理职责的重要组成部分，具有查错纠弊、校验核实、评价指导、警示威慑等作用。银保监会及其派出机构根据监管职责划分实行分级立项，并根据机构依法合规情况、评级情况、系统重要性程度、风险状况和以往检查情况等，结合随机检查对象名录库及随机抽查事项清单，确定现场检查的频率、范围，确保检查项目科学、合理、可行。

在现场检查过程中，检查人员有权查阅与检查事项有关的文件资料和信息系统、查看经营管理场所、采集数据信息、测试有关系统设备设施、访谈或询问相关人员，并可以根据需要，收集原件、原物，进行复制、记录、录音、录像、照相等。对可能被转移、隐匿或者毁损的文件、资料，可以按照有关法律法规进行封存。根据工作需要，可以采取线上检查、函询稽核等新型检查方法。其中线上检查是指运用信息技术和网络技术分析筛查疑点业务和机构并实施的穿透式检查。银监会于 2008 年开始试点检查分析系统（Examination and Analysis System Technology，EAST），通过信息技术将银行机构的业务数据通过标准化处理后应用于现场检查数据分析，有效提高现场检查质效。

对于现场检查中发现的违法违规问题，应该根据违规情形和性质，分别采取责令整改、采取监管强制措施、启动行政处罚立案调查程序、依法移送司法监察机关等处理措施。

（二） 非现场检查

在第二支柱原则二中，非现场检查主要通过审查监管报告、统计报表和其他相关信息实施。在我国银行监管工作中，一般称之为非现场监管，指监管部门通过收集银行业金融机构以及行业整体的业务活动和风险状况的报表数据、经营管理情况及其他内外部资料等信息，对银行业金融机构以及行业整体风险状况和服务实体经济情况进行分析，作出评价，并采取相应措施的持续性监管过程。非现场监管是对银行业金融机构监管的重要手段，在监管流程、风险识别判断、监管行动制定和实施中发挥核心作用。

我国非现场监管贯彻以风险为本的监管理念，根据银行业金融机构风险状况、业务规模及复杂程度、系统重要性程度等因素，实施差异化监管。监管部门对银行业金融机构在法人和集团层次上实施非现场监管，并根据银行业金融机构的风险水平和对金融体系稳定的影响程度确定该法人（集团）的监管周期。单一监管周期包括制定监管计划、日常监测分析、风险评估、现场检查联动、监管评级和监管总结六个环节，形成持续性的非现场监管循环。

非现场监管信息系统于 2007 年初正式投入运行，该系统由中国银监会开发建设，是收集和分析银行业金融机构信息的主要渠道之一，为监管机构完善非现场监管手段、改进非现场监管技术、提升非现场监管水平提供了支持与保障。依托非现场监管信息系统，监管机构实现了非现场监管报表数据的收集、梳理、分析、研究，从而实现风险的识别、度量、评价和预警，建立并完善非现场监管报表指标体系及风险分析框架，推动银行机构改善内部管理，提高风险管控水平。

本章小结

1. 第二支柱主要覆盖三个领域：一是第一支柱涉及但没有完全覆盖的风险，如集中度风险；二是第一支柱没有涉及的风险，如银行账户风险等；三是外部因素，如经济周期效应等。同时第二支柱还要对第一支柱的内部模型法等高级方法进行评估。

2. 第二支柱的目标是在确保对每家银行风险全面评估的基础上，建立稳健的内部程序，以便评估资本的充足性，确定与总体风险状况相对应的资本规模。

3. 监督检查的四项原则包括资本评估程序，监管当局的责任和手段，最低资本要求，对资本充足问题早干预、早介入。

4. 商业银行内部资本充足评估程序应包括董事会和高级管理层的职责、健全的资本评估、全面的评估风险、监测与报告、内部控制检查在内的五个要素。

5. 监管当局的手段包括现场检查、非现场检查、与银行管理层进行讨论、检查外部审计人员的工作、银行定期报告等。

6. 实施第二支柱原则三最低资本要求的方法有以下两种：一是资本雄厚法，二是临界点和目标法。

7. 如果监管机构认为银行未达到第二支柱关于资本充足的要求，可以采取的措施包括：加强对银行的监测、限制现有业务、禁止开展新业务或收购、限制或禁止支付红利、要求银行制定并实施令人满意的恢复资本充足率的计划、要求银行筹集更多的资本等。

8. 第二支柱对第一支柱的补充主要表现在操作风险和信用风险两个部分，其中对信用风险的补充具体体现在压力测试、违约定义、剩余风险、证券化资产等方面。

9. 第二支柱对第一支柱的强化主要表现在信贷集中度风险和银行账户利率风险两个方面。

10. 证券化提供了将流动性较差的金融资产转化成流动性强的可交易资本工具的一种手段。这些工具以各种名义销售，但可统称为证券化资产。

11. 证券化交易的增信形式包括超额担保、信用衍生品、利差账户、合同追索权力、次级票据等。

12. 风险集中度是指单个风险暴露或一组风险暴露造成的损失可能大到足以威

胁银行的稳健或威胁到银行维持其核心业务的能力。

本章重要概念

监督检查　集中度风险　健全的资本评估　全面的风险评估　内部控制检查　现场检查　非现场检查　银行内部资本充足评估程序（ICAAP）　证券化资产　信贷集中度风险

本章复习思考题

1. 判断题

（1）第二支柱可以覆盖第一支柱没有覆盖的风险。（　）

（2）外部因素形成的风险，如周期效应等，不纳入第一支柱覆盖的范围。（　）

（3）监督检查的原则只明确监管当局的责任，没有明确被检查者的责任。（　）

（4）监督检查原则之三的最低资本要求，不鼓励银行在最低资本充足率之上经营。（　）

（5）监督检查的四个原则，是从程序上规定了银行本身、监管当局在监督检查银行资本充足方面的责任和手段等，是监督检查的整体框架。（　）

（6）第二支柱检查的范围，不包括第一支柱的内容。（　）

（7）监管当局的手段只包括现场检查和非现场检查。（　）

（8）没有纳入第一支柱的风险只有信贷集中度风险和银行账户利率风险。（　）

（9）提高资本要求并非解决问题的根本措施，优化风险管理流程、完善内部控制程序等方法才能切实提高银行的风险管理能力。（　）

（10）我国监管部门对于现场检查中发现的违法违规问题，应该根据违规情形和性质，分别采取责令整改、采取监管强制措施、启动行政处罚立案调查程序、依法移送司法监察机关等处理措施。（　）

2. 单选题

（1）第一支柱没有涉及而需要在第二支柱中涉及的风险是（　）。

A. 信用风险　B. 市场风险　C. 操作风险　D. 银行账户风险

（2）以下不包括在监督检查原则之内的是（　）。

A. 资产评估程序

B. 监管当局的责任和手段

C. 银行员工在社会违法的处理

D. 对资本充足问题早干预、早介入

(3) 以下不包括在银行内部资本充足率评估程序要素之内的是（ ）。

A. 高级管理层的职责　　B. 健全的资本评估

C. 全面的评估风险　　D. 监督检查的手段

(4) 以下哪项原则没有包括在监督检查的流程之内？（ ）

A. 原则之一　　B. 原则之二　　C. 原则之三　　D. 原则之四

(5) 如果监管机构认为银行未达到第二支柱关于资本充足的要求，一般不采取以下哪项措施？（ ）

A. 加强对该银行的监测　　B. 禁止现有业务

C. 禁止开展新业务或收购　　D. 限制或禁止支付红利

3. 简答题

(1) 简述监督检查原则的内容。

(2) 简述银行内部资本充足评估程序的内容。

(3) 简述监督检查流程的内容。

(4) 简述第二支柱与第一支柱的关系。

(5) 简述我国现场检查和非现场检查工作开展情况。

4. 思考题

(1) 第一支柱为什么没有覆盖银行面临的全部风险？

(2) 第二支柱为什么没有统一和细化监管当局监督检查的方法和实施的措施？会不会产生监管不当问题？

第十二章 信息披露

信息披露主要是指商业银行依法将反映其经营状况的主要信息，如财务会计报告、各类风险管理状况、公司治理、年度重大事项等，以定期报告和临时报告等形式，向存款人、投资者和社会公众公开披露的行为。良好的信息披露制度有助于银行的投资人、存款人和其他利益相关方了解商业银行的财务状况、风险状况、公司治理和重大事项等信息，分析判断商业银行的经营状况和风险状况，维护自身权益。同时，信息披露也有利于从外部加强对银行业金融机构的监督，促使商业银行完善公司治理，强化内控制度，提高经营水平和绩效。巴塞尔资本协议的核心内容由三大支柱组成，分别为最低资本要求、监督检查和市场约束。其中，市场约束的主要手段是建立和强化银行的信息披露制度。本章将重点介绍巴塞尔资本协议下与信息披露制度相关的内容。

第一节　信息披露的发展与规定

商业银行是特殊性质的企业，在经济金融领域占据着极为重要的地位，商业银行的信息披露一直是各国企业信息披露的重点领域。巴塞尔委员会作为国际活跃银行国际监管和行业自律的主导性组织，在与其成员不断交流的基础上，借鉴成员的先进经验，制定并发布了关于商业银行信息披露的多项报告及规则。

一、巴塞尔资本协议下信息披露的发展过程

巴塞尔委员会公布的《有效银行监管核心原则》《增强银行透明度》《巴塞尔资本协议Ⅱ》等报告和协议为国际银行业信息披露制度提供了统一标准，凸显了国际银行业信息披露的发展方向。

（一）《有效银行监管核心原则》

1997 年 8 月，巴塞尔委员会发布了《有效银行监管核心原则》（以下简称《核

心原则》)，在将良好的宏观经济政策环境、市场约束及银行公司治理等列为有效监管的前提条件的同时，提出了银行业有效监管的25条核心原则。其中包括为了保证监管建立在可靠连贯的信息基础上，监管当局必须要求银行提供符合国际会计准则的统计信息，并对外部审计提出规范性要求和惩罚措施。规范的信息披露要求是《核心原则》的重要内容，对银行信息披露的会计准则、报告范围和频率、提供信息准确性的确认、监管信息保密及信息披露方式均进行了规范。《核心原则》明确规定："信息披露是监管的必要补充，银行应当向公众发布其业务活动的信息，真实而公正地说明其财务状况。此类信息应当及时、充分，使市场参与者了解各家银行的内在风险。""银行监管当局应确保银行根据统一的会计准则和做法保持完备的会计记录，从而使监管当局能真实公平地了解银行的财务状况和盈利水平。"《核心原则》还规定，银行定期提供的报告至少应包括银行的资产负债表、或有负债和收入报告，并附有包括辅助信息和关键风险暴露的报告，财务报告要经过外部审计。

（二）其他关于信息披露的重要报告

继《核心原则》之后，巴塞尔委员会于1981—2000年发布了三篇对商业银行信息披露具有重大指导意义的报告，即《增强银行透明度》（1998年9月）、《关于确定贷款价值、计提呆账准备金、加强信用风险信息披露的指导原则》（1998年10月）和《信用风险披露的最佳实践》（2000年2月）。

《增强银行透明度》为建立银行信息披露的整体监管框架提供了一般性指导，将银行披露信息分为财务业绩，财务状况（包括资本金、偿付能力和流动性），风险管理战略和措施，风险暴露（包括信用风险、市场风险、流动性风险、操作风险、法律风险及其他风险），会计政策，关于业务、管理及公司治理的基本信息六大类，并对上述六大类别信息披露的内容与方式提出了具体的指导性意见。《增强银行透明度》提出，高透明度信息具有全面性、相关性、及时性、可靠性、可比性及实质性六个特点，认为透明度是有效市场约束的前提条件，能够使市场更有能力区分稳健和脆弱的银行，从而限制市场波动对整个银行体系的影响。

《关于确定贷款价值、计提呆账准备金、加强信用风险信息披露的指导原则》指出，银行监管当局对金融机构检查的焦点应集中于金融机构计提准备金是否充足、计提及确认程序是否合理、是否及时通过专项准备或核销的方法对损失进行了处理、是否对信用风险进行了及时披露四个方面内容，明确提出银行在年度财务报告中必须提供会计政策与做法、信用风险管理、信用风险暴露及信贷质量四个方面"清晰而准确的信息"，推出了改进会计和披露实践的26项基本原则。

《信用风险披露的最佳实践》包含对信用风险披露五个领域的24项特别指导，不仅适用于银行的信用风险，还适用于银行贸易、证券投资、资产管理、流动性以及资金管理。《信用风险披露的最佳实践》涉及信用风险披露的五个领域分别指会计政策和做法、信用风险管理、信用风险暴露、信贷质量以及收益，要求银行以重要性为依据，披露以下内容：（1）有关会计政策、做法和计量信用风险的方法；（2）确定专项和普通风险损失准备金的会计政策和方法，并解释所使用的关键假设；（3）业务中所涉及的信用风险的特点及产生原因；（4）信用风险管理组织的结构及流程；（5）管理逾期和受损资产的技术、信用评分机制和信用组合风险计量模型；（6）按主要科目披露信用风险暴露余额、客户类别、地理分布等，包括当前及将来的信用风险暴露及相应的客户类别、地区分布等；（7）信用风险降低技术；（8）信用评估质量及业务收益等。

（三）《巴塞尔资本协议Ⅱ》

2004 年 6 月发布的《巴塞尔资本协议Ⅱ》延续 1998 年《巴塞尔资本协议Ⅰ》中以资本充足率监管为核心、以信用风险管理为重点的风险监管思路，对银行风险管理和信息披露的整体思路和方法进行了新的总结与规范，对商业银行信息披露的总体披露要求、指导原则、与会计披露的相互关系、披露频率等提出了一系列具体要求，“以便市场参与者评价有关适用范围、资本、风险、风险评估程序以及银行资本充足率的重要信息”。《巴塞尔资本协议Ⅱ》在全球银行业信息披露规范中具有主导性地位，代表了国际银行业风险管理及信息披露的未来方向及最新研究成果，是各国商业银行“透明经营”的基本依据。

二、巴塞尔协议关于信息披露的主要目的

从监管的角度来看，《巴塞尔资本协议Ⅱ》第三支柱要求银行建立资本充足率等信息披露制度，明确市场约束作为资本监管的有效工具，起到配合监管机构、强化银行外部监督的作用。

从银行自身的角度来看，有效的信息披露机制促使银行更为有效而合理地分配资金和控制风险，保持充足的资本水平，提升银行自身资本管理和风险管理水平。

从投资者等利益相关方的角度来看，关于银行资本结构、风险敞口、资本充足率对资本的内部评价机制以及风险管理战略等信息的充分披露，提高了银行信息的透明度，有利于利益相关方作出决策并保障自身的利益。

三、巴塞尔协议有关信息披露的规定

（一）总体考虑

1. 信息披露的指导原则

《巴塞尔资本协议Ⅱ》第三支柱“市场约束”是对第一支柱“最低资本要求”

和第二支柱“监督检查”的必要补充。巴塞尔委员会通过建立一套披露要求以达到加强市场纪律的目的，披露要求有助于市场参与者获得有关银行资本、资本充足率、风险及风险评估程序等重要信息。新资本协议允许银行采用自己内部的方法计量所面临的各种风险，从而得出最低资本配置要求，但银行必须对计量方法等关键信息予以披露。

2. 监管部门的权限及加强披露的手段

各国监管当局可以要求银行直接向市场披露信息，也可以要求银行在监管报告中提供信息，再根据信息的性质有选择地对外公布。各国监管当局加强信息披露的手段也不相同，从通过道义劝告、与银行管理层对话到批评、罚款，但一般不表现为直接要求增加资本。

3. 信息披露的频率

信息披露一般每半年进行一次，但下列情况除外：（1）有关银行风险管理目标政策、报告系统及各项口径的一般性概述的定性披露，每年披露一次。（2）大型国际活跃银行和其他大银行（及其主要分支机构）的一级资本充足率、总资本充足率及其组成，每季披露一次。但如果有关风险暴露或其他项目的信息变化较快，按半年披露的信息也要改为按季披露。

4. 信息披露与会计准则的关系

《巴塞尔资本协议Ⅱ》对信息披露的要求与会计准则的相关要求并不矛盾，只是会计准则要求披露的范围更为宽泛。在信息披露过程中，如果银行的信息不是通过会计披露提供的，银行必须说明其信息的获取方式，并证明其可靠性。

5. 专有信息和保密信息的处理

《巴塞尔资本协议Ⅱ》权衡考虑了有意义披露的需要和保护专有信息、保密信息的需要。在一些例外情况下，如果某些信息的披露会严重损害银行的竞争地位，银行可以不进行披露，但必须向监管部门提供这些内容不能对外披露的充分理由。

（二）披露原则

巴塞尔委员会对披露的各类主体提出了不同程度的披露建议，为各国监管当局提供了制定披露规则的空间。巴塞尔委员会将每类主体的披露划分为核心披露和补充披露两类。核心披露是所有银行机构都应披露的基本信息，补充披露是核心披露的补充，主要取决于该银行机构风险的性质、资本的充足性和用来计算资本要求的方法等。区分核心披露和补充披露可以适当减轻银行机构披露信息的负担。此外，巴塞尔委员会还对信息披露的重要性、频度和披露模板提出了基本的原则性建议。

（三）适用范围

巴塞尔协议规定了信息披露对银行集团的适用情况和计算资本充足率时各类实

体公司的涵盖情况。这有助于市场参与者了解某些实体为何没有被并入表中进行计算以及不同计量方法对银行机构资本水平的影响。同时，建议对未并表子公司的一级资本和二级资本中扣减项的总额进行披露。

（四）披露要求

巴塞尔协议详细规定了信息披露的具体内容，包括资本结构、资本充足率、信用风险、市场风险、操作风险、银行账户利率风险以及信用风险缓解和资产证券化等。对银行资本要求核心披露的有一级资本额、二级资本和三级资本总额、一级资本和二级资本的扣减额、全部合格资本等；要求补充披露的有二级资本、三级资本的组成部分等。同时，对每类风险要求披露银行的风险管理目标和政策，包括管理战略和控制流程、风险管理的组织结构和职能、风险计量体系或风险报告范围、风险对冲/缓解的政策及监督风险对冲缓解持续有效的政策等。市场约束要求的信息披露更多地与银行实际管理技术和水平有关，更突出个性，而不强求统一。

（五）披露内容

巴塞尔资本协议要求银行必须具备一套经董事会批准的披露政策，政策应涉及银行决定披露内容的方法和对于披露过程的内部控制。《巴塞尔资本协议Ⅱ》从定性、定量两个方面对银行的资本结构、资本充足率以及风险暴露等信息的披露进行了详细规定，我们将在下一节进行详细介绍。

第二节　信息披露的主要内容

本节以《巴塞尔资本协议Ⅱ》和《巴塞尔资本协议Ⅲ》的规定为依据，重点介绍资本结构和资本充足率、信用风险、市场风险、操作风险、流动性风险的信息披露要求。

一、资本结构和资本充足率

按照《巴塞尔资本协议Ⅱ》的要求，资本结构需要在第三支柱下进行披露。披露内容既包括在整体上对所有资本工具的主要特征及情况进行介绍，又需要单独披露一级资本的构成（包括实收资本和普通股、资本公积、在子公司股本中的少数股权、创新工具、其他资本工具、在保险公司的盈余资本、从一级资本中扣除的监管计算差异，以及其他从一级资本中扣除的项目）、二级资本总额、资本扣除项和合格资本的总额。

在《巴塞尔资本协议Ⅱ》第三支柱信息披露要求的基础上，《巴塞尔资本协议Ⅲ》还要求银行披露所有监管资本项目与经审计的资产负债表项目的对应关系，单独披露所有监管调整项目及未从核心一级资本中扣减的项目，描述所有限额和最低要求，说明限额和最低要求对资本的影响，描述银行发行的各类资本工具的主要特征，也要求银行对监管资本项下比例（如权益一级资本、核心一级资本和有形普通股）的计算方法进行解释。还特别要求，在过渡期内，披露资本具体构成包括享受过渡期优惠政策的资本工具及监管调整项目。

在资本充足率披露方面，除了要求银行针对目前和未来业务发展，对评估资本充足率的方法进行简要说明外，对信用风险、市场风险、操作风险、总的资本充足率和一级资本充足率都要求进行定量披露。

二、信用风险

鉴于国际活跃银行实施信用风险内部评级法的范围并未覆盖所有承担信用风险的暴露，部分暴露仍采用标准法计算信用风险加权资产，因此，在信用风险的信息披露方面同时披露了内部评级法和标准法覆盖的暴露，内部评级法部分的信息披露又分为初级法和高级法两部分。

（一）内部评级法下信用风险状况

国际活跃银行的总体信用风险状况是按照风险暴露类别对信用风险状况的整体展示，常见的披露内容包括按照地区、行业、剩余期限展示风险暴露的分布状况和对应的信用风险加权资产、非零售风险暴露和零售信用风险状况。

国际活跃银行对非零售风险暴露（也称为批发暴露）和零售风险暴露信用风险状况的披露大致可以分为以下四类：

一是风险预测信息，展示非零售风险暴露债务人内部评级级别分布、与外部评级结果的对应关系、各内部评级级别债务人对应的以风险暴露加权的平均违约概率、以风险暴露加权的平均违约损失率、风险暴露值、风险加权资产、平均风险权重等内容。对零售风险暴露，披露内容主要是零售风险暴露债务人内部评级级别分布、各内部评级级别债务人对应的风险暴露值及风险加权资产、以风险暴露加权的平均违约概率、以风险暴露加权的平均违约损失率、平均风险权重等。除了按照零售风险暴露债务人内部评级级别披露外，按照零售风险暴露预期损失区间披露在各个地区的分布状况也是重要的披露内容。

二是模型表现相关信息。非零售风险暴露内部评级模型表现相关信息的披露包括主标尺及主标尺下各级别债务人预测违约状况与实际违约状况的对比，非零售暴露和零售暴露违约概率/违约损失率/违约暴露模型预测结果与实际结果的对比。

三是预期损失金额及其对应的减值信息，包括按照内部评级法风险暴露分类披露预期损失金额及提取的减值准备金额。预期损失等于债务人的违约概率、债项违约损失率和违约风险暴露三者的乘积。

四是信用风险缓释信息。按照内部评级法计算信用风险加权资产的规则，对内部评级法初级法覆盖的风险暴露，信用风险缓释采用监管给定的值。而内部评级法高级法覆盖的暴露，银行在满足监管规定的前提下可以自行估算信用风险缓释手段对违约概率或违约损失率的影响。常见的信用风险缓释信息披露是在内部评级法高级法下各类风险暴露由信用衍生工具和担保覆盖的暴露金额及总金额。

（二）标准法下信用风险状况

标准法是依赖外部信用评级机构对风险暴露进行评级，并根据评级结果对应的风险权重计算信用风险加权资产的方法。采用标准法计算风险加权资产的暴露主要是银行不能满足内部评级法要求的暴露和豁免实施内部评级法的暴露。

标准法下信用风险状况的披露主要内容包括银行选择采用的外部评级机构及其外部评级结果的对应关系、各风险暴露对应的风险加权资产、各风险暴露在风险缓释前和风险缓释后的暴露金额等。

（三）交易对手信用风险状况

任何未结算的证券、商品和外汇交易，从交易日开始都会面临交易对手可能违约的风险。在银行实务中，承担交易对手信用风险的业务主要包括持有头寸的结算交易、证券融资业务、以保证金进行杠杆融资（Margin Lending Transaction）和场外衍生工具交易四类。

一般来说，交易对手信用风险包括延期风险、一般错向风险和特殊错向风险。延期风险指在与对手的持续交易过程中，预计的正向风险暴露（Positive Exposure）不够保守的风险；一般错向风险指由于一般市场风险因素与交易对手违约风险正相关，一般市场风险因素变化导致的交易对手违约风险；由于交易特性或结构引起的交易对手的风险暴露与其违约概率正相关，则称为特殊错向风险。

《巴塞尔资本协议Ⅱ》并未提出交易对手信用风险信息单独披露的要求。国际金融危机之后，《巴塞尔资本协议Ⅲ》在第一支柱下提出了加强交易对手信用风险监管的多项要求：银行必须使用压力输入因子决定交易对手信用风险的资本要求；明确提出银行需要计算由于交易对手信用风险导致的违约风险占用的资本；增加应对场外衍生交易预期的交易对手信用风险盯市损失的监管资本（即信用估值调整风险）；完善抵押品管理和初始保证金的相关标准。如果银行大量持有某交易对手的非流动性衍生品，并暴露在该风险之下，该银行必须使用更长的保证金期限来决定监管资本；银行对金融机构的所有非违约暴露采用内部评级法计算信用风险的监管资本时，在符合一定条件的情况下，对资产价值相关性系数进行更加审慎的调整；银行对达到严格标准的中央交易对手的抵押品和盯市风险暴露使用2%的风险权重，对中央交易对手的违约资金风险暴露实行具有风险敏感性的资本要求，这些标准及场外衍生品交易双边结算资本要求的提高，为衍生品交易由场外转向通过中央交易对手和交易所集中交易提供了额外的激励。此外，《巴塞尔资本协议Ⅲ》还在许多方面提高了交易对手信用风险管理的标准。

（四）证券化信用风险状况

《巴塞尔资本协议Ⅱ》在第三支柱下从定性和定量两方面提出对证券化的信息披露要求。在定性方面，主要强调满足总体要求（如银行开展证券化业务的目标、在证券化业务中银行扮演的角色及银行的参与程度、银行计量证券化风险实施的方法）、会计政策和证券化业务中使用的外部评级机构名称及证券化暴露的种类。定量方面则包括以下七个方面的内容：

（1）传统型证券化和合成型证券化各自的风险暴露余额；

（2）证券化暴露中不良贷款和逾期资产总额，以及按照风险暴露类别划分，银行当期认定的损失；

（3）银行持有或买入的以风险暴露种类划分的证券化数额；

（4）按照风险权重的档次划分，银行持有或买入的证券化暴露数额，以及在内部评级法下对这些暴露的资本要求，包括从一级资本中全部扣除的风险暴露，从总资本中扣除的增信拆息债券（Credit Enhancing I/Os），以及从总资本中扣除的其他风险暴露；

（5）对于有提前摊提的证券化资产，对每类证券化资产披露所有引起买家和投资者兴趣的提款风险暴露，按照内部评级法，银行留存的已提款和未提款份额的资本要求，以及银行留存的已提款和未提款对投资者份额的资本要求；

（6）采用标准法的银行也需要按照（4）和（5）的要求进行披露；

（7）对当年证券化业务进行综述，包括按照暴露类别划分的被证券化的暴露，以及各类资产出售认定的收益或损失。

鉴于国际金融危机中证券化暴露产生的风险，《巴塞尔资本协议Ⅲ》对证券化暴露进一步加强了监管。列入银行账户的证券化暴露，即使是具有相同外部长期评级或短期评级的结果，再次证券化暴露的风险权重比证券化暴露提高幅度更大；列入交易账户的证券化暴露需要的资本不少于同类列入银行账户的证券化暴露需要的资本；证券化暴露使用外部评级结果时，要求银行满足严格的操作要求，进行尽责调查；不管期限长短，银行对证券化暴露提供的流动性支持承诺的信用风险转换系数统一为50%。如果使用外部评级结果计算再次资产证券化暴露的风险加权资产，信用风险转换系数统一为100%。这些监管要求的变化也带来了信息披露内容的变化。

三、市场风险

自从1996年巴塞尔委员会引入市场风险监管框架以来，国际活跃银行一直采用VaR模型计量市场风险并计算资本。VaR模型的本质意味着观察到的市场波动性增加会导致VaR增加，而即使是基础头寸没有任何增加，VaR值也可能变化。计算VaR的方法包括方差—协方差法、历史模拟法、蒙特卡罗模拟法等，国际活跃银行多采用历史模拟法计算VaR。历史模拟法采用历史上各类风险暴露的市场价格，并参考外汇利率、商品价格、股票价格和相关的波动性来计算。然而，在市场风险管理的实践中发现VaR模型主要缺陷在于：模型使用历史数据估计未来的事件，而历史数据未必能体现所有未来的事件，尤其是那些极端事件往往是无法预测的；持有期假设所有的头寸在设定的时间内都可以结清，风险抵消。这种假设不能反映由于极端的缺乏流动性产生的市场风险，在流动性极度缺乏的特殊时期，持有期内不能完全结清和对冲风险；使用99%置信度未考虑超过该置信度的损失；VaR模型计算是以业务结束时余额为基础，未必反映一天内的暴露的变化；VaR模型不可能反映源于重大市场波动条件下暴露的潜在损失。

为了保证基于VaR模型结果计算市场风险资本的审慎性，国际活跃银行采用每天实际损益返回测试VaR模型的准确性，VaR值突破实际损益的次数是决定资本计算乘数的依据。

采用标准法和内部模型法的银行有不同的信息披露要求。对于采用标准法的银行，《巴塞尔资本协议Ⅱ》除了要求一般的定性披露以外，还要求对利率风险、股权风险、外汇风险和商品风险占用的资本进行披露。对于采用内部模型法的银行，《巴塞尔资本协议Ⅱ》要求银行披露内部模型法覆盖的资产组合范围，内部模型法覆盖的每个资产组合使用模型的情况、压力测试情况和检验模型参数精确性与一致性的方法，以及监管机构批准的范围。返回检验中VaR估计值突破实际值的次数也都需要进行披露。国际活跃银行一般都对外披露10天99%置信度下的VaR值。

2009年7月，巴塞尔委员会公布了对《巴塞尔资本协议Ⅱ》市场风险框架的修改内容，其中增加了对增量风险资本（Incremental Risk Charge）和全面风险资本（Comprehensive Risk Capital Charge）的定性和定量披露要求。

增量风险目的是度量交易工具发行方违约和迁移的风险。一般使用蒙特卡罗模拟和多变量高斯Copula模型计算。然后，将增量风险模型结果校准到一年期99.9%

置信度产生的损失这一目标上。覆盖的风险因素包括信用迁移、违约、产品基点、集中度、对冲错配、清偿率和流动性等。流动性水平是根据一些因素综合形成的，包括发行人类别、货币、暴露规模、持有期下限（3个月）等。增量风险是单独资本要求，不会和其他资本要求产生风险分散效应。

全面风险资本用于度量银行内部交易组合相关性产生的全部价格风险。与增量风险一样，全面风险相关模型也需要校准，涵盖的风险因素包括风险迁移、违约、信用利差、相关性和清偿率、基点风险等。全面风险计量的结果需要建立单独资本要求，也不会和其他资本要求产生风险分散效应。

在定性披露方面，要求银行披露决定增量风险和全面风险流动性期限采用的方法与巴塞尔委员会提出的稳健管理市场风险标准一致的资本评估方法，以及验证模型的方法。在定量披露方面，增加了在报告期和报告期末压力VaR的低值、高值和平均值，以及增量风险资本要求和全面风险资本要求的低值、高值和平均值。

压力测试既是银行实施风险管理的重要手段，也是监管部门监管市场风险的重要方法。压力测试情形的选择直接影响对压力测试结果适当性的判断。国际活跃银行一般在组合和并表两个层面开展压力测试，主要包括以下五种情形：

（1）单一风险因素压力情形。考虑在VaR模型中不可能捕捉到任何单一风险因素和一套风险因素的影响，如货币盯住制崩溃。

（2）技术情形。考虑每个风险因素最大的变动，不考虑涉及的市场之间的相关性。

（3）假设情形。考虑潜在的宏观经济事件，如主权债务违约及其传染效应。

（4）历史情形。体现压力时期市场变化的历史观测结果。如1997年亚洲金融危机、2008年国际金融危机等极端事件发生时市场价格实际变化情况。

（5）反向压力测试情形。通过确定一些超过正常业务的情形，倒推对风险参数的影响。例如，由已知风险传染和系统性影响可能导致的重大损失，追溯风险参数相比正常情形的变化。

四、操作风险

银行内部或外部的多种原因都可能产生操作风险。例如，由于银行的收购和兼并或分立可能产生操作风险，业务迅速扩张可能产生操作风险，受到政治、社会环境或不可抗力的影响可能产生操作风险，新业务和新产品推出可能产生操作风险，使用风险缓解技术可能产生操作风险，外包或内包可能产生操作风险，银行内部重大操作流程也可能产生操作风险，等等。

在信息披露方面，国际活跃银行都会披露管理操作风险的目标、原则，关键的参与方和治理机制，操作风险计量和报告的范围及特性等内容，还有的银行披露与法律、税务、信息安全风险相关的操作风险构成要素。

在风险资本评估方法方面，如果银行采用高级计量法，披露银行在计量方法中考虑的内部和外部因素。如果只是部分采用高级计量法，需要披露采用方法的范围和覆盖的范围；采用高级计量法的银行还要披露使用保险前后操作风险的资本要求。还有的国际活跃银行披露内容已超出巴塞尔协议的要求，将操作风险占用的经济资本分配到各业务条线中，并在年报中对外披露。

五、流动性风险

银行对流动性风险进行管理的目的是保证可以以合理的市场价格获得资金，在所有可以预见的融资承诺到期时可以有效满足。为了展示在集团层面和各个独立法人层面满足流动性监管要求的状况，国际活跃银行流动性风险的信息披露一般包括流动性风险管理的机制和职能分工、筹资管理方式、融资头寸和融资来源的分散程度、长期融资和或有融资的期限结构、流动性储备、内部转移定价、流动性限额和控制措施（含压力测试和情景分析）等内容。

其中，融资头寸和融资来源的分散程度、长期融资和或有融资的期限结构、流动性储备是重要的披露内容。银行提供不可撤销的现金备用承诺而产生流动性需求会放大银行承担的流动性风险，为此，银行必须对全部或有的流动性风险暴露进行限额管理和日常监控。或有流动性风险暴露也在信息披露中有所体现。

国际金融危机发生前，各监管当局设置的流动性风险监管指标有明显的差别。主要包括短期、中长期流动性风险监管指标和或有流动性风险监管指标。对前者来说，核心客户的存款是银行融资的重要来源。从某种意义上说，流动性风险变化情况就是监管核心客户存款的变化情况。因此，贷款和垫款占存款的比率、贷款和垫款占核心融资的比率往往被作为反映银行流动性变化的重要指标。为了动态地看待流动性风险的变化趋势，也有部分银行通过披露压力情形下指标的变化，来反映银行在流动性承压情况下的资金缺口，以及是否有足够的资金来源。

国际金融危机发生后，《巴塞尔资本协议Ⅲ》中引入流动性覆盖率和净稳定融资比例两项指标，特别是流动性覆盖率指标，它类似于压力情形下一个月内流动性覆盖率指标，计算流动性覆盖率的分子是高质量的流动性资产，该指标的分母是30天内总的净现金流出。在计算中规定全部现金流入上限为预计全部现金流出的75%。

巴塞尔委员会要求在2015年1月正式引入流动性覆盖率，但最低标准从原来设定的100%降到60%，以后每年提高10%，到2019年1月实现100%。

第三节　我国商业银行信息披露

本节主要介绍我国监管部门对资本信息披露的要求，包括我国商业银行信息披露制度的基本原则、信息披露的实施条件、与会计信息披露的关系和信息披露的具体内容。

一、信息披露的基本原则

商业银行应当真实、准确、充分、及时、公平地披露信息，不得有虚假记载、误导性陈述或者重大遗漏。

（一）真实性

真实性是信息披露最根本、最重要的原则。披露信息应当以客观事实或具有实施基础的判断和意见为依据，不得有虚假记载和不实陈述。

（二）准确性

信息披露应当使用明确、贴切的语言和简明扼要、通俗易懂的文字，不得含有任何宣传、广告、恭维或者夸大等性质的语句，同时应当以一般投资者和社会公众的判断能力为标准。

（三）充分性

充分性是信息披露最低的强制性标准，商业银行应当主动、及时、全面地披露所有可能对股东或其他利益相关者决策产生实质性影响的信息，不得有隐瞒和重大遗漏。但在某些情况下，某些信息（如专有信息或保密信息）披露会给信息披露人和相关人带来非常不利又难以弥补的损失，可以不予披露或有保留地披露。

（四）及时性

遵照相关监管要求，在规定的时间内依法披露有关重要信息，不能给投资者和社会公众提供过时和陈旧的信息。从投资者角度来看，有助于作出理性投资决策；从社会监管角度来看，有利于防范内幕交易的风险，降低监管难度和成本。

（五）公平性

向所有大小投资者平等地进行公开信息披露，而不得有选择性披露，即在向投资者和社会公众披露前，不得将未公开重大信息向特定对象进行披露。在境内外市场披露的信息要保持一致。

二、信息披露的实施条件

首先，信息披露涉及面广、专业性强、内容量大，银行需要制定信息披露政策，建立健全相关披露机制和程序，明确并落实各部门在信息披露中的职责，规范信息披露工作流程，形成良好的工作机制，确保信息披露工作有效开展。

其次，银行需要对照监管要求，结合自身特点，制定满足临时、季度、半年度、年度等不同披露频率要求的信息披露模板，规范披露内容。

最后，要统筹建设并持续优化相关信息管理系统，有效支持信息披露对相关分析数据和管理信息的要求。

三、与会计信息披露的关系

会计信息披露是上市公司从维护投资者权益和资本市场运行秩序出发，依法将自身财务经营情况等会计信息向证券监管部门报告，并向社会投资者公告的行为。会计信息披露一般按照国家颁布的会计准则披露反映公司所涉及的各种经济活动的历史信息。中国银监会2007年发布的《商业银行信息披露办法》要求银行披露其经营状况的主要信息，包括财务会计报告、各类风险管理状况、公司治理、年度重大事项等。与《商业银行信息披露办法》较为宽泛的信息披露内容规范相比，2013年中国银监会印发的《关于商业银行资本构成信息披露的监管要求》对银行资本充足率相关披露事宜做了更为翔实、细致的规定，重点要求银行反映其资本计量和管理的情况。

银行可以选择信息披露的载体和地点。第三支柱信息披露可以与会计信息披露同步进行，也可以选择其他方式单独披露。为避免引起投资者的误解和混淆，无论第三支柱信息是否与会计信息同步披露，银行应解释第三支柱披露与会计信息披露之间的实质性差别，如披露资本充足率计算范围和财务并表的差异，以及二者的对应关系表。对于会计信息披露范围外，属于《资本办法》要求披露的有关信息，银行可以选择通过其他方式（如互联网网站等）单独披露。如果第三支柱信息通过会计披露以外方式提供，银行应说明这些信息的获取方式。

第三支柱披露要求与会计准则的有关要求并不矛盾，承认会计或其他监管规定的披露要求，有助于提高第三支柱信息披露的有效性。因为年度财务报告中的信息通常都是经过外部审计的，根据其他披露要求（如证监会对上市公司的要求）所公布的附加材料（如管理层概述和分析），为保证有效性，通常也都经过充分的审查（如内部控制评估等）。如果有关第三支柱信息不是通过会计披露的方式披露（如作为一个单独的报告或网页中的一段），银行应确保这些信息按照信息披露总体原则经过了适当的验证。另外，第三支柱的信息披露不要求必须经过外部审计，但会计准则制定部门、证券监管部门或其他权力机构另有要求的除外。

四、信息披露的具体内容

《资本办法》关于资本充足率信息披露的内容至少包括：（1）主要风险管理体系；（2）资本充足率计算范围；（3）资本数量、构成及各级资本充足率；（4）风险加权资产；（5）信用风险、市场风险、操作风险的计量方法，风险计量体系的重大变更，以及相应的资本要求变化；（6）信用风险、市场风险、操作风险及其他重要风险暴露和评估的定性和定量信息；（7）内部资本充足评估方法以及影响资本充足率的其他相关因素；（8）薪酬的定性信息和定量信息。以下分别从主要风险管理体系、资本充足率计算范围、资本数量及构成、风险加权资产、信用风险暴露和评估、市场风险暴露和评估、操作风险暴露和评估、资产证券化风险暴露和评估、其他风险暴露和评估、内部资本充足评估、薪酬方面进行介绍。

（一）主要风险管理体系

主要风险管理体系包括：信用风险的管理目标、政策和流程，市场风险的管理目标、政策和流程，操作风险的管理目标、政策和流程，其他重要风险的管理目标、政策和流程，风险管理体系的组织架构和管理职能。

（二）资本充足率计算范围

1. 银行集团经营范围。

2. 银行集团资本充足率计算范围。

3. 资本充足率计算范围和财务并表的差异，以及二者的对应关系表。

4. 按被投资机构的类型，逐类披露计算并表资本充足率时采用的处理方法。

5. 根据股权投资余额排名，分别披露前十大纳入计算范围的被投资机构和采用扣除处理的被投资机构的基本情况。

6. 拥有多数股权或拥有控制权的被投资金融机构存在的监管资本缺口。

7. 银行集团内资本转移的限制。

（三）资本数量及构成

1. 所有监管资本项目与经审计的资产负债表项目的对应关系。

2. 资本构成项：

（1）核心一级资本的期末数，包括实收资本或普通股、资本公积、盈余公积、一般风险准备、未分配利润、少数股东资本可计入部分；

（2）其他一级资本的期末数，包括其他一级资本工具及其溢价、少数股东资本可计入部分；

（3）二级资本的期末数，包括二级资本工具、超额贷款损失准备可计入部分、少数股东资本可计入部分。

3. 总资本的期末数。

4. 资本扣除项：

（1）核心一级资本中扣除项目的扣除数额，包括商誉、其他无形资产（土地使用权除外）、由经营亏损引起的递延所得税资产、贷款损失准备缺口、资产证券化销售利得、确定受益类养老金资产抵扣递延税负债后的净额、直接或间接拥有的本银行股票、对资产负债表中未按公允价值计量的项目进行套期形成的现金流储备应予以扣除的正值或予以加回的负值、商业银行自身信用风险变化导致其负债公允价值变化带来的未实现损益；

（2）从相应监管资本中对应扣除的，两家或多家商业银行之间通过协议相互拥有的各级资本工具数额，或监管部门认定为虚增资本的各级资本投资数额；

（3）从相应监管资本中对应扣除的，对未并表金融机构的小额少数资本投资超出核心级资本净额 10% 的部分；

（4）从核心一级资本中扣除的，对未并表金融机构的大额少数资本投资超出核心一级资本净额 10% 的部分；

（5）从相应监管资本中对应扣除的，对未并表金融机构的大额少数资本投资中的其他一级资本投资和二级资本投资部分；

（6）从核心一级资本中扣除的，其他依赖于商业银行未来盈利的净递延税资产超出核心一级资本净额 10% 的部分；

（7）未在核心一级资本中扣除的，对金融机构的大额少数资本投资和相应的净递延税资产合计超出核心一级资本净额 15% 的部分。

5. 所有限额与最低要求，以及对资本的正面和负面的影响：

（1）资本扣除的有关限额，即适用门槛扣除法各项目的扣除数额若未达到扣除上限，应披露各项目的具体数额及与上限的差额。

（2）可计入二级资本的超额贷款损失准备的限额。若未达到可计入上限，应披露具体数额及与上限的差额。

6. 发行的各类合格资本工具的主要特征。

7. 在网站上披露所有监管资本工具的条款及细则。

8. 报告期内增加或减少实收资本、分立和合并事项。

9. 报告期内重大资本投资行为。

10. 各级资本充足率。逐项披露未并表的核心一级资本充足率、一级资本充足率和资本充足率及其计算方法，以及并表后的核心一级资本充足率、一级资本充足率、资本充足率及其计算方法。

（四）风险加权资产

1. 信用风险资本计量方法、总体资本要求、采用内部评级法覆盖的信用风险暴露对应的资本要求、采用内部评级法未覆盖的信用风险暴露对应的资本要求、资产证券化风险暴露的资本要求、信用风险加权资产。

2. 市场风险资本计量方法、总体资本要求、采用内部模型法计量的资本要求、采用标准法计量的资本要求、市场风险加权资产。

3. 操作风险资本计量方法、总体资本要求、采用基本指标法的资本要求、采用标准法的资本要求、采用高级计量法的资本要求、操作风险加权资产。

4. 风险计量体系的重大变更，以及对相应资本要求的影响。

（五）信用风险暴露和评估

1. 信用风险暴露的定性信息，包括逾期及不良贷款的定义、贷款损失准备的计提方法、各类风险暴露采用的计量方法等。

2. 信用风险暴露的定量信息，包括：信用风险暴露总额，采用不同资本计量方法的各类风险暴露余额，信用风险暴露的地域分布，行业或交易对手分布、剩余期限分布，不良贷款总额、贷款损失准备余额及报告期变动情况，等等。

3. 商业银行采用内部评级法的，应披露的定性信息包括：银保监会对本银行内部评级法的认可，评级体系的治理结构，评级结构、评级结果的应用，风险参数的定义、数据、风险计量的基本方法和假设，等等。

4. 商业银行采用内部评级法的，应披露非零售信用风险暴露的定量信息，包括按违约概率级别划分的风险缓释前、后各类风险暴露，平均违约概率，风险暴露加权平均违约损失率，风险暴露加权平均风险权重，等等。如果商业银行在进行信息披露时对违约概率级别进行归并，则应按照归并后的违约概率级别披露上述信息。

5. 商业银行采用内部评级法的，应披露零售信用风险暴露的定量信息，包括个人住房抵押贷款，合格的循环零售及其他零售风险缓释前、后的风险暴露，平均违约概率，平均违约损失率，平均风险权重，等等。

6. 商业银行采用内部评级法的，还应披露有关历史损失信息，包括报告期各类风险暴露的实际损失与历史损失数据的差别，以及产生差别的原因。

7. 商业银行应采用权重法或内部评级法未覆盖的信用风险暴露的信息，包括风险权重的认定方法，按风险权重档次划分的风险缓释前、后的风险暴露及其扣减项，按主体分类的风险缓释前、后的风险暴露，等等。逐项披露持有其他商业银行发行的各级资本工具、对工商企业的股权投资、非自用不动产的风险暴露。

8. 商业银行采用监管映射法计量专业贷款资本要求的，应披露按风险权重档次划分的风险缓释前、后的各类风险暴露。

9. 商业银行应披露信用风险缓释的定性信息，包括风险缓释政策、管理风险缓释工具的过程、风险缓释程度、净额结算、主要抵质押品类型、抵质押品估值政策和程序、保证人和信用衍生工具交易对手的主要类型及资信情况、所拥有的缓释工具集中度等。

10. 商业银行应披露信用风险缓释的定量信息，包括各类型风险暴露的净额结算、合格的金融质押、其他合格的抵质押品、保证及信用衍生工具覆盖的风险暴露。

（六） 市场风险暴露和评估

1. 市场风险暴露和评估的定性信息，包括：

（1） 采用标准法计量市场风险覆盖的风险暴露等；

（2） 采用内部模型法计量市场风险覆盖的风险暴露、所用模型的特点、压力测试情况等。

2. 市场风险暴露和评估的定量信息，包括：

（1） 采用标准法计量市场风险，应披露利率风险、股票风险、外汇风险、商品风险、期权风险的资本要求等；

（2） 采用内部模型法计量市场风险，应披露期末风险价值，报告期的最高、最低、平均风险价值，返回检验中的显著异常值等。

（七） 操作风险暴露和评估

披露操作风险资本要求的计量方法和风险暴露等；采用高级计量法计量操作风险，应披露所考虑的内部因素和外部因素，以及使用保险前、后的操作风险资本要求。

（八） 资产证券化风险暴露和评估

1. 资产证券化风险暴露和评估的定性信息，包括：

（1） 商业银行从事资产证券化业务的目标，包括从本银行向其他实体转移出去的证券化资产信用风险转移的程度，以及因这些活动使本银行承担的风险；

（2） 商业银行在资产证券化过程中所承担的角色，以及在每个过程中的参与程度；

（3） 资本计量方法；

（4） 资产证券化的相关会计政策，包括交易性质、收益确认原则、对合成型资产证券化的会计处理政策；

（5） 每个资产证券化产品使用的外部评级机构的名称。

2. 资产证券化风险暴露和评估的定量信息，包括：

（1） 传统型和合成型资产证券化风险暴露余额，如果发起机构对资产证券化交易不保留任何证券化风险暴露，应在当年报告中单独列出此类交易。

（2）按风险暴露的类别划分，证券化资产的不良、逾期及报告期确认的损失。

（3）按证券化风险暴露种类划分，商业银行拥有或买入的各类资产证券化风险暴露余额。

（4）按风险权重划分，商业银行拥有或买入的资产证券化风险暴露余额和内部评级法下的资本要求。

（5）资产证券化交易具有提前摊还情形的，应针对每一类证券化资产披露以下项目所有涉及发起机构和投资者权益的提款风险暴露；按照内部评级法，对商业银行留存的已提款部分，如卖家的资本要求；按照内部评级法，对商业银行留存的已提和未提款的投资者权益的资本要求。

（6）采用标准法的商业银行也要按上述（4）、（5）的要求进行披露，但应使用标准法规定的资本要求。

（7）报告期内商业银行作为发起机构的资产证券化业务，应按类别披露被证券化的资产余额，以及出售的各类资产证券化确认的收益或损失。

（九）其他风险暴露和评估

1. 交易对手信用风险暴露的定性信息，包括对交易对手信用风险暴露的管理方法，抵押品、质押品的管理及保证金建立的政策，错向风险暴露相关政策，如发生信用评级下调时对本银行需要额外提供的抵押品、质押品的影响。

2. 银行账户股权风险暴露的定性信息，包括非大额或大额股权投资风险暴露的处理方法，股权投资的种类、特征和拥有目的，银行账户股权估值和会计处理的重要政策，包括采用的会计方法和估值方法、关键假设以及这些方法和假设的重大变化。

3. 银行账户股权风险暴露的定量信息，包括金融机构和公司的股权投资，包括公开交易、非公开交易的余额，股权风险暴露未实现潜在的风险收益。

4. 银行账户利率风险暴露的定性信息，包括银行账户利率风险的特点和重要假设、贷款提前支付和无期限存款行为等重要客户行为的假设、银行账户利率风险计量的频率。

5. 银行账户利率风险暴露的定量信息，包括在利率向上或向下变动时，按主要币种分类对收益和权益的影响值等。

6. 商业银行设立表外机构或实体的，应披露表外机构或实体的业务范围、主要业务品种、风险特征等定性信息。

7. 商业银行设立表外机构或实体的，应披露表外业务的大额暴露、转换系数、风险暴露等定量信息。

（十） 内部资本充足评估

该部分内容包括内部资本充足评估的方法和程序、资本规划和资本充足率管理计划。

（十一） 薪酬

1. 薪酬的定性信息

（1） 薪酬管理委员会（小组）的构成和权限，商业银行高级管理人员以及对风险有重要影响岗位上的员工的基本信息；

（2） 薪酬政策的特点、目标、适用范围、审议和修改情况，以及确保从事风险和合规管理工作员工的薪酬与其所监督的业务条线绩效相独立的措施和政策；

（3） 薪酬政策如何与当前和未来的风险挂钩；

（4） 薪酬水平如何与银行绩效挂钩；

（5） 根据长期绩效调整薪酬水平的方法；

（6） 可变薪酬使用的支付工具类别及使用原因。

2. 薪酬的定量信息：

（1） 银行薪酬管理委员会（小组）成员薪酬及薪酬监督会议召开的次数；

（2） 获得绩效奖金和离职金的员工数和奖金总额；

（3） 未支付和已支付的递延薪酬总额；

（4） 根据固定薪酬和可变薪酬、未受限薪酬和递延薪酬、支付工具分类披露薪酬总额；

（5） 针对递延薪酬、留存薪酬的显性调整和隐性调整信息。

薪酬的定量信息披露要求仅针对商业银行高级管理人员以及对风险有重要影响岗位上的员工。

本章小结

1. 信息披露主要是指银行业金融机构依法将反映其经营状况的主要信息，如财务会计报告、各类风险管理状况、公司治理、年度重大事项等，以定期报告和临时报告等形式，向存款人、投资者和社会公众公开披露的行为。信息披露是市场约束机制的重要内容和关键前提，也是银行有效监管的重要手段和组成部分。

2. 巴塞尔委员会公布的《有效银行监管核心原则》《增强银行透明度》《巴塞尔资本协议Ⅱ》等报告和协议为国际银行业信息披露制度提供了统一标准，折射了国际银行业信息披露的发展方向。

3. 从监管的角度来看，《巴塞尔资本协议Ⅱ》第三支柱要求银行建立资本充足率信息披露制度，明确市场约束作为资本监管的有效工具；从银行自身的角度来看，有效的信息披露机制促使银行更为有效而合理地分配资金和控制风险，保持充足的资本水平，提升银行自身资本管理和风险管理水平；从投资者等利益相关方的角度来看，关于银行资本结构、风险敞口、资本充足率对资本的内部评价机制以及风险管理战略等信息的充分披露，提高了银行信息的透明度，有利于利益相关方作出决策并保障自身利益。

4. 各国监管当局可以要求银行直接向市场披露信息，也可以要求银行在监管报告中提供信息，再根据信息的性质有选择地对外公布。各国监管当局加强信息披露的手段也不相同，从通过道义劝告、与银行管理层对话到批评、罚款，但一般不表现为直接要求增加资本。

5.《巴塞尔资本协议Ⅱ》权衡考虑了有意义披露的需要和保护专有信息、保密信息的需要。在一些例外情况下，如果某些信息的披露会严重损害银行的竞争地位，银行可以不进行披露，但必须向监管部门提供这些内容不能对外披露的充分理由。

6. 信息披露一般每半年进行一次，但下列情况除外：(1) 有关银行风险管理目标政策、报告系统及各项口径的一般性概述的定性披露，每年披露一次。(2) 大型国际活跃银行和其他大银行（及其主要分支机构）的一级资本充足率、总资本充足率及其组成，每季披露一次。但如果有关风险暴露或其他项目的信息变化较快，按半年披露的信息也要改为按季披露。

7. 巴塞尔委员会对披露的各类主题提出了不同程度的披露建议，为各国监管当局提供了制定披露规则的空间。巴塞尔委员会将每类主题的披露划分为核心披露和补充披露两类。

8. 巴塞尔资本协议详细规定了信息披露的具体内容，包括资本结构、资本充足率、信用风险、市场风险、操作风险、银行账户利率风险以及信用风险缓解和资产证券化等。

9. 我国商业银行信息披露的基本原则为真实、准确、充分、及时、公平地披露信息，不得有虚假记载、误导性陈述或者重大遗漏。

10. 我国商业银行关于资本充足率信息披露的内容至少包括：(1) 主要风险管理体系；(2) 资本充足率计算范围；(3) 资本数量、构成及各级资本充足率；(4) 风险加权资产；(5) 信用风险、市场风险、操作风险的计量方法，风险计量体系的重大变更，以及相应的资本要求变化；(6) 信用风险、市场风险、操作风险及其他重要风险暴露和评估的定性和定量信息；(7) 内部资本充足评估方法以及影响资本充足率的其他相关因素；(8) 薪酬的定性信息和定量信息。

本章重要概念

信息披露　核心披露　补充披露　定性披露　定量披露　增量风险资本
全面风险资本　延期风险　一般错向风险　特殊错向风险　主要风险管理体系

本章复习思考题

1. 判断题

(1) 信息披露是巴塞尔协议提出的要求，与《有效银行监管核心原则》等文件无关。（　）

(2) 信息披露是从《巴塞尔资本协议Ⅱ》开始才提出的要求。（　）

(3) 巴塞尔委员会通过建立一套披露要求以达到加强市场纪律的目的。（　）

(4) 巴塞尔协议要求各国银行必须按同一方式和内容披露信息，各国银行没有自主的空间。（　）

(5) 若银行未按要求披露信息，监管部门可以要求银行增加资本金等。（　）

(6) 监管当局要求银行的信息都必须披露。（　）

(7) 第三支柱的信息披露与会计信息披露没有任何差别。（　）

(8) 第三支柱披露的信息可不经外部审计部门审计。（　）

(9) 或有流动性风险可以不在信息中披露。（　）

(10) 我国商业银行既有披露并表的资本充足率，也有披露表内和表外的资本充足率。（　）

(11) 薪酬只披露定性方面的信息，不披露定量方面的信息。（　）

2. 单选题

(1) 信息披露方式只能是（　）。

A. 向市场提供　B. 在监管报告中提供

C. 向市场提供或在监管报告中提供

(2) 信息披露的频度通常为（　）。

A. 年度　B. 半年度　C. 月度

(3)《巴塞尔资本协议Ⅱ》对信息披露的要求与会计准则要求披露的范围相比（　）。

A. 更宽泛　B. 更狭窄　C. 无法比较

(4) 信息披露的内容包括（　）。

A. 定性披露　B. 定量披露　C. 定性披露和定量披露

（5）我国商业银行信息披露的原则不包括（　　）。

A. 真实性　　B. 有序性　　C. 及时性

3. 简答题

（1）简述巴塞尔协议关于信息披露的有关规定。

（2）简述巴塞尔协议要求的信息披露的主要内容。

（3）简述我国监管部门要求的银行信息披露的主要内容。

4. 思考题

（1）如何做到信息披露与商业秘密保护之间的平衡？

（2）试述信息披露对我国商业银行的市场约束。

第十三章
宏观审慎监管

前面我们介绍的银行监管主要是针对单家机构而言，即介绍单家机构的资本监管。事实上银行及整个金融机构间是相互关联的，一家金融机构出现风险可能会传染给其他金融机构。我们需要研究整个金融机构的系统性风险的监管——宏观审慎监管。

国际金融危机以后，宏观审慎监管的管理理念得到国际经济金融界的广泛认同，并在《巴塞尔资本协议Ⅲ》中得到运用。有的国家把宏观审慎监管又称为宏观审慎政策，与货币政策一起，从宏观调控政策的角度进行金融系统的监管和调控。

什么是宏观审慎监管？它与我们前面介绍的微观审慎监管是什么关系？如何在银行监管中实现宏观审慎监管？这是本章所要介绍的主要内容。

第一节　宏观审慎监管的概念

一、宏观审慎监管的含义

“宏观审慎管理”“宏观审慎监管”“宏观审慎政策”等概念，虽然分别从行为或政策的角度来定义宏观审慎，但都是“宏观审慎”这一基本概念的延伸，是从不同角度阐述“宏观审慎”的含义。这里我们可以把它们作为同一个概念来理解。

国际清算银行（BIS）的资料显示，“宏观审慎”的概念可追溯到1979年库克委员会（巴塞尔委员会的前身）的一次会议和一份报告中。它们将宏观审慎政策定义为“增强广义金融体系和支付机制的安全性和稳定性”的政策。20世纪90年代后期，使用“宏观审慎”概念越来越多。1998年1月，国际货币基金组织发表的题为“建立稳健金融体系”的报告提出：持续有效的监管包括微观审慎和宏观审慎两个方面。国际金融危机之后，国际清算银行率先提出了两个维度的宏观审慎监管：其一是时间维度，主要讨论风险是如何随时间的推移演变的，特别是在金融周期中如何变化；其二是横向维度，重点讨论风险在金融体系中如何分布。

三十国集团（G30）认为，宏观审慎政策包括四个要素：一是宏观审慎政策的范围是整个金融体系，而非单个机构或单一金融产品；二是宏观审慎政策的目标是防范系统性风险，系统性风险是指金融体系部分或全部受到损害导致大范围金融服务中断并给实体经济造成严重影响的风险；三是宏观审慎政策使用的微观审慎监管工具，即资本、拨备、杠杆率等；四是实施宏观审慎职责的监管机构应当与货币、财政及其他部门就政策的制定问题进行沟通。

金融稳定理事会（FSB）、国际货币基金组织和国际清算银行在2011年发布的《宏观审慎政策工具和框架》中对宏观审慎政策进行了明晰的界定，即宏观审慎政策是指以防范系统性金融风险为目标，以运用审慎工具为手段，而且以必要的治理架构为支撑的相关政策。

二、宏观审慎监管与其他经济政策的关系

为加深对宏观审慎监管含义的理解，我们还需明确它与微观审慎监管、货币政策、宏观经济政策等的相互关系。它们既有区别，又密不可分。

（一）宏观审慎监管与微观审慎监管

作为审慎监管框架的有机组成部分，宏观审慎监管与微观审慎监管既有区别，又密不可分，主要表现在以下几个方面：

一是从监管目标来看，微观审慎监管的目标是减少单家机构失败的可能性（即降低个体风险），最终目标是保护存款人和投资者的利益；而宏观审慎监管的目标是降低金融危机或系统性金融风险发生的概率，最终目标是减少对经济增长产生的负面影响和由此给经济社会带来的成本。

二是从监管对象来看，微观审慎监管关注的是单家机构的风险，主要从单家机构稳健运行来考虑需要采取何种监管措施；而宏观审慎监管关注的则是整个金融体系，主要从维护金融体系稳定的角度考虑采取何种政策措施。从宏观审慎的视角看，确保每家银行都不倒闭可能会削弱市场约束力并产生道德风险，从而形成过度监管。同时，只关注单家机构而忽视各家机构的集体行动和共同风险敞口，可能会导致对系统性风险的低估或误判而不能采取相应的监管措施。

三是从对金融风险的分析来看，在宏观审慎的分析框架下，金融风险具有体系内生性，即金融机构集体行动能够影响资产价格、借贷和金融交易的规模及经济活动，从而影响金融体系的整体风险，这反过来又会影响金融机构自身的稳健经营；而在传统微观审慎分析框架下，金融风险相对单家机构而言通常是外生的，即影响单家机构风险的外部因素不受该机构自身行为的影响。

四是从监管工具来看，宏观审慎监管和微观审慎监管并无本质区别，如使用资本要求、贷款损失准备、流动性风险指标等。

（二） 宏观审慎监管与货币政策

宏观审慎监管或宏观审慎政策与货币政策既有区别，又有联系。宏观审慎监管更关注金融风险对金融经济的长期变化的影响；而货币政策关注重点是短期的金融经济的变化；宏观审慎监管的工具也是相对比较稳定的调整工具；而货币政策的调控工具相对比较灵活，如存款准备金、公开市场操作等。正因为二者存在着差异，一些国家建立独立机构制定和执行各自独立的政策。但二者都关注宏观经济重要变量对整个经济金融的影响。

（三） 宏观审慎监管与宏观经济政策

宏观审慎监管与宏观经济政策都关注宏观金融经济，但宏观经济政策的目标是经济稳定增长、充分就业、物价稳定和国际收支平衡；而宏观审慎监管更多的是系统性金融风险的防范，即关注金融稳定从而促进经济的稳定。二者所使用的工具区别较大，宏观经济政策不仅包括供给方面的政策工具，还包括需求方面的政策工具，既包括财政金融方面的政策，又包括其他方面的经济政策工具，而宏观审慎工具只包括金融政策的工具。

三、宏观审慎监管框架

为了加深对宏观审慎的理解，我们还需要了解宏观审慎监管操作的要素，主要包括系统性风险的识别和评估、设计并运用宏观审慎工具防范化解风险以及宏观审慎操作的机制安排。这三个要素构成了宏观审慎监管的框架。

（一） 系统性风险的识别和评估

及时识别并审慎评估系统性风险，是实施宏观审慎监管的前提。系统性风险的识别和评估需要收集必要的信息和数据，为有针对性地采取政策措施提供决策依据。

国际金融危机爆发前，各国主要通过构建综合指数法和早期预警法来评估系统性风险。综合指数法是将反映各金融子系统稳健性的基础指标，通过特定统计方法汇总形成用以反映整个金融体系稳健性的综合指标；早期预警法是基于信贷、资产价格等宏观经济数据的早期预警指标构建的，用于预测系统性风险发生的可能性。这两种方法各有优缺点：预警指标在预测系统性危机方面效果较好，但它进行准确预警的条件较为苛刻，比如需要准确定义系统性风险的触警事件，所以在一些未曾发生过金融危机、没有相关历史经验的国家或地区，它的应用便受到限制。此外，早期预警法的综合程度不够，往往难以较全面反映金融体系与实体经济的互动和反馈，难以指导监管当局采取针对性强且兼顾各方的措施。

国际金融危机爆发后，国际货币基金组织和金融稳定理事会等国际组织发现，全球范围内评估系统性风险的方法并未成熟且各国普遍面临数据缺口。比如，缺乏反映金融体系与实体经济之间互动关系的数据、金融机构之间风险暴露以及面临的共同风险暴露的数据、影子银行内部以及影子银行与传统银行之间的交易数据等。为此，金融稳定理事会专门成立数据缺口工作组，研究解决数据缺口的制度安排和技术手段，并建立了对影子银行的监测安排，定期监测影子银行的规模、杠杆和期限错配情况；巴塞尔委员会要求各成员定期收集并报告系统重要性银行的数据等。同时，系统性风险评估的方法也在此前综合指数法和预警指标法的基础上有所扩展：一方面，系统性风险评估的数据不再局限于资产负债表数据，股票市场和债券市场上时效性强的数据也得到了运用；另一方面，评估系统性风险的视角也有所扩展，不仅考虑非金融部门对金融体系的影响，而且更多地考虑金融体系内部关联性和传染性的影响。

金融机构之间相互关联，是风险传染、系统性风险累积的重要原因，也是评估系统性风险的难点所在。2009 年 4 月，国际货币基金组织发布的《全球金融稳定报告》介绍了四种评估金融体系内部关联性的定量模型：一是网络模型。它依靠机构数据，评估其直接关联度，可以跟踪系统内信贷事件或流动性紧缩带来的反响效应，并可以提供具体指标计量多米诺效应下金融机构的恢复弹性。二是 CO-RISK 模型。它利用包括 CDs 利差、公司债利差以及交易账户的 VaR 等市场数据，评估金融机构相同或相近的商业模型、会计准则、定价基础等因素导致的直接或间接关联性，重点评估机构层面由共同风险因子造成的系统性风险。三是危机依存度矩阵模型，通过建立反映线性和非线性关联度的动态多变量分布模型来测算金融机构组的关联矩阵。四是违约强度模型。它基于银行历史违约数据的时间序列特征来评估系统关联性，估算由于直接和间接关联性引发系统性危机的概率。

如何评判系统性风险评估方法的优劣？目前国际社会达成普遍共识的标准有三条：一是看能否有效评估金融体系的整体风险，特别是能否运用于金融体系应对外部冲击的反应和传导机制；二是是否具有一定的前瞻性，能对未来的情况作出预判；三是是否有利于指导政策制定和实施。如果严格按这些标准来衡量，目前系统性风险评估和分析技术仍不完善。这一方面是因为系统性风险本身只是极端和小概率事件，技术上选择置信区间较难，同时数据连续性和可获得性以及经济金融情况的动态变化也加剧了评估困难。另一方面，金融体系的复杂性决定了现有计量分析工具难以全面、精准描绘体系内部各要素之间以及金融体系与实体经济之间的互动和非线性变化，而这些变化正是系统性风险产生、发展的关键所在。

总而言之，尽管系统性风险的识别与评估是宏观审慎监管框架的重要组成部分，是针对性实施宏观审慎监管的前提，但目前评估系统性风险的技术手段还不完善，监管部门还不能单纯依赖定量分析与统计计量方法来评估系统性风险。因此，正如美联储前主席耶伦所说："系统性风险的评估既是科学也是艺术。"它不仅需要监管当局对大量数据进行周密分析和计量，还需要监管当局运用经验判断并共同讨论分析，作出相机抉择。

（二）设计并运用宏观审慎工具防范化解风险

设计并运用宏观审慎工具是监管部门实施宏观审慎监管、防范化解系统性风险的主要手段。来自金融稳定理事会、国际货币基金组织和国际清算银行的报告显示，各国结合本国情况设计并运用不同的宏观审慎工具来应对系统性风险。例如，为抑制信贷过度扩张和资产价格泡沫，澳大利亚2004年提高了住房抵押贷款的风险权重、印度2005年提高了商业房地产贷款的风险权重、中国和中国香港对贷款抵押率进行了限制；为抑制银行体系的杠杆率累积，加拿大设计并限定了单家银行杠杆倍数的上限；为限制期限错配，新西兰于2010年开始运用核心融资比例监管指标；为限制系统重要性机构业务范围，美国《多德—弗兰克法案》提出限制存款机构从事自营交易业务和限制向对冲基金、私募股权基金投资的沃尔克规则，授权美联储在特定情形下分拆系统重要性金融机构等。

国际金融危机之后，金融监管国际规则的改革提出了一系列宏观审慎监管工具，主要包括：一是在《巴塞尔资本协议Ⅲ》框架中建立了逆周期资本监管框架；二是金融稳定理事会主导设计了强化系统重要性金融机构监管的一揽子改革建议，巴塞尔委员会据此发布了系统重要性银行附加资本要求的监管规则；三是《巴塞尔资本协议Ⅲ》明确建立全球一致的商业银行杠杆率监管标准，抑制银行体系杠杆率累积；四是扩大金融监管范围，将对金融体系稳定性具有重要影响的影子银行机构和业务纳入监管框架，包括货币市场基金、资产证券化、证券借贷和回购市场、具有杠杆效应和期限转换功能的其他信用机构等；五是改革场外衍生品市场，通过提高场外合约的标准化程度和场外衍生品市场透明度，降低风险传染性；六是强化金融市场基础设施的稳健性标准，消除金融市场基础设施崩溃对金融体系稳定性的威胁。

宏观审慎工具主要按照系统性风险跨时间和跨空间的特性来划分，可分为时变工具和结构性工具两大类。

时变工具是对资本水平、杠杆率等提出动态的逆周期要求，实现"以丰补歉"，从而平滑金融体系的顺周期波动。这类工具主要包括《巴塞尔资本协议Ⅲ》提出的逆周期资本、储备资本、杠杆率、前瞻性拨备，以及在不同经济周期中保持稳定并同时考虑了在压力情景下交易保证金和折扣比率等。有些国家还运用了其他工具来平滑金融体系顺周期性，比如对特定金融产品（如消费贷款、住房抵押贷款）的监管资本进行逆周期调整、控制特定行业（如房地产行业、产能过剩行业）的信贷总量和增速等。这一类宏观审慎工具将在本章第二节中以逆周期监管工具为代表进行详细说明。

结构性工具针对系统性风险跨空间传染的问题，主要防范风险在不同机构和市场之间传染。这类工具又可分为限制杠杆率工具、限制流动性风险工具和限制相互关联性工具三类，具体主要包括流动性覆盖率、净稳定资金比例和对系统重要性银行提取的附加资本等。这一类宏观审慎工具将在本章第三节中以系统重要性银行监管为代表进行详细说明。

此外，宏观审慎工具还可以根据运用宏观审慎工具的目的划分为主要解决信贷快速扩张和资产价格急速上升对金融稳定产生威胁的工具、解决与杠杆和期限错配等放大系统性风险问题的工具、压力时期缓解金融体系结构脆弱性的工具三大类。根据宏观审慎工具作用的对象可划分为纠正国内金融体系失衡的工具和减少国际外来冲击的工具两大类。前者可进一步细分为资本工具、流动性要求和资产端工具三类；后者可细分为降低资本跨境流动的工具、对非居民进入本地资本市场进行限制等。

（三）宏观审慎操作的机制安排

宏观审慎监管的前提是及时识别并审慎评估系统性风险，关键是适时运用适当的宏观审慎工具防范化解系统性风险。另外，系统性风险成因的复杂性和影响的广泛性决定了在任何国家只由单一机构制定并实施宏观审慎监管并不现实，只有建立多部门有机协调的宏观审慎操作机制，才能够对各类宏观、中观和微观层面的情况进行对接和汇总，通过深入分析、经验判断和共同讨论，捕捉金融机构风险暴露的共性特征、金融机构经营模式的可持续性以及整个金融行业的发展趋势、风险水平和特征，并及时采取相应监管行动。良好的宏观审慎操作机制应满足以下标准：清晰的政策目标、有效的宏观审慎监管工具箱、通畅的信息共享机制以及明确的部门分工和问责机制。

从理论上说，财政部门是金融危机成本的最终承担者，中央银行承担最后贷款人职能并具有主动创造货币这一强大工具，金融监管部门熟悉金融机构具体运作和风险并了解资本、流动性、杠杆率等监管工具特性，这些部门都应该在宏观审慎操作机制中扮演重要角色。在实践中，不同国家根据自身对系统性风险认识的不同以及国内各部门政治经济博弈结果的不同，作出不完全相同的宏观审慎操作机制安排。例如，美国建立由财政部主导，美联储等联邦监管部门共同参与的金融稳定监管委员会（FSOC）；英国在英格兰银行内部成立负责审慎政策制定的金融政策委员会（FPC）和负责政策实施的审慎监管局（PRA）；日本建立由内阁主导，财政部、中央银行、金融监管机构参与的金融系统管理委员会（FSMC）；澳大利亚则直接将宏观审慎监管政策的制定和执行的职责赋予了审慎监管局（APRA）；中国则由人民银行牵头建立宏观审慎管理框架，牵头负责系统性金融风险防范和应急处置。

第二节　逆周期监管

一、金融体系顺周期性和逆周期监管

我们从名字上就能看出，顺周期与逆周期是一组相对的概念。在经济金融领域，顺周期是指金融体系与实体经济之间正向的动态相互作用（正反馈机制），这种相互强化的互动可能扩大经济周期的波动性和金融体系的不稳定性。

金融体系与生俱来具有内在的顺周期性。首先，这种顺周期性来源于市场主体对风险的认知偏差，这种偏差使市场主体在经济上行周期往往过度乐观、低估风险；而在经济下行周期往往过度悲观、高估风险。于是，当市场繁荣时，市场主体容易因低估风险、持续跟风投资，从而进一步推动经济上行乃至积累经济过热风险；而当市场萧条时，市场主体又容易因高估风险而进行恐慌性抛售，从而进一步加剧经济下行。其次，金融机构激励机制的缺陷将加剧金融体系自身的顺周期性。比如部分金融机构过于追求短期效益而对风险关注不足，将增加市场的不稳定因素，进而放大金融市场的波动。最后，市场主体集体行动的羊群效应也会放大金融体系的顺周期效应。羊群效应会使市场主体信息趋同、彼此强化，产生从众心理和随波逐流的集体行为，从而在经济过热时加剧过热，经济萧条时加剧萧条，进一步放大了顺周期效应。

此外，一些外部规则也会强化金融体系的顺周期性。例如，监管资本计量所使用的模型和参数不同程度都会受到经济周期的影响，导致建立在这些模型和参数基础上的监管资本要求具有一定顺周期性，这就可能进一步强化那些需要满足监管资本要求的金融机构本身的顺周期性。

如上节所述，逆周期监管针对的是系统性风险的顺周期特性。它是为缓解金融体系顺周期性而设计并实施一系列监管措施，目的是有效防范化解系统性风险。巴塞尔委员会认为，从根本上消除金融体系的顺周期性是不可能的，因此，在缓解现有监管规则顺周期性的同时，应当将逆周期监管的重点放在确保金融体系在经济上行时期积累足够的“缓冲”上，从而使银行在经济下行时期有足够的资源用于吸收损失，使金融体系发挥“减震器”而不是“放大器”的作用。金融稳定理事会认

为，逆周期监管政策应遵循两个原则，即限制经济收缩阶段金融危机成本的原则和控制经济扩张阶段风险累积的原则。

二、逆周期监管的框架

根据上述逆周期监管的思路和原则，《巴塞尔资本协议Ⅲ》提出了逆周期监管的整体框架，包括缓解最低资本要求的周期性波动、提取前瞻性的贷款损失准备金、提取高于最低资本要求的超额储备资本、设置与信贷超常增长挂钩的逆周期超额资本要求等相互联系的四个方面。

（一）缓解最低资本要求的周期性波动

最低资本要求具有周期性特征。《巴塞尔资本协议Ⅰ》按债务人身份将资产分为五类，分别给予不同的风险权重且在整个经济周期内保持不变，因此最低资本要求保持稳定。《巴塞尔资本协议Ⅱ》大幅提高了最低资本要求的风险敏感性：在内部评级法框架下信贷资产的风险权重取决于债务人和债项的评级，即在经济衰退时期，债务人财务状况恶化，同时抵押品贬值，导致债务人和债项的评级下调，最低资本要求提高，从而进一步加剧债务人财务状况的恶化；而经济繁荣期，债务人财务状况良好，偿债能力提高，同时抵押品升值，导致债务人和债项的评级上调，最低资本要求降低，从而进一步提升债务人财务状况。在市场风险内部模型法的框架下，最低资本要求也具有相同的周期性，如金融市场繁荣、市场流动性充裕、交易业务规模扩大、市场波动减少、风险价值及以此为基础的最低资本要求降低，从而进一步推动市场繁荣。

缓解最低资本要求的周期性波动，即运用相关监管工具，使整个经济周期中最低资本要求的波动保持相对稳定；或是在最低资本要求的波动超出预期时，采取相关措施缓解其周期性并在风险敏感度和资本要求稳定性之间建立新的平衡。比如，在内部评级法框架下，通常是对风险权重函数的输入因子或输出结果进行平滑处理，降低输入因子或输出结果的波动性，从而缓解最低资本要求的周期性波动。

为了较深入理解实践中如何缓解最低资本要求的周期性波动，我们列举几种较常用的技术方法：一是引入调整因子对银行内部估计的违约概率进行调整；二是建立时点评级违约概率和跨周期评级违约概率之间的转换标准，将银行违约概率模型的输出值转变成跨周期的估计值，从而获得不具有顺周期性的违约概率；三是通过时间加权平均方法，降低违约概率模型输出值的波动性。

（二）提取前瞻性的贷款损失准备金

前瞻性的贷款损失准备金又称前瞻性拨备，是指商业银行对风险进行前瞻性判断并提取的相应贷款损失准备金。它的基本思路就是“以丰补歉”，即要求商业银行在经济繁荣时期多计提贷款损失准备金，提高对未来可能损失的吸收能力；而在经济萧条期可以少计提贷款损失准备金，从而增加银行利润并维持资本充足水平。通过这样的逆周期操作，可以避免经济萧条时的信贷紧缩进一步加剧经济萧条，减少传统银行拨备制度的顺周期性。

前瞻性贷款损失准备金与传统的贷款损失准备金有所不同。一是覆盖损失的范围不同。传统的贷款准备金主要反映历史事件所产生的风险，并据此提取准备金；而前瞻性贷款损失准备金的提取既要求根据历史事件考虑当前风险状况，又要前瞻性地预测未来风险的变化。也就是说，传统的贷款损失准备金只覆盖当前已发生的损失；而前瞻性贷款损失准备金既要覆盖当前损失，也要覆盖预期的未来损失。二是具体操作机制也有不同。传统贷款损失准备金的提取和调整具有事后性和被动性，只在损失已发生后才进行提取或调整；而前瞻性贷款损失准备金的提取和调整具有事前性和主动性，在预期损失将发生时便主动进行提取或调整。

2010 年，巴塞尔委员会在国际会计准则理事会和美国会计准则委员会提出的预期损失模型的基础上，提出了前瞻性贷款损失准备金的计提办法。这一办法建议分三步来计提准备金：首先，在充分考虑定量和定性信息的基础上计算整个贷款生命周期中的预期损失。其中，定量信息包括历史平均损失经验、内部评级法下损失率的历史数据、经济衰退时期的历史数据等，定性信息包括贷款组合的特征、经济状况、授信标准的变化等。其次，根据估算的预期损失确定有效利率，并用于计提准备金。最后，自贷款发放开始确认利息收入并提取贷款损失准备金。

（三）提取高于最低资本要求的超额储备资本

为防止银行资本充足率快速下滑到最低资本要求下，触发严厉监管措施，导致银行急剧收缩信贷，进而对实体经济带来较大冲击，《巴塞尔资本协议Ⅲ》明确提出一个高于最低资本监管要求的超额资本要求，即超额储备资本，用于覆盖危机期间单家银行出现的重大损失，保证危机期间银行的资本充足率始终能达到最低资本监管要求。

如何提取这一超额储备资本，《巴塞尔资本协议Ⅲ》作出了明确规定，主要包括以下几个方面：第一，超额储备资本必须由核心一级资本工具来满足，因为核心一级资本工具可以不受任何约束随时用来吸收损失。第二，相对于最低资本要求而言，超额储备资本要求对商业银行的约束强度明显弱化。如果商业银行未达到超额储备资本要求，监管当局采取的措施往往更具灵活性，比如限制银行利润分配、股票回购和奖金发放，要求银行扩大内部资本留存、避免过度分红等，而不会采取约束银行资本扩张等严厉的监管措施，以避免对银行正常经营产生严重影响，使银行在达不到超额储备资本要求的情况下仍可以保持适度的信贷扩张，从而防止对实体经济产生较大冲击。第三，根据历次金融危机期间商业银行损失的经验数据，《巴塞尔资本协议Ⅲ》将超额储备资本确定为风险加权资产的2.5%。第四，确立与资本充足率水平挂钩的利润留存水平，以防止超额储备资本要求被虚置。如前所述，核心一级资本充足率的最低要求为4.5%，加上2.5%的超额储备资本要求，得到商业银行核心一级资本充足率应达到7%。据此，《巴塞尔资本协议Ⅲ》将银行核心一级资本充足率从4.5%～7%分为“4.5%～5.125%”“5.125%～5.75%”“5.75%～6.375%”“6.375%～7%”“7%以上”五档，相应对银行提出了100%、80%、60%、40%、0的利润留存比例要求（如表13－1所示）。即商业银行资本充足率水平仅达到最低资本要求时，对利润分配的限制越强；资本充足率不仅达到最低资本要求，而且达到超额储备资本要求时，利润分配受到的限制最小。当然，商业银行也可以不通过利润留存方式，而是从外部渠道来筹集所需的超额储备资本，以避免利润分配受到限制。但这应该纳入银行资本规划中，并征得监管部门同意。

表13－1 核心一级资本充足率（4.5%～7%）与利润留存比例

核心一级资本充足率水平	利润留存比例
7%以上	0
6.375%～7%	40%
5.75%～6.375%	60%
5.125%～5.75%	80%
4.5%～5.125%	100%

（四）设置与信贷超常增长挂钩的逆周期超额资本要求

历史经验和大量实证分析表明，绝大多数银行体系危机之前，都曾发生银行信贷超常增长的情况。为了保护银行体系免受信贷超常增长的潜在威胁，并帮助银行体系在面临压力的情况下能够继续为实体经济提供正常信贷支持，《巴塞尔资本协议Ⅲ》引入了与信贷超常增长挂钩的逆周期超额资本要求。逆周期超额资本要求建立在最低资本要求和超额储备资本要求的基础之上。当银行信贷超常增长时，除最低资本要求和超额储备资本要求之外，还应按照贷款增速偏离正常水平的程度来计提逆周期超额资本。逆周期超额资本要求在其上限内随贷款增速与正常水平的偏离度变化而变化。

《巴塞尔资本协议Ⅲ》明确了逆周期超额资本监管要求的具体操作办法，主要包括以下内容：

一是建议以宏观信贷指标（信贷/GDP）及其变化作为确定逆周期超额资本要求的基础标杆，同时允许各国监管部门考虑本国金融体系处在不同发展阶段的差异，采用符合本国实际的其他指标。需要注意的是，这里的“信贷”是宽口径的定义：

从债务主体来说，它包括私人部门的所有负债（含从国外获取的资金）；从债权主体来说，它不仅包括银行信贷，还包括从非银行金融部门获取的信贷以及私人部门发行的债券等。

二是规定单家银行的逆周期超额资本要求是其风险加权资产的0～2.5%，在此区间内与贷款增速偏离正常水平的程度挂钩。在实际工作中，通常会根据历史数据，运用统计计量方法先设定一个信贷增长的“正常水平”（或“长期趋势”），然后衡量当前信贷增速与这一“正常水平”的偏离程度，偏离程度越高，表明信贷的超常增长越厉害，所需计提的逆周期超额资本越高；反之则相反。

三是与超额储备资本相似，逆周期超额资本也必须由核心一级资本工具来满足。而且，当商业银行未达到逆周期超额资本要求时，监管部门也主要采取限制利润分配的方式来促使银行达到应有的资本水平。由此便形成了在考虑逆周期超额资本后，与资本充足率水平挂钩的利润留存水平。如前所述，银行核心一级资本充足率的最低要求为4.5%，加上2.5%的超额储备资本要求，再加上最高为2.5%的逆周期超额资本，得到商业银行核心一级资本充足率最高应达到9.5%。据此，《巴塞尔资本协议Ⅲ》将银行核心一级资本充足率从4.5%～9.5%分为“4.5%～5.75%”“5.75%～7%”“7%～8.25%”“8.25%～9.5%”“9.5%以上”五档，相应对银行提出了100%、80%、60%、40%、0的利润留存比例要求（如表13－2所示）。

表13－2　核心一级资本充足率（4.5%～9.5%）与利润留存比例

核心一级资本充足率水平	利润留存比例
9.5%以上	0
8.25%～9.5%	40%
7%～8.25%	60%
5.75%～7%	80%
4.5%～5.75%	100%

四是规定了跨境经营的银行集团逆周期超额资本计提方法。当一个银行集团存在跨境信贷风险暴露时，首先应该单独计算它在每个国家内的逆周期超额资本要求，然后以各个国家内信贷风险暴露的占比为权重，得到该银行集团层面的逆周期超额资本要求。因此，逆周期超额资本要求的国际合作也很重要，《巴塞尔资本协议Ⅲ》明确要求，各国金融监管当局关于逆周期超额资本要求的决策，应提前12个月宣布，并在国际清算银行网站上公布。

五是关于逆周期超额资本的释放。及时释放已计提的逆周期超额资本至关重要，否则可能给正常信贷供给造成不利影响。尽管宏观信贷指标（信贷/GDP）是《巴塞尔资本协议Ⅲ》建议的确定逆周期超额资本要求的基础标杆，但从历史经验看，它却不是决定是否释放已计提逆周期超额资本的理想信号指标。《巴塞尔资本协议Ⅲ》建议各国金融监管当局应根据自身银行体系的损失状况、其他信贷渠道的可得性、资产价格以及市场利差等指标进行综合判断，而不能单纯依靠宏观信贷指标；同时应加强决策的透明度，有效引导市场预期。

2011年，为逐步与《巴塞尔资本协议Ⅲ》要求接轨，中国银监会发布了《中国银行业实施新监管标准指导意见》，并于2013年开始实施。该指导意见中引入了超额储备资本这一逆周期监管工具，且监管要求与《巴塞尔资本协议Ⅲ》保持一致，规定“留存缓冲资本”为风险加权资产的2.5%。2020年9月，中国人民银行、中国银保监会联合发布《关于建立逆周期资本缓冲机制的通知》，建立相当于逆周期超额资本监管要求的“逆周期资本缓冲机制”，包括具体计提方式、覆盖范围和评估机制等。但与《巴塞尔资本协议Ⅲ》关于逆周期超额资本为风险资产的0~2.5%的规定不同，我国根据自身系统性金融风险评估状况和新型冠状病毒肺炎疫情防控需要，将逆周期资本缓冲比率初始设定为0。未来将在综合考虑国家宏观经济金融形势、杠杆率水平、银行体系稳健性等因素基础上，对逆周期资本缓冲比率进行评估和调整。

三、其他可供选择的逆周期监管工具

前文我们详细介绍了缓解最低资本要求的周期性波动、提取前瞻性的贷款损失准备金、提取高于最低资本要求的超额储备资本和设置与信贷超常增长挂钩的逆周期超额资本要求，它们既是逆周期监管框架的重要组成部分，也是逆周期监管的最主要工具。

此外，各国在实施宏观审慎监管的过程中，结合自身实际，设计并应用了一些行之有效的逆周期监管工具。我们主要介绍其中的贷款成数政策工具，它在包括我国在内的很多国家中得到了广泛运用。

贷款成数是指贷款金额与该贷款抵押品价值之间的比率。在我国以及很多国家的住房抵押贷款领域都运用了贷款成数工具，因此贷款成数往往也被称为按揭成数，特指住房抵押贷款金额与用于抵押的房屋价值之间的比率。为联系实际更好地理解贷款成数工具，我们以按揭成数为例，来说明该政策工具的特点和监管思路。

我们都知道，在经济上行期，投资者普遍乐观且低估风险，愿意以更高的按揭成数获取贷款；同时，房屋抵押品的价格也呈上涨态势；普遍较高的按揭成数和高企的房屋价格双双推动信贷进一步扩张，信贷扩张反过来又推动房价上涨和投资者的乐观情绪……循环往复，导致资产价格不断上涨，信贷不断扩张，系统性风险不断累积。反之则相反。这便是我们前文说过的金融体系的顺周期性。此时，如果我们在经济上行期降低按揭成数（即提高首付比例要求）或在经济下行期提高按揭成数（即降低首付比例要求），就可以发挥抑制信贷过度扩张或缓解信贷过度收缩的作用，从而有助于缓解信贷扩张的顺周期性，实现了对经济和金融体系的逆周期调节。作为逆周期监管工具，按揭成数工具简单易行，监管部门可根据不同市场形势和经济周期灵活作出调整，按揭成数工具在各国得到普遍重视和广泛运用。

第三节　系统重要性银行监管

如前文所述，系统性风险具有跨空间特性，需要运用结构化工具来应对。结构化工具着力防范风险在不同机构、不同市场之间传染，其主要思路是根据金融机构对系统性风险的贡献度采取相应的监管措施，弱化金融体系内在关联，防止风险集中和扩散。其中重中之重就在于对系统重要性金融机构的监管。

一、“太大而不能倒”问题与系统重要性金融机构监管

“太大而不能倒”（Too Big to Fail）并非金融监管的新问题，也并非金融领域特有的问题，它泛指企业的规模越大，涉及的领域越多，与本国乃至全球经济金融体系联系越密切，政府就越不能坐视其破产，一定会对其施以援手；而政府支援的“肯定性”反过来会引发这些机构经营者的道德风险，可能激励它们甘冒风险进行盲目投资和扩张。

国际金融危机又一次见证了“太大而不能倒”。20 世纪 80 年代以来，伴随金融自由化和全球化浪潮，西方金融机构大踏步走向混业经营，业务日趋复杂、杠杆率迅速攀升、金融体系内外关联性显著上升、内部激励机制严重扭曲，导致全球金融体系的集中度越来越高。以银行业为例，2006 年底，全球最大 5 家银行、最大 10 家银行、最大 20 家银行和最大 100 家银行占全球银行体系总资产的比例分别达到 15.4%、26.1%、41%和 77.3%，在全球金融市场上扮演着越来越重要的角色。同时，大型商业银行的盈利能力也逐步提高，2003—2006 年全球前 1000 家大银行的股本回报率分别达到 17.6%、19.9%、22.7%和 23.4%的高水平。这些金融“巨无霸”对经济贡献度大幅上升，与经济社会各领域的联系极其密切，导致政府根本不敢对其经营失败所带来的巨大负外部性视而不管。国际金融危机发生以后，雷曼兄弟、贝尔斯登倒闭，美林被收购，富通解体，美国国际集团、花旗银行、苏格兰皇家银行、瑞银集团等一大批金融“巨无霸”接受政府救助，一度造成社会剧烈动荡，引起各界广泛关注，如何解决“太大而不能倒”问题成为国际金融危机后国际

金融监管改革的重要议题。2009 年召开的二十国集团（G20）领导人峰会明确提出，要求建立针对“太大而不能倒”金融机构的一整套监管框架，以降低大型金融机构的道德风险和负外部性，减少纳税人负担，维护市场公平竞争。

根据 G20 领导人峰会要求，金融稳定理事会和巴塞尔委员会等国际组织积极研究推动对系统重要性金融机构的监管，包括识别评估系统重要性金融机构和构建对系统重要性金融机构的监管框架两个方面。

二、系统重要性银行的识别与评估

根据金融稳定理事会的定义，系统重要性金融机构是指在金融体系中居于重要地位、承担关键功能，其破产、倒闭可能给金融体系和经济活动造成严重损害的金融机构。目前，国际组织、学术界和国内外金融监管部门对系统重要性金融机构的评估对象主要集中于系统重要性银行，因此下文主要针对系统重要性银行展开讨论。

2011 年 11 月，巴塞尔委员会发布了《全球系统重要性银行：评估方法和附加损失吸收能力》，正式提出识别和评估全球系统重要性银行的方案，并公布了第一批全球系统重要性银行名单。之后评估方案和名单几经修订和更新。2021 年 11 月，金融稳定理事会发布了 2021 年版的全球系统重要性银行名单，共 30 家银行入围，其中包含中国银行、中国建设银行、中国工商银行和中国农业银行四家中国的商业银行。

识别和评估系统重要性银行主要有两类方法：一是指标法，即选取那些反映商业银行对金融体系稳定性影响的系统重要性指标，对这些指标赋值，再采取相应的加总方法形成对系统重要性的评估结果。如 2009 年金融稳定理事会、国际货币基金组织和国际清算银行围绕系统重要性的三大因素——规模、关联度和可替代性——设计的一套衡量银行系统重要性的指标。该方法的优点在于能够利用已有的资产负债表数据和监管数据，数据可获得性好，同时能较全面覆盖系统重要性的各个领域。但它的缺点也是明显的，即它往往只能反映静态的情况，难以反映动态趋势以及银行体系内外部复杂的关联关系。二是模型法，即运用系统性风险计量模型来测度银行对系统性风险的影响程度，影响越大的银行，其系统重要性就越强。该方法的主要缺点在于模型的设计与客观经济环境的拟合度还有待提高、侧重定量分析而未充分考虑定性因素等。对照巴塞尔委员会提出的系统重要性银行理想评估方法的三条标准——准确性、透明度和可操作性，相对于模型法，指标法在透明度和可操作性方面明显占优。目前，国际社会达成广泛共识，相对于模型法，采用指标法识别和评估系统重要性银行更为可行，在实践中也得到更广泛的运用。

2013 年 6 月，巴塞尔委员会发布《全球系统重要性银行的评估方法和附加资本要求》，提出基于指标法并辅以各国的监管判断来确定单家银行的全球系统重要性。评估指标框架如表 13－3 所示，分为规模、关联度、可替代性、复杂性和跨经济体活跃度五个方面，共 12 个指标，并为每个指标赋予了相应权重。此外，巴塞尔委员会还设计了 11 个辅助指标，供各国金融监管当局在对巴塞尔委员会提出的初步名单进行监管判断时使用，如表 13－4 所示。

表 13－3　　全球系统重要性银行评估指标框架　　单位：%

指标类别	具体指标	权重
规模（20%）	调整后的表内外资产余额	20
关联度（20%）	金融机构之间的资产	6.67
	金融机构之间的负债	6.67
	发行证券和其他融资工具	6.67
可替代性（20%）	托管资产规模	6.67
	支付清算规模	6.67
	债券和股票市场承销规模	6.67
复杂性（20%）	场外衍生品的名义价值	6.67
	三级资产的规模	6.67
	交易和可供出售资产的价值	6.67
跨经济体活跃度（20%）	跨境债权	10
	跨境债务	10

表 13－4　　评估全球系统重要性银行的辅助指标

指标类别	辅助指标
规模	总负债
	净收入
	总收入
关联度	零售融资总额
	批发融资比率
可替代性	卖出回购总额
	买入返售总额
	场外衍生品正市值
	场外衍生品负市值
复杂性	境外分支机构和附属机构所在经济体的数目
跨经济体活跃度	境外业务净收入

此外，根据 2011 年 11 月 G20 领导人峰会关于进一步研究将全球系统重要性银行监管延伸至国内系统性重要银行的要求，巴塞尔委员会于 2012 年 10 月研究发布

《国内系统重要性银行治理框架》，提出了各国制定本国系统重要性银行评估方法的基本原则：一是各国金融监管当局应当制定评估本国国内系统重要性银行的方法。二是该方法应当反映银行破产、倒闭的负外部性或潜在影响，而非破产、倒闭的风险。三是应以本国经济为参照系来评估国内的系统重要性银行。四是在评估范围上，母国金融监管当局应当在集团并表层面评估银行的系统重要性；东道国金融监管当局在对外资银行子行进行评估时，应将该子行下设的分支机构纳入并表范围。五是在评估因素上，至少应考虑规模、关联度、可替代性和复杂性四大类因素，除此之外，各国金融监管当局可结合本国银行业实际设定其他考虑因素和具体评估指标。六是在评估频率上，各国金融监管当局应定期评估本国辖区内银行的系统重要性，确保评估结果能及时反映本国金融体系现状；具体时间间隔不得明显长于全球系统重要性银行的评估间隔。七是各国金融监管当局应定期公开披露国内系统重要性银行的评估方法。

我国对识别和评估国内系统重要性银行进行了积极探索。2020 年 12 月，中国人民银行、中国银保监会发布《系统重要性银行评估办法》，明确了我国系统重要银行评估认定的基本规则。第一，评估目的是识别认定我国系统重要性银行，并据此进行差异化监管，切实维护我国金融稳定。第二，评估方法是采用定量评估指标计算参评银行的系统重要性得分，再结合其他定量和定性信息作出监管判断。第三，评估流程为首先确定参评银行范围，收集参评银行数据，进行测算后提出初步名单，然后结合监管判断进行调整，报请有关部门审核确定后对外发布。第四，评估频率为每年评估并发布名单。2021 年 10 月，中国人民银行、中国银保监会发布我国系统重要性银行名单，按系统重要性得分由低到高分为五组，共 19 家，包括 6 家国有商业银行、9 家股份制商业银行和 4 家城市商业银行（见表 13－5）。

表 13－5　　　　2021 年我国国内系统重要性银行

组别	该组银行
5	—
4	工商银行、中国银行、建设银行、农业银行（共 4 家）
3	交通银行、招商银行、兴业银行（共 3 家）
2	浦发银行、中信银行、民生银行、邮政储蓄银行（共 4 家）
1	平安银行、光大银行、华夏银行、广发银行、宁波银行、上海银行、江苏银行、北京银行（共 8 家）

三、加强对系统重要性银行的监管

在上文讨论了如何识别和评估系统重要性银行后，我们在这里探讨如何加强对已认定的系统重要性银行的监管。这是国际组织和各国金融监管当局关注的重点问题，也是2008年国际金融危机后国际银行监管改革的重要内容。

如上文所述，针对全球系统重要性银行评估方法和监管政策的国际研究始于2009年巴塞尔委员会成立的宏观审慎监管工作组。该工作组研究认为，加强对系统重要性银行的监管应着眼于四个目标：一是减少系统重要性银行破产倒闭的可能性，相关措施包括提高资本和流动性的监管要求等。二是降低银行倒闭后的负外部性，相关措施包括限制业务范围、完善有问题机构的处置计划等。三是减少政府被迫救助时的公共资金投入和纳税人负担。四是防止系统重要性银行利用自身“太大而不能倒”地位进行不公平竞争，维护市场公平，相关措施包括实施附加资本要求等以增加其运营成本，抵消“太大而不能倒”地位可能带来的优势。2010年10月，金融稳定理事会发布了《降低系统重要性金融机构道德风险的政策建议和时间表》，提出了加强系统重要性金融机构监管的目标和政策框架，为国际社会加强全球系统重要性银行监管，乃至各国加强对本国系统重要性银行的监管提供了重要指导。

总体而言，目前主要围绕降低系统重要性银行倒闭风险和减少其倒闭产生的负外部性两个目标，从以下几个方面来加强对系统重要性银行的监管。

一是提高系统重要性银行对损失的吸收能力，降低其破产倒闭的可能性。在实践中，主要通过附加资本要求等资本或债务监管工具来提高系统重要性银行对损失的吸收能力。附加资本要求是在《巴塞尔资本协议Ⅲ》确定的资本监管要求的基础上，对系统重要性银行提出的更高的资本要求，即对已评估认定的系统重要性银行按其得分高低进行分组，分别实施1% ~3.5%的附加资本要求，系统重要性越强、组别越高的银行实施越高的附加资本要求（见表13 -6）。附加资本要求将促使系统重要性银行将系统性风险成本内部化，使系统重要性银行破产倒闭的概率下降，从而增强金融体系的安全性，此外，附加资本要求还有助于抵消“太大而不能倒”地位带来的融资便利性和经营成本方面的优势，防范道德风险，有助于促进市场公平竞争。

表13 -6　　全球系统重要性银行的附加资本要求

组别	附加资本要求
5	3.5%
4	2.5%
3	2%
2	1.5%
1	1%

二是提高对系统重要性银行的监管强度，即各国金融监管当局应该根据银行对系统性风险的影响，提出差异化监管要求，实施不同强度的监管，切实提高监管有

效性。系统重要性越强、对系统性风险影响越大的银行，对其监管的强度应该越大。2010 年 11 月，金融稳定理事会发布了《系统重要性金融机构监管强度与有效性建议》政策报告，围绕如何提高监管强度、确保监管有效性，从强化监管部门职责和独立性、建立健全风险识别和干预机制、提升监管标准并改进监管方法、建立更严格的监管有效性评估机制四个方面提出了 32 条建议，初步构建了提高对系统重要性银行监管强度的总体框架。此后，金融稳定理事会、巴塞尔委员会等国际组织和各国金融监管当局在此框架下开展了大量研究和实践，从风险管理、风险治理、风险文化等诸多方面进行了有益的探索。

三是建立有效处置系统重要性银行的政策框架。提高系统重要性银行对损失的吸收能力以及提高对系统重要性银行的监管强度，这两方面措施主要是从降低系统重要性银行倒闭风险的目标出发；而构建有效处置系统重要性银行的政策框架，是为了减少系统重要性银行破产倒闭时产生的负外部性，两者相辅相成，缺一不可。2011 年 11 月，金融稳定理事会发布《金融机构有效处置框架关键要素》，从完善处置制度和工具、制定有效的恢复和处置计划两个方面提出了对系统重要性金融机构的有效处置框架。第一，在处置制度和工具方面，要求各国指定专门机构负责有问题银行的处置，该机构应建立跨银行的处置机制，既包括银行尚可持续经营情况下的处置计划，也要包括银行无法正常经营情况下的处置计划。同时还要完善相关处置工具箱，引入自救安排，建立股东和债权人按先后次序吸收损失的机制，尽量在不使用财政资金的情况下对问题银行进行有效处置。第二，在恢复和处置计划方面，专门机构应制定符合银行特点的恢复和处置计划，促使问题银行平稳有序退出市场，防止对金融稳定造成破坏性影响。

此外，加强系统重要性银行监管还需强化核心金融市场基础设施的稳健性。核心金融市场基础设施包括全球支付清算体系、托管体系等，它在全球金融市场上扮演越来越重要的角色。稳健的核心金融市场基础设施有助于降低系统重要性银行之间的相互关联性，避免单个市场参与者的问题传染到整个金融市场。

在金融稳定理事会、巴塞尔委员会等国际组织研究制定系统重要性银行监管政策措施的同时，各国也积极加强对本国系统重要性银行监管的研究，并进行了丰富有益的实践探索。2021 年 10 月，中国人民银行和中国银保监会借鉴国际金融监管的实践经验，并充分考虑我国银行业实际情况，发布了《系统重要性银行附加监管规定（试行）》，明确了国内系统重要性银行附加的监管要求，构建了我国系统重要性银行的监管框架。该规定共 22 条，明确对系统重要性银行实施包括附加资本要求、附加杠杆率等在内的附加监管指标要求，并明确规定系统重要性银行要制定集团层面的恢复和处置计划，提交中国人民银行牵头的危机管理小组审查。此外，还明确了包括信息报送与披露、风险数据加总和风险报告、公司治理等其他审慎监管要求。

第四节　我国的宏观审慎管理

前文我们在介绍宏观审慎操作的机制安排、逆周期监管工具、全球系统重要性银行和国内系统重要性银行等内容时，有针对性地介绍了中国在该领域的探索和实践。

2021 年 12 月 31 日，中国人民银行发布《宏观审慎政策指引（试行）》（以下简称《指引》）。《指引》共九章 38 条，厘清了宏观审慎政策相关概念，阐述了宏观审慎政策框架的具体内容，并提出了宏观审慎政策实施所需的支持保障机制，是建立健全中国宏观审慎政策框架的重要举措。为此，我们根据《指引》具体条文以及“中国人民银行有关部门负责人就《宏观审慎政策指引（试行）》答记者问”相关内容，总结梳理目前中国宏观审慎管理的要点如下。

一、中国宏观审慎政策的整体框架

中国宏观审慎政策整体框架包括政策目标、系统性金融风险评估、政策工具、政策传导机制和治理机制等部分，它是宏观审慎政策有效实施的重要保障。

（一） 政策目标

中国宏观审慎政策的目标是防范系统性金融风险，尤其是防止系统性金融风险顺周期累积以及跨机构、跨行业、跨市场和跨境传染，提高金融体系韧性和稳健性，降低金融危机发生的可能性和破坏性，促进金融体系的整体健康与稳定。

（二） 系统性金融风险评估

系统性金融风险评估是指综合运用风险评估工具和监管判断，识别金融体系中系统性金融风险的来源和表现，衡量系统性金融风险的整体态势、发生可能性和潜在危害程度。及时、准确识别系统性金融风险是中国实施宏观审慎政策的基础。

（三） 政策工具

中国宏观审慎政策工具主要用于防范金融体系的整体风险，具有“宏观、逆周期、防传染”的基本属性，有别于主要针对个体机构稳健、合规运行的微观审慎监管。另外，中国宏观审慎政策也会运用一些与微观审慎监管类似的工具，例如对资本、流动性、杠杆等提出要求，但它们主要是在既有微观审慎监管要求之上提出附加要求，两者相互补充，而不是替代关系。

（四） 政策传导机制

政策传导机制是指通过运用宏观审慎政策工具，对金融机构、金融基础设施施加影响，从而抑制可能出现的系统性金融风险顺周期累积或传染，最终实现宏观审慎政策目标的过程。顺畅的传导机制是提高中国宏观审慎政策有效性的重要保障。

（五） 治理机制

治理机制是指为监测识别系统性金融风险、协调和执行宏观审慎政策以及评估政策实施效果等，所进行的组织架构设计和工作程序安排。良好的治理机制可以为中国健全宏观审慎政策框架和实施宏观审慎政策提供制度保障。

二、中国宏观审慎政策的政策工具

与上文我们介绍的国际标准和外国实践一致，中国的宏观审慎政策工具也分为时间维度的工具和结构维度的工具两类。

时间维度的工具用于逆周期调节，平滑金融体系的顺周期波动。主要包括资本管理工具、流动性管理工具、资产负债管理工具、金融市场交易行为工具、跨境资本流动管理工具等。

结构维度的工具通过提高对金融体系关键节点的监管要求，防范系统性金融风险跨机构、跨市场、跨部门和跨境传染，主要包括特定机构附加监管规定、金融基础设施管理工具、跨市场金融产品管理工具、风险处置等阻断风险传染的管理工具（如恢复与处置计划）等。

同时，《指引》还明确了宏观审慎政策工具使用的具体流程，包括启用、校准和调整三个环节。

三、中国宏观审慎政策的实施和保障协调

《指引》明确了中国宏观审慎管理的牵头部门以及相关组织架构和工作程序安排，并提出了实施好宏观审慎政策所需的支持保障和政策协调要求。

中国人民银行是宏观审慎管理的牵头部门。《指引》在“总则”中明确提出，在国务院金融稳定发展委员会的统筹指导下，中国人民银行作为宏观审慎管理牵头部门，会同相关部门履行宏观审慎管理职责，牵头建立健全宏观审慎政策框架，监测、识别、评估、防范和化解系统性金融风险，畅通宏观审慎政策传导机制，组织运用好宏观审慎政策工具。

宏观审慎管理牵头部门在实施宏观审慎政策方面的职责主要包括：（1）会同相关部门推动形成适合中国国情的宏观审慎政策治理机制，并根据实践发展不断完善。（2）推动建立矩阵式管理的宏观审慎政策架构。（3）会同相关部门讨论和制定宏观

审慎政策工具的启用、校准和调整。（4）会同相关部门根据职责分工，组织实施所辖领域的宏观审慎管理工作，并对宏观审慎政策执行情况进行监督和管理。（5）建立健全宏观审慎政策沟通机制，做好预期引导，定期或不定期以公告、报告、新闻发布会等方式与市场进行沟通。

宏观审慎政策实施的支持保障包括统计数据、信息系统、制度规定和应急机制四个方面：（1）在金融业综合统计工作机制下，宏观审慎管理牵头部门推动开展宏观审慎政策相关统计数据的采集与共享。（2）宏观审慎管理牵头部门根据防范系统性金融风险的需要，建立、维护和管理宏观审慎相关信息采集和监管系统，实现数据共享。（3）宏观审慎管理牵头部门会同相关部门制定和完善宏观审慎管理相关制度规定。（4）宏观审慎管理牵头部门会同相关部门建立突发性系统性金融风险应急机制。

此外，《指引》明确提出，宏观审慎管理牵头部门组织会同相关部门建立宏观审慎工作协调机制，同时做好宏观审慎政策与货币政策、微观审慎政策，以及国家发展规划、财政政策、产业政策、信贷政策等的协调配合。

本章小结

1. “宏观审慎管理”“宏观审慎监管”“宏观审慎政策”等概念，虽然分别从行为或政策的角度来定义宏观审慎，但都是“宏观审慎”这一基本概念的延伸，是从不同角度阐述“宏观审慎”的含义。

2. 三十国集团认为，宏观审慎政策包括四个要素：一是宏观审慎政策的范围是整个金融体系，而非单个机构或单一金融产品；二是宏观审慎政策的目标是防范系统性风险，系统性风险是指金融体系部分或全部受到损害导致大范围金融服务中断并给实体经济造成严重影响的风险；三是宏观审慎政策使用的微观的审慎监管工具，即资本、拨备、杠杆率等；四是实施宏观审慎职责的监管机构应当与货币、财政及其他部门就政策的制定问题进行沟通。

3. 金融稳定理事会、国际货币基金组织和国际清算银行在2011年发布的《宏观审慎政策工具和框架》中对宏观审慎政策进行了明晰的界定，即宏观审慎政策是指以防范系统性金融风险为目标，以运用审慎工具为手段，而且以必要的治理架构为支撑的相关政策。

4. 宏观审慎监管与微观审慎监管、货币政策、宏观经济政策等既有区别，又有联系。

5. 宏观审慎监管操作的要素主要包括系统性风险的识别和评估、设计并运用宏观审慎工具来防范化解风险以及宏观审慎操作的机制安排。这三个要素构成了宏观审慎监管的框架。

6. 金融稳定理事会对系统性风险评估的方法也在此前综合指数法和预警指标法的基础上有所扩展：一方面，系统性风险评估的数据不再局限于资产负债表数据，股票市场和债券市场上时效性强的数据也得到了运用；另一方面，评估系统性风险的视角也有所扩展，不仅考虑非金融部门对金融体系的影响，而且更多地考虑金融体系内部关联性和传染性的影响。

7. 如何评判系统性风险评估方法的优劣？目前国际社会达成普遍共识的标准有三条：一是看能否有效评估金融体系的整体风险，特别是能否运用于金融体系应对外部冲击的反应和传导机制；二是是否具有一定的前瞻性，能对未来的情况作出预判；三是是否有利于指导政策制定和实施。

8. 金融管监国际规则的改革提出了一系列宏观审慎监管工具，主要包括：一是在《巴塞尔资本协议Ⅲ》框架中建立了逆周期资本监管框架；二是金融稳定理事会主导设计了强化系统重要性金融机构监管的一揽子改革建议，巴塞尔委员会据此发布了系统重要性银行附加资本要求的监管规则；三是《巴塞尔资本协议Ⅲ》明确建立全球一致的商业银行杠杆率监管标准，抑制银行体系杠杆率累积；四是扩大金融监管范围，将对金融体系稳定性具有重要影响的影子银行机构和业务纳入监管框架，包括货币市场基金、资产证券化、证券借贷和回购市场、具有杠杆效应和期限转换功能的其他信用机构等；五是改革场外衍生品市场，通过提高场外合约的标准化程度和场外衍生品市场透明度，降低风险传染性；六是强化金融市场基础设施的稳健性标准，消除金融市场基础设施崩溃对金融体系稳定性的威胁。

9. 在经济金融领域，顺周期是指金融体系与实体经济之间正向的动态相互作用（正反馈机制），这种相互强化的互动可能扩大经济周期的波动性和金融体系的不稳定性。

10. 逆周期监管针对的是系统性风险的顺周期特性。它是为缓解金融体系顺周期性而设计并实施一系列监管措施，目的是有效防范化解系统性风险。金融稳定理事会认为，逆周期监管政策应遵循两个原则，即限制经济收缩阶段金融危机成本的原则和控制经济扩张阶段风险累积的原则。

11. 《巴塞尔资本协议Ⅲ》提出了逆周期监管的整体框架，包括缓解最低资本要求的周期性波动、提取前瞻性的贷款损失准备金、提取高于最低资本要求的超额储备资本、设置与信贷超常增长挂钩的逆周期超额资本要求等相互联系的四个方面。

12. 贷款成数是指贷款金额与该贷款抵押品价值之间的比率。在我国以及很多国家的住房抵押贷款领域都运用了贷款成数工具，因此贷款成数往往也被称为按揭成数，特指住房抵押贷款金额与用于抵押的房屋价值之间的比率。

13. 结构化工具着力防范风险在不同机构、不同市场之间传染，其主要思路是根据金融机构对系统性风险的贡献度采取相应监管措施，弱化金融体系内在关联，防止风险集中和扩散。

14. 金融稳定理事会和巴塞尔委员会等国际组织积极研究推动系统重要性金融机构的监管，包括识别评估系统重要性金融机构和构建对系统重要性金融机构的监管框架两个方面。

15. 根据金融稳定理事会的定义，系统重要性金融机构是指在金融体系中居于重要地位、承担关键功能，其破产、倒闭可能给金融体系和经济活动造成严重损害的金融机构。

16. 识别和评估系统重要性银行主要有两类方法：一是指标法，即选取那些反映商业银行对金融体系稳定性影响的系统重要性指标，对这些指标赋值，再采取相应的加总方法形成对系统重要性的评估结果；二是模型法，即运用系统性风险计量模型来测度银行对系统性风险的影响程度，影响越大的银行，其系统重要性就越强。

17. 加强对系统重要性银行的监管应着眼于四个目标：一是减少系统重要性银行破产倒闭的可能性，相关措施包括提高资本和流动性的监管要求等；二是降低银行倒闭后的负外部性，相关措施包括限制业务范围、完善有问题机构的处置计划等；三是减少政府被迫救助时的公共资金投入和纳税人负担；四是防止系统重要性银行利用自身“太大而不能倒”地位进行不公平竞争，维护市场公平，相关措施包括实施附加资本要求等以增加其运营成本，抵消“太大而不能倒”地位可能带来的优势。

18. 目前主要围绕降低系统重要性银行倒闭风险和减少其倒闭产生的负外部性两个目标，从以下几个方面来加强对系统重要性银行的监管：一是提高系统重要性银行对损失的吸收能力，降低其破产倒闭的可能性。在实践中，主要通过附加资本要求等资本或债务监管工具来提高系统重要性银行对损失的吸收能力。二是提高对系统重要性银行的监管强度，即各国金融监管部门应该根据银行对系统性风险的影响，提出差异化监管要求，实施不同强度的监管，切实提高监管有效性。三是建立有效处置系统重要性银行的政策框架。提高系统重要性银行对损失的吸收能力以及提高对系统重要性银行的监管强度，这两方面措施主要是从降低系统重要性银行倒闭风险的目标出发；而构建有效处置系统重要性银行的政策框架，是为了减少系统重要性银行破产倒闭时产生的负外部性，两者相辅相成，缺一不可。此外，加强系统重要性银行监管还需强化核心金融市场基础设施的稳健性。

19. 2021 年 12 月 31 日，中国人民银行发布《宏观审慎政策指引（试行）》，厘清了宏观审慎政策相关概念，阐述了宏观审慎政策框架的具体内容，提出了宏观审慎政策实施所需的支持保障机制，是建立健全中国宏观审慎政策框架的重要举措。

本章重要概念

宏观审慎监管　宏观审慎政策　宏观审慎监管框架　综合指数法　预警指标
时变工具　结构性工具　顺周期　逆周期　前瞻性贷款损失准备金
超额储备资本　逆周期超额资本　贷款成数　系统重要性金融机构

本章复习思考题

1. 判断题

(1) 宏观审慎监管与货币政策的工具是一致的。(　　)

(2) 宏观审慎监管与宏观经济政策的目标是一致的。(　　)

(3) 金融机构之间相互关联，是风险传染、系统性风险累积的重要原因，也是评估系统性风险的难点所在。(　　)

(4) 目前系统性风险评估和分析技术仍不完善。(　　)

(5) 金融体系与生俱来具有内在的顺周期性。(　　)

(6) 从根本上消除金融体系的顺周期性是不可能的。(　　)

(7) 最低资本要求不具有周期性特征。(　　)

(8) 按揭成数特指住房抵押贷款金额与用于抵押的房屋价值之间的比率。(　　)

(9) 各国金融监管部门可以制定评估本国国内系统重要性银行的方法。(　　)

(10) 构建有效处置系统重要性银行的政策框架，是为了减少系统重要性银行破产倒闭时产生的负外部性。(　　)

2. 单选题

(1) 系统性风险的识别与评估需要收集必要的信息和数据，现行方法主要有(　　)。

A. 综合指数法　　B. 预警指标　　C. 综合指数法和预警指标

(2) 宏观审慎工具按照系统性风险跨时间和跨空间的特性可划分为(　　)。

A. 时变工具　　B. 结构性工具　　C. 时变工具和结构性工具

(3) 逆周期监管政策应遵循的原则为(　　)。

A. 限制经济收缩阶段金融危机成本的原则

B. 控制经济扩张阶段风险累积的原则

C. 限制经济收缩阶段金融危机成本的原则和控制经济扩张阶段风险累积的原则

(4) 金融稳定理事会和巴塞尔委员会等国际组织积极研究推动对系统重要性金融机构的监管，包括（　　）。

A. 识别和评估系统重要性金融机构

B. 构建对系统重要性金融机构的监管框架

C. 识别和评估系统重要性金融机构和构建对系统重要性金融机构的监管框架两个方面

(5) 识别和评估系统重要性银行主要方法有（　　）。

A. 指标法　　B. 模型法　　C. 指标法和模型法

3. 简答题

(1) 简述宏观审慎监管的四大要素。

(2) 简述宏观审慎监管框架的主要内容。

(3) 简述《巴塞尔资本协议Ⅲ》提出的逆周期监管的整体框架的主要内容。

(4) 简述金融稳定理事会和巴塞尔委员会等国际组织积极研究推动对系统重要性金融机构监管的主要内容。

(5) 简述中国宏观审慎政策的整体框架和主要政策工具。

4. 思考题

(1) 尝试通过公开渠道搜索并阅读相关材料，谈谈自2003年以来中国在住房金融宏观审慎监管方面的探索。

(2) 假设你是一家大型商业银行的董事长，监管部门正在评估将你行列入国内系统重要性银行名单。请从自身的角色出发，谈谈成为系统重要性银行后，对本行业务、风控、盈利、成本等方面将会有哪些影响？你希望本行成为系统重要性银行吗？为什么？

第十四章
有效银行监管核心原则

如果说前面我们讨论的银行监管主要是讨论银行监管当局如何对银行机构进行监管，那么这一章我们主要讨论银行监管当局自身的监管标准问题，即银行监管的规则及如何评价银行监管的质量。

如前所述，《有效银行监管核心原则》（以下简称《核心原则》）是巴塞尔委员会制定的指导各国银行监管的纲领性文件。那么，什么是《核心原则》，它的主要内容有哪些？如何运用这些原则？这就是本章要介绍的主要内容。

第一节 《有效银行监管核心原则》概述

一、什么是《有效银行监管核心原则》

《核心原则》是巴塞尔会员制定的一套监管准则，旨在为有效银行监管提供一个总体框架，一国可以用它作为标杆，评估银行监管的质量。

《核心原则》是巴塞尔委员会于1997年制定和发布的银行监管的文件，为各国银行监管提供了一套准则；2006年根据监管实践的要求，巴塞尔委员会对《核心原则》进行了修订，形成了第二版《核心原则》；2008年国际金融危机爆发后，国际社会对银行监管理念、方式和实践进行了深刻的反思，提出了加强银行监管的新的要求，2012年，巴塞尔委员会对《核心原则》进行了修订，形成了第三版《核心原则》。

《核心原则》涵盖了有效监管框架的各个领域，不但明确了从市场准入、持续监管、信息要求到行使监管权力、加强国际监管协调等方面的核心要求，还提出了有效监管的前提条件，是银行监管的国际准则。

为了协调全球银行的监管，促进各国金融体系的稳定运行，巴塞尔委员会制定了《核心原则》以及用于评估其实施情况的《监管核心原则的评估方法》（以下简称《评估方法》)。任何国家，无论是发达国家还是发展中国家，其银行体系的缺陷都可能威胁该国和国际金融稳定。制定《核心原则》，并且各国遵守《核心原则》，将形成一个有助于改善银行经营的监管环境。

二、《核心原则》的框架

银行监管的首要目标是促进银行和银行体系安全稳健运行，而防止银行倒闭不应成为监管当局的目标。《核心原则》主要包括以下方面：

（一） 核心原则的主要内容

《核心原则》是良好监管实践的最低标准，共29条，包括监管权力、责任和职能，审慎监管法规和要求。这部分内容将在第二节详细介绍。

（二） 有效银行监管的前提条件

有效监管实施的前提条件，特别是外部因素主要包括稳健且可持续的宏观经济政策，健全的金融稳定政策体系，完善的公共基础设施，清晰的危机管理、恢复和处理框架，适度的系统性保护机制，有效的市场约束。这部分内容将在第三节详细介绍。

（三） 评估方法

评估方法是解决如何对监管质量进行评估的问题，包括根据巴塞尔委员会《评估方法》所制定的达标情况的标准评估等级、评估方法的用途、如何进行评估及评估需要考虑的问题等内容。评估的等级分为符合、大体符合、大体不符合及不符合。

（四） 评估的标准

这部分对29条核心原则逐条列出评估标准。评估标准分为必要标准和附加标准。必要标准是所有国家都应达到的最低标准，附加标准主要针对的是较复杂银行机构的监管，是有复杂银行的国家应努力达到的要求。

有关《核心原则》的评估将在第四节详细介绍。

三、《核心原则》与巴塞尔协议的关系

巴塞尔协议都是与资本计量有关的文件，即针对如何计量银行资本充足率、对其监督检查，并要求披露信息。这就是巴塞尔协议中资本监管的三大支柱。这些是针对银行制定的。银行有效监管原则是针对银行监管当局确定的与监管要求有关的原则，并评估银行监管工作的质量。二者实施的对象并不相同。但二者都是围绕银行监管，保持银行体系稳定运行这一主题和目标的国际性文件，构成了银行监管的国际框架，是银行监管的国际准则。

第二节　《有效银行监管核心原则》的主要内容

《核心原则》是各国应当遵循的良好监管实践的最低标准，共 29 条，分为两部分：第一部分（原则 1～13）针对监管当局的权力、责任和职能，第二部分（原则 14～29）针对银行的审慎监管法规和要求。

一、监管权力、责任和职能

这部分主要包括监管责任、目标、权力、独立性、问责制和合作，市场准入监管，持续监管，监管机构的纠正和处罚权力，并表和跨境银行监管等内容。

（一）监管责任、目标、权力、独立性、问责制和合作（原则 1～3）

为保证银行监管的有效性，必须具备科学的银行监管体制，监管当局本身应有良好的治理机制。因此，《核心原则》首先通过第 1～3 条原则，对银行监管体制和治理机制方面的内容提出了要求，这三条原则分别为“原则 1：责任、目标和权力”“原则 2：独立性、问责制、资源和监管者法律保护”“原则 3：合作与协作”，主要包括以下内容。

1. 银行监管目标

有效的银行监管体系中的每个监管机构都应有明确的责任和目标，并将之公之于众。银行监管的首要目标是促进银行和银行体系的安全稳健运行。如果监管机构被赋予更广泛的职责，其他目标应服从这一首要目标，不得与之冲突。

2. 银行监管法律框架

一国的法律法规应当为监管机构建立一个能够制定并实施银行和银行集团最低审慎标准的框架。监管机构有权根据单家银行和银行集团的风险状况和系统重要性提高其审慎监管要求。风险状况是指银行所承担风险暴露的性质和规模。系统重要性是指商业银行因为在金融体系中居于重要地位、承担关键职能，其破产、倒闭可能会对金融体系和经济活动造成损害的程度，其决定因素包括银行的规模、关联度、可替代性、全球或跨境活跃程度（如适用）以及复杂性。

3. 监管权力

监管机构拥有的监管权力应包括：随时接触银行和银行集团的董事会、高级管理层、工作人员和各种档案，以对银行执行内部规定、限额以及外部法律法规的情况进行审查评估；对银行集团的整体业务活动进行审查评估，包括境内和跨境业务；对设立在境内的银行的境外业务活动进行监管。如果监管机构认为一家银行未遵守法律法规或从事不安全、不稳健的活动，并可能对银行和银行体系造成危害，有权及时采取或要求银行及时采取整改措施；实施一系列处罚措施；吊销银行执照；与有关部门合作，对银行进行有序处置，包括适当时触发处置计划。监管机构有权评估银行和银行集团母公司及其下属公司的经营活动，以判断这些活动对银行和银行集团安全稳健运行的影响。

4. 独立性和问责制

一国的法律应明确规定监管机构运作的独立性、问责制和治理机制。监管机构运作的独立性不受政府或行业的干预，可以完全根据其判断对银行和银行集团采取监管措施。监管机构应通过有效的内部治理和提高透明度，对实现监管目标的履职情况承担责任。

5. 监管资源配置

监管机构应有充足的资源实施有效监管，包括：预算能保障足够数量且具备与所监管的银行和银行集团的风险状况和系统重要性相匹配的专业技能的人员；有能力委托具有专业技能和独立性的外部专家并遵守保密规定；能为工作人员提供定期培训和技术方面的工具；具有为实施必要的现场检查、有效的跨境合作及参加重要会议的预算；能采取措施弥补人员数量和/或专业技能上的差距。

6. 跨境跨业合作

监管机构应与境内负责金融稳定的各相关部门、相关境外监管机构之间建立正式或非正式的合作安排，包括信息分析、共享及联合开展工作等，共同维护银行稳健运行和金融稳定。

（二） 市场准入监管（原则4～7）

严格规范的市场准入标准与程序是有效银行监管的重要环节。《核心原则》从“银行”名称的使用及其业务范围出发，对发照标准、大笔所有权转让、重大收购等方面提出了要求，涉及的原则有：“原则4：许可的业务范围”“原则5：发照标准”“原则6：大笔所有权转让”“原则7：重大收购”。

1. “银行”名称及其业务范围的许可

一国的法律法规应当对“银行”一词有明确的定义，只有获得执照并受到监管的机构才能在其名称中使用“银行”或派生的“银行业务”等词汇。监管机构应当明确界定获得执照并视同银行接受监管的机构所允许从事的业务范围，只有持有银行执照并受到监管的机构才能吸收公众存款。监管机构应公布便于公众查询的银行名单。

2. 发照标准

监管机构有权制定发照标准并拒绝一切不符合标准的申请。发照标准应与持续监管标准保持一致，并包括最低初始资本金数额等要求。发照程序至少应包括评估银行及其所在集团所有权结构和治理情况、战略和经营计划、内部控制、风险管理和预计财务状况等，此外还应对银行股东资格及董事会成员和高级管理层人员任职资格进行审查。外资银行的申请事项应事先获得其母国监管当局同意。

3. 大笔所有权转让

相关法律法规应明确定义“大笔所有权”和“控制权”，当原有股东转让其在银行直接或间接持有的大笔所有权或控制权超过一定比例时，应向监管机构提出申请。为了确保银行的主要股东或控制人具有合格的资质，监管机构有权对转让直接或间接持有的银行大笔所有权或控制权的申请设定审慎性条件，据此进行审查，并有权拒绝其申请。对于未向监管机构通报或未经批准的控制权变更，监管机构有权采取纠正或撤销等监管措施。监管机构应通过非现场监管、现场检查以及要求银行主动报告等方式，及时掌握银行重要股东及对银行具有控制力的各方的情况。

4. 重大收购和投资

法律法规应明确规定需要监管机构事先批准的收购和投资的类型及数额，并规定判断重大收购或投资申请的标准。监管机构作出判断的标准应包括：新的收购和投资不应使银行过度承担风险，不应阻碍有效监管，也不会妨碍将来有效实施纠正措施；银行在资金、管理和组织方面具备相应的能力开展此项收购和投资。

（三） 持续监管（原则 8～10）

第三版《核心原则》全面提高了监管机构实施持续监管的基本要求，重点体现在“原则 8：监管方式”“原则 9：监管技术和工具”“原则 10：监管报告”“原则 12：并表监管”中。

1. 监管方式

《核心原则》指出，有效的银行监管体系要求监管机构持续开展对单家银行和银行集团风险状况的前瞻性评估，评估应与银行和银行集团的系统重要性相匹配；识别、评估和应对单家银行和整个银行体系的风险；建立早期干预框架；并与其他相关部门合作制定银行处置计划，一旦银行无法持续经营，对其实施有序处置。监管机构采用的方法应当覆盖银行的业务重点、集团架构、风险状况、内部控制环境和银行可处置性，并能够开展银行间的比较；评估范围应包括银行和银行集团面临风险的性质、程度和范围以及给银行体系安全稳健运行带来的风险。监管机构应注意：一是评估应基于单家银行或银行集团是否遵守审慎法规和其他法律规定，并考虑其系统重要性和所处的宏观经济环境，应根据评估结果确定监管频率和强度，必要时采取早期干预措施；二是加强对宏观经济环境和跨业活动的关注，识别、监测和评估银行业整体风险的累积、发展趋势和集中度，并采取措施应对可能严重威胁银行体系稳定的问题；三是根据银行及银行集团的风险状况和系统重要性评估其可处置性，必要时可要求银行调整业务战略和管理结构，并建立清晰的框架，对陷入困境的银行及时采取恢复或处置措施；四是关注监管范围之外的“类银行”业务发展情况，并采取有效措施应对银行规避监管的行为。

2. 监管技术和工具

监管机构应运用一系列适当的技术和工具实施监管，并根据银行的风险状况和系统重要性配置监管资源。监管机构应在合理搭配现场和非现场监管并共享信息的基础上，建立完整连贯的监管流程，通过多种渠道获取信息并与银行沟通，包括与银行董事及高级管理层频繁接触、借助内外部审计等，对银行的经营情况、风险状况、内部控制环境及必要的纠正措施作出评估，确定是否需要采取必要的整改或监管措施。监管机构采用的评估方法和工具包括财务报表分析、业务模式分析、同质同类比较分析，审查评估银行开展的压力测试结果，分析银行的公司治理、风险管理和内部控制体系等。根据分析和评估结果，监管机构及时采取适当的跟进措施，跟踪检查银行的整改措施落实情况及其效果。监管机构还应定期评估现场和非现场监管的质量、有效性和完整性。

3. 监管报告

监管机构应具备在单个法人和并表基础上收集、审核与分析各家银行的审慎监管报告和统计报表的能力，收集和分析信息的频率应与信息的性质及银行的风险状况和系统重要性相匹配。为此，监管机构首先应具有以书面形式收集信息和依法采取现场走访等方式取得信息的权力。监管机构可以要求银行按照规定的要求报送信息，制定并发布完整的监管指标报表体系，对适用范围、时间、频度等作出要求。监管机构应通过一定的方法对这些报表和报告的质量进行审核，建立保证统计报表和监管信息质量的机制。如要求银行建立良好的治理结构与控制流程，确定银行适当级别的高级管理层负责报表的准确性，通过现场检查或利用外部专家的相关政策和程序，对监管信息的准确性、完整性和有效性进行核对、验证和评估。

（四） 监管机构的纠正和处罚权力（原则 11）

正确行使监管纠正和处罚权力是有效银行监管的保证。监管机构对银行可能给其自身或银行体系带来风险的不安全、不稳健行为要及早采取措施。相关措施包括：限制银行现行的业务活动，提出更严格的审慎性限额和要求，暂缓批准其开展新业务或进行并购，限制或暂停其向股东分红或进行股份回购，限制资产转移，取消银行工作人员的从业资格，更换管理人员、董事、控股股东或限制其权力，协调其他更健康的机构对该银行实施接管或合并，指定银行的临时管理层，吊销或建议吊销银行执照。

（五） 并表和跨境银行监管（原则 12 ~ 13）

1. 并表监管

监管机构对银行集团实施并表监管成为有效银行监管框架的关键要素之一，要有效监测并在适当时对银行集团全球业务的各个方面提出审慎要求。按照“原则12：并表监管”的要求，“银行集团”包括在境内外设立的控股公司、银行及其营业网点、附属机构、关联机构和合资机构。来自集团公司其他机构的风险，例如非银行（包括非金融）机构的风险可能也是相关的。这种集团范围的监管方式超越了会计并表的概念。监管机构在开展并表监管时，应重点开展以下工作：一是了解银行集团的总体架构、收集和分析银行集团并表信息，对银行集团制定并实施审慎标准；二是评估可能对银行和银行集团产生重点影响的母公司及其下属公司的重要业务活动，以及整个集团公司的风险管理状况；三是在银行集团和整个集团公司内其他机构出现风险，可能危及银行或银行体系的安全稳健运行时，采取适当的监管措施；四是在银行和银行集团过度承担风险或风险管理不善，以及难以有效执行并表监管等情况下，监管机构可限制其业务范围和经营地域。此外，母国监管机构还应评估东道国是否存在妨碍母行获取境外重要信息的障碍，考虑银行重要业务活动所在地的东道国监管当局的监管有效性，定期访问银行的境外机构和会晤东道国监管机构，必要时对银行境外业务实施现场检查。

2. 跨境监管

“原则13：母国与东道国之间关系”要求跨境银行集团的母国和东道国监管机构应共享信息并相互合作，对集团及其下属机构实施有效监管，并有效处置危机情况。对具有实质性跨境业务的银行集团，母国监管机构应根据其风险状况和系统重要性，与相关监管机构合作，建立监管联席会议制度，并会同国内处置机构建立跨境危机处理协作框架，制定银行集团的处置计划。

二、审慎监管法规和要求

《核心原则》中的“审慎监管法规和要求”为各国监管机构设计审慎监管法规框架、完善监管政策体系提供了良好借鉴。监管机构应该充分运用“监管权力、责任和职能”部分提出的各种监管方式、技术和工具来确保银行遵循各项审慎监管要求，具体包括以下内容。

（一） 公司治理、 风险管理体系（原则 14 ~ 15）

1. 公司治理

《核心原则》中“原则14：公司治理”的重点要求包括：一是银行应具备健全的公司治理政策和程序，覆盖战略管理、集团组织架构、控制环境、董事会和高级管理层的职责和薪酬等。二是公司治理政策和程序应与银行的风险状况和系统重要性匹配。三是银行应当具有适当的提名和任命董事的治理机构和程序。根据银行的风险状况和系统重要性，董事会应建立审计、风险监控和薪酬委员会，并应包含有经验的非执行董事。四是应明确对董事及其成员的职责要求，即董事会成员应勤勉尽职，并履行"看管责任"和"诚信义务"，董事会的职责应至少涵盖：批准和监督战略管理、风险偏好、风险策略以及相关政策的执行，确立并传播企业文化和价值观；制定选任高级管理层成员的标准并积极、严格监督高级管理层履职；积极监督薪酬制度的设计和执行，建立与审慎风险管理相一致的激励机制。五是董事会和高级管理层均应了解并理解银行的运营结构及其风险。监管机构在对银行公司治理进行监督时，可以发布指导性文件，对银行稳健的公司治理提出要求；定期对银行公司治理进行评估；或者在认为董事未充分履职时要求银行调整董事会成员；等等。

2. 风险管理体系

"原则 15：风险管理体系"全面系统地论述了银行风险管理体系的基本要素，强调银行应建立与其风险状况和系统重要性相匹配的风险管理体系，能够及时识别、计量、监测、报告、控制和缓释各类实质性风险。具体来说，银行的全面风险管理体系应该具备以下要素：一是经董事会批准的适当的风险管理策略、恰当的风险偏好和健全的风险文化；二是明确的董事会和高级管理层风险管理职责；三是全面的风险管理政策和程序，以识别、计量、评估、监测、报告、控制或缓释所有实质性风险；四是与风险挂钩的银行内部资本和流动性管理要求；五是较为完备的风险模型、信息系统和前瞻性的压力测试方案；六是能够独立、有效履职的风险管理职能部门和首席风险官；七是与风险挂钩的内部定价、绩效考核、新产品审批程序；八是适当的应急安排和恢复计划。

第三版《核心原则》强调，银行开展风险评估应涵盖宏观环境变化带来的风险，要根据其风险状况、市场和宏观经济形势评估资本和流动性充足状况。风险管理体系不仅应与风险状况相适应，还要与银行的系统重要性相匹配。全面风险管理不应仅局限于银行，还应从银行集团、更广范围的集团层次进行风险评估和管理。要强化董事会、高级管理层、首席风险官和风险管理部门在风险管理中的责任。在风险评估的具体方法和技术方面，细化了对压力测试的要求。此外，还对风险模型的运用和独立验证、应急安排（包括恢复计划）的制定和定期评估等提出了要求。

（二）资本监管、各类风险管理和内部控制（原则 16～26）

1. 资本充足率（原则 16）

《核心原则》规定，有效的资本监管框架应当覆盖所有银行，对资本不足的银行应采取相应的纠正整改措施。资本监管框架应当包括以下因素：一是规定合格资本的构成要素，确保其能在持续经营条件下永久性地用于吸收损失；二是针对所有实质性敞口规定具体的资本要求，资本要求应覆盖表内和表外风险；三是资本要求既要反映单体银行的内在风险状况，也应反映宏观经济风险和系统重要性，以控制银行及银行体系的杠杆程度；四是监管机构有权要求银行采用前瞻性的资本管理办法，包括使用适当的压力测试；五是银行使用内部风险评估结果计算监管资本，应当满足监管机构规定的条件并经监管机构批准。至少对国际活跃银行来说，资本定义、风险覆盖范围、计算方法和资本要求的门槛标准不应低于适用的巴塞尔资本协议规定的标准。

2. 各类风险管理（原则 17 ~ 25）

《核心原则》通过 9 条核心原则对信用风险、市场风险、流动性风险和操作风险的管理与监管进行了全面论述。首先，监管机构应当通过法律法规等形式提出银行管理各类主要风险的监管标准；其次，银行应当将监管机构的要求转化为内部规章制度，建立完善的政策和程序，并组织落实，确保及时识别、计量、评估、监测、报告和控制或缓释各类主要风险；最后，监管机构应从规章制度和执行落实层面，对银行管理各类主要风险的效果进行评估，确保各类风险得到有效管控。

从这 9 条核心原则中，可以梳理总结出各类风险管理都应遵循的共性要求：一是各类风险管理体系均应考虑银行的风险偏好、风险状况、系统重要性以及市场与宏观经济情况，涵盖及时识别、计量、评估、监测、报告和控制或缓释风险的政策与程序；二是银行的政策和程序应建立一个合适且控制得当的风险管理环境；三是应明确董事会在审批、定期审核风险管理政策和程序，以及确保高级管理层有效实施各项政策和程序方面的职责；四是应将各类风险的压力情景纳入以风险管理为目的的压力测试中。针对各类风险的不同特性，《核心原则》还有针对性地提出了具体要求。

（1）信用风险

信用风险又称违约风险，是许多银行面临的最主要风险。《核心原则》涉及信用风险管理的原则主要包括信用风险（原则 17），有问题资产、准备和储备（原则 18），集中度风险和大额暴露限额（原则 19），与关联方的交易（原则 20）以及国别风险和转移风险（原则 21）等多个领域。

①关于信用风险管理的一般原则，主要包括：信用风险应涵盖贷款、投资、同业借贷、衍生品交易、证券融资交易等表内外风险暴露，并应包括交易对手信用风险。银行应具备完善的信用风险管理体系，该体系考虑银行的风险偏好、风险状况、系统重要性以及市场与宏观经济情况，涵盖及时识别、计量、评估、监测、报告和控制或缓释信用风险的政策与程序，并应当覆盖整个信贷流程，包括信贷审批、信

贷评估以及对银行贷款和投资组合的持续管理等。

②关于问题资产和准备，监管机构应当通过法律法规或其他形式明确问题资产的划分标准；要求银行制定并具备完善的政策和程序，能够及早识别和管理问题资产，计提充足的拨备，并及时掌握核销情况。资产分类、拨备和核销要求应涵盖银行表内外所有风险暴露，拨备和核销应能客观反映还款和回收预期。对于重要风险暴露，监管机构应要求银行逐笔估值、分类和提取拨备。银行应建立适当的机制，定期对风险缓释工具，包括担保和抵押品价值进行科学估值。在评估银行分类和拨备政策、程序时，监管机构应能随时获得银行资产分类及拨备情况的详细信息，并有权根据银行问题资产的规模和拨备充足程度，要求银行增加拨备或采取其他纠正整改措施。

③关于集中度风险和大额风险暴露限额，监管机构应制定相应的监管要求和限额标准，银行应监测并确保其在并表和不并表情况下均能遵循监管限额。集中度包括对单一交易对手或一组关联交易对手的直接或间接风险暴露（如因同一交易对手提供抵质押品或信用保护而产生的风险暴露），或交易对手属于同一行业、经济部门或地理区域，或交易对手的财务状况依赖于相同的业务活动、商品或表外项目（包括担保和其他承诺），以及银行过度承担对特定资产类别、产品、抵质押品或货币的风险暴露等多种情形。银行应具备完善的集中度风险管理政策、程序和信息系统，并将其纳入压力测试。

④关于与关联方的交易，法律法规或监管机构应对“关联方”作出明确定义，如包括银行的附属机构、关联机构、银行对其行使控制权或受其控制的任何实体（包括这些实体的附属机构、关联机构和特殊目的实体），以及银行的主要股东、董事、高级管理层和主要工作人员、其直接的和相关的利益方、近亲属以及关联公司的相关人员等。法律法规或监管机构应对关联方的单体或总体风险暴露规定限额标准。为防止关联方交易中蕴含的利益冲突问题，监管机构应要求银行按照市场原则与关联方开展交易，即在信贷审查程序、期限、利率、手续费、还款时间安排、对抵质押品的要求等方面，银行与关联方交易的条件不得优于与非关联方交易的条件。银行应持续监测这些交易，并按照规定的政策和程序核销对关联方的风险暴露。

⑤国别风险和转移风险。国别风险通常指由境外事件导致损失的风险，涵盖了与境外的个人、公司、银行或政府进行的各种形式的贷款和投资活动。转移风险是指借款人由于不能将本币转换成外币，而无法以外币偿付债务的风险，通常因借款人所在国家的政府实施外汇管制而产生。对国别风险和转移风险的管理及监管，核心原则主要提出了以下要求：一是银行的政策和程序应适当考虑对国别风险和转移

风险的识别、计量、监测、报告、控制或缓释，并将其纳入压力测试；二是监管机构应对银行执行上述政策和程序所需的信息系统、风险管理系统和内部控制系统进行检查核实；三是监管机构应及时获得并审查银行的国别风险、转移风险信息；四是监管机构应监督银行是否为国别风险和转移风险计提了适当的拨备。

（2）市场风险与银行账户利率风险

市场风险包括利率风险、汇率风险、股票价格风险和商品价格风险。银行账户利率风险是利率风险的一种表现形式，但由于其资本计量方法尚不成熟，各国监管和银行实践差异较大，未被纳入巴塞尔委员会资本监管框架中第一支柱的市场风险中，而是被放入第二支柱，由银行根据内部资本充足评估程序确定是否计提资本以及计提资本的数量。因此《核心原则》中“原则22：市场风险”的要求未包括银行账户利率风险，单列了“原则23：银行账户利率风险”对其进行阐述。

总体上，《核心原则》对市场风险和银行账户利率风险的监管要求基本一致，要求银行根据市场和宏观经济情况，建立与其风险偏好、风险状况和系统重要性相适应的风险管理体系。有效的市场风险和银行账户利率风险管理应包括以下要素：一是建立风险治理体系，由董事会批准市场风险（银行账户利率风险）管理策略、政策和程序；二是建立合适且控制得当的风险管理环境，包括合理的风险计量体系、模型验证体系、限额管理体系和管理信息系统等；三是银行应开展市场风险和银行账户利率风险压力测试。

《核心原则》对于市场风险和银行账户利率风险在估值和资本监管的要求上有所区别。对于市场风险，《核心原则》特别强调，银行应建立相关系统和控制制度，确保对以市值计算的头寸经常进行重估；确保模型由与承担风险的业务部门相独立的职能部门进行验证，且对无法进行审慎估值的头寸进行估值调整；并在必要标准中明确要求对市场风险计提资本。对于银行账户利率风险，《核心原则》仅在附加标准中原则性地要求银行对以市值计算的头寸经常进行重估，并在其内部资本充足评估程序中涵盖银行账户利率风险。

（3）流动性风险

第三版《核心原则》中“原则24：流动性风险”提出了全面的流动性风险管理和监管要求：一是监管机构应制定定量、定性或二者结合的流动性监管标准，对国际活跃银行的监管标准不应低于相关巴塞尔协议；二是要求银行定期评估融资策略、持续监测融资需求、有效管理融资风险；三是银行应具有充足的高质量、无变现障碍的流动性资产储备；四是银行应运用短期和中长期压力情景，有效实施压力测试，并具备健全的流动性应急计划；五是应加强各重要币种流动性风险的单独监测和管理，并评估银行在不同币种间进行流动性转换的能力。

（4）操作风险

第三版《核心原则》中“原则25：操作风险”除提出银行应具备适当的操作风险管理策略、政策和程序，以识别、评估、监测、报告、控制或缓释操作风险的原则性要求外，还专门就银行灾备和业务连续性计划、信息科技风险和业务外包风险等提出了具体要求，如在业务运行中断时仍能持续经营；制定了适当的信息科技政策、程序并具备相关基础设施，确保数据和系统的完整性、安全性和可得性；制定了相关政策和程序，对外包业务进行评估、管理和监测等。

3. 内部控制和审计（原则26）

内部控制是银行有效实施其风险管理政策和程序的重要手段。银行应建立完善的内部控制框架，包括组织结构、会计政策和程序、制衡机制、资产和投资保全等，为日常经营和各类具体风险的管理提供一个良好的环境。内部控制框架的核心要素包括：确定岗位职责，明确授权、决策制度和程序；具备适当的制衡机制（或称“四眼原则”），确保业务发起、支付、对账、风险管理、会计、审计和合规等关键职能的分离、交叉核对、双人签字；银行的后台、控制部门和运营管理部门与业务发起部门之间在专业能力和资源方面保持适当的平衡，并能够对业务发起部门形成有效制衡。

适当且独立的合规和内部审计职能是内部控制体系的重要组成部分，对于确保银行遵循内部制度和法律法规具有至关重要的作用。银行应具备充足、富有经验且独立的合规人员，有效管理银行面临的合规风险。内部审计是指由银行内部的专门人员或团队评估现行政策、程序和内部控制（包括风险管理、合规和公司治理程序）是否适当，相关政策和程序是否在实践中得到有效实施。银行的内部审计部门应具有充足的资源并保持适当的独立性，能够及时、充分了解相关信息，并确保其采用的审计方法能够识别银行承担的实质性风险。

（三）会计和信息披露（原则27～28）

准确完整、可靠连贯的会计信息和财务报告是银行审慎监管的基础。《核心原则》中“原则27：财务报告和外部审计”提出的要求主要包括：一是监管机构应要求银行董事会和管理层确保银行按照国际公认的会计政策和实践编制财务报表，采用与国际公认的会计标准一致的估值方法，且银行每年公布的财务报表应由独立的外部审计师签署意见；二是法律法规或监管机构应规定银行外部审计的范围和实施标准，银行应对外部审计进行管控和监督，确保其审计遵循国际公认的审计标准；三是监管机构应与银行的外部审计机构定期会晤，讨论在银行经营方面共同关心的问题，并要求外部审计机构将发现的实质性问题向监管机构报告；四是监管机构应确定银行经常轮换使用外部审计机构或审计人员，并有权要求银行撤换不专业、不独立或者不称职的外部审计师。

信息披露是市场约束的基础，是有效监管的必要补充。《核心原则》中“原则28：信息披露和透明度”要求银行应在并表的基础上（适当时可在法人基础上）定期发布定性和定量信息，向市场充分披露其真实财务状况、业绩、风险水平、风险管理和公司治理等方面的情况，便于市场约束机制发挥作用。信息披露的范围、内容及其详细程度应与银行的风险状况和系统重要性相匹配。对于监管机构，除有效评估和督促银行遵守各项披露标准外，《核心原则》还要求监管机构应定期公布银行业的总体信息，如银行业总体资产负债结构、资本充足率、盈利能力、风险状况等方面的统计数据等，推动公众了解银行体系并发挥市场约束作用。

（四）防止利用金融服务从事犯罪活动（原则29）

《核心原则》对于防止利用金融服务从事犯罪活动提出的要求主要涉及：一是法律法规应明确规定监管机构在防止利用金融服务从事欺诈、洗钱、恐怖主义融资等犯罪活动方面的执法职责和权力；二是银行应具备完善的政策和程序，包括严格的客户尽职调查和代理行尽职调查规定，形成良好的职业道德与专业水准，防止被犯罪活动利用；三是银行发现对其安全稳健经营和声誉有实质性影响的可疑情况和欺诈事件时，应向监管机构和金融情报部门报告，监管机构应和金融情报部门、境外相关监管机构合作，共享可疑或实际犯罪活动的信息；四是监管机构应确定银行建立了充分的控制体系，防范、识别和报告其金融服务可能被洗钱和恐怖融资利用的情况，当发现银行未履行防止利用金融服务从事犯罪活动的义务时，监管机构有权对其采取监管措施。

第三节　有效银行监管的前提条件

无论在正常还是压力情况下的经济金融环境中，一个有效的银行监管体系都应能够有效地制定、监测和贯彻执行监管政策。银行监管机构应能对一些可能对银行或银行体系产生负面影响的外部环境因素作出反应。这些不在监管机构直接或单独控制范围之内的外部环境因素构成了有效银行监管的前提条件，主要包括：稳健且可持续的宏观经济政策，健全的金融稳定政策体系，完善的公共基础设施，清晰的危机管理、恢复和处置框架，适度的系统性保护机制（或公共安全网），有效的市场约束。

一、稳健且可持续的宏观经济政策

稳健的宏观经济政策，主要包括财政政策和货币政策，是实现金融体系稳定的基础。一个经济体若缺乏稳健的宏观经济政策，可能会产生政府债务和支出水平过高、流动性供给过剩或不足等问题，并影响金融稳定。如果政府的相关政策将银行和其他金融中介机构作为政策工具，如将政府干预信贷或放松监管标准作为应对经济下滑的政策措施等，也将对监管有效性产生不利影响。

二、健全的金融稳定政策体系

考虑到实体经济与银行乃至金融体系的相互影响和相互作用，建立清晰的宏观审慎监测框架和金融稳定政策体系至关重要。应明确哪些部门负责识别金融体系的系统性风险和潜在风险、监测和分析市场及其他可能产生系统性风险的经济金融因素、制定和实施适当的政策并评估其对银行和金融体系的影响，并应当在相关部门之间建立有效的协调与合作机制。

三、完善的公共基础设施

完善、良好的公共金融基础设施是金融体系及市场稳健运行和发展的另一个前提条件。如果公共基础设施不完善，则金融体系及市场稳健性和发展将会受到影响。完善的公共基础设施包括：有助于公平解决争议且能一致实施的商业法律体系，有效、独立的司法体系，国际普遍接受的会计准则和规定，独立的外部审计体系，称职、独立、有经验的专业人士，针对金融市场的明确规则，安全、有效、受严格监管的支付和清算系统，有效运作的征信部门，公众可获得的基础统计信息。

四、清晰的危机管理、恢复和处置框架

建立有效的危机管理和处置框架有助于最大限度地降低银行和金融机构破产倒闭对金融稳定的冲击。危机管理和处置框架应给予相关部门（包括银行监管机构、处置机构、财政部门、中央银行等）明确的授权和有效的法律支持，通过立法授予其广泛的权力和有效的工具来处置濒临破产的金融机构。各部门之间应就各自的分工、共同的职责以及如何协调合作达成一致，包括各部门应当能够共享保密信息以便事先制定恢复和处置计划，并在事件发生时采取有效措施。

五、适度的系统性保护机制（或公共安全网）

政府相关部门和中央银行要确定其提供的系统性保护处于适度水平，并且在处理系统性问题时，要处理和平衡好以下关系：一方面要防止影响金融体系的信心和避免问题扩散到其他健康的银行，另一方面要注意将其对市场信号和市场约束的扭曲降到最低。

六、有效的市场约束

有效的市场约束取决于市场参与者能否得到充分的信息，管理良好的银行能否得到适度的财务激励，是否存在使投资者对其决策结果负责的各项安排等。如果市场信号被扭曲，市场参与者难以对银行的经营管理状况作出合理评价，市场约束作用将被削弱。因此，应确保市场约束机制有效发挥作用，各方应向市场提供准确、有意义、透明、及时的信息。如果政府或其相关部门提供了贷款担保，则应将担保安排向市场披露。

第四节　《有效银行监管核心原则》的评估与应用

一、《核心原则》的评估

（一）评估方法

巴塞尔委员会制定的《评估方法》对29条核心原则逐条列出评估标准。评估标准分为“必要标准”和“附加标准”。必要标准是所有国家都应达到的最低标准；附加标准主要针对的是较复杂银行机构的监管，是有复杂银行的国家应努力达到的要求。

《核心原则》对每条具体的原则给出一个评估结果，体现为四档评级：符合、大体符合、大体不符合、不符合。

“符合”一条核心原则，需要达到所有必要标准的要求，没有明显不足。但在某些情况下，有的国家也能证明其通过其他措施达到了某一条核心原则的要求。此外，由于各国具体情况不同，必要标准也未必能够满足实现一条核心原则要求的所有条件，可能还需要其他措施才能使银行监管达到核心原则的要求。

“大体符合”一条核心原则，表明评估只发现一些小问题，评估者并不因此担心监管机构在一定时期内完全达标的能力和决心。还有一种情况是，虽然一国监管体系没有符合所有必要标准，但监管的总体有效性较好，覆盖了所有实质性风险。

“大体不符合”一条核心原则，表明一国虽然制定了法律法规和政策程序，但存在严重缺陷；或者事实证明监管缺乏有效性，实际执行不力；或者监管缺陷足以使人怀疑监管机构具有实现达标的能力。

“不符合”一条核心原则，表明一国没有实质性的实施措施，若干条必要标准均不符合，监管被证明是无效的。

在特定情况下，如考虑到一国的体制、法律和机构特点，或在评估时有些业务可能不太重要，监管机构了解这些情况并有能力采取行动，而且这些业务的规模将不会增加到能够构成实质性风险，则可以对相关原则使用“不适用”。

（二）如何评估

评估的首要目的是确定银行监管体系存在的缺陷的性质和程度，确定各条核心原则的符合程度。原则都对应一定数量的必要标准和附加标准，判断是否完全符合一条核心原则时，考虑必要标准即可。附加标准所建议的最佳做法是具有发达银行体系的国家努力的目标。考虑到一些国家希望进一步达到最佳监管实践标准，一国可以自愿选择在必要标准评估时，也对附加标准开展评估并得出评级结论，以查找需要改进的领域，并从评估人员提出的改进意见中获益。

评估是一种定性的方法，不应将其简单看成是以清单式的方法来决定评级结果，仅凭每条原则下符合各项标准的数量未必能直接判断某一条原则的总体达标情况。从一国的具体情况来看，某些标准可能对于实施有效监管更为重要。因此，应根据一国银行体系的规模和复杂程度来开展评估。与那些只有一些小型简单存款机构的国家相比，一个拥有众多系统重要性银行的国家获得“符合”评级将面临更大的挑战。在评估具体原则时，还应评估有效银行监管前提条件方面的缺陷对于一国的银行监管有哪些影响，监管措施能够在多大程度上弥补这些缺陷，评估者所提出的改进建议应纳入关于改善金融部门监管环境的总体性建议中。

评估过程中需要注意几个关键点：一是为了使评估充分具有客观性，最好由具有适当资格的外部评估方进行评估。外部评估方至少由 2 人组成且应具备很强的监管背景。二是只有得到所有相关政府部门的真诚合作，对银行监管的评估才能取得较好的效果。三是在逐条评估过程中，需要把握多种因素的影响。四是需要法律和会计方面的专门知识。五是评估必须做到全面、有深度，法律法规存在的本身并不足以说明已符合要求，还需要评估法律法规是否得到有效实施和遵守。

评估需要考虑的具体问题主要包括：

第一，评估人员在进行评估时，必须能够不受限制地获取一系列信息，接触到各相关方。他们需要的信息可能不仅仅是法律法规和政策等公开信息，还包括一些较为敏感的信息，如自我评估信息、监管机构的操作指南、对具体银行的监管评估等。

第二，对是否符合某一条核心原则进行评估时，必须对一系列相关监管要求进行评价，包括法律、审慎监管法规、监管指引、现场检查和非现场分析、监管报告、信息披露及执法或未执法的证据等，具体取决于每一条核心原则的要求。同时，评估必须确认上述监管要求实际上得到了执行。

第三，评估不应当只看到各种缺陷，还应当具体指出取得的成绩。这样的评估才能更好地反映银行监管有效性的实际情况。

第四，在有些国家，一些不隶属于受到监管的银行集团的非银行金融机构也从事一些类似银行的业务活动，且在整个金融体系中占据相当的份额。《核心原则》虽然不适用于对这类非银行金融机构进行正式评估，但是评估报告中至少应当提及对银行有影响的非银行金融机构业务及这些业务活动可能带来的潜在问题。

第五，评估人员必须在考虑跨境银行业务的规模和复杂程度的基础上，确定两国监管机构能够根据需要开展合作和信息共享。

二、《核心原则》的应用

《核心原则》发布后，就成为指导各国银行监管实践的国际标准。许多国家都对照《核心原则》对其银行监管体系进行自我评估，以此作为发现本国银行监管差距、提高银行监管有效性的重要途径。同时，国际货币基金组织和世界银行在金融部门评估规划（FSAP）中也对照《核心原则》评估各国银行监管体系和实践的有效性。

虽然《核心原则》的应用从评估开始，但评估本身并不是目的，而是达到目的的手段，评估的最终目的是让相关部门查找需要改进的领域、制定行动计划并有步骤地实施改进措施，最终达到《核心原则》的各项要求。

（一） 银行监管当局的自我评估

银行监管当局的自我评估可以由其自行开展，也可以在银行业咨询公司等第三方的帮助下进行。自我评估的主要目标应该是找出银行监管制度存在的缺陷的性质和程度，确定各项核心原则达标的程度，帮助决策和立法当局确定解决这些缺陷的重点。一国的自我评估是国际货币基金组织和世界银行评估一国核心原则达标情况的起点。2001 年，巴塞尔委员会发布了监管机构自我评估指引，银行监管当局可以用这个指引来对监管有效性进行自我评估。第三版《核心原则》附录二提供了国际货币基金组织和世界银行制定的评估报告格式，其中包括对评估人员的具体指导，指导评估人员如何分析一国在有效银行监管前提条件方面存在的缺陷，这些外部因素对监管有哪些影响，监管措施在多大程度上能够有效弥补这些缺陷，并形成自己的意见。各国监管当局的自我评估也应采用附录二的格式和撰写方法。

（二） 金融部门评估规划的评估

亚洲金融危机之后，国际货币基金组织和世界银行于 1999 年 5 月联合推出金融部门评估规划以加强对成员国（地区）金融稳定的评估与监测，并推动成员国（地区）的金融改革与发展，对照《核心原则》评估银行监管有效性是金融部门评估规划的重要组成部分。国际货币基金组织主要通过以下形式在其网站上披露核心原则评估报告：一是在被评估国自愿的原则上，披露包括各条原则评估结果在内的完整评估报告；二是以标准和准则执行报告（Reports on Observance of Standards and Codes，ROSCs）的形式披露评估报告的主要内容，但不公布每条原则的评估结果；三是在国际货币基金组织关于金融部门评估规划的总报告（Financial System Stability Assessment，FSSA）中以专门的章节概述核心原则评估的主要发现和建议。原则上，各国的总报告都会在国际货币基金组织的网站上披露，成为国际社会了解其金融体系运行和监管状况的重要参考文件；标准和准则执行报告可作为单独的报告，或作为总报告的附件进行披露。金融部门评估规划对《核心原则》的广泛使用，进一步巩固了《核心原则》作为评估银行监管有效性的国际标准的地位。

三、我国实施《核心原则》的情况

《核心原则》对于完善我国银行业监管体系产生重要而积极的影响，我国于2003年发布的《银行业监督管理法》中的许多条款直接借鉴了第二版《核心原则》中的内容。中国银监会成立之初，就建立了监管核心原则自我评估机制，定期对照《核心原则》进行监管有效性的自我评估，客观评价监管成绩与不足，并针对自我评估中发现的薄弱环节，提出行动方案，将自我评估作为对照国际标准进行后评价、持续改进和提高银行监管有效性的重要手段和方法，不断推动我国银行业监管与国际最佳做法接轨。伴随着历次自我评估，我国在构建银行监管法规制度、完善监管治理机制、优化监管方法和流程、推动外部环境的改善等方面不断进步，监管专业性、权威性和有效性显著提高。

我国分别于2009年和2016年启动金融部门评估规划评估，分别对照第二版和第三版《核心原则》对我国银行业监管有效性进行了评估。比照金融部门评估规划评估团2011年最终定稿的评估报告中的30条核心原则①，我国有18条原则被评为"符合"，10条原则被评为"大体符合"，2条原则被评为"大体不符合"，没有被评为"不符合"的原则。根据2017年公布的最终报告，在29条原则中，我国有16条被评为"符合"，11条被评为"大体符合"，2条被评为"大体不符合"，没有被评为"不符合"的原则。

金融部门评估规划评估团在评估报告中充分肯定了我国银行业监管机构作为主动和具有前瞻性的监管者对中国银行业安全稳健发展所起的重要作用，主要包括建立并不断完善高质量的审慎监管法规体系；有效运用各类监管手段与方法，监管能

① 此次评估报告将原则1中的6项子内容视为6条原则。

力不断提升；推动商业银行完善公司治理，提升风险管理水平；积极应对外部形势变化带来的新问题等。中国银行业监管机构在上述领域的努力和成就获得了市场参与者的高度认同。

在充分肯定我国银行业监管成就的同时，评估报告也对进一步完善银行业监管和商业银行风险管理提出了建议，包括进一步完善审慎监管政策体系，优化监管方式与技术，督促引导银行业机构提升风险管理水平，加强外部沟通协调，等等。

本章小结

1.《有效银行监管核心原则》是巴塞尔委员会于1997年制定和发布的银行监管的文件，为各国银行监管提供了一套标准；2006年，根据监管实践的要求，巴塞尔委员会修订并形成了第二版《核心原则》；2008年国际金融危机爆发后，国际社会对银行监管理念、方式和实践进行了深刻的反思，提出了加强银行监管的新的要求，2012年，巴塞尔委员会对《核心原则》进行了修订，形成了第三版《核心原则》。

2.《核心原则》涵盖了有效监管的框架的各个领域，不但明确了从市场准入、持续监管、信息要求到行使监管权力、加强国际监管协调等方面的核心要求，还提出了有效监管的前提条件，是银行监管的国际准则。

3. 银行监管的首要目标是促进银行和银行体系的安全稳健运行。

4.《核心原则》是良好监管实践的最低标准，共29条，分为两大部分：监管权力、责任和职能，审慎监管法规和要求。

5. 有效银行监管的前提条件包括：稳健且可持续的宏观经济政策，健全的金融稳定政策体系，完善的公共基础设施，清晰的危机管理、恢复和处理框架，适度的系统性保护机制，有效的市场约束。

6. 巴塞尔委员会制定的《监管核心原则的评估方法》对29条核心原则逐条列出评估标准。评估标准分为必要标准和附加标准。必要标准是所有国家都应达到的最低标准；附加标准主要针对的是较复杂银行机构的监管，是有复杂银行的国家应努力达到的要求。《核心原则》评估是对每条具体的核心原则给出一个评估结果，体现为四档评级：符合、大体符合、大体不符合、不符合。

7. 评估要把握评估的目的，处理好评估的关键问题和具体问题。

8.《核心原则》主要用于银行监管当局的自我评估和金融部门评估规划的评估。

本章重要概念

《有效银行监管核心原则》　银行监管目标　银行监管法律框架　监管权力　市场准入监管　持续监管　监管方式　监管技术和工具　公司治理　风险管理体系　评估的必要标准　评估的附加标准　金融部门评估规划

本章复习思考题

1. 判断题

(1)《有效银行监管核心原则》是监管最佳做法的总体框架。 (　　)

(2) 一个有效的银行监管体系应能够有效地制定、监测和贯彻执行监管政策。 (　　)

(3)《有效银行监管核心原则》自我评估的主要目标是提高在国际货币基金组织和世界银行评估中的达标率。 (　　)

(4) 危机管理和处置框架应给予相关部门（包括银行监管机构、处置机构、财政部门、中央银行等）明确的授权和有效的法律支持，通过立法授予其广泛的权力和有效的工具来处置濒临破产的金融机构。 (　　)

(5) 国际货币基金组织和世界银行的金融部门评估规划，对所有国家必要标准的达标情况进行评估，但只对工业国家进行附加标准达标情况的评估。 (　　)

(6) 要达到《有效银行监管核心原则》的要求，监管机构应有权审查和拒绝银行直接或间接转让任何所有权的申请。 (　　)

(7) 如果一国的监管制度没有任何缺陷，则视为“完全符合”核心原则的要求。 (　　)

(8) 如果一国的监管制度没有切实实施一项原则，则视为“不符合”该原则。 (　　)

(9) 如果存在一些小问题，但这些问题在规定时期内会得到解决，则视为“大体符合”一项原则。 (　　)

(10) 我国银行监管部门不断进行监管自我评估和接受金融部门评估规划的评估。 (　　)

2. 单选题

(1) 拓宽融资渠道的政策将影响下列哪一类风险？(　　)

A. 市场风险　　B. 流动性风险

C. 操作风险　　D. 银行账户的利率风险

(2) 对可能不易变现的头寸的估值进行调整的程序将影响下列哪一类风险？(　　)

A. 市场风险　　B. 流动性风险

C. 操作风险　　D. 银行账户的利率风险

(3) 对利率变动所造成损失的承受能力进行压力测试的政策将影响下列哪一类风险？(　　)

A. 市场风险　　B. 流动性风险

C. 操作风险　　D. 银行账户的利率风险

(4) 对外包业务进行监测和管理的政策与程序将影响下列哪一类风险？(　　)

A. 市场风险　　B. 流动性风险

C. 操作风险　　D. 银行账户的利率风险

(5) 下述哪项措施是监管当局可以采取的最严格的措施？(　　)

A. 限制风险较高的贷款　　B. 禁止提供没有抵押担保的贷款

C. 吊销执照　　D. 限制短期存款利率

(6) 下述哪些目标不是《有效银行监管核心原则》评估试图达到的目标？(　　)

A. 找出一国金融体系的优势和不足　　B. 促进金融部门发展和经济增长

C. 确定金融部门的援助需要　　D. 提供金融体系的有效性

E. 增加监管资源

3. 简答题

(1) 简述《有效银行监管核心原则》的前提条件。

(2) 简述《有效银行监管核心原则》内容。

(3) 简述《有效银行监管核心原则》评估的方法。

4. 思考题

(1) 如何处理监管有效与监管力度的关系？

(2) 在我国如何处理监管政策与其他宏观政策的关系？

第十五章
金融集团监管

前面我们着重介绍了针对单家银行的监管框架，包括对银行资本、信用风险、市场风险、操作风险、杠杆率的监管，以及内部评级、贷款分类、信息披露要求等方面内容。然后，我们将观察视野逐步扩展，先从单家银行扩展到银行与银行之间的关联，我们介绍了金融机构风险传染导致系统性风险的应对办法——宏观审慎监管。现在，我们还要观察金融机构实施集团化经营后，风险跨行业跨地区传染的应对问题。这就是本章所要讨论的金融集团及其监管。

第一节　金融集团概述

集团化是企业经营的常见形式，具有提高规模效益、分散风险、提高盈利能力等作用。与普通企业集团类似，金融机构开展集团化经营，就形成了各种类型的金融集团。这些金融集团是在什么背景和条件下产生的，它们如何界定，都有哪些类型，各自具有什么特点，这是本节所要阐述的内容。

一、金融集团的产生与发展

（一）金融机构集团化经营与金融集团的产生

多数研究认为，金融机构集团化经营的浪潮始于 20 世纪 70 年代，是经济全球化和金融自由化的产物。20 世纪 70 年代以来，随着经济全球化和金融自由化的发展，以传统商业银行业务为主的间接融资活动，逐步被以金融市场为主的直接融资活动所替代，前者的比重不断降低而后者的比重不断上升，传统商业银行业务出现了“脱媒”的趋势。随着市场竞争日益加剧加上信息科技的发展，以及新金融机构和新企业组织制度的不断涌现，金融创新成为金融业的主旋律，金融机构跨市场、跨行业、跨地域的兼并收购开始出现，金融分业经营的界限逐渐模糊。

在这样的背景下，西方主要发达国家不断修改或颁布新的金融监管法规，相继放开对金融分业经营的严格管制。比如，1986 年，英国颁布实施《金融服务法》，允许商业银行和保险公司收购证券公司，形成经营多种金融业务的集团；1998 年，日本颁布实施《金融体系改革一揽子法》，废除银行不能直接经营证券、保险业务的禁令，允许金融机构跨行业经营各种金融业务；1999 年，美国通过《金融服务现代化法案》，废除了禁止银行从事证券业务的《格拉斯—斯蒂格尔法案》，允许商业银行、证券公司、保险公司作为金融集团的控股公司，通过其附属公司从事银行、证券、保险等金融业务。1999 年，韩国修改相关金融监管法规，允许设立金融集团；2000 年，金融集团正式在韩国法律上得到认可。

随着这些法案的颁布实施，金融机构集团化经营日益显著且规模越来越大，产生了许多跨金融子行业经营的金融集团。1999 年，就在美国出台《金融服务现代化法案》的当天，美联储就批准了一百多家银行控股公司提出的转型为金融集团的申请；而早在法案出台前的 1998 年，美国第一家金融集团——花旗集团就由花旗银行与旅行者集团合并产生。同年，日本第一劝业银行、兴业银行、富士银行宣布合并，产生了当时世界上资产规模最大的金融集团——瑞穗金融集团；此后，三菱联合金融集团、三井住友金融集团相继成立，与瑞穗金融集团并称日本三大金融集团。2002 年，韩国韩光银行、和平银行、庆南银行合并，产生了韩国第一家金融集团——有利金融控股公司。根据《纽约时报》报道，1995—2006 年，欧盟成员国内产生超过 250 家金融集团，截至 2006 年底，这些金融集团持有欧盟约 60% 的金融资产。英国《银行家》杂志 2005 年颁布全球 1000 家大银行的排名，其中前 10 家大银行（瑞银集团、花旗集团、瑞穗金融集团、汇丰控股、农业信贷银行、法国巴黎银行、摩根大通、德意志银行、苏格兰皇家银行、美国银行）都是从事多元化经营的金融集团或其附属银行。

（二） 金融集团的发展及未来趋势

金融集团诞生以后，以其显著的规模经济效应、活跃的跨行业金融创新、多元化的盈利能力等优势而备受青睐，并得到迅速发展，并在国际金融领域的各个舞台占据越来越重要的位置。国外学者的研究显示，1995—2000 年，世界 500 强金融机构中金融集团的数量占比从 42% 增长到 60%。1985—2007 年全球发生了约 12.7 万起金融机构并购案，其中近四分之一的并购金额涉及跨金融子行业的整合。2007 年美国次贷危机以来，美国金融市场亦是并购不断，美国银行收购美林公司、JP 摩根收购贝尔斯登等并购案便发生在其间。根据学者的研究，2007 年第三季度末，注册地在美国且资产在 150 亿美元以上的大型金融集团共 49 家，其资产总额约占美国 GDP 的 77.6%。

那么，是哪些因素推动金融集团如此快速地发展呢？综合众多研究，可以从金融体系内部和外部两个方面来进行说明。

从金融体系外部看，一方面，经济全球化和信息科技的快速发展，使金融创新层出不穷，各种金融机构之间的业务交叉和渗透不断加剧，特别是新型金融机构向传统金融业务的渗透，使传统金融机构面临非常大的竞争压力，需要它们创新各种金融工具和交易方式，拓展金融各子行业的业务来应对竞争压力。另一方面，随着经济增长和全球化的发展，跨国公司和大型企业集团对金融服务的需求也日趋多元化，对传统金融机构业务的“全能性”和创新性提出了更高的要求。特别是这些跨国企业集团实施多元化经营和大规模资产重组日趋频繁，出于业务便利性和保密性考虑，客观上要求选定一家业务全面的金融机构为之服务，这对传统金融机构提出了跨行业、跨地域经营的明确要求。此外，如上文所述，金融管制的放松也是直接推动金融集团产生和发展的重要原因。

从金融体系内部看，随着金融行业的发展和充分竞争，传统金融机构大多陷入竞争同质化、风险集中化、利润微薄化的境地，面临着股东对其财务表现施加的越来越大的压力，客观上具有开辟新业务领域、拓展新利润增长点并分散业务风险的内在动力。在这种背景下，金融集团具有的显著的规模效应、强大的创新能力、多元化的盈利能力、分散化的风险配置等优势得以迅速发展。比如，同时控股商业银行和保险公司的金融集团，通过银行业务和保险业务的交叉销售，可以大幅提高业务收入，并可以通过不同金融业务的互补或替代，有效应对某一业务领域市场萧条时对总收入的冲击，能够在一定程度上熨平利润的波动性。

随着金融集团的快速发展，集团化经营可能带来主业不突出、委托代理关系链条过长、风险容易跨行业跨区域传染等问题日益显现，并在多次危机中向世人“展示”了对金融集团监管不力导致系统性风险的巨大破坏力。在这样的背景下，一些国家的金融集团主动或被动地出现了回归主业、收缩混业经营范围的趋势。例如，美国“9·11”事件后，德意志银行退出了融资租赁、托管以及部分零售银行和私人股权投资基金业务；2005 年，花旗集团将旗下旅行者集团和年金管理公司出售给美国大都会公司；2008 年国际金融危机爆发后，花旗集团又分拆为花旗公司和花旗控股两家公司，并进一步剥离非核心业务，仅将业务范围收缩至大型公司客户的批发银行业务和全球特定市场客户的零售银行业务。

二、金融集团的概念界定

对金融集团的定义作出清晰明确的界定，是分析阐述金融集团监管的起点，也是有效开展具体监管实践的基础。目前对金融集团尚没有一个完全统一、普遍适用的定义，但国际组织和各国金融监管部门通过金融集团的特征来进行界定。

（一）对金融集团的定义

1. 金融集团联合论坛的定义。20 世纪 90 年代，金融集团不断涌现和迅猛发展引起了国际金融监管机构的关注。1996 年，巴塞尔委员会、国际证监会组织（IOSCO）和国际保险监督官协会（IAIS）共同设立“金融集团联合论坛”，旨在利用三个行业监管机构在各自领域的监管经验，提出针对金融集团的监管原则并改善银行、证券和保险监管当局之间的合作及信息交流。金融集团联合论坛先后于 1999 年和 2012 年发布了两个版本的《金融集团监管原则》。

1999 年版的《金融集团监管原则》中对金融集团的定义是：“金融集团的主要业务为金融业务，且其中接受监管的机构在很大程度上从事银行业务、保险业务和证券业务中至少两种业务。”2012 年版的《金融集团监管原则》对 1999 年金融集团的定义进行了修订，其内涵和外延均有所扩大：“金融集团是在受监管的银行业、证券业或保险业中，实质性地从事至少两类金融业务，并对附属机构有控制力和重大影响的所有集团公司，包括金融控股公司。”同时，2012 年版的《金融集团监管原则》还补充提出：“各国或地区应考虑将那些既从事以上某一类受监管的金融业务，又实质从事在分业监管框架下未受集团层面监管的其他金融业务的金融集团纳入适用《金融集团监管原则》的金融集团的范畴。”据此，我们可以将金融集团联合论坛对金融集团的定义概括为：金融集团是指一系列受集中控制的企业的集合；这些企业的主要经营活动包括至少在银行、证券、保险三类金融子行业中提供两类实质性规模服务。

2. 欧盟的定义。2005 年 1 月正式实施的《金融集团指令》是欧盟关于金融集团监管的基本法律文件，它采用说明性而非概括性的定义对金融集团的概念进行了界定——欧盟内的金融集团是指符合下列全部条件的集团：（1）集团的总公司或者集团中至少一个子公司是欧盟内的受监管实体；（2）如果集团的总公司是欧盟内的受监管实体，那么该总公司需要拥有金融机构子公司，或者在金融机构中参股，或者是与金融机构通过非股权方式实现统一管理；（3）如果集团的总公司不是欧盟内的受监管实体，那么集团的主要业务应为金融业务；（4）集团中至少有一个机构从事保险业务，并且至少有一个机构从事银行或投资银行业务；（5）集团中保险机构的业务总量及银行与投资银行机构的业务总量都应该是相当大的。

该定义概括全面，但表述也较为复杂。如果不考虑“欧盟内”这一特殊的地域指向，我们可将该定义简化为：金融集团是指同时满足以下条件的集团，一是集团的经营活动应大部分在金融服务行业。二是集团必须以某一个信贷机构、保险机构或投资机构为首，或者至少包含以上任意一家机构。三是集团内至少有一家保险业机构和一家银行业或投资服务机构。四是银行业和（或）投资服务业以及保险业的经营活动必须在资产负债总表中占相当大的比例。

3. 美国的定义。1999 年美国出台的《金融服务现代法案》并没有对金融集团给出具体定义，只是对其经营范围作出了一些规定：经营不同金融业务且符合金融控股公司结构的集团可以认定为金融集团，其中金融控股公司是指从事与银行业广泛关联的经营活动的金融机构，包括保险、证券经纪与交易、金融与投资咨询服务、商业银行、发行或销售银行证券化资产，以及其他由《1956 年银行控股公司法案》规定的其他非银行业务。

4. 英国的定义。一旦某集团同时从事保险业和银行业或证券业，且达到一定标准就可以被称为金融集团，其中的标准包括上述某一行业（保险、银行或证券业）业务量在集团资本负债表中的占比、行业最低偿付能力要求，以及行业内通行的其他标准。

5. 瑞士的定义。一个企业集团如果满足以下两个条件就可以称为金融集团：（1）集团所属法人实体主要活跃在金融领域；（2）该集团至少包含一家受独立监管的银行或证券交易公司。

（二） 金融集团的特征及判定

从以上国际组织和有关国家对金融集团的定义可以看出，尽管不同国家、国际组织的定义各不相同，但都突出了金融集团的三个有别于一般金融机构的特征。

一是不同的法律地位。金融集团由总公司（控股公司、母公司）和子公司共同构成，是一系列法人实体的联合体。其中，总公司和子公司都具有独立的法人地位，各自独立承担相应的法律责任；而“集团”本身不具有独立法人地位。

二是具有多业务领域的属性。不同于一般金融机构通常只在某个细分领域进行经营，金融集团要在银行、证券、保险三大金融子行业中跨行业经营，通常具有两个及两个以上的行业线结构。

三是组织结构远较一般金融机构复杂。金融集团内部包括不同法人实体，涉及不同行业条线的业务，因此需要合理设计其股权、职能、业务条线和区域条线等组织结构，使集团内部的所有实体都符合相关业务和地区的法律要求。与一般金融机构依据法人治理结构来设计组织形式不同，金融集团往往以业务条线为主来设计组织形式。

以上三个基本特征构成了识别判定金融集团的主要标准。金融监管部门应依据这些标准，对金融机构进行连续跟踪观察，以判定其是否属于金融集团。特别是，由于金融集团的业务属性和组织结构在不同时间可能发生较大变化，监管部门有必要随时掌握其特征变化，以便第一时间判定其金融集团的性质是否改变。

（三） 本书对金融集团的定义

根据上述国际组织和不同国家的定义，结合金融集团的基本特征，我们可以从广义和狭义两个方面来界定金融集团的概念。

广义上，金融集团是由一些法人实体组成，通过所有权联系在一起的联合体；这些法人实体主要参与（但不一定限于）金融服务，如银行服务和（或）证券服务和（或）保险服务。

狭义上，金融集团是由一些法人实体组成，通过所有权联系在一起的联合体；这些法人实体从事银行、证券和保险三类金融业务中的至少两类业务。狭义的金融集团又称为“金融混业集团”，突出其从事金融混业经营的特性。

从以上定义可以看出，广义和狭义金融集团的共同点在于两者都是一系列金融机构实体通过所有权纽带联系在一起的一个“集合”，都主要从事金融业务。两者的根本区别在于是否对这些金融机构实体所从事金融业务的分布作出区分：广义定义未做区分，因此，从广义上说，由非银行企业收购控制两家以上银行的传统银行集团和银行收购控制其他两家以上的银行所组成的银行控股集团都属于金融集团；而狭义定义作出了区分，即要求集团所属法人实体要从事银行、证券和保险三类金融业务中的至少两类业务，因此，从狭义上说，传统银行集团和银行控股集团不属于金融集团，只有金融混业集团是金融集团。本章主要说明狭义金驰集团即金融混业集团的监管问题。

三、金融集团的类型

如前所述，金融集团的组织结构远较一般金融机构复杂，这是金融集团重要特征之一。金融集团组织结构的安排既要考虑不同金融业务法律规定和监管要求，使跨行业的业务布局有利于经营管理，有利于提高经营效率和利润率；又要考虑各法人实体所在地域的社会、法律、文化、历史等方面的不同，使跨地域的业务布局有利于业务拓展和市场增长。我们将前者称为“集团的行业线结构”，将后者称为“集团的控制结构”，并按照这两个维度将金融集团大致分为以下四种类型。

一是全球化行业线和全球管理控制的金融集团。该类型金融集团的行业线根据产品和服务而不是根据法人实体来划分；管理控制由集团总部或一个独立的法律实体来实施，常常采取矩阵管理结构，即员工要服从所属地域法人实体的日常管理，又要接受业务条线的指导和管理。

二是依据法人实体划分的行业线及全球化管理控制的金融集团。该类型金融集团依据法人实体来划分行业线，业务经营活动与法人实体相对，各法人实体的管理层和董事会在集团中发挥重要作用；集团的管理控制由集团总部或一个独立的法人实体来实施。

三是地方行业线和地方管理控制的金融集团。与上述第二个类型相似，该类型金融集团依据法人实体划分行业线，业务经营条线与各地法人实体对应。与第二个类型不同的是，该类型金融集团的管理控制也主要与各地法人实体对应，很少有全球管控。

四是全球化行业线和本地管理控制的金融集团。该类型金融集团的行业线划分全球化，跨不同的法人主体；但管理控制仍主要由各地的法人实体来实施。

行业线结构和控制结构的划分方式并不是唯一的，还可以从其他角度对金融集团的类型进行划分。但这种划分方式揭示了金融集团监管的一个重要特征：即金融集团包含多个法人实体，业务往往涉及银行、证券、保险三大主要金融子行业，因此集团各业务条线往往分别由不同的监管部门监管；同时，大型金融集团常常在全球运营，旗下的法人实体在各个不同国家也会受到不同的监管。因此，对金融集团的监管远较一般金融机构的监管来得复杂。下面，我们将在阐述金融集团风险的基础上，对金融集团监管原理进行初步的和概要的说明。

第二节　金融集团的风险

风险是监管的重要内容。要准确把握金融集团的监管原理，首先要了解金融集团具有哪些风险；或者说，金融机构集团化经营后，风险发生了哪些变化？

根据上文对金融集团概念的界定，我们知道，金融集团由通过股权相连的法人实体组成，这些实体主要从事金融业务，且业务范围涉及银行、证券、保险三大金融子行业中的至少两个，这种跨（金融）行业经营的特性，使金融集团具有与一般金融机构不同的风险特性——既面临集团内各金融子行业条线上的风险，又在整个集团层面面临一些金融集团特有的风险。

一、金融集团所涉及各金融子行业条线上的风险

金融集团经营范围涉及银行、证券、保险等不同金融子行业，且多数金融集团仍对不同行业的业务活动进行相对独立、条线化的管理，因此，金融集团仍然具有鲜明的行业特征，天然具有各业务条线所固有的风险。

比如，一个横跨银行、证券和保险行业的金融集团天然具有这三个金融子行业所固有的风险：（1）商业银行大多数风险暴露都是信用风险暴露，因此信用风险是银行业的主要风险。此外，商业银行还承担与资产负债期限结构错配相关的流动性风险，市场价格波动导致表内外头寸损失的市场风险，银行内部程序、人员或系统不健全导致的操作风险等。（2）证券公司资产负债表和表外项目每天随行就市，市

场价格的波动会显著影响其表内外项目头寸和抵押品价值，也会影响其所拥有的有价证券和金融工具的头寸，因此市场风险和流动性风险是证券公司的主要风险。(3) 保险公司的资产大部分来源于其收取的保费，负债则主要来源于保险公司提取的“技术准备金”，保险公司根据对未来索赔额的预期来确定保单的价格，当赔偿支付额高于保费收入时，保险公司面临亏损。因此，承保定价风险是保险业面临的主要风险。此外，根据金融集团所涉及的金融业务不同，金融集团还可能会面临信托业务条线的风险，如政策风险、市场风险等；或面临投资银行业务的风险，如代理风险、自营交易风险等；甚至还可能会面临未受监管实体的相关经营风险。

金融集团面临的这些行业条线上的风险，在分业监管框架下大都有相应的风险管理方法和监管标准。但当这些跨行业的风险聚合在同一个金融集团架构下时，就需要监管部门从整个金融集团的层面进行全面的风险识别、计量和管理。

二、整个金融集团层面上的特殊风险

金融集团由于其通常较大的市场规模和错综复杂的内部架构，在各金融子行业条线上不存在的风险有可能在整个金融集团层面上存在。这些在整个金融集团层面上存在的特殊风险，是本节阐述金融集团风险的重点，也是下一节金融集团监管所针对的主要内容。

（一）多种因素高估集团资本充足率导致的资本不足风险

我们都知道，分业监管的一个重要内容就是确保被监管机构（商业银行、证券公司或保险公司）有充足的资本应对风险并持续经营，但被监管机构是金融集团时，新的问题出现了。

一是集团的资本可能被重复计算。由于金融集团本身就是通过股权关系联系在一起的法人实体的集合，天然存在资本被重复计算从而高估资本的风险。比如，当金融集团的控股公司以自有资本持有集团内 A 实体的股权，那么这部分资本又被重复记入了 A 实体的资产负债表，于是就形成了资本的“双重利用”；如果 A 实体又持有同一金融集团内 B 实体的股权，那么资本就被第三次重复利用。资本的重复利用导致集团资本被重复计算，使计算得到的集团资本总额高于实际数量。

二是可能出现逃避资本监管的情况。比如由非金融机构控股的金融集团，由于控股公司是未受监管主体，该集团因此有可能逃避银行业、证券业、保险业等分业监管框架下的资本监管。

三是可能存在监管套利。金融集团包含不同金融子行业的法人实体，而不同金融子行业监管资本要求是不同的，有的行业要求的监管资本高，有的行业要求的监管资本较低。于是，金融集团内部的金融机构之间可能通过关联交易等方式将资产转移至资本充足率要求较低的行业，使集团所涉各行业“看似”都满足了本行业的资本充足率监管要求，以此实现监管套利。

因此，无论是资本重复计算，还是逃避监管或监管套利，都会使集团的资本充足率被高估，导致真实的资本充足率难以覆盖集团经营的风险损失，从而产生资本充足风险。

（二）内部交易和风险集中度高导致集团风险敞口扩大的风险

一方面，同一集团内的法人实体之间不可避免地存在业务往来，因此就会出现集团内部交易，比如各实体之间交叉持股、相互担保、互相拆借资金，或集团内部资产的买卖、债权债务的转移、通过再保险转移风险，或各实体之间通过关联交易互相提供商品和服务、一个实体代理另一个实体进行交易操作、向集团内其他实体配售客户资产，或集团进行短期流动性集中管理、集团以其资产对主要股东进行担保或承诺等。这些内部交易有助于形成协同效应，提高效益，但同时也在整个集团的层面形成相同或相似或表面看不相关但在特定情况下可能共同暴露的风险敞口，在特定情形下，这种风险敞口还可能是长期或持续扩大的。

另一方面，如前所述，金融集团往往涉及不同金融子行业的业务，这有利于拓展盈利点并分散风险，但当集团内的实体借助集团优势市场地位排除竞争时，可能导致集团的交易对手、交易地区或交易产品等都较为单一，业务风险高度集中于某一（些）交易对手、地区和产品，从而在集团层面形成对某一（些）特定对象的较大的风险敞口。

因此，集团内部交易和风险集中度高两个因素叠加，将形成或扩大金融集团风险敞口，可能导致金融集团在面临某个市场冲击时，形成大额风险暴露，危及经营安全，甚至影响整个金融体系稳定。

（三）组织结构复杂化带来的监管缺失风险

金融集团组织结构复杂。集团下属法人实体交叉持股使其股权结构复杂化，集团跨国经营会导致内部管理部门层次复杂化，业务范围涵盖多个金融子行业又会使其经营条线复杂化。这些都对监管部门提出了难题：

一是金融集团组织结构的复杂化加剧了监管者与被监管者之间的信息不对称。对于监管者而言，要穿透金融集团复杂的内部结构，对其风险实施穿透性监管的难度很大。而金融集团却可能基于自身的“经济人理性”，在对不同行业、不同地区监管部门的监管范围、监管要求和监管手段等进行深入研究后，采取各种各样的措施来规避监管或进行监管套利，导致对金融集团的监管缺失。

二是金融集团组织结构复杂化，各法人实体层层叠叠、相互联系，可能导致风险在集团内部各实体或各行业条线之间传染，即当金融集团内一个法人实体发生损失或遭受意外事件冲击时，集团内另一个或多个法人实体也因此遭受损失。这种集团内部的风险传染进一步加大了监管难度，进一步加大了监管缺失的风险。

三是金融集团特别是大型金融集团业务涉及多个金融子行业，且往往分布在多个国家或地区，行业条线差异和地域空间跨度将大大增加监管部门之间沟通、协作与信息共享的成本。于是，就可能出现因为多个监管部门之间沟通、协作或信息交换不畅而难以准确掌握集团整体的风险状况，极易出现监管“真空”。

因此，无论是信息不对称导致的监管规避和套利，或是集团风险的传染，还是高企的监管协调难度和成本，最后都将加大金融集团监管缺失的风险。

三、金融集团风险的汇总

金融集团具有多样化风险的特性要求我们对其进行全面的风险管理，为此，需要将金融集团的所有风险进行汇总，计算整个集团面临的总风险。

如何将金融集团各种不同风险汇总起来？理论上的方法是“搭积木”，即从以下三个连续的层面顺序加总：一是单一风险类型中的单个风险的加总，二是单一业务条线内各种风险种类风险的加总，三是不同业务条线风险的加总。其中，不同业务条线风险的加总是金融集团特有的，也是最为困难的一项加总操作。

但不同风险具有不同的计量特性，如何进行加总？实践中引入了“经济资本”的概念，以经济资本为“媒介”对各项风险进行加总。经济资本又称风险资本，是指经营者持有并用以承担潜在风险损失的资本。我们首先计算金融集团面临的每项风险的非预期损失，并用相应的经济资本去覆盖它，然后再把每项风险所对应的经济资本加总，将金融集团各种不同类型的风险浓缩成一个共同的计量指标——总经济资本，以此来表征整个金融集团的总风险。

当然，以上计算方法只是一种简单抽象化的模拟，具体操作过程中还会面临很多困难，特别是在对不同业务条线的风险进行加总这一操作环节中。比如，我们可能面临信息系统和数据方面的挑战，需要我们投入大量资金和精力去整合系统并提高数据的一致性。又如，我们可能会遇到集团内不同法人实体具有不同经营文化的问题，因为不同经营文化会导致会计、税制、利润分配、内部控制等方面的差异，给计量带来麻烦。

第三节　金融集团的监管

如上文所述，金融集团的风险，特别是整个集团层面的特殊风险给金融监管部门提出新的挑战。原本分业监管框架下能够“从容”应对的各子行业条线风险在金融集团复杂结构中变得“扑朔迷离”。监管部门既要加大监管的“深度”，实施穿透性监管；又要扩大监管的“广度”，防范集团内部风险传染和共同风险暴露；还要面临高企的协调合作成本，监管难度大大增加。为此，金融集团联合论坛整合三个行业监管机构在各自领域的监管经验，从金融集团整体层面着眼，分别于1999年和2012年研究发布了两个版本的《金融集团监管原则》，并制定了《集团内部交易和风险敞口原则》《风险集中度原则》《流动性风险管理》等监管规则，基本确立了金融集团监管的总体框架和主要原则。巴塞尔委员会也在《巴塞尔资本协议Ⅲ》中，提出了针对银行控股集团（由商业银行控股的金融集团）的并表监管办法。

下文我们围绕《金融集团监管原则》上一节讨论的资本不足风险、风险敞口扩大风险和监管缺失风险的监管要点进行阐述，然后对并表监管做初步探讨，并表监管是目前对金融集团资本充足风险进行监管的重要方法。最后我们简要介绍欧盟和美国对金融集团的监管实践，以增强对金融集团监管的感性认识。

一、金融集团监管的要点

如前所述，金融集团联合论坛先后于1999年和2012年发布两个版本的《金融集团监管原则》。

1999年版《金融集团监管原则》着重解决以下问题：一是金融集团资本充足性评估方法，包括资本重复计算的认定。二是促进监管机构之间的信息共享与交流合作。三是对金融集团董事、管理层和主要股东进行履职评价。四是对集团内部交易、风险集中度及其风险敞口进行审慎管理与控制。

在1999年版的基础上，2012年版《金融集团监管原则》将监管关注点进一步聚焦于三个方面：一是识别并纠正资本的重复计算，如双重和多重杠杆效应；二是全面评估整个集团层面的风险，包括风险传染、共同风险敞口、复杂组织结构带来的监管缺失等；三是减少监管套利。

两个版本的《金融集团监管原则》都力求为各国政府监管部门和标准制定机构等提供一套国际公认的金融集团监管要点，从而对金融集团实施持续有效的监管。需要特别说明的是，这些监管原则并非推翻或替代现有的分业监管框架，而是当相关分业监管框架无法完全体现并覆盖金融集团风险性质和范围时，对相应的分业监管原则所做有益的补充。

（一） 金融集团资本充足性的监管要点

银行、证券、保险三大金融子行业都有自己的资本充足监管要求，具体定义、范围和标准并不相同。对此，金融集团联合论坛强调应从整个金融集团的角度去衡量资本充足水平，并就评估金融集团的资本充足水平提出了指导性的基本原则。

一是应监测并关注资本的重复使用问题，例如同一资本被同时用于两家或多家法人实体的风险缓冲。

二是应监测并关注母公司发行债券且收益以股权形式流入下属公司的情况，因为该做法可能导致杠杆过高。

三是应建立机制，以监测并关注金融集团通过未受监管，但实质参与金融活动的中间控股公司开展双重甚至多重利用资本的经营活动。

四是应建立机制，处理金融集团内部实体与未受偿付能力监管的实体开展运营活动所承担的风险。

五是解决被监管法人实体和上述原则四中的未受监管法人实体的业务参与问题，确保大股东和小股东的利益均被审慎对待。

同时，金融集团联合论坛提供了四种资本计量工具，这些工具能够对金融集团的资本充足水平进行可比的、持续的评估。

一是分类度量法。该方法适用于可获得金融集团财务合并报表的情况。它利用金融集团已有的财务合并报表，对金融集团的并表资本与集团内部各类业务的监管资本要求之和进行比较，从而计算集团内部各类业务和整个集团的资本充足水平。

二是风险加总法。该方法与分类度量法类似，即加总集团内被监管实体单一资本要求和未受监管实体的名义资本要求，然后与集团的监管资本要求进行比较。这种方法适用于只能得到集团内部单个法人实体的财务报表，而无法获得集团财务合并报表或是集团内部往来无法轧差的情况。

三是风险扣减法。即从控股公司（母公司）实际资本中扣除它对子公司的持股份额，再加上（或减去）子公司的资本盈余（或赤字），用该调整后的母公司资本与母公司的监管资本要求进行比较。这种方法适用于控股公司对子公司不同持股比例的情况。

四是汇总扣减法。即以控股公司对子公司的所有投资的账面总价值代替上述方法三中“对子公司的持股份额”，以投资账面总价值对控股公司的资本进行调整，然后与控股公司的监管资本要求进行对比。

在金融集团资本的评估原则和计量工具的基础上，2012 年版《金融集团监管原则》进一步提出，在资本充足性和流动性方面，金融集团应满足监管机构的下列要求：

一是保持整个集团层面的资本充足，确保符合对整个集团范围以及单个被监管机构的资本要求，以缓冲集团经营活动带来的风险。

二是集团对资本充足率的评估应考虑整个集团范围的风险，包括集团内未受监管的附属机构的风险，并妥善处理第三方参与者及少数股东的权益。

三是集团资本充足性评估和计量应考虑双重或多重杠杆效应。

四是集团资本充足性评估和计量技术应能够解决过度加杠杆和母公司发债注资子公司的问题。

五是集团资本评估和计量技术应能够评估集团内部资本转移的限制，并需要考虑这些潜在限制可能对此类资本是否应纳入集团资本评估所产生的影响。

六是集团母公司应充分和持续识别、计量、监测和管理母公司及整个集团的流动性风险。金融集团的流动性要满足整个集团在正常和压力情景下的资金需求。

（二） 集团内部交易、风险集中度及其风险敞口的监管要点

1. 对于集团内部交易

金融集团联合论坛提出，集团内部交易及其风险敞口的监管重点是集团内金融机构与控股公司之间以及金融机构和集团内未受监管实体之间的交易。特别是当内部交易导致资本或收入流出集团，或损害了集团利益，或影响了集团内法人实体的经营和盈利，或内部交易成为监管套利工具时，监管部门要格外关注。具体监管原则包括：

一是应要求集团建立内部交易的风险管理系统和规程，以识别、评估和报告重大的集团内部交易及其风险敞口。

二是应要求集团定期报告整个集团内部交易及其风险敞口情况，强化市场约束。

三是应加强不同监管机构之间对集团内部交易及其风险敞口的监管合作。

四是监管机构应考虑设置量化限制指标及充分的报告要求。

五是对集团产生不利影响的内部交易应及时采取有效措施妥当处理。

2. 对于风险集中度

金融集团联合论坛提出，降低集团过高的风险集中度是监管的主要目标。监管部门要重点关注两类风险集中度：一是集团内不同机构共同的单一风险敞口，二是不同金融子行业风险的互相影响和传染。金融集团联合论坛提出了以下原则，帮助监管部门评估金融集团的风险集中度情况。

一是应要求集团建立有效的系统和流程，以识别、评估和报告集团范围的风险集中度（包括对风险集中度进行监测及控制）。

二是应要求金融集团定期报告整个集团重大的风险集中情况及其风险敞口。

三是应加强不同监管机构之间对风险集中度及其风险敞口的监管合作。

四是监管机构应考虑设置量化限制指标及充分报告的要求。

五是对集团产生不利影响的风险集中度，不论是直接影响还是间接影响，监管机构都应采取有效措施进行妥当处理。

此外，金融集团联合论坛还强调，监管机构应要求金融集团审慎加总风险敞口，同时应有足够的资源和完善的系统（包括 IT 系统）来实现风险加总。同时，鉴于风险敞口可能对金融集团特别是集团内的被监管实体带来损害，监管部门应有能力和手段处理与应对风险敞口及其可能引发的问题。这些应对手段包括完全禁止特定交易类别、要求提供抵押品或超额抵押、限制资产转移、要求集团内部交易按公平交易原则实施等。

（三）适宜性、信息共享和监管协调等监管要点

如前所述，金融集团复杂的组织结构加大了监管部门实施穿透性监管的难度，也提高了监管部门之间沟通协调的成本，容易产生监管缺失的风险。为此，金融集团联合论坛提出了适宜性原则、信息共享原则、监管协调原则等监管要点来指导监管部门应对上述问题。

1. 适宜性原则

被监管实体的股东、董事、管理层等相关管理、控制关键人员的履职能力对实施审慎稳健的管理至关重要，但金融集团复杂的组织与管理架构增加了监管部门确保被监管实体关键人员的适宜性的难度。为此，金融集团联合论坛提出，金融集团中发挥重要作用的关键岗位人员（股东、董事、高管层）应当具有稳健的财务知识和诚信意识，都需要进行相关任职资格测试，且监管机构在金融集团关键岗位人员无法满足适宜性要求时应采取相关措施；同时，监管机构应要求各实体采取必要措施确保能够持续进行适宜性测试或其他资格测试。

2. 信息共享原则

监管部门之间的信息共享对维护机构和整个系统的稳定非常重要，特别对于跨境跨行业经营且面对不同监管部门的金融集团而言，信息共享更为重要。为此，金融集团联合论坛提出以下几条原则来促进监管信息共享：

一是各监管部门应该获得充分的信息对金融集团及其被监管实体进行有效监管。

二是监管部门应主动将重大事项和关注事宜告知其他监管部门，被告知的监管部门应及时妥善地作出回应。

三是监管部门应该就发现的问题、已采取和可能采取的、重大且可能产生不利影响的监管行为，及时与该金融集团的主监管部门进行沟通。

四是主监管部门应该与其他监管部门分享被监管实体的重要信息，包括已采取或可能采取的监管行为，但出于监管考虑的特殊情况除外。

五是各监管部门之间应该建立合作互信的工作联系。

为提高监管信息收集与共享效率，金融集团联合论坛针对金融集团制定了一套信息问卷，适用于跨越不同金融子行业、不同地域，面对不同监管部门的金融集团。

问卷主要涵盖以下三个方面信息：

一是组织结构、公司治理和管理控制，包括法律架构、管理架构、治理结构、资本及其分配、内部交易等方面。

二是风险管理，包括集团整体风险状况、主要风险、新产品、流动性管理、筹融资方式等。

三是控制环境，包括集团的会计制度、保险精算问题、财务制度、合规、内审、外审等。

此外，金融集团联合论坛还提供了加强信息共享的方式方法，包括签订谅解备忘录、签订信息交流协议、召开临时特别会议等。

3. 监管协调原则

鉴于金融集团监管合作和信息交流的重要性，金融集团联合论坛引入了“协调者”这一角色。与金融集团监管相关的某一监管部门可以被确立为“协调者”。在多数情况下，“协调者”是该集团的主监管部门；在某些情况下，“协调者”也可能是某一个地方或行业的监管部门。其中，确定“协调者”的主要考虑因素包括各监管部门在法定权限、监管手段和目标上的差异，该金融集团在组织结构上的差异，协作尺度的均衡性，以及监管部门职员的素质和监管资源的充分性，等等。

“协调者”的职责是从各个监管部门搜集被监管的金融集团的相关信息并进行信息共享。金融集团联合论坛对“协调者”及其职责提出了七条指导原则：

一是监管协调过程需要确立适当的机制安排，确保所有监管部门在正常和危机状况下都能获得充分数据。

二是选择并确定“协调者”应尊重相关监管部门的意见，特殊情况下需要由所有监管部门共同商定。

三是监管部门之间应该就“协调者”在正常状况和危机情况下的职责达成共识。

四是“协调者”与各监管部门之间的信息交流应有制度保证，并明确在正常状况和危机情况下应该如何协作。

五是“协调者”履职不应该影响其他监管部门的独立性。

六是是否引入“协调者”角色，应当以是否有利于促进信息共享和监管合作为判断标准。如果“协调者”对监管协调没有帮助，则可以不引入“协调者”。

七是其他监管部门仍应履行各自监管职责，不应将自身监管职责转嫁给“协调者”。

二、并表监管：金融集团资本充足监管的重要方法

下面我们将对并表监管进行初步探讨，并表监管是目前对金融集团资本不足风

险进行监管的重要且常用的办法。

（一）并表监管的概念

并表监管是巴塞尔委员会银行业监管标准的主要内容之一，起初主要是为应对跨国银行集团海外业务的快速扩张，关注重点是境外业务的并表监管。1979 年，巴塞尔委员会发布的《银行国际业务的并表监管》最早提出将并表监管作为银行监管的一个基本原则，指出监管部门要监控银行全球业务的整体状况。1983 年，巴塞尔委员会发布的《跨境银行境外机构监管原则》进一步明确母国监管部门应要求跨境银行的境外机构实施并表监管。1997 年，巴塞尔委员会发布《有效银行监管核心原则》，最终确立监管部门要对银行在世界各地所有业务实施全球性并表监管这一核心原则。

此后，随着金融机构集团化经营的快速发展，并表监管的关注重点从海外业务转向混业经营。2006 年，巴塞尔委员会发布修订的《有效银行监管核心原则》，提出监管部门要对银行集团从事的非银行业务的风险进行评估，并建立相应的监管框架。国际金融危机爆发后，国际社会吸取相关监管教训，从统一银行、保险、证券三大行业监管标准以及强化影子银行监管等方面进一步扩展了并表监管的范围。2012 年版《金融集团监管原则》明确提出，金融集团应该实现全面有效的并表管理；必要时，监管机构应该将金融集团的表外业务（包括特殊目的实体）纳入集团范围的并表监管。

从并表监管的历史沿革可以看出，并表监管概念绝不等同于会计并表，金融集团合并的财务报表有助于实施并表监管，但不是并表监管的唯一手段，也不是并表监管的目的。并表监管的内涵与外延亦远超过“对合并会计报表的监管”，它要求对金融集团进行全面风险管理，既包括跨境、跨行业、跨市场的所有业务，也包括受监管实体和不受监管实体（如影子银行、特殊目的实体）的经营行为，是对金融集团的一种综合且全面的监管。

根据监管领域不同，并表监管可分为定量监管和定性监管两类．定量监管主要聚焦金融集团的资本、风险敞口等；定性监管则重点关注金融集团的组织结构、内部控制、公司治理等。无论是定量监管还是定性监管，并表监管都具有以下基本特征。

一是并表监管的监管主体通常是金融集团的母国监管部门，但并不排斥东道国的监管，而是倡导母国监管部门和东道国监管部门沟通协作。

二是并表监管是一种持续性监管，贯穿金融集团准入、展业、退出的全过程，而不仅仅是时点监管或临时性抽查。

三是并表监管以实现本国监管目标为导向。巴塞尔委员会未对并表监管制定统

一、明确的监管标准，各国监管部门可以根据本国实际，以实现自己的监管目标为导向，自行制定并表监管的实施办法，包括并表监管的范围、手段、程度等。

（二） 并表监管的实施

对银行控股集团的资本实施并表监管，是目前并表监管的重要领域。尽管1988年的巴塞尔资本协议已提出基于并表的资本要求，但它仅关注银行的资本充足率水平。2004年的巴塞尔新资本协议明确对银行控股集团的资本要求，即在并表的基础上，对以银行业务为主的金融集团在整个集团层面提出资本充足要求，以确保集团的母公司和所有子公司存在的各种风险都得到反映，并保持足够资本以防范这些风险。具体办法如前文所述，主要通过对母公司和子公司进行并表，消除集团内交叉持股等对资本的重复甚至多重计算。

需要注意的是，因为巴塞尔新资本协议针对的是银行控股集团，所以它所规定的并表资本监管并不适用于广义上的所有金融集团。

第一，如果金融集团的控股公司（母公司、集团总公司）不是商业银行，则它不适用巴塞尔新资本协议的并表监管框架。

第二，如果金融集团的控股公司是商业银行，那么该控股公司适用巴塞尔新资本协议的并表监管框架，并表范围包括控股公司自身及其所有银行或非银行子公司，该并表也称“最高一级并表”。

第三，如果该金融集团的控股公司是商业银行，且该控股公司的下一级子公司也是商业银行，则该商业银行子公司也适用巴塞尔新资本协议的并表监管框架，并表范围为商业银行子公司及其下属所有银行或非银行孙公司。此时，该并表也称“次级并表”。同理，还有“第二级并表”“第三级并表”等。

另外，由于对商业银行的资本要求不一定适用于保险业和证券业（即其最低资本要求未必能够涵盖保险公司或证券公司的风险），当集团中出现非银行子公司（孙公司等）时，巴塞尔新资本协议允许各国监管部门根据本国实际予以适当的例外处理。

此外，尽管并表监管是金融机构集团化、混业化、国际化经营背景下对金融集团特别是银行控股集团进行监管的重要方法，但它的监管效果还有赖于对跨行业、跨地域、跨市场等监管权限的良好分配，特别是不同国家之间金融监管权力的配置和协调。这就回到我们上文所说的信息共享与监管协调的问题。

三、国外对金融集团的监管实践

为了增强对金融集团监管的感性认识，下文我们简要介绍欧盟和美国对金融集团的主要监管实践。它们的监管实践各具特点，但都很有代表性。欧盟的特点是发布具有法律效力的监管指令并注重成员国之间的监管合作与协调；美国的特点是成立专门机构着重加强对金融控股公司的监管。

（一） 欧盟对金融集团的监管

欧盟对金融集团的监管，主要是通过发布一些具有法律效力、要求成员国遵守的规范性监管指令，同时强化成员国之间监管合作和监管协调来实现的。

2002 年以前，欧盟的金融监管框架以分业监管为主，尚没有针对整个金融集团层面的监管措施。1999 年金融集团联合论坛发布第一版《金融集团监管原则》，为欧盟制定自己的金融集团监管措施提供了坚实的基础。2002 年，欧盟发布《金融集团指令》并于 2005 年正式实施，构建了欧盟对金融集团进行监管的政策框架，填补了欧盟对金融集团整体监管的空白。

《金融集团指令》并非替代原有的分业监管框架，而是作为附加性监管规范，对原分业监管框架进行补充：即保持原银行、证券、保险监管部门对金融集团内相应金融机构的监管职能的同时，对整个金融集团附加全局性监管。《金融集团指令》的监管导向主要包括四个方面：一是确保金融集团资本充足，避免资本的重复计算；二是评估监测整个金融集团的偿付能力；三是解决金融集团内部交易、风险敞口、大额风险暴露、风险管控程序等问题；四是明确相关制度，允许各成员国确定金融集团的主监管部门。

在具体监管措施上，《金融集团指令》对资本充足、内部交易、风险集中度、全面风险管理等作出了一系列规定，其中资本充足监管是其最核心的监管措施之一。《金融集团指令》提出了三种计算金融集团资本充足率的方法。

一是会计并表法。即以金融集团的合计会计报表为基础，计算金融集团的总自有资本金和整个集团的总偿付能力要求，并明确总偿付能力要求不得超过总自有资本金。其中，整个集团的总偿付能力要求等于集团内各行业金融机构的偿付能力要求之和，再加上集团内未受监管实体的名义偿付能力要求之和。

二是扣减和汇总法。该方法以集团内各法人实体的财务报表为基础，先将集团内被监管实体和未被监管实体的自有资金加总，再将集团内被监管实体的偿付能力要求和未被监管实体的名义偿付能力要求相加，然后加上控股公司对集团内其他实体投资的账面价值，最后对两个汇总额进行比较，要求偿付能力要求之和不超过自有资金之和。

三是账面价值/偿付能力要求扣减法。该方法也以集团内各法人实体的财务报表为基础，先确定集团控股公司（母公司）的自有资金，再加上控股公司的偿付能力要求，然后加上控股公司对集团内其他实体投资的账面价值或集团内各实体偿付能力要求（名义偿付能力要求）之和中的较大者，最后将该汇总额从集团自有资金中扣减，结果应大于零。

《金融集团指令》具有法律效力，规定了成员国对金融集团监管的最低标准，但允许各成员国在此基础上制定国内监管细则，且具有较大的弹性。同时，《金融集团指令》要求指定一名监管“协调人”，并提供了确定该“协调人”的程序和办法。如果金融集团的控股公司是受监管实体，则由监管该控股公司的监管部门来担任“协调人”；如果金融集团的控股公司不是受监管实体，则根据集团内受监管实体或行业的相对规模和管辖权确定“协调人”。针对“协调人”的职责，《金融集团指令》规定了三条：一是监测金融集团的资本充足水平；二是监测并要求金融集团提交整个集团的重大风险集中度年度报表；三是监测并要求金融集团提交集团重大内部交易年度报表，其中对“重大内部交易”的定义是超过该集团资本要求的5%的交易。

（二） 美国对金融集团的监管

如前文所述，1999年11月美国通过《金融服务现代化法案》（又称《格雷姆—里奇—比利雷法案》），核心内容就是废除《格拉斯—斯蒂格尔法案》和《1956年银行控股公司法案》中有关限制银行控股公司拥有证券和保险公司的条款，并允许符合条件的商业银行作为金融集团的控股公司，从事银行、证券、保险等各类金融活动。之后，金融控股公司便成为美国金融集团的主要组织形式。

美国的金融控股公司是由商业银行作为集团的控股公司，旗下拥有证券公司、保险公司、其他商业银行以及未受监管实体的特殊一类金融集团。与该组织形式相对应，美国对金融控股公司的监管框架也呈“伞形”：即由美联储下属的银行监管部门负责对金融控股公司的整体监管，而金融控股公司旗下的各子行业金融机构如商业银行、证券公司、保险公司等则仍由相应的行业监管部门负责监管。

在这一“伞形”监管框架中，美联储下属的银行监管部门通过并表监管的方式，重点关注金融控股公司整体的财务稳定状况、风险管理机制和资本充足性等方面情况，评估检测金融控股公司整体的风险状况及其对子公司的影响，确保控股公司整体的运营安全，而不是重复采取类似监管银行、证券、保险等分业监管机构的单一行业监管措施。

具体来说，美联储下属的银行监管部门对金融控股公司的监管主要包括三个方面：一是对金融控股公司整体资本充足性、风险敞口、风险集中度、内部关联交易、强制执行、压力测试、报告和检查等方面的持续性监管。二是对金融控股公司进行信息收集与评估。这方面的工作通常需要运用针对金融控股公司的评级系统。该评级系统是一个管理信息系统和监管工具，旨在为监管部门提供金融控股公司状况的简要评估、为监管决策提供基础信息，以及为监管部门与金融控股公司管理层的沟通交流提供基本状态信息。该系统在对反映风险和财务等方面状况的三个基本项及其八个子项进行评估和评级的基础上，形成对金融控股公司的综合评级结果。三是强化金融控股公司信息披露要求，并促进监管机构之间的协调合作和信息共享。

第四节 我国金融集团的监管

前面我们对金融集团的概念、风险、监管原则和要点，以及欧盟和美国的监管实践等进行了介绍，本节我们将介绍中国对金融集团的监管情况。为此，我们先简要梳理中国金融集团的发展脉络，在此基础上对目前的监管状况进行说明。

一、中国金融机构集团化经营的发展历程

与国外金融机构集团化经营的发展脉络相近，中国金融机构集团化经营的发生和发展也与本国金融体系发展演变息息相关。新中国成立以来，中国金融体系经历了“大一统”的计划金融体制、专业银行的设立和运营、金融机构综合经营、规范整治并建立分业经营体制、逐步放松分业管制等阶段，金融机构的集团化经营也随之曲折前行。

我们先对中国金融体系的发展沿革做简要回顾。第一阶段是改革开放之前，中国金融体制是以单一中央银行为主体的“大一统”金融体系，中国人民银行一家包揽全国所有金融业务。第二阶段是1979—1984年，中国农业银行、中国银行、中国人民建设银行、中国工商银行等国有独资专业银行陆续从中国人民银行中分设出来，中国中信集团有限公司（当时称中国国际信托投资公司）、中国光大集团有限公司、中国人民保险公司等非银行金融机构相继设立，形成以四大专业银行为主体的专营化的金融体系。第三阶段是1985—1993年，随着经济体制改革不断推进，专营化的金融体系已难以满足经济发展要求，逐步向多元化发展：各种金融机构纷纷设立，金融业务从专业经营转向综合经营。然而，由于金融监管法律法规滞后于业务发展，综合经营逐步演变为无管制的混业经营，造成金融秩序的混乱。第四阶段是1994—1997年，政府对混乱的金融秩序进行整顿，取消低层次的混业经营模式，并相继出台《中央银行法》《商业银行法》《保险法》等一系列重要金融法律，初步确立银行、证券、保险三大行业“分业经营、分业监管”的金融体系。第五阶段是从1998年至今，中国金融体系总体上继续保持“分业经营、分业监管”的基本格局，但混业经营的趋势日益凸显，逐步产生了一批拥有银行、证券、保险、信托等多块金融牌照，能够跨行业跨市场经营的金融集团。

根据我们对金融集团的定义，中国的金融集团可以大致分为两类：一是以金融机构为集团控股公司（母公司）的金融集团。该类型金融集团还可根据控股公司所属的金融子行业类别，进一步细分为商业银行作为控股公司的金融集团和非银行金融机构作为控股公司的金融集团。前者如工商银行、农业银行、中国银行、建设银行直接或间接控股证券、保险、信托等公司形成的金融集团；后者如中信集团、光大集团、平安集团等。二是以非金融机构为集团控股公司（母公司）的金融集团，典型的如招商局集团。此外，还有一些由地方政府推动，以地方国有资产投资控股形成的金融集团。

总体来说，中国金融集团已经产生并持续发展，但整体发展水平还不高，外部监管也还不够完善。随着我国金融改革和对外开放的不断深入，中国金融集团的发展还将加速。

二、中国金融集团监管的现状

如前所述，目前中国金融体系仍总体保持“分业经营、分业监管”的基本格局。随着混业经营趋势凸显和金融集团的形成与发展，中国金融监管部门也在积极探索适应金融集团的监管模式。

1998 年初步确立银行、证券、保险三大行业“分业经营、分业监管”的基本格局，由银监会、证监会和保监会分别承担对银行、证券、保险机构的监管职责。随着混业经营和金融集团的发展，中国金融监管部门通过“监管联席会议制度”的方式，实现对金融集团监管的合作与协调。2003 年，银监会、证监会和保监会召开了第一次监管联席会议，讨论通过《在金融监管方面分工合作的备忘录》，其中特别提出了对金融集团监管的分工和协调机制。该备忘录规定，对金融集团控股公司（母公司）的监管实施主监管制度，即根据其主营业务性质来确定相应的主监管部门；同时，对金融集团子公司及其内设机构和业务的监管，仍按金融分业监管原则来实施。此外，备忘录还明确了各监管部门之间信息共享和相应工作联系机制。监管联席会议制度作为对金融集团监管的初步探索，具有非常重要的意义，但也存在金融集团主营业务认定困难、缺乏常设协调机构等问题。

2017 年 11 月，为加强金融监管协调，补齐监管短板，国务院设立金融稳定发展委员会，办公室设在中国人民银行。2018 年 3 月，根据国务院机构改革方案，银监会和保监会合并成立中国银行保险监督管理委员会，依法依规对全国银行业和保险业实行统一监督管理，维护银行业和保险业合法、稳健运行。这些监管机构的改革和监管职能的整合在探索金融集团监管方面迈出了重要一步。

2020 年 9 月，中国人民银行发布《金融控股公司监督管理试行办法》，同年 11

月正式实施。《金融控股公司监督管理试行办法》分为七章，共56条，从公司的设立和许可、公司治理、并表管理、风险管理、监管分工与协作等方面对金融集团的监管作出具体规定。根据该办法，由中国人民银行负责对金融控股公司实施并表监管和相关穿透监管，监控、评估、防范和化解金融控股公司整体层面的资本充足、关联交易、流动性等风险，维护金融体系整体稳定，并建立针对金融控股公司的统一监管信息平台和统计、报告制度，以及与银保监会、证监会等监管部门的信息共享机制。需要注意的是，上文我们将中国的金融集团大致分为两类，《金融控股公司监督管理试行办法》只适用其中第二类，即控股股东或实际控制人为中国境内非金融机构、自然人以及经认可的法人的金融控股公司；由金融机构跨业投资控股形成的金融集团，要参照《金融控股公司监督管理试行办法》确定监管政策标准，但具体规则尚未发布。

本章小结

1. 金融机构集团化经营的浪潮始于20世纪70年代，是经济全球化和金融自由化的产物。

2. 金融集团诞生以后，以其显著的规模经济效应、活跃的跨行业金融创新、多元化的盈利能力等优势而备受青睐，并得到迅速发展，并在国际金融领域的各个舞台占据愈发重要的位置。

3. 目前对金融集团尚没有一个完全统一、普遍适用的定义，但相关国际组织和各国金融监管部门通过金融集团的特征对其进行界定。

4. 我们可以从广义和狭义两个方面界定金融集团的概念。广义的金融集团是由一些法人实体组成，通过所有权联系在一起的联合体；这些法人实体主要参与（但不一定限于）金融服务，如银行服务和（或）证券服务和（或）保险服务。狭义的金融集团是由一些法人实体组成，通过所有权联系在一起的联合体；这些法人实体从事银行、证券和保险三类金融业务中的至少两类。狭义的金融集团又称为“金融混业集团”，本章主要说明狭义金融集团的监管问题。

5. 金融集团可以依据其行业线结构和控制结构划分为四种类型：一是全球化行业线和全球管理控制的金融集团；二是依据法人实体划分的行业线及全球化管理控制的金融集团；三是地方行业线和地方管理控制的金融集团；四是全球化行业线和本地管理控制的金融集团。

6. 金融集团跨行业运营的特性决定了它具有与一般金融机构不同的风险特性——既面临集团内各金融子行业条线上的风险，又在整个集团层面面临一些金融集团的特殊风险。

7. 金融集团由于较大的市场规模和错综复杂的内部架构，在各金融子行业中不存在的风险有可能在整个金融集团的层面上出现。这些在整个金融集团层面上出现的特殊风险主要包括高估集团资本充足率导致的资本不足风险、内部交易和风险集中度高导致集团风险敞口扩大的风险、组织结构复杂化带来监管缺失的风险。

8. 我们需要对金融集团进行全面的风险管理。为此，需要将金融集团的所有风险进行汇总，计算整个集团面临的总风险。“搭积木”是加总金融集团各种风险的基本思路，具体操作中需要引入并运用“经济资本”的概念，即先计算金融集团面临的每项风险的非预期损失，并用相应的经济资本去覆盖它，然后再把每项风险所对应的经济资本进行加总，将金融集团各种不同类型的风险浓缩成一个共同的计量指标——总经济资本，以此来表征整个金融集团的总风险。

9. 金融集团的风险，特别是整个集团层面的特殊风险给金融监管部门提出新的挑战。监管部门既要加大监管的“深度”，实施穿透性监管；又要扩大监管的“广度”，防范集团内部风险传染和共同风险暴露；还要面临高企的协调合作成本，监管难度大大增加。

10. 银行、证券、保险三大金融子行业都有自己的资本充足监管要求，具体定义、范围和标准并不相同。对此，金融集团联合论坛强调应从整个金融集团的角度去衡量资本充足水平，并就评估金融集团的资本充足水平提出了五项指导性的基本原则：一是应监测并关注资本的重复使用问题；二是应监测并关注母公司发行债券且收益以股权形式流入下属公司的情况；三是应建立机制，以监测并关注金融集团通过未受监管、但实质参与金融活动的中间控股公司，开展双重甚至多重利用资本的经营活动；四是应建立机制，处理金融集团内部实体与未受偿付能力监管的实体开展运营活动所承担的风险；五是解决被监管法人实体和上述原则四中的未受监管法人实体的业务参与问题，确保大股东和小股东的利益均被审慎对待。

11. 金融集团联合论坛提供了四种资本计量工具，分别是分类度量法、风险加总法、风险扣减法和汇总扣减法。

12. 在金融集团资本的评估原则和计量工具的基础上，2012 年版《金融集团监管原则》进一步提出了金融集团在资本充足性和流动性方面应满足的六项监管要求。

13. 对于集团内部交易，金融集团联合论坛提出，集团内部交易及其风险敞口的监管重点是集团内金融机构与控股公司之间以及金融机构和集团内未受监管实体之间的交易。

14. 对于风险集中度，金融集团联合论坛提出，降低集团过高的风险集中度是监管的主要目标。监管部门要重点关注两类风险集中度：一是集团内不同机构共同的单一风险敞口，二是不同金融子行业风险的互相影响和传染。

15. 金融集团复杂的组织结构加大了监管部门实施穿透性监管的难度，也提高了监管部门之间沟通协调的成本，容易产生监管缺失的风险。为此，金融集团联合论坛提出了适宜性原则、信息共享原则、监管协调原则等监管要点来指导监管部门应对上述问题。

16. 为提高监管信息收集与共享效率，金融集团联合论坛针对金融集团制定了一套信息问卷，适用于跨越不同金融子行业和不同地域、面对不同监管部门的金融集团。

17. 鉴于金融集团监管合作和信息交流的重要性，金融集团联合论坛引入了“协调者”这一角色。“协调者”的职责是从各个监管部门搜集被监管金融集团的相关信息并做好信息共享。

18. 并表监管的概念绝不等同于会计并表，其内涵与外延亦远超过“对合并会计报表的监管”。并表监管是对金融集团的一种综合全面的监管，它是目前对银行控股集团进行资本监管的重要方法。

19. 欧盟和美国对金融集团的监管实践各具特点，但都很有代表性。欧盟的特点是发布具有法律效力的监管指令并注重成员国之间的监管合作与协调，美国的特点是成立专门机构着重加强对金融控股公司的监管。

20. 依据《金融控股公司监督管理试行办法》，由中国人民银行负责对控股股东或实际控制人为中国境内非金融机构、自然人以及经认可法人的金融控股公司实施监管。由金融机构跨业投资控股形成的金融集团，参照《金融控股公司监督管理试行办法》确定监管政策标准，但目前具体监管规则尚未发布。

本章重要概念

金融集团　金融混业集团　资本重复计算　集团内部交易　风险集中度
风险传染　风险敞口　大额风险暴露　适宜性原则　信息共享
监管协调　协调者　信息问卷　并表监管　分业监管

本章复习思考题

1. 判断题

（1）金融集团的法人治理结构按明确的行业划分建立，这样可以简化对集团的

监管。（　）

(2) 多元化经营的好处只有通过集团内部交易才能实现。（　）

(3) 所有集团内部交易都会损害被监管实体的财务状况。（　）

(4) 计算金融集团的资本时，不需要扣除两个子公司之间的交叉持股。（　）

(5) 并表监管等价于对合并的财务报表进行监管。（　）

(6) 金融机构集团化经营具有协同效应，有利于盈利增长和分散风险。（　）

(7) 金融集团资本充足管理的目标是杜绝双重杠杆效应。（　）

(8) 巴塞尔新资本协议适用于保险业集团。（　）

(9) 对于金融集团的监管，信息共享与监管合作很重要。（　）

(10)《金融控股公司监督管理试行办法》适用于所有金融控股公司。（　）

2. 单选题

(1) 银行监管部门关注金融集团的主要原因是（　）。

A. 确保集团内各法人实体都满足资本充足要求

B. 评估集团内其他实体对银行带来的风险

C. 保护集团内各实体的债权人

D. 便于监管部门对集团内的法人实体实施审慎监管

(2) 以下哪项监管事务源于金融集团的经营活动？（　）

A. 分业监管　　B. 会计准则

C. 资本重复计算　　D. 杠杆率

(3) 以下哪个因素在过去数十年中对金融集团发展影响最大？（　）

A. 科技进步　　B. 监管要求

C. 规模经济　　D. 成本控制

(4) 以下哪项任务是“协调人”的专属职责？（　）

A. 对资本充足性、风险集中度和内部交易合规性的评估

B. 对集团财务状况的监督检查

C. 评估金融集团法律架构

D. 拓展金融集团业务

(5) 下面哪一项不是金融集团问卷的主要内容？（　）

A. 集团组织结构和公司治理　　B. 风险管理情况

C. 控制环境　　D. 盈利水平

3. 简答题

(1) 简述全球范围金融集团产生发展的情况和未来趋势。

(2) 金融集团的定义及其具有的特殊风险是什么？

（3）如何对金融集团的各项风险进行加总？

（4）金融集团的监管要点有哪些？

（5）如何对金融集团资本进行并表监管？

4. 思考题

（1）从信息共享和监管协调的角度，谈谈在当前扩大金融业对外开放背景下，国内监管部门如何履行好东道国监管和母国监管的职责？

（2）根据金融集团联合论坛提出的监管原则，谈谈你对当前金融科技集团监管的看法。

第十六章
压力测试

前面我们从各个方面对《巴塞尔资本协议Ⅲ》进行了详细介绍。我们梳理了巴塞尔协议的历史沿革，探讨了《巴塞尔资本协议Ⅲ》对银行资本、内部评级、杠杆率的要求，阐述了对银行业主要风险——信用风险、市场风险、操作风险、流动性风险等的监管要求，并对监督检查、信息披露、有效监管原则、宏观审慎管理、金融集团监管等内容进行了分析。

在以上内容中，我们常常会发现一个熟悉的字眼——“压力测试”。自 1995 年被正式提出以来，因其在银行风险管理中的重要前瞻作用，压力测试已在商业银行信用风险、市场风险、流动性风险等方面得到广泛运用，成为金融机构和金融监管部门应对风险的重要工具。鉴于压力测试的重要性，本书用单独一章进行介绍。

“压力测试”其实并非金融领域独有的术语，在其他经济领域甚至非经济领域也有运用。鉴于本书的讲授范围，本章将重点介绍商业银行的压力测试，包括资产组合层面的压力测试、信用风险压力测试、流动性风险压力测试、宏观压力测试等内容。我们还将简要介绍中国和美国银行业压力测试的具体实践，以增强对压力测试的感性认识。

第一节　压力测试概述

本节将介绍压力测试的定义、类型、发展沿革等内容，并以中国和美国为例，介绍各国开展压力测试的具体情况，以对商业银行压力测试过去、现在和未来有一个基本的和全局性的了解，也为后面逐一阐述资产组合层面的压力测试、信用风险压力测试、流动性风险压力测试、宏观压力测试等内容搭好整体框架。

一、压力测试的定义

与对金融集团的界定不同，尽管不同国家或国际组织对压力测试定义的具体表述不同，但内涵是基本一致的。

1. 国际证监会组织的定义。1995 年，国际证监会组织首次提出压力测试的定义时，它的表述是：压力测试是指假设市场在最不利的情形时，分析其对资产组合的影响效果。1999 年，国际证监会组织对压力测试的定义作出新的表述：压力测试是认定并量化资产组合所面临的极端但可能发生的风险。

2. 国际清算银行的定义。2000 年，国际清算银行将压力测试的定义表述为：压力测试是金融机构衡量潜在但可能发生异常损失的模型。

3. 巴塞尔委员会的定义。2004 年，《巴塞尔资本协议Ⅱ》对压力测试定义的表述是：压力测试是一项独立的风险管理技术，是对其他风险管理工具的重要补充，用于评估特定时间或金融变量变化对金融机构财务状况的影响。

4. 国际货币基金组织的定义。2004 年，国际货币基金组织对压力测试定义的表述为：压力测试是评估金融体系在一些异常但又可能的宏观经济冲击下的脆弱性的一系列技术与方法。

5. 中国监管部门的定义。2007 年，中国银监会发布的《商业银行压力测试指引（2007）》中对压力测试定义的表述为：压力测试是一种以定量分析为主的风险分析方法，通过测算银行在遇到假定的小概率事件等极端不利情况下可能发生的损失，分析这些损失对商业银行盈利能力和资本金带来的负面影响，进而对单家银行、银行集团和银行体系的脆弱性作出评估和判断，并采取必要措施。2014 年修订后的《商业银行压力测试指引（2014）》中对压力测试定义的表述为：压力测试是一种银行风险管理和监管分析工具，用于分析假定的、极端但可能发生的不利情景对商业银行整体或资产组合的冲击程度，进而评估其对银行资产质量、盈利能力、资本水平和流动性的负面影响，有助于监管部门或银行对单家银行、银行集团和银行体系的脆弱性作出评估判断，并采取必要措施。

从以上表述不同但内涵相近的表述可以看出，首先，压力测试本质上是一种对风险进行计量、分析和管理的技术、方法或工具，这是压力测试的基本内容。其次，压力测试的实施主体主要是金融机构自身和相应的金融监管部门。再次，压力测试是一种情景测试，是已发生或即将发生或假定发生某些特定情形下所做的测试，并非日常测试，也非持续性测试。最后，压力测试的目的是发现金融机构、金融集团或整个金融体系的潜在漏洞，以便采取措施应对。

综上所述，广义上，压力测试泛指各类机构用来计量分析某些异常但可信事件发生时的潜在脆弱性的各种技术和手段。根据本章论述重点，商业银行的压力测试就是商业银行及其监管部门用来计量分析某些异常但可信事件发生时，银行或银行体系潜在脆弱性的一系列技术和手段。其中，“异常但可信事件”也被称为压力事件。

需要特别注意的是，压力事件必须同时具备“异常”和“可信”两个条件：第一，压力事件必须是异常事件，即小概率事件；压力测试并不针对大概率甚至是经常发生的事。第二，压力事件也不能太过异常，其发生要具有一定的可信度。压力测试不针对那些基本没有可能发生的事件；就算针对基本没有可能发生的事件做了压力测试，其测试结果也是没有什么意义的。

压力测试灵活有效，既能迅速有效适应环境变化，提供特定风险暴露信息，独立满足商业银行相关风险管理需要，又可以对商业银行及其监管部门日常的风险管理办法起到重要补充。自 20 世纪 90 年代开始，压力测试得到越来越广泛运用。

二、压力测试的分类

根据划分角度不同，压力测试有不同分类方式。

一是根据实施主体不同，压力测试可分为商业银行开展的压力测试和金融监管部门开展的压力测试。前者可进一步细分为商业银行根据监管要求开展的压力测试和商业银行根据自身风险管理需要自发开展的压力测试；后者根据被测试主体不同，也可进一步细分为微观压力测试和宏观压力测试。微观压力测试主要计量评估单家银行面对冲击的脆弱性，并从微观监管层面采取应对措施；宏观压力测试旨在评估整个银行业体系抵御负面冲击的能力，重点关注风险传染引致的系统性风险。

二是根据技术路线不同，将压力测试分为敏感性压力测试和情景压力测试。前者与经济领域其他敏感性分析类似，即假定其他因素不变的情况下，就某一因素变化对被测试对象的影响进行计量和分析。例如，假定其他条件不变，分析利率突然变化对银行利润的影响，即考察银行利润的利率敏感性。敏感性压力测试简便、快捷，往往不需要构建复杂模型，而且联合多个敏感性测试便能够对多个冲击的影响进行计量，因此在交易层面和业务层面得到广泛运用。敏感性压力测试也存在一些缺陷。一方面，它缺乏历史的内容，难以在长期风险管理决策中运用；另一方面，其他因素不变的假设在一定程度上缺乏可信度，毕竟当压力事件发生时，仅有一个因素发生变化的情况是极其少见的。

情景压力测试与敏感性压力测试考察单因素变化不同，它需要考察多个因素同时变化到某个极端情景的过程给被测试对象造成的影响。例如，评估新冠肺炎疫情暴发对商业银行利润的影响，其中可能涉及小微企业盈利下滑、财政收入减少、失业人口增加、家庭消费剧减等多种因素变化。情景压力测试着眼于评估极端但可能发生的“情景组合”出现时，商业银行面临的潜在脆弱性。情景分析是目前最领先的压力测试技术，它克服了敏感性压力测试不适用于长期风险管理、测试结果可信度低等缺点，适用范围广，情景可信度高，但需要构建较复杂的模型，计量分析较为复杂。

根据所设定的情景的不同，情景压力测试还可进一步细分为历史情景压力测试和假设情景压力测试，以及介于两者之间，既有历史情景又有假设情景的混合情景压力测试。历史情景压力测试根据历史上真实发生过的市场变化来设计情景。其优点是当历史情景被周期性使用时，被测试机构的潜在脆弱性便能够被长期、连续跟踪；缺点是历史情景数量有限，且不一定符合当前压力测试时的背景情况和目标要求。假设情景压力测试是假设某种可预知但发生概率很小的压力事件来设计测试情景。其优点是假设的情景可能更贴近我们进行压力测试的目标要求；但其最大的缺点也在于此，即构建理想的假设情景本身就是一件很困难的工作，这也是相对于敏感性压力测试和历史情景压力测试，目前还比较少运用假设情景压力测试的主要原因。

三是根据所针对风险的不同，压力测试可以分为信用风险压力测试、市场风险压力测试、流动性风险压力测试、宏观压力测试等。基本上每一种风险类别都有与之对应的压力测试类别。比如我们在前面几个章节提到的，压力测试是信用风险监测人员和管理层评估可能发生潜在授信风险区域的有效方法；银行根据设定的市场风险内部模型定期对自身面临的市场风险进行压力测试等。需要注意的是，20 世纪 90 年代初国外部分商业银行开始进行压力测试时，主要针对的是市场价格波动特别是利率波动对交易性市场投资组合的风险，即对市场风险的压力测试。然后才逐步扩展到对商业银行信用风险、流动性风险等的压力测试，并在宏观审慎监管理念下引入了宏观压力测试。

三、商业银行开展压力测试的历史沿革

20 世纪 70 年代布雷顿森林体系解体以来，全球范围内浮动汇率制逐步取代此前占主流地位的固定汇率制，全球金融体系波动性增强。金融机构、各国金融监管部门乃至国际组织都对金融风险管理能力提出了更高的要求。在这种背景下，压力测试作为一种有效的前瞻性风险管理工具应时而生。

具体什么时间由哪家金融机构进行了第一次压力测试，这已经无从考证。但普遍认为，压力测试的概念最早是由国际证监会组织于 1995 年提出的，主要针对的是证券市场价格波动对交易性投资组合的影响。

国际金融危机暴露了西方发达国家金融体系的脆弱性，也进一步凸显了前瞻性管理在防范金融风险方面的重要性，国际组织、各国金融监管部门纷纷重新审视现行风险管理和监管体系，从更宏观的角度去认识压力测试在防范化解系统性金融风

险方面重要作用。此后，压力测试就由以金融机构基于自身风控需要自发进行为主的阶段，逐步转向以金融监管部门基于防范化解金融系统风险需要，要求金融机构开展相关压力测试为主的阶段。目前，压力测试不仅是金融机构风险管理的重要手段，也是各国金融监管部门评估金融系统风险、实施微观和宏观审慎监管的重要工具和依据。以下，我们以美国和中国为例，介绍银行业压力测试的具体实践。

（一）美国银行业开展压力测试的实践

2009年，美国大型银行开展了首次由美联储和财政部主导的压力测试——“银行监管资本评估计划”，试图恢复公众对占本国银行系统资产总量三分之二的19家大型银行的信心。这次压力测试结果“独立”而“透明”，为公众提供了关于大型银行经营稳健性和韧性的评估报告，有效恢复了公众信心，为下半年开始的复苏打下了良好的基础。

基于第一次压力测试的成功经验，美联储于2011年将原“银行监管资本评估计划”修订整合为“资本分析和审查制度”。在该制度中，压力测试不再是监管当局的相机选择，而是成为制度框架的一部分，要求有关金融机构定期开展测试，以维持公众对大型金融机构的信心。2018年，美国国会在《经济增长、监管放松与消费者保护法案》中再次提出加强对大型商业银行的监管，并进一步确认了压力测试在其中的重要性。在美联储主导或指导下，美国金融机构广泛开展压力测试，防范化解金融风险。2020年新冠肺炎疫情暴发以后，美联储统一要求商业银行针对疫情影响开展压力测试。2020年12月，美联储发布了第二轮针对疫情的银行压力测试结果，结果显示美国大型银行能够抵御新冠肺炎疫情和经济衰退带来的冲击。

（二）中国银行业开展压力测试的实践

一般认为，中国银行业统一开展的压力测试始于国际货币基金组织与世界银行于2009—2011年间对我国进行的首次金融部门评估规划。在该评估中，银行业压力测试是整个评估工作的重要环节。为此，中国人民银行和原中国银行业监督管理委员会联合成立了“金融部门评估规划压力测试工作小组”，组织国内17家商业银行（覆盖了2010年底83%的商业银行体系资产）首次开展了统一情景、统一方案的压力测试。测试结果显示，多数商业银行能够承受单独的风险冲击，但多重风险同时发生可能对银行体系产生严重影响。

此后，为建立健全系统性金融风险防范和预警体系，及时识别评估金融体系的潜在风险，2012年，中国人民银行成立了专门的金融稳定压力测试小组，指导和组织主要商业银行定期开展压力测试，并在每年《中国金融稳定报告》中反映相关测试结果。由此，在中国人民银行的组织和指导下，中国银行业压力测试开始统一化、定期化、制度化。2012年至今，中国银行业压力测试的发展呈现以下特点。

一是参试银行范围不断扩大。从 2012 年 17 家扩大到 2017 年的 33 家，增加了部分规模较大的城市商业银行和农村商业银行；2018 年以后，参试银行范围又逐步扩展至包括城市商业银行、农村商业银行、农村信用社、农村合作银行、村镇银行等在内的地方中小银行；2021 年的参试银行达到了 4015 家；最终将实现全国所有银行的全覆盖。

二是测试内容不断丰富。从 2012 年主要关注市场风险、信用风险、流动性风险等，到 2017 年开始开展偿付能力的宏观情景压力测试并覆盖信用风险和市场风险，同时将非银行金融机构的风险传染效应纳入测试范围；再到 2018 年以后逐步将资产规模超过 8000 亿元的大中型银行对宏观经济不利冲击的抵御能力以及其风险外溢性作为测试重点，同时兼顾地方中小银行的信用风险、流动性风险；2021 年同时进行了偿付能力宏观情景压力测试、偿付能力敏感性压力测试、流动性风险压力测试和传染性风险压力测试。

三是测试技术不断提高。比如，在流动性风险压力测试方面，2017 年开始采用到期期限现金流缺口分析方法。在偿付能力的宏观情景压力测试方面，2018 年以来，测试方法从单一风险、静态压力测试逐步发展到风险叠加的动态压力测试；测试的时间跨度也从 1 年延长至 3 年，从而更好地反映宏观经济下行导致的金融风险积累和放大。

四是测试结果得到有效运用。测试结果作为金融监管部门日常监管或重大监管决策的有益参考和补充，通过高管约谈、风险提示等方式推动参试银行前瞻性防范化解金融风险。参试商业银行也根据测试结果强化资本补充、优化经营管理、完善风险应急预案，不断提高自身风险管理水平。

2021 年 9 月，中国人民银行发布《中国金融稳定报告（2021）》。报告显示，2021 年中国人民银行组织对 4015 家银行机构开展了压力测试。测试内容包括偿付能力宏观情景压力测试、偿付能力敏感性压力测试、流动性风险压力测试和传染性风险压力测试。压力情景分轻度、中度、重度三种严重程度。其中，偿付能力宏观情景压力测试仅对资产规模 8000 亿元以上的 30 家大中型商业银行开展：（1）偿付能力宏观情景压力测试结果表明，我国 30 家大中型银行整体抗冲击能力较强，但个体风险抵御能力有所差异；信用风险是影响 30 家大中型银行资本充足水平的主要因素，市场风险的影响有限；充足的拨备水平和稳定的盈利能力有效缓解其资本下降压力。而中小银行对整体信贷资产质量恶化的抵御能力较弱，小微企业及个人经营性贷款、客户集中度、同业交易对手、地方政府债务、房地产贷款等领域风险值得关注。（2）流动性风险压力测试结果表明，参试银行流动性承压能力整体较强，但同业依赖程度高的银行流动性承压能力较差。（3）传染性风险压力测试结果表明，绝大多数银行具备面对单家银行违约的抵御能力；证券业、保险业金融机构违约一定程度上增强了银行间风险的传染性。

以下我们将逐一阐述资产组合层面压力测试、信用风险压力测试、流动性风险压力测试和宏观压力测试等内容。由于压力测试的实务性较强，我们在阐述以上内容时，会尽量列举实例进行说明，以便加深理解。

第二节　资产组合层面的压力测试

前面我们已经提到，压力测试最早主要针对的是市场价格波动对交易性投资组合的影响，即针对市场风险的压力测试。压力测试首先用于对交易性投资组合的测试，这是因为这些组合能够定期地按照市场价格来定价，本身就适于进行压力测试。根据全球金融体系委员会（CGFS）前些年对主要金融机构的一项调查，超过80%的压力测试是基于交易性投资组合展开的。本节将从必要性、测试方法、优点和局限性等方面对资产组合层面的压力测试进行说明。

一、资产组合层面压力测试的必要性

资产组合层面压力测试的目的是检验金融机构自身存在的、难以被当前定量风险管理模型所揭示的潜在脆弱性。目前，尽管各种定量和定性的风险管理模型已得到长足发展，但仍或多或少存在这样或那样的不足，难以应对特定异常情景下的风险计量。这时便需要运用压力测试来进行弥补，因此两者相辅相成，互为补充，往往缺一不可。

在很多银行的风险管理框架中，明文规定运用压力测试对风险进行测量。比如，花旗银行在其风险管理核心原则中提出，银行所有的风险应由包括压力测试在内的、已经确定的方法来进行测量。

国际组织亦提出将压力测试纳入风险管理框架的建议。比如，巴塞尔委员会于1996年发布并于2005年修订的《纳入市场风险的资本协议修正案》中，允许银行在满足一定条件的情况下，运用包括压力测试在内的内部风险管理模型来测量对于市场风险的资本要求。根据该修正案，银行的压力测试必须具备定量和定性的特性，并且要包括对市场风险以及市场不能正常运转时流动性方面的测试。

二、资产组合层面压力测试与风险价值法

压力测试对风险价值法的补充是开展资产组合层面压力测试，以弥补既有风险

管理模型不足的一个典型例子。

风险价值法是计量和监控市场风险的常用方法，被认为是在正常市场条件下，按日监测一家机构交易性投资组合风险特性的最重要工具。但风险价值法对测量金融机构在极端市场条件下的风险暴露的效果有限，如极端市场条件极少发生，不符合风险价值法基本的对99%置信水平的假设等。这些缺陷使金融机构需要运用压力测试方法来对风险价值法进行补充。我们以汇丰集团为例来进行说明。

风险价值法一直是汇丰集团监控和限制其交易性投资组合市场风险暴露的最主要工具。汇丰集团按天计算风险价值，并假定99%的置信水平。近年来汇丰集团还对风险价值的计算方法进行了优化，将其从以方差/协方差为主要计算基础转变为以历史情景模拟为主要计算基础，以便更好地捕捉市场风险头寸的变化。尽管如此，汇丰集团仍明确认识到其风险价值法存在的不足之处：（1）使用历史数据来替代未来事件的估计值，不能覆盖所有潜在事件，特别是那些极端事件。（2）将资产组合持有期假定为10天，实际上是假定所有交易头寸都能在10天内被清算或对冲，这在市场流动性严重不足的极端情况下是无法成立的。（3）始终假定99%的置信水平，没有考虑到超出置信水平仍发生损失的情况。（4）风险暴露是基于一天交易结束时的风险暴露余额来计算的，并没有考虑交易过程中的风险暴露，而这有时候是致命的。汇丰集团认识到了这些局限性，一方面通过增加其他头寸和敏感性限额结构来对风险价值法做进一步完善；另一方面将压力测试广泛地运用于单个资产组合和合并头寸的风险测量，以弥补风险价值法的不足。汇丰集团始终坚信，压力测试可以评估已识别的极端事件对本集团市场风险暴露的影响，是对风险价值法的重要和有益补充。

推而广之，金融机构和金融监管部门认识到风险价值法等风险计量模型在应对异常条件下的缺陷，纷纷运用压力测试方法予以补充。比如，常使用全球证券市场暴跌或历史利率情景的压力测试来弥补风险价值法的不足；使用压力测试来计量市场流动性不足情景下银行的风险暴露；依靠压力测试来对非线性风险轮廓的金融产品进行风险计量；等等。

三、资产组合层面压力测试的实施

总体而言，风险管理者运用资产组合层面的压力测试来了解本机构资产组合方面的风险暴露，并将有关结果向高级管理层报告。资产组合层面的压力测试还可以用于设定风险限额、实施应对市场压力的应急计划、分配应急资本等。

资产组合层面压力测试的实施及其效果一方面依机构的不同而不同，这反映了不同金融机构在风险复杂程度以及业务范围和规模上的差异；另一方面，也视资产组合所属账户类别的不同而不同。比如，对于交易账户的资产组合（它们是银行短期持有并准备随时卖出的资产，一般都有明确的市场定价），市场价格（典型如利率）波动对这些交易性投资组合的影响相对直接、明确，因此主要测试价格波动对投资组合的影响即可。但对于贷款账户的资产组合（它们一般都由银行持有，直到债务人还本付息，其间往往不交易或很少交易），由于交易少，缺乏明确的市场价格作为参考，且还需考虑违约率、损失率、抵押品价值、评级变动等因素，开展贷款账户资产组合的压力测试会困难和复杂很多。更进一步说，如果某个压力测试需要把交易账户和贷款账户的资产组合合并处理，那将会面临诸如会计处理差异、一些产品没有公开交易市场、缺乏交易价格和数据、信息技术平台不一致等更多困难。也就是说，尽管目前已有进展，但总体上还难以系统性地将市场风险和信用风险整合并融入同一个压力测试中。

资产组合层面压力测试的实施依机构、交易账户等因素而有很大不同，因此，我们很难确切给出一个关于实施资产组合层面压力测试的统一程序、步骤和方法。尽管如此，我们还是从诸多资产组合层面的压力测试实践中总结了一些具有共性的要点。

一是压力测试为计量和监控极端价格变动对资产组合的影响提供了除风险管理模型之外的另一个可供选择的方法，是对其他风险管理模型的重要和有益补充。

二是压力测试能够天然地将潜在的大额损失同特定风险事件联系起来，这是它相对于那些只能简单用统计分析方法描述大额损失的风险管理模型的最大优点。因此，压力测试能使管理者更好地理解本机构业务条线中潜藏的风险。

三是开展资产组合层面压力测试也有局限性。一方面，它评估的是资产组合针对特定事件的风险暴露，而难以提供发生该风险暴露的概率。也就是说，压力测试能够回答“损失有多大”，但没法像回答“损失可能有多大”那样提供更多概率信息。另一方面，如上文所述，目前还难以将交易性投资组合和贷款资产组合的压力测试整合起来实施。此外，压力测试还有计算成本高昂、管理者准确选择或设计相应压力情景较困难等局限性。

四、资产组合层面压力测试的发展路径

破解上述局限性，就是未来资产组合层面压力测试的发展方向。一方面，人们将更多运用极端价值理论破解资产组合层面压力测试难以提供损失概率信息的局限性；另一方面，将进一步完善贷款组合压力测试的方法，并将其与交易性投资组合压力测试进行整合，破解资产组合层面压力测试难以同时针对市场风险和信用风险开展的局限。具体来说可从以下三方面着手。

一是更多运用极端价值理论。极端价值理论是一个关于统计概率分布的“尾”（即非常高或非常低的潜在数值）的行为理论。与正常概率适用于正态分布不同，它适用于偏态分布和肥尾分布，可以更好地估计极端事件的数量和发生概率。因此，已有越来越多的金融机构和金融监管部门探索利用极端价值理论，更好地捕捉极端但可能发生事件下的风险信息，即压力事件导致的风险暴露的概率，由此能够更好地破解资产组合层面压力测试难以提供概率信息的局限性。

二是运用市场价格对贷款组合的风险暴露进行定价，完善贷款组合压力测试的方法。如前所述，目前贷款组合压力测试的发展远远落后于交易性投资组合的压力测试，部分原因是贷款账户的资产组合往往是非交易性或交易不频繁的，缺乏明确的交易和价格数据。为克服上述问题，越来越多的金融机构和金融监管部门探索运用市场定价的方法对贷款账户资产组合进行定价，尽管这种探索需要大量的工作量和信息数据资源。具体情况我们将在第三节进行介绍。

三是探索将贷款账户资产组合压力测试与交易性投资组合压力测试进行整合，建立一个可以融合市场风险和信用风险的压力测试框架。这种整合也有很多工作要做，不但要整合金融机构内部相互分割的风险管理职能，还要探索设计一种适合多种账户的“影子价格”定价办法，另外还需要强大信息技术和系统的支持。

第三节　信用风险的压力测试

如上文所述，银行压力测试起初主要针对市场价格波动对交易性投资组合的影响，即通过压力测试去管理和控制市场风险。因此很多成熟的压力测试技术和模型都体现了“盯市计价”的原则。但这种原则往往不适用于贷款账户资产组合的压力测试，因为这些资产组合往往是不交易或者很少交易的。因此，如何完善对贷款账户资产组合的压力测试，便成为近年来压力测试的重要发展方向。

贷款账户的资产组合是银行信用风险的主要载体，因此对贷款账户资产组合的压力测试基本等同于对银行信用风险的压力测试。我们在本节将介绍银行信用风险压力测试的技术方法和相关监管要求等内容。

一、信用风险压力测试的必要性

信用风险是指交易对手不能或不愿履行合同义务而导致损失的风险。广义上，信用风险涉及现代经济社会的方方面面，并非银行独有。本书的信用风险特指商业银行面临的信用风险，即银行借款人或其他主体未按照合同约定履行还款付息义务而导致损失的风险。

信用风险本质上是一种发生损失的不确定性。这里的“损失”也称信用损失，它主要取决于三个因素：信用事件发生的概率、信用风险暴露、违约损失率。其中，信用事件是指债务人无法履行合同项下的债务，出现违约；或者债务人履行合同条款的能力因各种主客观原因而下降。信用风险暴露就是信用事件所涉及合同的所有未履行的约定，如对贷款合同来说，它的信用风险暴露就是未偿付贷款的本金加上相应利息。违约损失率就是发生信用事件后，信用风险暴露遭受损失的程度，比如有的银行只有部分利息收不回来，损失率较小；有的银行连本金都收不回来，损失率达 100%。

商业银行是经营风险的特殊企业，信用风险天然成为商业银行面临的主要风险，针对信用风险的压力测试自然也成为银行压力测试的重中之重。银行开展信用风险压力测试的内在动因包括但不限于：（1）评估信用风险事件的影响和可能带来的损失；（2）检验风险计量模型中的前提假设、参数值、环境因素对风险计量的敏感性；（3）评估非历史事件的影响；（4）评估新产品的风险。

另外，国际组织和各国金融监管部门也都提出了针对信用风险进行压力测试的要求，满足外部监管要求往往也是商业银行开展压力测试的重要原因。比如，2004年《巴塞尔资本协议Ⅱ》的最低资本要求（第一支柱）提出，商业银行不管何时开始运用内部系统或模型计算资本充足率，都必须进行常规的压力测试。运用内部评级法确定覆盖信用风险的资本要求的银行必须进行以下两种类型的压力测试。

一是对信用风险的一般压力测试。一般压力测试过程包括识别会对信用风险暴露产生不良影响的经济条件的可能变化，并评估银行承受这种变化的能力。压力情景可以是经济下行或行业萧条，也可以以历史的市场风险事件为基础，具体的情景设计由银行根据其风险管理策略自行决定。

二是对温和衰退场景的压力测试。《巴塞尔资本协议Ⅱ》要求银行对温和衰退的场景进行测试，确保资本评估足够审慎。但并不要求对最差的情景进行测试。

同时，《巴塞尔资本协议Ⅱ》在外部监管（第二支柱）中也提出，监管部门在开展针对第一支柱未能精确捕捉的风险和银行内部资本充足率评估程序的监管检查中，需要进行相应的压力测试。

二、信用风险压力测试的工具

一般认为，导致信用风险的原因有两类，一是微观层面的原因，比如借款的企业盈利下滑、资不抵债乃至破产；二是宏观层面的原因，比如宏观经济急剧萎缩导致众多借款人失去还款能力，或者行业政策调整使某行业企业出现大规模亏损影响其还贷能力等。对于前者，银行通常运用专家系统、信用评分系统和各种信用风险组合模型对其影响进行压力测试；对于后者，越来越多的银行正在探索宏观经济与信用风险决定因素如违约率和违约损失率等之间的关系，并在此基础上开展宏观压力测试，以评估不同宏观经济情景下对信用风险的影响。

下文着重介绍专家系统、信用评分系统和信用风险组合模型三种信用风险压力测试工具。其中，专家系统和信用评分系统主要针对单个的信用风险暴露；信用风险组合模型可以针对多个分散的信用风险暴露的组合。

（一）专家系统

该工具以专家（通常是风险管理人员）的主观判断为基础，对信用风险进行压力测试。比如，当风险管理人员认为某个贷款人的还款能力或意愿不足时，他可以审核贷款人各项条件，运用自己的经验去预测可能带来的损失。但是，当风险管理人员认为某一类人（比如同为某个特定行业的人）的还款能力或意愿不足时，专家系统就有些“力不从心”了，因为它需要风险管理人员对每一个个体的情况作出判断和预测，非常耗时耗力。因此，专家系统这一工具主要用于对个别重要客户信用风险的压力测试。

（二）信用评分系统

该工具以通过统计方法确定的某一个（类）借款人的违约概率的变动为基础，对信用风险进行压力测试。信用评分系统可以依据已计算出的同一类人的违约概率，因此，针对上述具有相同风险特征的同一类人群的压力测试，信用评分系统更省时省力。例如，当某个行业的从业人员普遍出现还贷违约风险时，风险管理人员可以运用信用评分系统测算出该类人群的违约概率，这时预期损失就等于信用风险暴露总额、违约损失率和违约概率三者的乘积。信用评分系统的优点是引入统计分析方法和计量模型，测试结果可能比专家系统客观准确，同时适用于“批量”处理具有相同风险特征的信用风险压力测试。但是，信用评分系统未考虑到贷款组合的分散效应，因此不能用于涉及不同风险特征的信用风险组合的压力测试。

（三）信用风险组合模型

该工具可进一步细分为以股东权益为基础的信用风险组合模型和以评级为基础的信用风险组合模型。它们也都以借款人违约概率的变动为基础对信用风险进行压力测试。与信用评分系统不同的是，它们考虑了贷款组合内部不同的风险特征，并计算出组合中不同特征信用风险的损失分布，从而能够得到该组合整体的违约风险和损失情况，包括预期损失和任意置信区间的非预期损失。因此，信用风险组合模型可以对具有不同风险特征的信用风险组合进行压力测试，其测试结果不仅能反映压力事件对该组合预期损失的影响，还能反映对该组合非预期损失和经济资本需求的影响。

三、信用风险压力测试的实施

与上节交易账户资产组合（市场风险）的压力测试相似，信用风险压力测试的实务性也很强。开展信用风险压力测试没有标准方案，各国的实践也很不相同，因此我们难以确切给出一个统一的程序、步骤或方法。尽管如此，我们还是从信用风险压力测试的实践中总结出一些具有共性的要点。

一是设定信用风险压力测试的情景主要有两种方法，即组合驱动法和事件驱动法。组合驱动法是首先识别该风险组合的潜在脆弱性，然后设定可造成该脆弱性的可信的情景。事件驱动法则是根据测试目的，从可信的事件中设定相关情景。无论哪种方法，都要求具备一定的可信度。考虑到历史数据的局限性以及经济金融变化的复杂性，可信度主要依靠专家的专业判断。

二是信用风险压力测试的时间跨度选择与信用周期的平均长度以及资产组合的流动性水平（或说该组合持有的久期）这两个因素息息相关。一般认为，普通贷款组合的压力测试时间跨度是1~5年，基本与贷款的信用周期匹配。但如果要衡量宏观经济对信用风险的影响，那么时间跨度就应该适当拉长，因为宏观经济对贷款组合的影响需要较多环节和较长时间的传导。当然，时间跨度的选择也不都取决于这两个因素，有时银行也需要对突发性事件进行测试，以确认其短期影响。同时，时间跨度越长，分析的难度和局限性也越大。因此，需要综合判断，精心选择最合适的时间跨度。

三是评判信用风险压力测试优劣的标准包括：（1）测试的范围和相关性。良好的压力测试应尽量覆盖该贷款组合面临的所有风险。为此，良好的压力测试应紧密围绕该组合展开，与该组合风险特性及相关经济和市场环境紧密相关。（2）测试的频率。有些压力测试至少每年应进行一次。更频繁的测试取决于被测试资产组合的风险特性和测试的类型。比如，经济环境的突然变化可能要求银行增加对贷款组合的压力测试；机构对某行业的贷款集中度高，可能需要加大对该行业贷款组合的压力测试频率等。（3）测试的严重程度。如前所述，压力测试的情景既要求“异常”又必须“可信”。不可信情景的压力测试是没有意义的，因为风险管理人员无法依据测试结果采取行动。在“异常”和“可信”的基础上，良好的测试情景应该具有一定的严重程度，比如银行的盈利性遭到严重削弱、关键商业计划受到质疑而难以实施等。（4）测试的授权。压力测试的目标和关键内容应该得到银行最高管理层的授权。（5）测试应与信用风险管理框架融合。良好的压力测试应与该银行信用风险管理框架充分融合，包括压力测试的风险偏好与全行保持一致、高管层积极参与压力测试过程、测试人员与高管层保持良好沟通、高管层认真分析压力测试结果并提出有效应对措施、为压力测试配备充分的技术、人员和信息系统等。

第四节　流动性风险压力测试和宏观压力测试

前文介绍了市场风险的压力测试，市场风险是银行最早开展也是最适合开展压力测试的风险类型。然后，我们介绍了信用风险的压力测试，信用风险是银行面临的主要风险，对信用风险进行压力测试至关重要。本节将介绍银行流动性风险的压力测试。流动性风险是一种综合性风险，信用风险、市场风险等最后都可能转变为流动性风险，对其进行压力测试，可以帮助商业银行实现稳健、可持续经营。

此外，与信用风险、市场风险一样，流动性风险压力测试也是一种微观压力测试，主要针对单个银行进行测试。但是，某些压力事件可能引起多个乃至所有银行发生连锁反应，引发系统性金融风险。为此，监管部门需要对多个银行构成的整体进行压力测试，即宏观压力测试。宏观压力测试既涉及多家不同的银行，也可能涉及不同的风险类型，所以从某种意义上说，宏观压力测试并不是一种新的压力测试，而是信用风险、市场风险、流动性风险等压力测试在宏观层面的综合。因此，在本节最后一部分对宏观压力测试做一个概要的介绍。

一、流动性风险压力测试

（一）　流动性风险压力测试的必要性和作用

商业银行的流动性风险是指银行无法及时获得充足资金以应对其资产增长或偿还到期债务的风险。

众所周知，传统商业银行的一项基本业务就是吸收公众的短期存款并向客户发放长期贷款，即通过其资产（客户贷款）和负债（公众存款）的期限结构错配来实现盈利。因此，传统商业银行业务中天然存在流动性风险。随着现代商业银行业务不断创新，银行流动性风险依然显著。比如，抵押品用途更加广泛、一些银行倾向于从资本市场融资、信用衍生品和结构化产品的增长等变化，会使银行更加难以估算自身流动性需求；支付系统发展和支付效率的提高，以及跨境和跨币种交易的增加，也对银行的流动性管理提出了更高要求，这些变化不仅不会降低还可能会放大银行的流动性风险。而且，流动性风险被视为一种综合性风险，因为信用风险、市场风险、操作风险等应对不善，都可能转变为流动性风险，甚至导致银行挤兑、破产。因此，包括压力测试在内的流动性风险管理对商业银行稳健、可持续经营非常必要。2008 年爆发的国际金融危机更加说明了流动性压力测试的重要性和实施的必要性。

流动性风险压力测试，是对极少但可能发生的异常事件给银行流动性带来的影响进行评估。定期的流动性压力测试能够让管理者识别只有在异常事件中才会暴露的流动性风险，并采取适当的应对措施。流动性风险压力测试的主要作用包括：（1）揭示银行流动性管理中的薄弱点，特别是那些在正常经营条件下发现不了的薄弱点。（2）帮助管理人员确定银行流动性准备的规模和构成，帮助银行度过流动性危机。（3）有助于构建银行在逆市中的整体流动性管理框架和应急融资规划。

（二）流动性风险压力测试的构成

与市场风险、信用风险的压力测试相似，构成流动性风险压力测试的关键要素包括测试方法、范围、时间跨度和假设情景的严重程度等，并具有一些自己的特点。

一是流动性风险压力测试的方法。与其他压力测试一样，流动性风险压力测试的方法也分为敏感性分析和情景分析两大类。有所不同的是，流动性风险更多依赖于银行客户和交易对手对压力事件的反应，但各人的反应往往是不同的，因此目前流动性风险量化技术仍依赖于历史事件的数据。但商业银行往往缺乏这种历史数据，特别是新产品新业务的历史数据。因此，相对于其他压力测试，流动性风险的压力测试更倚重情景分析法，特别是其中的假设情景法或混合情景法。

同时，现金流分析是其情景分析中很重要的一个方面。这是因为流动性风险压力测试大多是建立在对各种资产负债组合的期限结构错配分析基础之上，风险管理人员需要识别评估商业银行在压力状态的现金流需求。现金流分析主要包括以下三个方面内容：（1）测算商业银行的流动性需求；（2）评估各项资金来源（如公众存款、资本市场融资、内部融资等）的流动性和可得性，测算商业银行可以以合理成本及时获得的流动性数量（流动性供给）；（3）比较流动性供给和流动性需求之间的匹配情况，测算流动性缺口。

二是流动性风险压力测试的范围。流动性危机的严重后果决定了压力测试的范围必须是广泛的，不仅要针对出现流动性风险暴露的某个业务条线、某个子机构进行测试，而且要在整个集团层面进行测试。在具体压力情景的设计中，不仅要有单个机构出现流动性风险暴露的情景，还要有外部市场反应的情景，因为两者是紧密联系的，往往会互相放大风险。比如，当某个金融机构的外部评级下降 2 ~ 3 个级别时，这个机构的风险管理人员不仅要设计该公司出现流动性不足问题的情景，还要设计外部市场因此进一步紧缩对该（类）机构流动性供给的情景。

三是流动性风险压力测试的时间跨度。很多流动性风险压力测试选择一周、一个月或 90 天的时间跨度，这与历史上多数流动性危机持续的时间是一致的。但也有不少专家建议应该适当延长流动性风险压力测试的时间跨度，因为流动性危机得到初步缓解后，市场流动性供给完全恢复到危机前的水平往往还需要更长一段时间，即压力测试不仅要考虑流动性冲击初期的影响，还要考虑市场恢复滞后的影响。

四是流动性风险压力测试的情景严重程度。在假设情景下，选择并设计不同严重程度的压力情景是一件耗时耗力的工作。压力情景过于轻松或过于严重，都不利于压力测试的实施和结果运用。总体原则是，压力情景严重程度的选择和设计，应与压力测试的目的尽量匹配，并在此基础上适当从严。

（三）流动性风险压力测试的实施

与市场风险、信用风险的压力测试相似，各国乃至不同机构流动性风险压力测试的具体做法不同，这里我们总结了一些具有共性的要点。

一是关于流动性风险压力测试的情景假设。如前所述，由于缺乏历史数据，流动性风险压力测试更倚重假设情景分析法，因此压力情景的假设就可能直接影响测试的实施效果。一些专家结合 2008 年国际金融危机的情况，认为压力情景的假设要特别关注以下因素：（1）压力事件的严重性和可能持续的时间。（2）融资渠道及其受到冲击时的变化。比如，非担保融资市场和担保融资市场在受到流动性冲击后都可能失灵，向央行申请担保融资可能会影响机构声誉。（3）持有资产的流动性及其受到冲击时的变化。比如，资产支持证券在危机时可能变得无法流动，商业票据延期变得越来越困难。（4）表外项目和或有承诺的风险。它们可能会进一步加剧危机中的流动性缺口。（5）声誉。受到流动性冲击后，声誉下跌可能进一步加剧金融机构的流动性困难。（6）跨境和跨币种的流动性。不应高估跨境和跨币种流动性的作用，特别在发生危机时，跨境和跨币种的融资也可能失灵。

二是流动性风险压力测试结果的运用。压力测试能够发现异常情景下的脆弱性，这些问题在日常风险管理中往往得不到揭示。因此，压力测试应该成为银行流动性风险管理框架的重要组成部分。流动性风险压力测试结果可以运用在：（1）帮助风险管理人员识别当前流动性风险状况，并与设定的风险容忍度比较，从而对日常管理工作进行调整。（2）帮助高管层对机构整体风险偏好、风险容忍度等进行决策。（3）有助于建立并完善内部转移价格体系。内部转移价格体系是确保银行所有流动性成本都能传导到业务发起部门，使其意识到并承担起每项业务流动性成本的重要工具。为此，流动性风险压力测试的结果应该被反映到内部转移价格的定价中，并充分考虑压力事件对价格体系的冲击。（4）帮助银行识别并确认应急流动性资金的来源。应急流动性和日常流动性不是一个概念，许多正常情景下能够顺利变现获得现金流的项目在压力情景下可能难以变现甚至无法变现。因此，就需要运用流动性风险压力测试的结果来进行“应急融资规划”，识别并确认应急流动性来源，比如某些具有高流动性的资产池、承诺的备用贷款工具等。同时，流动性风险压力测试的结果也可以作为机构启动“应急融资规划”的早期预警信号。

二、宏观压力测试

宏观压力测试就是对一组商业银行在特定压力事件下的风险暴露进行测试，其目的主要是帮助监管部门识别可能影响金融稳定的银行体系的结构脆弱性和整体风险暴露情况。

宏观压力测试是一个评估银行业整体稳定性的重要工具。一般认为，宏观压力测试起源于国际货币基金组织和世界银行于2009年发起的金融部门评估计划。作为评估计划的关键组成部分，宏观压力测试由金融机构、监管部门和实施金融部门评估计划的专业人员共同实施。与市场风险、信用风险等微观压力测试相比，宏观压力测试具有以下特点。

一是测试的目的不同。市场风险、信用风险等微观压力测试主要是测试单个银行在压力事件下的风险暴露，目的是提升相应机构的风险管理水平。宏观压力测试的目标是识别和评估整个银行体系的脆弱性，帮助监管部门加强宏观审慎监管，促进整体的金融稳定。

二是测试的范围不同。不同的目标决定了不同的测试范围。微观压力测试往往只针对某一个机构在某种风险类型上的脆弱性。为识别评估整个银行体系的脆弱性，宏观压力测试的范围应该足够大，既要包括能够代表整个银行体系的足够多数量的银行，又要同时考虑信用风险、市场风险、流动性风险等多方面的风险因素，有时甚至还要包括一些非银行金融机构和非金融机构，以反映系统性风险内部的关联性和传染性。

但是，测试的范围也不能无限制地扩大。过大的范围会给实际测试操作带来巨大困难。确定测试范围的有用原则包括：（1）应该包含系统重要性银行，因为它们的风险暴露会对整个金融体系稳定带来影响。（2）范围内的银行的全部市场份额（根据具体要求可以按存款、贷款、资产规模等计算）应该足以反映整个银行体系的总体情况。

三是测试的方法不同。不管是信用风险、市场风险还是流动性风险，其压力测试结果通常不需要进行加总，因为它们已经恰当地反映了被测试机构的情况。但是宏观压力测试的对象是一组金融机构，天然就存在结果加总的问题。对此，目前有两种加总思路：（1）首先对每家金融机构进行压力测试，然后再把所有结果汇总起来。这个思路不仅能够提供关于金融体系风险和脆弱性方面的有用信息，还能提供风险在机构间的分布信息；但缺点是可能存在金融机构测试结果之间不可比的问题。

因此要求对每家金融机构进行一致的压力测试，包括测试方案、技术方法、压力情景等都应该统一。（2）首先将被测试的多个金融机构的相关业务数据进行加总，然后再对这个加总后形成的“单个金融机构”进行微观压力测试，其结果就可以表征该组金融机构的整体风险情况和脆弱性。这一思路最大的困难在于将多个金融机构“合并”成单个金融机构，其难度不亚于汇总多个金融机构的测试结果，因此在具体实践中较少运用。

本章小结

1. 与对金融集团的界定不同，尽管不同国家或国际组织对压力测试定义的具体表述不同，但其内涵是基本一致的。我们将商业银行的压力测试定义为：商业银行及其监管部门用来计量分析某些异常但可信事件发生时，银行或银行体系潜在脆弱性的一系列技术和手段。其中的压力事件必须同时具备“异常”和“可信”两个条件。

2. 压力测试有不同的分类方式。根据实施主体不同，压力测试可分为商业银行开展的压力测试和金融监管部门开展的压力测试。根据技术路线不同，压力测试可分为敏感性压力测试和情景压力测试。根据所针对风险的不同，压力测试可分为信用风险压力测试、市场风险压力测试、流动性风险压力测试等。

3. 从 2012 年至今中国银行业压力测试的发展呈现以下特点：一是参试银行范围不断扩大，二是测试内容不断丰富，三是测试技术不断提高。

4. 资产组合层面压力测试的目的是检验金融机构自身存在的、难以被当前定量风险管理模型所揭示的潜在脆弱性。它是其他风险管理模型的有益补充，已成为众多金融机构和金融监管部门风险管理框架中不可或缺的重要工具。

5. 资产组合层面压力测试具有将潜在大额损失同特定风险事件联系起来，使管理者更好地理解本机构业务条线潜藏风险的优势。同时，资产组合层面压力测试也存在难以提供损失的概率信息、难以合并进行市场风险和信用风险的压力测试等局限性。未来，资产组合层面压力测试将着力破解以上难题，朝着更多运用极端价值理论，完善贷款组合压力测试并整合其与交易性投资组合压力测试的方向发展。

6. 完善对贷款账户资产组合的压力测试，是目前压力测试发展的重要方向。由于贷款账户的资产组合是银行信用风险的主要载体，对贷款账户资产组合的压力测试基本等同于对银行信用风险的压力测试。

7. 无论是自身进行风险管理的需要，还是满足外部监管要求，商业银行开展信用风险压力测试都是必要的。信用风险压力测试大致有三种工具：专家系统、信用评分系统和信用风险组合模型，分别适用于具有不同风险特征的信用风险及其组合。此外，越来越多的银行正在探索宏观经济与信用风险决定因素如违约率和违约损失率等之间的关系，并在此基础上开展宏观压力测试，以评估不同宏观经济情景下对信用风险的影响。

8. 流动性风险压力测试是对极少但可能发生的异常事件给银行流动性带来的影响进行评估，它对银行稳健、可持续经营至关重要。定期的流动性风险压力测试能够让管理者识别只有在异常事件中才会暴露的流动性风险，并采取适当的应对措施。

9. 与市场风险、信用风险的压力测试相似，构成流动性风险压力测试的关键要素包括测试方法、范围、时间跨度和假设情景的严重程度等。相对其他压力测试，流动性风险压力测试更倚重假设情景压力测试，因此它在现金流分析、测试范围、时间跨度、假设情景的严重程度等方面具有自己的一些特点。

10. 现金流分析是流动性风险压力测试情景分析中很重要的一个方面。它主要包括以下三个方面内容：(1) 测算商业银行的流动性需求。(2) 评估各项资金来源（如公众存款、资本市场融资、内部融资等）的流动性和可得性，测算商业银行可以以合理成本及时获得的流动性数量（流动性供给）。(3) 比较流动性供给和流动性需求之间的匹配情况，测算流动性缺口。

11. 流动性风险压力测试的情景假设要特别关注以下因素：(1) 压力事件的严重性和可能持续的时间；(2) 融资渠道及其受到冲击时的变化；(3) 持有资产的流动性及其受到冲击时的变化；(4) 表外项目和或有承诺的风险；(5) 声誉；(6) 跨境和跨币种的流动性。

12. 宏观压力测试是指对一组商业银行在特定压力事件下的风险暴露进行测试，其目的主要是帮助监管部门识别可能影响金融稳定的银行体系的结构脆弱性和整体风险暴露情况。与市场风险、信用风险等微观压力测试相比，宏观压力测试在测试目的、范围和方法上都具有自己的特点。

13. 宏观压力测试的范围应该足够大，但也不能过大。确定宏观压力测试范围的原则：一是应该包含系统重要性银行，因为它们的风险暴露会对整个金融体系稳定带来影响；二是范围内的银行的全部市场份额（根据具体要求可以按存款、贷款、资产规模等计算）应该足以反映整个银行体系的总体情况。

本章重要概念

压力测试　压力事件　异常且可信　敏感性测试　情景压力测试
市场风险压力测试　信用风险压力测试　流动性风险压力测试

宏观压力测试　专家系统　信用评分系统　信用风险组合模型

本章复习思考题

1. 判断题

(1) 信用事件就是债务人违约。（　）

(2) 信用风险与宏观经济压力密切相关。（　）

(3) 相对交易账户资产组合，开展贷款账户资产组合的压力测试较为困难。（　）

(4) 不可信的情景可能含有对银行风险管理有用的信息。（　）

(5)《巴塞尔资本协议Ⅱ》的第一支柱要求商业银行进行一般的信用风险压力测试。（　）

(6) 信用风险与宏观经济风险密切相关。（　）

(7) 情景设计的事件驱动法中，风险管理人员首先识别当前组合的脆弱性。（　）

(8) 压力测试的一个重要局限性是它往往难以提供压力事件发生的概率信息。（　）

(9) 市场风险压力测试和信用风险压力测试难以整合在同一个压力测试内。（　）

(10) 2012年以后，中国人民银行组织和指导中国银行业定期开展压力测试。（　）

2. 单选题

(1) 以下哪一项不属于压力测试基本方法？（　）

A. 风险价值　　B. 敏感性测试　　C. 情景分析

(2) 以下哪种方法可以将贷款组合的分散效应考虑在内？（　）

A. 专家系统法　　B. 信用评估系统法

C. 信用风险组合模型法　　D. 组合驱动法

(3) 对贷款账户资产组合进行压力测试的合理时间跨度是（　）。

A. 一周　　B. 一年　　C. 一至五年　　D. 十年

(4) 流动性风险压力测试的内容是（　）。

A. 银行资本充足状况能否覆盖流动性危机可能造成的损失

B. 极少发生但可能发生的异常事件对银行流动性的影响

C. 银行风险管理的水平

D. 银行贷款资产的流动性水平

(5) 以下哪一项是流动性风险压力测试更加倚重假设情景分析的原因?( )

A. 流动性风险只能通过由过去发生的重大事件演变而来的历史压力测试情景来评估

B. 流动性风险更多依赖于客户和交易对手对流动性压力事件的反应，而每个人的反应是不同的，需要依赖于历史事件数据进行判断

C. 资产和负债的期限结构错配

D. 缺乏合适的流动性危机历史情景

3. 简答题

(1) 如何评判信用风险压力测试的优劣?

(2) 流动性风险压力测试结果有哪些作用?

(3) 流动性风险压力测试的情景假设需要重点关注哪些因素?

(4) 宏观压力测试具有哪些不同于其他压力测试的特点?为什么说它是一种综合的压力测试?

(5) 简述中国银行业压力测试的发展历程和主要特点。

4. 思考题

(1) 如何运用“极端价值理论”破解压力测试难以提供概率信息的局限性?

(2) 如果数据标准和统计口径完全一致，先将参加测试的多家银行的业务数据加总成“一家银行”，然后对这家银行进行微观压力测试，以代替对多家银行的宏观压力测试结果。这种做法可行吗?可能会存在什么问题?